应用数学大师
林家翘
上下求索八十年

于 震（Yu, Chen） 著

清华大学出版社
北京

本书封面贴有清华大学出版社防伪标签，无标签者不得销售。

版权所有，侵权必究。举报：010-62782989，beiqinquan@tup.tsinghua.edu.cn。

图书在版编目（CIP）数据

应用数学大师林家翘：上下求索八十年／（美）于震著. 一北京：清华大学出版社，2025.1
ISBN 978-7-302-66317-1

Ⅰ.①应… Ⅱ.①于… Ⅲ.①林家翘－传记 Ⅳ.① K837.126.11

中国国家版本馆 CIP 数据核字（2024）第 106400 号

责任编辑：周　菁
封面设计：傅瑞学
版式设计：方加青
责任校对：王荣静
责任印制：刘　菲

出版发行：清华大学出版社
　　　　　网　　址：https://www.tup.com.cn，https://www.wqxuetang.com
　　　　　地　　址：北京清华大学学研大厦 A 座　　　邮　　编：100084
　　　　　社 总 机：010-83470000　　　　　　　　　　邮　　购：010-62786544
　　　　　投稿与读者服务：010-62776969，c-service@tup.tsinghua.edu.cn
　　　　　质 量 反 馈：010-62772015，zhiliang@tup.tsinghua.edu.cn
印 装 者：三河市君旺印务有限公司
经　　销：全国新华书店
开　　本：165mm×230mm　　　印　　张：24.75　　　字　　数：365 千字
版　　次：2025 年 1 月第 1 版　　　印　　次：2025 年 1 月第 1 次印刷
定　　价：88.00 元

产品编号：104019-01

路曼曼其修远兮，吾将上下而求索。

目　　录

引子 1

第一章　青春岁月 2
 一、少年时代 2
 二、求学清华园 12
 三、动荡的年代 32
 四、西南联大生活 36
 五、辗转出国留学 51

第二章　学海无涯 58
 一、起步多伦多 58
 二、Caltech岁月 68
 三、解决海森堡的湍流问题 82
 四、推动流体稳定性与湍流理论研究的发展 103
 五、喷气推进实验室 107

第三章　从布朗到MIT 113
 一、在布朗大学 113
 二、喜结连理 123
 三、在麻省理工学院 127

四、流体力学研究 140
  五、应用数学委员会 150

第四章 仰望星空 163
  一、高等研究院 164
  二、星系密度波理论 173
  三、争议 199
  四、探索前行 231
  五、有关密度波理论的某些实例 254

第五章 心系故土 264
  一、乡情难却 264
  二、圆梦 282
  三、"做事的重点都变了！" 296
  四、温暖的佛罗里达 305

第六章 重返清华园 311
  一、林家翘的应用数学理念与清华大学 311
  二、周培源应用数学研究中心 328
  三、清华园生活 345
  四、路曼曼 355

附录 359
  附录一 林家翘先生年表 359
  附录二 林家翘学术论文目录（1939—1984年） 363
  附录三 林家翘先生谈如何做学问 378
  附录四 星系螺旋结构的争议焦点何在？ 382

引　子

2006年的初夏，清华园万木葱茏、生机勃勃，一个国际研讨会在这里举行。来自海内外的十多位专家学者在会上发表了自己的研究论文，其内容涉及天体物理学、非线性波动力学、神经科学和蛋白质结构等领域的研究成果和未来的发展趋势。

这是一个与众不同的国际学术会议，因为它涵盖了似乎毫不相干、互不联系的科学领域。能够把这些不同学术领域联系在一起的是尚不为许多人所熟知的应用数学。这是一门用数学方法研究和发展诸如物理学、化学、生物学、天文学、经济学以至社会管理等经验科学的学科。

林家翘（Chia-Chiao Lin），一个并非耳熟能详的名字，却是当代国际应用数学界的泰斗级人物。凭借应用数学，林家翘在流体力学的湍流理论和天体物理学的密度波理论等方面做出了开创性的突出贡献，并在晚年向生物学进军，使应用数学在不同的科学领域里熠熠生辉。他是中国科学院首批外籍院士、美国科学院院士、美国麻省理工学院的学院教授和荣誉退休教授、清华大学周培源应用数学研究中心荣誉主任。这次国际学术会议也是为了庆祝林家翘先生九十华诞。

从十七岁进入清华大学开始，直到生命的终点，林家翘为应用数学的发展奋斗了整整八十年。他一生的足迹会带给我们怎样的思考与启迪？

第一章
青春岁月

一、少年时代

时光流转，回到 20 世纪初叶。

1916 年炎夏。偌大的京城，时而骄阳似火、烈日炎炎，时而雷鸣电闪、大雨倾盆。千年古都越发显得烦闷与压抑。岂止是北京，当时整个中国都笼罩在一片不安与躁动之中。进入夏天，随着喧嚣一时的洪宪小朝廷的坍塌，当了八十三天皇帝的袁世凯在这年六月撒手人寰。接着，因反袁而起并波及全国的"护国运动"和各省相继宣布独立，又发展成为愈演愈烈的军阀割据与混战。十几年前，为国家变革图强而发动的戊戌变法被清廷残酷镇压。但清廷自己也没能维持几年，终于在武昌起义的枪声中土崩瓦解。辛亥革命却并没有给国家带来和平安宁与富足。民国伊始，政局混乱，国家衰败。内有军阀官僚集团争权夺利，外有帝国主义列强企图瓜分中国。至 1916 年民国成立后的四年间，内阁换了八届。到 1928 年的十六年间，总统换了十三个。这种走马灯似的变换，成为民国初期政治史上的奇观，与之相伴的则是兵荒马乱、社会动荡、百业凋敝、民不聊生。

随着清末国家的日益颓败，为了民族的强盛挺身而出的志士仁人从未停止过自己的奋斗。1895 年甲午战败之后，戊戌变法成为中国近代史上又一个值得大书特书的历史事件。戊戌六君子（谭嗣同、康广仁、林旭、杨深秀、杨锐、刘光第）之中年龄最小的林旭是林家的长子，林家翘的大伯。林旭（1875—1898 年），清末举人（图 1-1）。光绪二十一年（1895 年），林旭反对割让辽东和台湾给日本，上书清廷请拒和议，旋任内阁中书。1898 年，他倡立闽学会，推动维新运动，并为保国会倡始董事之一。成立大会那天，他慷慨激昂，纵论时政，疾呼"身为炎黄子孙，岂能坐视不理？当振臂而起，群策群力。只要有利于国家和民族，虽一死亦何辞！"是年九月，林旭得授四品卿衔，担任军机处章京，参与新政，上书言事甚多，不少上谕出自其手笔。后因戊戌变法失败，林旭被捕，与谭嗣同等人一起慷慨就义，年仅二十三岁。

图 1-1　林旭（1875—1898 年）

菜市口是戊戌变法六君子的英勇就义之地。自从大清坐了天下，便把原来明朝设在内城西四牌楼的刑场，迁移到了西南外城的菜市口。这里当年是一条丁字街，往南有一条丞相胡同（现已扩展为菜市口大街）。沿着胡同南行约一里，便是另一条东西向的胡同，叫作大井胡同（现天景胡同，图1-2）。1916年7月7日，林家翘降生在大井胡同路北（现天景胡同9号）的一座普通宅院里。父亲林凯时为北洋政府交通部文员。生母梁氏不幸早故，继母邓翠菁是妇产科医生。林家祖籍福建侯官（今福州闽侯县），一个人杰地灵之所。闽侯的名士历来声名远播。林旭先后，还有民族英雄林则徐，清末民初启蒙思想家、翻译家和教育家严复，黄花岗72烈士之一林觉民，近代著名海军将领、

图 1-2　北京天景胡同（原大井胡同）林家翘旧居（蒋洪摄）

甲午海战日岛战役与日军血战的清军指挥官、北京政府的海军总长萨镇冰，末代帝师陈宝琛，中国报业先驱、牺牲于军阀屠刀之下的林白水，近代文学家、翻译家林纾，物理学家、教育家萨本栋，杰出化学家、中国民族化学工业的开拓者侯德榜，以及后来者诸如经济学家陈岱孙，建筑师、诗人、作家林徽因，数学家陈景润，等等。年青的林旭为国捐躯，无疑为闽侯的英灵名

册添上了浓墨重彩的一笔。

林家翘出生时，距近在咫尺的菜市口刀光血影已经过去了十八年，甚至大清王朝也已在五年前灰飞烟灭。但是，作为林家的长子，林旭的不幸早逝是全家的切肤之痛，为这个家庭蒙上了挥之不去的阴影。这给当时尚年幼的林旭的弟弟、林家翘的父亲林凯留下了不可磨灭的深刻烙印。林家翘始终保存着一本梁启超的著作《戊戌政变记》，为其岳父梁敬铮所赠。书中记叙了包括林旭在内的戊戌六君子遇害始末。林家翘回忆自己的孩童时代时说，他的父亲给他提到最多的前辈就是伯父林旭。父亲对大伯由衷地钦佩，不仅仅是他的才华，更是他敢于担当的勇气。每次提起大伯，难过惋惜之情总是溢于言表。作为"忠厚传家，诗书继世"的书香门第，子孙努力读书，增长才干，成为栋梁之材，日后报效国家，光宗耀祖，是世代不变的家族祖训。林家翘兄妹六人，他排行第二。循家谱他这一代当属"家"字辈。《诗经·周南·汉广》句："翘翘错薪，言刈其楚。"父母取其"翘"字，蕴含着长辈对他成为人之翘楚，国之栋才的期盼。

林家的居所是北京典型的四合院。20世纪20年代的京城四合院，院内青砖铺地，屋上青瓦盖顶。院中或种有枣树、柿树、石榴、海棠。树下摆着的大缸里，金鱼悠哉悠哉。北京的数千条胡同，一概黄土铺路，极少例外。四九城里，早春常刮大风，街上飞起的细沙粒儿能打得人脸生疼。四月柳絮飞舞，五月槐花飘香；夏末，脆枣满树；金秋，丹柿挂枝。每到清晨，家家户户生起煤球炉子，袅袅青烟飘荡在小巷之中，经久不散。空气里抑或有从胡同口早点摊儿上飘来的炸油饼儿的香味儿。老舍笔下的"祥子们"拉着洋车，在大街小巷里飞奔，发出"当啷－当啷"的清脆铃声。挑担卖菜的、剃头的、磨剪子磨刀的、锔锅碗的、收破烂的、卖小金鱼儿的、卖花生零食的，各色小贩，走街串巷，悠远的叫卖声探入胡同深处，直至夜色茫茫。至于菜市口地区，特别是丞相胡同和它西边与其平行的北半截胡同，自清代起就是社会名人寓所和各地会馆以及商家汇集之地。出大井胡同西口是南半截胡同，内有绍兴会馆，鲁迅先生1912年5月初到北京，便借住在此。

林家翘生长在一个殷实人家之中，父母都有稳定的工作。父亲林凯对孩子的教育极为重视，视学习中国传统文化为首要，认为这是一生做好学问的基础。林家翘说，那个时代的教育并不发达，家里认为附近并无好的小学，于是决定在家开私塾让孩子学习。林凯亲自为孩子挑选私塾先生，并事先登门拜访，一旦认为所选之人确实为有德有才有识之士，便不惜重金聘请。林家翘五岁开蒙，和他一起就读的还有他的哥哥林家馨，及仅比他大两个多月的表兄梁守槃（后为中国火箭和导弹技术的重要开拓者之一）。私塾循传统中国诗书礼仪教育，从《三字经》《弟子规》《千字文》等启蒙读物始，到学习儒家经典《论语》《孟子》《春秋》《左传》，以至诵读唐诗宋词。林家翘回忆说，"父亲很尊敬有真才实学的人，他请的私塾先生学问很好，虽然都是流传了千年的经典书籍，但先生经常有很独到的见解和精辟的阐述，根本不像现在电视上看的那样，似乎私塾都是摇头晃脑地背书，单调乏味。我上的私塾不是那样的"。[1]

林家翘的继母邓翠菁视他为己出，疼爱呵护备至，使林家翘自幼便受到了良好的家庭教育。邓翠菁出身福建诗书礼仪之家，早年毕业于福建女子师范学校。福建女师始建于光绪三十二年（1906年），学校监督为末代帝师陈宝琛的夫人王寿眉。陈宝琛曾受命任福建铁路总办，修漳厦铁路，并任福建高等学堂（今福州第一中学）监督，光绪三十三年又创立全闽师范学堂（今福建师范大学）。西风东渐，福建地处东南沿海，颇受影响，社会风气较为开放。戊戌变法之后，八闽各地处处兴办中小学堂，新式教育蔚然成风。其间陈宝琛兴办实业，发展教育，支持自己的夫人兴办女学，功不可没。邓翠菁从师范学校毕业后又远赴日本留学，学习妇产科。回国后，她在北京协和医院工作，与著名的妇产科专家、福建籍同乡林巧稚为同事。邓翠菁年长，林巧稚年幼，称其为"阿姐"。作为大家闺秀，邓翠菁温文尔雅，作为受过现代教育的新女性，她又思想开放，不拘泥于老旧传统。除了私塾先生，母亲邓翠菁是林家翘的又一位老师。她把现代的人文思想和科技知识，点点滴滴传授给年幼的林家翘。母亲毕业于师范学校，在孩子的教育上循循善诱，

---

[1] 林家翘采访录像或文字记录稿，2001年3月18日、4月1日，2002年4月4日、12日、19日、26日，2003年5月3日。

沟通引导。这些新思想和新知识对于林家翘的私塾学习是一个很好的补充。林家翘天资聪慧，勤奋好学。私塾与家庭教育的结合，旧学与新学的融汇，使得中学西学相交互融，不仅拓宽了他的知识面，还让他养成了良好的学习习惯，为以后的中学以至大学的学习，都做了很好的铺垫。林家翘在回忆母亲对自己的影响时说，正是小时候母亲的教育为他打下的基础，才使得以后在学校的学习游刃有余。对于儿时的启蒙教育，林家翘铭刻于心。晚年他定居清华园，每次看病或检查身体，不惜路远，必去城里的协和医院。这可以说是慕协和之大名，也可以说是从儿时就形成的对自己母亲当年工作之所的信任与习惯。那里有着他童年的回忆和对母亲的深切怀念。

六年的私塾学习，林家翘自认为终生受益匪浅。先贤的理念深深扎根于他幼小的心灵，为他一生的学习打下了坚实基础。直到晚年，林家翘在谈话中依然常常引用先哲的经典名句来加强自己对于治学的阐述，如"三人行，则必有我师"（《论语》），"师者，所以传道受业解惑也"（韩愈《师说》），"业精于勤，荒于嬉；行成于思，毁于随。"（韩愈《进学解》），"修身、齐家、治国、平天下"（《大学》），等等。林家翘曾说："当初念过《四书》，背的都有道理，很好！"[1] 这些古人的治学思想对于林家翘来说，已然烂熟于心，成为他思想的一部分，治学的座右铭。

图 1-3 私立四存中学校

1927年，十一岁的林家翘上学了。他拜别了私塾先生，走进了四存中学校（图1-3）。从此，他一生和学校结下了不解之缘，从学生到先生，从教授到大师。

私立四存中学校是林家翘的第一所学校。之所以选择四存中学校，是因为它是北京的一所名校。四存中学校是后来的北京八中的前身，为民国时期北京政府总统徐世昌于1921年初所建。照林家翘看来，北洋政府的几

---

[1] 林家翘采访录像或文字记录稿，2001年3月18日、4月1日，2002年4月4日、12日、19日、26日，2003年5月3日。

任总统都是军阀，只有徐世昌可以说是唯一的文人。[1] 学校坐落在北京西城府右街南口东侧，中南海红墙之外。它以两层红砖楼房为主，校舍整齐，包括小学和中学，是民国时期北京有名的私立学校之一。徐世昌为首任董事长。校名"四存"，来源于清初学者颜元的"四存编"，取其"存治、存学、存人、存性"之意。颜元与其高足李恕谷创立所谓"颜李学派"，提倡"实学"，即德育、智育、体育三者并重，以培养文武兼备、经世致用的人才，反对宋明理学家"穷理居敬""静坐冥想"的主张。四存中学的校训即为"尚实习、尚实学、尚实行"，其学风着重求实精神。学校特别注重中国传统文化和传统思想教育，《四书》《五经》被列为必修课，对学生要求严格。当时北京各中学大多采西式教育，倡白话文。但四存中学仍要求学生用文言文写作，且以提倡文言文和读"经"而闻名于京城，其传统的教育思想和教育方法在当时的各校里尤为突出。林家翘说他记得，到毕业时，《国风》念了，《小雅》《大雅》还没念到。孔子曰，诗三百，思无邪。《国风》就占去了一半。[2] 直到晚年，林家翘对于少年时代的学习内容，仍然念念不忘。

当然，学校也并非全部拘泥于传统文化教学，校方同时注意对西方文化知识的学习，开设了代数、几何、三角、外国历史、地理等课程。林家翘回忆说："我进入四存中学的头一年，第一次接触到数学。数学的神奇和好玩深深地吸引了我，从那时开始我就喜欢上了数学。"[3] 好奇心往往能成就一个孩子一辈子的事业。林家翘与数学的终生不解之缘其实是始自四存中学校。除此之外，学校的自选课还有武术、钢琴、古乐、京剧、绘画和西洋音乐等，均有名师指导，而学校的篮球、足球、乒乓球和拳术在当时的北京各中学都有相当的地位。在四存中学校的学习经历不仅使林家翘进一步受到了严格的儒家传统学说的熏陶和教育，还带领他走入了自然科学的大门，使他开始养成严格自律、循序渐进、不骄不躁的学习方法和态度。1949年，四存中

---

[1] 林家翘采访录像或文字记录稿，2001年3月18日、4月1日，2002年4月4日、12日、19日、26日，2003年5月3日。
[2] 同上。
[3] 同上。

学校并入北京八中。1996年，北京八中建校75周年，林家翘先生在写给母校的贺信中说："我当年在四存中学求学的情况回想起来仍然历历在目，当年所学的中国固有文化——这是四存的特点，对于我这样一个在外国久居的人，尤其重要。我希望第八中学仍然能持续这一特殊背景，教育下一代中国青年。"[1] 及至晚年，在经历了六十余年国外生活之后，林家翘在谈话中仍经常喜欢引用先哲们的经典。中国传统文化和哲学理论为他一生的思想和工作都奠定了重要的基础。

1930年，十四岁的林家翘从四存中学校毕业，考进了北平师大附中，开始了高中的学习。

19世纪末，特别是甲午战争失败之后，各帝国主义列强瓜分中国的企图甚嚣尘上，民族矛盾急剧加深，有识之士纷纷疾呼教育救国，开办新学，培养人才。在此背景下，清政府于光绪二十七年（1901年）批准成立五城学堂，校址选在南城琉璃厂附近的厂甸。东西南北中，涵盖整个北京城，故学校取名"五城"，口气不可谓不大也。这是继京师大学堂（今北京大学）之后，由清政府批准成立的北京最早的一所国立中学。政府独立创办这所新式学校，有意使其成为各省办学的典范。第二年，钦定学堂章程即壬寅学制公布。遵照这个章程，五城学堂改名为五城中学堂。光绪二十九年（1903年）公布了进一步改进的癸卯学制，在全国实行。壬寅学制和癸卯学制的公布，标志着中国近代教育制度的开始，使得国家学制渐趋规范统一，新式教育得以迅速推展，并促成了科举制度的最后废除（1906年）。同年，北京师范大学的前身京师大学堂师范馆成立，1908年改称京师优级师范学堂，独立设校。民国成立后的1912年5月，奉教育部令京师优级师范学堂改名为国立北京高等师范学校。七月，五城中学堂更名为国立北京高等师范学校附属中学校。这是"附中"校名的开始。1923年国立北京高等师范学校又改名为国立北京师范大学。1928年北京更名为北平，大学随之改名，而附中也就变为国立北平师范大学附属中学（图1-4）。五城学堂的成立早于京师大

---

[1] 孙卫涛，刘俊丽：《林家翘传》，南京，江苏人民出版社，2013。

学堂师范馆两年。所以，从这个意义上说，北平师范大学是先有附中，后有大学。

北平师范大学附中是近代中国第一所公办中学，率先实行1922年制定的"三三"新学制（初中、高中各三年）。这个学制主要是学习当时美国一些州已经实行了十多年的

图1-4　北平师范大学附属中学校

"六三三制"。新学制的实行表明中国现代教育制度从效法日本转向了效法美国，由国民主义教育转向了平民主义教育。但它却并非盲从美制，而是中国教育界经过长期酝酿和集思广益的结果。

林家翘所入学的北平师范大学附中，实在是京城最好的中学之一。学校校舍整齐，教室、宿舍、图书馆、教师办公室以及装备有进口仪器的实验室等，一应俱全。学生可以在椭圆形的操场上做课间操和进行田径运动，也可以在几个网球场和排球场上打球。学校花团锦簇，有专职园丁精心打理花圃。每当上下课时，老校工准时敲钟，悠扬的钟声在校园中回荡，余音袅袅。附中的校训是"诚、爱、勤、勇"，要求培养出来的学生既能掌握科学知识，又有诚信仁爱的品德。民国时期的著名教育家林砺儒（1922—1931年在职）担任附中主任，即校长。他提出"中学教育是全人格教育"。所谓全人格教育，即指文化素养的人格化、思想道德的人格化和理想情操的人格化，目的是使中学生人格独立和健全地发展。他提倡"师生互相亲爱，互相协助"的精神。针对过去教育脱离实际的做法，提出教育应以生活为主，培养学生发现问题、解决问题的能力，学习重理解而忌讳死记硬背。学校重视传授学生系统的科学知识，并大胆创新，实行文理分科，男女同校，并首创课间操制度。

在课程设置上，学校自定新的课程标准，自编教材，重视培养学生宽泛而深厚的知识基础。除了人人必学的国文、史地、数理化、生物等系统知识之外，学校还开设了七十多种选修课程，甚至为高年级学生开设了一些大学

的基础课。选修课有微积分初步、初等力学、电磁学、分析化学、天文学、测量学、哲学概论、修辞学、伦理学、社会学，以及日语、德语、法语等第二外语选修课，等等。有些课程使用的是大学课本，甚至直接用英语授课。音乐、美术这些所谓"副科"也在选修课之列。学校认为，培养学生的艺术修养也是全人格教育的一部分。附中的高中部文理分科，学生可以选择专攻自然科学或人文学科。有的学生在老师的指导下可以开展独立的研究，或者是进修高级的大学课程。所有这一切在中国教育史上都是创举。

北平师范大学有着丰富的教育资源。依靠着这些资源，学校聘请有学识并且有改革精神的人士及师大的优秀毕业生到附中担任教师，甚至请师大的一些教授直接到附中来兼职。著名学者如林琴南及钱玄同等，都曾先后在五城学堂或附中任教。学校亦不时邀请文化名人来校演讲。1924年1月，鲁迅先生应邀在学校做了《未有天才之前》的讲演，阐述了他对天才产生的看法，针砭时弊，有的放矢。他强调，天才是由可以使天才生长的民众产生、长育起来的，就像花木需要土壤一样。"没有土，便没有花木了；所以土实在较花木还重要。"此演讲后来收入了他的杂文集《坟》。附中这片沃土确实培养出了不少天才。从这里走出来的许多学生后来成为各行业的知名人物，如钱学森、赵世炎、姜泗长、汪德昭、梁守槃、李德伦、于是之，等等。这个名单还可以列得很长。

林家翘对师大附中的学习生活印象尤深。他说，学生在校可以自己选课，而课程的知识水平完全可以跟得上当时的科学发展。[1] 课程很多，他也十分努力，高中的学习对他来说是游刃有余，他的学习成绩总是名列前茅。在这里，他享受着荡漾在知识海洋中的乐趣，因为老师告诉他们，不要死记硬背，要着重理解。林家翘学到的不仅仅是知识，更是学到了学习的方法和养成了学习的习惯。他的附中先期校友钱学森回忆，"我们思想上没有压力，我们没有受苦。没有人为考试而'开夜车'，更没有人死背书"。"附中的学

---

[1] 林家翘采访录像或文字记录稿，2001年3月18日、4月1日，2002年4月4日、12日、19日、26日，2003年5月3日。

生求知欲强，把学习当成一种享受……在学校玩得好，不天黑不回家。"[1] 林家翘记得，他选的课程中有一门是有机化学，所用课本是后来的哈佛大学校长柯南特（James Bryant Conant，1933—1953年在职）编写的。他使用的物理教科书翻译自英文，专业名词则都保留了英文。上课、作业和考试用中英文两种语言。从中学时代起，他在学习中就已经使用英文的专业词汇了。高中的学习为他打下了很好的英文基础。林家翘笑着说，记得1976年回国讲学，虽然想尽量使用中文，但说到专业名词，就说不出中文来了。于是，只好请一位原来一起在美国留学而已先期归国的同学坐在旁边，帮助翻译英文名词。从私塾到四存中学培养起来的古文功底，使得进入了北平师大附中的林家翘一时不能适应白话文的写作。他在高中的初始阶段还是在用文言文写作文，兼用白话文。好在学校的老师很宽容，给了他一个适应的时间，以过渡到白话文。[2] 于是，人们看到了文言与白话共存，之乎者也和ABCD相处的有趣景象。这也是"五四"之后新文化运动在教育界表现出的时代特点。从四存中学到师大附中，不仅仅因为后者是京城名校，还因为在那里可以学到更多的自西方传入的科学文化知识，这一点明显强于前者。如果说四存中学为林家翘打下了中国传统文化的基础，那么师大附中则让他接触到了现代的科学知识，起到了进一步开阔眼界的作用。

林家翘说，20世纪30年代初，师大附中每届的毕业生大约有二十多人，学生程度整齐。毕业生几乎都能够考入大学，而其中的大多数能考入诸如清华大学或者北京大学这样的名牌学校。他还说，进了师大附中，就是一只脚跨入了大学的门槛。[3] 总而言之，在高中阶段，他所接受的是中英两种语言的混合教育。高水平的教师和较为先进的科学教育课程，开阔了学生的视野，使得学生有机会初步学到了相对广泛的科学知识。所有这一切都为林家翘后来的大学学习做了充分的准备。

---

[1] 钱学森与母校北京师大附中的世纪缘，《北京青年报》，2019年10月31日。
[2] 林家翘采访录像或文字记录稿，2001年3月18日、4月1日，2002年4月4日、12日、19日、26日，2003年5月3日。
[3] 同上。

二、求学清华园

1933年夏天，林家翘结束了在师大附中高中三年的学习，面临着上大学的志愿选择。在接受了中国传统文化和西方现代科学知识的熏陶之后，年轻的林家翘对哲学产生了兴趣。他知道，哲学所涉及的研究范畴是其他学科的总和，它给出对世界本质的解释。诚如爱因斯坦所说，如果把哲学理解为在最普遍和最广泛的形式中对知识的追求，那么，哲学显然就可以被认为是全部科学之母。喜欢思考与探索的林家翘想去学哲学，以探求世界的本质。不过，家人却提出异议，劝他说"哲学太空泛"，"要想格物致知，还是学物理"。[1] 家人所说自然也有道理。实际上，林家翘对各种文化知识都抱有极大的兴趣，学物理对于他来说当然也是兴致所在。经过再三考虑，年轻的林家翘接受家人的建议，改变了初衷，决定学物理。他参加了三所大学的入学考试，即北洋大学（今天津大学）、交通大学（今上海、北京、西南、西安交通大学及台湾交通大学的前身）和清华大学。

图1-5 1933年清华大学入学试题（引自龙军、禹爱华："湖南芷江发现1933年清华入学考卷"，《光明日报》，2016年2月23日）

民国二十二年（1933年），清华大学入学考试试卷分为国文、本国历史地理（又分历史之部、地理之部）、代数几何平面三角、高中代数解析几何、高中物理学、高中化学、高中生物学、世界历史地理（历史之部、地理之部）等部分（图1-5）。试卷为右侧线装，对折式双面印刷，共六页。国文考试分标点、订误、写作三部分。标点题是唐代郑薰《赠巩畴》诗序中的第一段断句，考查考生的句读能力。写作则是在五个字词"苦热""晓行""灯""路""夜"中任选一个作文，文言白话均可。考生的文笔与情怀

---

[1] 林家翘采访录像或文字记录稿，2001年3月18日、4月1日，2002年4月4日、12日、19日、26日，2003年5月3日。

通过一篇作文即可看出。数学部分为"代数几何平面三角"和"高中代数解析几何"两大类,题目也很有趣。如有一题叙述为由高百尺之灯塔,测得恰塔东经过之船的俯角为45°,经一小时后,船恰行至塔之正南,是时自塔顶测船得俯角30°,问船之速率为若干。另一题又如三个等同之圆,其半径皆等于1,相切于P、Q、R三点。求P、Q、R间之中空面积。英文考试也包括一篇作文,考生需用大约150个单词的英文短文复述《三国志演义》中任意一个片段。此题不仅要求考生有较好的英文表达能力,也要求考生对中国古典文学有一定的了解。[1]

在这一年的清华大学招生中,有2551人应考。[2]8月18日,清华大学新生录取放榜。在所录取的全部285名新生中(录取率约11.2%),林家翘的名字高居榜首。同时,他的名字也位列其他两所大学新生录取的第一名。三所大学的榜单上祖籍福建的林家翘都是第一名,这或许真应了那句"福建有无林不开榜之谣"。[3] 显然,清华大学所处的地位在其他两所大学之上,特别是20世纪30年代的清华大学物理系如日中天。林家翘认为,选择物理系是理所当然的事。那一年是清华大学部招收学生的第九级,按今天的说法可称其为第九届,即从1925年春清华学校开设大学部时算起。按照惯例,清华大学的每一年级到毕业的时候都会出一本级刊,相当于年鉴或毕业纪念册(图1-6)。

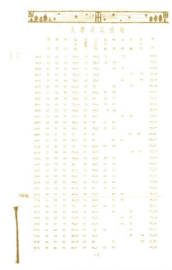

图1-6 清华大学九级级刊(1933年清华大学入学考试成绩单,林家翘名列第一,梁珪宣提供)

在清华大学的九级级刊中可以查到林家翘的入学考试成绩:代数几何三角98分,物理98分,化学93分。加上国文、英文和本国历史地理,他的总平

---

[1] 龙军,禹爱华:湖南芷江发现1933年清华入学考卷,光明日报,2016年2月23日。
[2] 苏云峰:《抗战前的清华大学(1928—1937)》,台北,"中央研究院近代史研究所"出版,2000。
[3] [明]袁了凡:《了凡四训》,第三篇。

均成绩是 88.07 分。[1] 回忆当年，已经成为应用数学大师的林家翘不过莞尔："考试没有什么！""我就是比较会考试。这都靠着平常知识的积累和对一些考试技巧的把握。"[2] 诚如他所言，"考试没有什么"，重要的在于此生能否做出第一流的贡献。

在秋高气爽的季节，物理系一年级新生林家翘走进了清华园。他用青春的目光打量着这个新的天地，憧憬着一种全新的生活。那时候的他也许还没有想到，从此他便和清华园结下了一生的不解之缘。这一年，林家翘十七岁。

清华大学的建立缘于庚子赔款（简称"庚款"）。林家翘后来又因庚款资助而出国留学。庚款是林家翘在谈到当年的清华园生活时常常会提到的一个词。1900 年，八国联军入侵中国，清政府被迫与外国侵略者签订了丧权辱国的《辛丑条约》，赔偿白银四亿五千万两。这对于中国无疑是一笔巨大的经济负担。因系针对庚子年（1900 年）义和团运动的赔款，故称为庚子赔款。美国分得其中的份额是 3200 多万两白银，合 2444 多万美元，约占总额的 7.32%，年息 4 分另计。梁诚（1864—1917 年），广东省番禺县（现广州市珠海区）人，幼年曾作为中国派出的第四批留美儿童在美国学习了六年（1875—1881 年）。1903 年至 1908 年，他以三品卿衔资格出任清政府驻美国公使。1904 年 12 月，当时的美国国务卿约翰·海（John Milton Hay，1898—1905 年在职）在和梁诚的谈话中提到美国所收"庚子赔款原属过多"。实际上，美国政府经过调查，发现赔款数额计算虚高，与事实有很大出入，承认"除确实费用及一切损失赔偿 1165 万美元，所余 1200 余万美元其实是多余的赔款"。梁诚得此消息，立即抓住机会向美方提出了降低赔款数额的要求："各国若将赔款核减，于我财政殊有补益，贵国如能倡首，义声所播，兴起闻风矣。"国务卿约翰·海则回答说："贵大臣所言确有至理，自当极力代谋。"表示了对梁诚倡议的支持。梁诚在 1905 年间多次就退还多收款事项向

---

[1] 清华大学九级级刊，1937。

[2] 林家翘采访录像或文字记录稿，2001 年 3 月 18 日、4 月 1 日，2002 年 4 月 4 日、12 日、19 日、26 日，2003 年 5 月 3 日。

美方交涉，同时奏请清政府以此款设学育才。[1]

不料，天有不测风云。从1905年6月开始，中国发生了粤汉铁路收回路权事件，接着，十月又发生了广东连州美国传教士被杀事件。同年，由于美国将其排华法案无限期延长而引发了中国国内声势浩大的抵制美货运动。这些事件的发生使得中美关系急转直下，美方开始以各种理由拖延讨论退还赔款事宜，但梁诚仍然锲而不舍地努力，"省一分之出款，即裕一分之国用，即纾一分之民力"。在这之后，梁诚频繁地前往美国国务院、国会图书馆等处查阅各种档案，多次走访参与赔款的美国当事官员，查证出美国在庚子赔款中提到的在北京等处所受义和团焚杀劫掠之损失，与事实有很大出入，并由此推算出赔款数目确实是虚高的。梁诚在美多年，深知美国政治的运作方式。因此，他通过多种渠道争取美国各界的支持，频频招待记者，四处奔走演说，游说国会议员，请求他们支持中国的退款要求，利用报刊舆论对美国政府和时任美国总统的西奥多·罗斯福（Theodore Roosevelt，1901—1909年在职）施以影响。事态的发展也正如梁诚在致清廷外务部函中所言："在美廷既喜得归款之义声，又乐观育才之盛举，纵有少数议绅或生异议，而词旨光大，必受全国（美国）欢迎。"果不其然，梁诚的这一提议被美国政界所接受。这一点正与美国争取西方文化占领中国市场的政策相一致。[2]

将退款用于办学，其中既洋溢着美国精神的理想主义追求，也有着眼于美国国家利益的现实主义考虑。时任伊利诺大学校长的詹姆士曾提醒罗斯福总统："哪一个国家能够成功教育这一代中国青年，哪一个国家就将因此而在精神与商业两方面收获最大的回报。""商业追随精神上的支配，比追随军旗更为可靠。"美国的外交官与学者们都向总统发出警告，称美国所接收的中国留学生太少，甚至远不如欧洲小国比利时，美国将因此在精神领域内失去对整整一代中国人的影响力。罗斯福总统和驻华大使柔克义（William Woodville Rockhill，1905—1909年在职）进而成为用退款兴学的支持者。美国所谓的"退款办学"之举，目的显然是扩大其在中国的影响，自然完全符

---

[1] 苏云峰：《从清华学堂到清华大学（1911—1929）》，台北，"中央研究院近代史研究所"出版，1996。

[2] 同上。

合美国的利益。虽然实际上这只是美国的一厢情愿，但另一方面，退款办学也给了大批中国有志青年一个接受西方现代科学文化教育的机会。1908年，经美国国会通过，罗斯福总统决定将多收之款自1909年1月起分四十年按月退还中国，本息合计共应退2840余万美元。由此，清廷外务部照会美国公使馆，决定从赔款退还之年起，逐年分批向美国派送留学生，直至退款完毕。为办理此一事务，清政府于1909年7月成立"遊美学务处"及其附设的游美"肄业馆"，为派送留美学生做先期的品学考察和语文训练。这就是清华学堂的前身。同年九月，军机大臣那桐将北京西直门外"清华园"530亩地拨作肄业馆馆址，并着手修建。至此，用退款兴学的目标得以实现。这是清末贫弱的中国在外交上一次罕见的胜利。从历史上看，对于清华学堂的建立，梁诚功不可没。[1]

清华园原名熙春园，建于清康熙年间，曾为道光第五子奕綜的赐园，俗称小五爷园。肄业馆寻找地点的时候，清华园被选中，随即开始修建馆舍。1910年12月清廷将"遊美肄业馆"更名为"清华学堂"，聘请中、美教师数十位，于1911年4月29日在工字厅举行开学仪式，清华学堂就此正式成立。这就是清华校庆日的来历。那桐亲题"清华学堂"四字和二校门上的"清华园"三字。初期学生由各省选送，部分在北京招考。[2]

同年十月，辛亥革命发生。11月9日，美籍教师离境避乱，学生离校，学校关闭五个月。

民国成立之初，局势趋于稳定，清华学堂于1912年5月重新开学。11月，清华学堂奉命改名为清华学校，隶属北京政府外交部。第二年，学校又将旁边的近春园（俗称四爷园，原为道光四子咸丰奕宁之赐园）及长春园等并入，并征购南面民地200亩，使清华校园得以扩大。1925年春，清华学校成立大学部，开始招收大学部学生，还成立研究院。从此学校不仅为出国留学作准备，也为国内造就人才。1928年8月，国民政府改"清华学校"为"国立清华大学"。

---

[1] 苏云峰：《从清华学堂到清华大学（1911—1929）》，台北，"中央研究院近代史研究所"出版，1996。
[2] 同上。

正因为有了这样的历史渊源，清华大学从建校伊始就长期把培养留美预备生作为办学的方向。当时正值民国初年，军阀混战，财政支出以军费开支为主，政府不重教育。各大学往往经济窘迫，为教育经费苦苦奔波。而清华大学则有充裕的庚款，这是其他大学所没有的优越条件。

清华大学以十九世纪典型的美国大学校园布局为蓝图，规划了早期的校园，建起了以科学馆、大礼堂、图书馆、体育馆四大建筑为主的一批现代建筑。清华大学的大礼堂建于1917年，隔着大草坪与二校门（图1-7）遥遥相望，是清华大学早期建筑群的核心。大礼堂由美国设计师墨菲（Henry Killam Murphy，1877—1954年）设计，建筑风格类似于美国弗吉尼亚大学（University of Virginia）图书馆，是一座模仿意大利罗马万神庙（Pantheon）的新古典主义建筑。它坐北朝南，南端为门厅，北端为舞台，其上采用古罗马拜占庭风格的城堡式大圆顶，四周各有一个巨大的三角顶楣，十字形的坡顶与最高处的铜面穹顶交相辉映。门前是两丈多高的四根汉白玉石柱，约两人合抱，整体柱型设计规范而细腻，充满生气。大礼堂有三个圆拱形刻有富丽精致浮雕的大铜门嵌在汉白玉的门套之中，白色的门廊和红色的砖墙形成鲜明的对比，显得庄重而生动。大礼堂建筑面积约1840米^2，内有1200个座位，至今仍是清华大学的地标式建筑（图1-8）。

图1-7　清华大学二校门　　　　图1-8　清华大学大礼堂

林家翘对早期的清华大学留有深刻印象。他在采访中回忆起20世纪30年代的清华园生活："初入校时，清华园中的一切，还是给人一种'世外桃源'之感。"[1]从小在四合院里长大，习惯了胡同生活的他，对于学生时代清

---

[1] 林家翘：回忆初入清华，《光明日报》，2011年5月6日。（文章原作于1981年）。

华园里截然不同的良好学习环境和生活条件记忆犹新。直到晚年，他还回忆说，进入清华园就如同进入了一个新的世界。走进清华校园，大草坪碧绿如毯，就和我后来在美国校园里看到的一样，这在当时的北平可以说是绝无仅有。大学的图书馆是一个重要的学习场所，图书馆往往代表着一个学校的学术和管理水平。清华大学图书馆是一栋两层楼的建筑，下层是办公室，上层是阅览室。馆后藏书库则有三层，藏书十分丰富。为了防尘防火，书库采用厚玻璃地板，而且每排书架上方都有一扇窗户透气，以利通风。阅览室有乌木和大理石的墙壁，窗户悬挂呢幔，并铺设软木地板，走起路来没有声音，以保持室内的安静。整栋建筑，坚固美观。[1] 林家翘说，"在我记忆中尤其突出的是深秋时图书馆台阶旁的大盆菊花"。[2] 特别是图书馆制订了现代化的组织管理制度，一天二十四小时向读者开架，十分方便师生的研究和学习。至于体育馆，则由从美国留学回来的马约翰（1882—1966年）任体育指导教师。除各项运动场地和器械外，还设有游泳池、击剑室、蒸汽浴等，学生在运动以后可以洗淋浴。林家翘说，这样做是为了让学生得到美国文化的熏染，在出国留学前就可以熟悉美国的校园环境。谈到居住条件，也是如此。他说，当时北平城里很少有人能住所谓的"洋房"，但是他在清华住的学生宿舍是"洋房"。[3] 每间宿舍住二到四人，有钢丝弹簧铁床、暖气炉子、淋浴器、抽水马桶等。床上铺罩统一的被单，整齐清洁，相当舒适。[4] "许多同学都是在校园中第一次喝到咖啡、红茶，吃到冰激凌，并享受到二院食堂的松软的玉米面馒头。"[5] 除了学校的二院食堂，还有仿西式自助餐的大食堂和合作社里的中餐部食堂。他还记得，那是在"九一八"之后，一些东北流亡学生自组三院食堂，价格低廉，也称"清寒食堂"。总之，清华的情况和当时北平普通老百姓的四合院生活完全不同。可以说，清华校园和北平是两

---

[1] 林家翘采访录像或文字记录稿，2001年3月18日、4月1日，2002年4月4日、12日、19日、26日，2003年5月3日。
[2] 林家翘：回忆初入清华，《光明日报》，2011年5月6日。（文章原作于1981年）。
[3] 同[1]。
[4] 苏云峰：《抗战前的清华大学（1928—1937）》，台北，"中央研究院近代史研究所"出版，2000。
[5] 同[2]。

个世界。[1] 清华园地处北平西北郊，离城二十里，校门口有大汽车（公交车）直通城里。周末学生去城里可以坐大汽车，往返一趟不超过一元。说到学费，林家翘说，学校每学期的学费是十元。不过，到四年级时学校还补贴学生总计八十元，实际等于学费全免。清华资金之充裕，由此可见一斑。[2]

清华园内有几处不同的教授住宅区，如北院、甲所、乙所、丙所、南院、新南院等。这些房子建造精良，设施完善，风格中西合璧，融入林木草树，意境清幽。新南院则为当时清华园内最新设计的西式花园别墅洋房。林家翘笑着说，"当时看到他们的住处，我就想，将来留学回来当教授多好！当然，这对于学生也是一个楷模"。[3]

地处北平远郊的清华园，无城市之烦扰，有乡间之雅静。东晋谢混《游西池》诗云："惠风荡繁囿，白云屯曾阿。景昃鸣禽集，水木湛清华。"水木清华是校园著名景观，位于工字厅北侧，清华园的名称便由此而来。它的主体部分是工字厅后面的荷塘。塘之南侧的古建筑本为工字厅的后厦，为"水木清华"的正廊，题额"水木清华"传为康熙御笔。有文章描写当时的清华校园是"苍松老桧，藤萝竹石，杨柳垂荫，溪流观鱼听蝉，奇花异草，布满庭院"，[4] 附近还有颐和园、圆明园遗址等名胜。晚饭后，空气清明，远山如黛。林家翘说，和朋友们一起绕清华园散步，可谓风景绝佳。我记得那时晚饭前，我们几个人常常到体育馆活动，晚饭后则散步聊天。我们总是从学校正门出去，沿墙西行，走到西校门，然后从气象台、体育馆一带，走回宿舍，取了书再到图书馆去读书，晚上十一点回宿舍睡觉。[5]

根据庚款退款协议，清华建立之初就是以培养留美预备生为目的的。林家翘说，学校不仅设备完善，环境幽美，而且管理也处处模仿美国的大

---

[1] 林家翘采访录像或文字记录稿，2001年3月18日、4月1日，2002年4月4日、12日、19日、26日，2003年5月3日。

[2] 同上。

[3] 同上。

[4] 苏云峰：《抗战前的清华大学（1928—1937）》，台北，"中央研究院近代史研究所"出版，2000。

[5] 同[1]。

学。学校设有基金会，学校的教授每五年一次带薪出国休学术假（Sabbatical Leave），由基金会负责安排。这项制度和美国的大学一样。学校有两个权力机关，一为"评议会"，一为"教授会"。评议会由校长、教务长及教授会甄选的评议员组成。教授会由全体教授及行政各部门主任组成，是全校教授的组织，直接评议校长，评议校政，相当于美国大学里的"学校评议会"（Academic Senate），对学校的事务有相当的权力。林家翘介绍说，这些教授喝红茶，喝咖啡，很洋派。实际上整个清华园都很洋派。学生在毕业出国留学前就预先了解和熟悉了美国学校的环境情况，出国后很快就能适应，与美国的学习方式衔接上。[1]

由"退款办学"建立的清华学堂，曾被称作"赔款学校"。早年，清华学生也称清华为"国耻纪念碑"，"清华不幸而产生于国耻之下，更不幸而生长于国耻之中。……不幸之中，清华独幸而获受国耻之赐。既享特别权利，自当负特别义务"。正是这种爱国精神与责任意识，形成了清华爱国、奉献的光荣传统。[2]

图 1-9　梅贻琦（1889—1962 年）

林家翘在清华读书时的校长是梅贻琦（1889—1962 年）（图 1-9）。1909 年，梅贻琦经考试成为清华（时为游美肄业馆）的首批 47 名庚款留学生之一，于 1909 年 10 月赴美国留学。1914 年，梅贻琦在伍斯特理工学院（Worcester Polytechnic Institute）获电机工程学士学位，同年回国。他在 1915 年进入清华执教，1916 年任清华物理系教授，1926 年任清华教务长，1931 年被任命为清华大学校长。梅贻琦在就任校长时的演讲中说道："一个大学之所以为大学，全在于有没有好教授。孟

---

[1]　林家翘采访录像或文字记录稿，2001 年 3 月 18 日、4 月 1 日，2002 年 4 月 4 日、12 日、19 日、26 日，2003 年 5 月 3 日。
[2]　史轩：清华创办的背景与经过，《清华人》，2006 年第 2 期。

子说所谓故国者，非谓有乔木之谓也，有世臣之谓也。我现在可以仿照说，所谓大学者，非谓有大楼之谓也，有大师之谓也。"他的最后那句话成为办大学的名言，至今仍在教育界流传。梅贻琦不但如是说，也身体力行地去做。他提倡德、智、体、美、群的教育思想，且以德为首。这首先表现在对师资人才的严格遴选和延聘。许多人对"大师"有片面的理解，仅看到学问的一面，而梅贻琦讲的"大师"则是学问与道德皆优的楷模。他认为，老师不但要"以己之专长之特科知识为明晰讲授"，而且要为学生的"自谋修养、意志锻炼和情绪裁节"树立榜样。梅贻琦非常强调人格与爱国。清华每年都有许多学生出国留学，他对即将出国留学的学生嘱咐说："诸君在国外的时候，不要忘记祖国；在新奇的社会里，不要忘掉自己；在求学遇到困难问题的时候，务要保持科学态度，研求真理。"。清华大学奉行教授治校的原则。清华大学教授会由所有教授、副教授组成，由校长召集和主持，但教授会成员也可以自行建议集会。对特殊人才，学校则是倍加爱护，破格提拔。如著名数学大师华罗庚原是一个只有初中学历的人，做过杂货铺店员。他因在杂志上发表数学论文而被破格召进清华大学加以培养，又破格从一位图书馆馆员转升为助教，而且被允许修习大学课程，再破格被送到英国剑桥大学去"访问研究"，最后又未经讲师、副教授阶段而破格被聘为教授。真是应了龚自珍那句诗："不拘一格降人才。"而学校对于学生，则是严格要求。当时盛传梅贻琦的清华有三难：进校门难、读学分难、出校门难。任何一门课，59.99分的成绩也要重读，没有补考，然而绝对公正。梅贻琦提出了"通才教育"这一核心观念。这种"通才教育"是一种以中国古代儒家"大学"教育思想为基础，博采近代中外大学教育思想的精粹融合而成的具有独立性的思想体系。梅贻琦认为，大学阶段的直接培养目标应该是"通才"，不应该也不可能负担起直接为社会各行各业培养"专才"的任务。这种任务应该由其他教育机构来承担。而大学应着眼于为学生们通向高深而做基本的训练。这种"通才教育"的观念对于我们今天的大学仍有着直接的现实意义，也是林家翘晚年回到清华大学以后曾多次反复强调的教育思想。

在梅贻琦担任校长期间，清华逐步建立了文、理、法、工、农五个学院二十六个系，形成了奋发读书，刻苦钻研，独立思考，自由向上的学术空气，学校得到了长足的发展。在他的领导下，清华大学得以在数年之间从一所颇有名气但无学术地位的学校一跃而跻身于国内名牌大学之列。

梅贻琦出任校长的时候，国内局势风雨飘摇，学潮动荡，尤以北大清华为甚。在他任校长之前，清华师生赶校长、赶教授是家常便饭，校长在任时间都不长。从1911年到1931年二十年间，清华的校长（包括初始的清华学堂监督）换了九个，还不包括数位代理校长和数位任命而未到任者。梅贻琦在清华任校长直至1948年，长达十七年，有人问他有何秘诀，梅贻琦笑说："大家倒这个，倒那个，就是没有人愿意倒梅（霉）！"梅贻琦为人重实干，人称之为"寡言君子"。有一句话可以作为佐证，他说：为政不在多言，顾力行何如耳。梅贻琦对清华大学的成长贡献有目共睹，受到了所有清华人的崇敬。清华师生校友给予他很高的评价："提到梅贻琦就意味着清华"，"梅贻琦是清华永远的校长"。直到抗战时期，梅贻琦担任西南联大校务常务委员，仍继续了他的教育思想和治校原则。

20世纪二三十年代的清华，可谓大师云集，群星璀璨。在学术自由的空气中，汇聚了诸如梁启超、王国维、陈寅恪、朱自清、闻一多、赵元任、王力、吴宓、冯友兰、陈岱孙、张奚若、叶企孙、吴有训、熊庆来、顾毓琇、陈省身、杨武之、华罗庚等众多名师大家。大师们孜孜以求，开创了"融会中西、贯通古今、会通文理、理工结合"的清华学术传统，确立了清华的学术风格与特点，创造了清华人文科学与自然科学的辉煌成就。

"自强不息，厚德载物"，是清华的校训。清华师生上下无不以此激励和鞭策自己。一位当年清华的校友评价母校说，"清华无一不是健康、合理、和平与秩序"。清华师生的共同信念是："清华是为学术的使命而生存"的，所以"学术"二字便是清华的灵魂。[1] 清华在研究问题的认真、谦抑、努力、有效率和条理有别于其他学校。清华人爱秩序，重思考，生活朴素，而排除"浮夸、宣传、虚声、机会（投机）的心理"，只知埋头工作，不求闻达。这

---

[1] 苏云峰：《抗战前的清华大学（1928—1937）》，台北，"中央研究院近代史研究所"出版，2000。

位校友认为,正是这种态度,才"使清华走入科学化的近代生活的境地中"。他所看到的是,星期六晚上,图书馆里"仍然挤满了人",每天下午四时以后,同学们都争着去体育馆运动,每人脸上都浮现像西山一般清秀的健康容貌。[1][2] 林家翘则拿清华和附近的燕京大学作比较。照他看来,清华出来的是中国人,燕京出来的是洋味儿的中国人。普通人家的子弟偏爱入清华,因为清华办学的目标很清楚。而出身显赫的人更愿入燕京,燕京的女生很多都进家政系,注重社交,学做太太,作风洋派。这些和清华是截然不同的。[3]

如同林家翘一样,20世纪三十年代初那几年考入清华的新生第一名都进了物理系。清华大学物理系成立于1926年,由叶企孙(1898—1977年)亲手创建(图1-10)。叶企孙1918年毕业于清华学校,而后赴美留学,1923年获得美国哈佛大学博士学位。1925年清华学校成立大学部的时候,叶企孙回到清华任教,并于第二年创建物理系并任系主任,1929年建立理学院并任院长。他还被推选为决定学校大政的七位评议员(教授会议的最高议事机构)之一。叶企孙也是中国物理学会的创建人之一,曾任中国物理学会第一、二届副会长,1936年起任会长。叶企孙是著名的物理学家和教育家。爱国是他教育理念的最基本部分。1929年他曾在清华校刊上发文,指出:"有人怀疑中国民族不适应研究科学,我觉得这些论调都没有根据,中国在最近期内方明白研究科学的重要,我们还没有经过长期的试验,还不能说我们缺少研究科学的能力。惟有希望大家共同努力去做科学研究,五十年后再下断语。诸君要知道,没有自

图1-10 叶企孙(1898—1977年)

---

[1] 苏云峰:《抗战前的清华大学(1928—1937)》,台北,"中央研究院近代史研究所"出版,2000。
[2] 郝御风:清华之纪念(国立清华大学二十周年纪念刊)。
[3] 林家翘采访录像或文字记录稿,2001年3月18日、4月1日,2002年4月4日、12日、19日、26日,2003年5月3日。

然科学的民族,决不能在现代立脚得住!"他赞同梅贻琦的办学理念,提倡通才教育。这种通才教育思想符合科学技术长远发展对于人才的需求。他要求学生不但要在物理系本系上必修课,还要选修其他系的课,而且要求学生学习人文科学方面的课。因此,学生的基础非常深厚。林家翘深受这种通才教育思想的影响,并且在自己的科学实践中深刻体会到它的正确性。他认为正是在学生时代广泛涉猎各个学科,打下了深厚的学习基础,才有可能在他一生的科学道路上走得好,走得远。叶企孙为人师表,自己做出榜样,几乎教过物理系所有的主课。同时,为了物理系的建设,他还广泛延揽人才,挖掘德才兼备之士到系里任教。物理系成立时只有他和梅贻琦两位教授。为了把物理系建设好,他先后聘请了吴有训(1928年)、萨本栋(1928年)、周培源(1929年)、赵忠尧(1932年留学结束回到清华)、任之恭(1934年)、霍秉权(1935年)等人到系里任教。他在请吴有训到物理系任教时,认为吴确有真才实学,把吴的薪水定得比他这个系主任还高。几年之后,他又推荐能力很强的吴有训当了物理系系主任。1937年,叶企孙辞去了理学院院长,推荐吴有训接任。年仅38岁的叶企孙这样做,一不是自己能力不行,二不是众人反对,三更不是已到退休年龄。他是真正的惜才、爱才,礼贤下士,举贤自让。这是他无私人品的真实体现。吴有训后来当过中央大学校长,中国科学院副院长。叶企孙尊师爱生的例子不胜枚举。他的学生,中国科学院院士冯秉铨回忆1930年毕业之时,叶企孙对他们几位毕业生说的话:"我教书不好,对不住你们。可是有一点对得住你们的就是,我请来教你们的先生个个都比我强。"叶企孙是中国近代物理学的奠基人之一,中国物理学界最早的组织者之一,对中国物理学研究、理科研究、教育事业乃至世界科学发展都做出了巨大贡献。新中国成立后二十三位"两弹一星"功勋奖章获得者中,有半数以上是他的学生,因而有人称他为"大师的大师"。

除了师资力量的不断补充和壮大,物理系还陆续建起了普通物理、热学、光学、电学、近代物理五个实验室,及X光、无线电、光学、电磁学等研究室,并有自制实验设备的金木工厂。几年之间,清华就发展成为中国物理教学和科研最好的大学。吴有训、赵忠尧等人在国际一流科学杂志《自然》（Nature）连续发表数篇论文，创中国人在国内做物理研究而在国际知名杂志发表的先河，获得国际同行的赞赏。

从 1926 年到抗战前 1937 年的十年间，清华物理系堪称"辉煌"。从这里走出了一大批物理学家和著名学者，诸如王淦昌、赵九章、彭桓武、钱三强、王大珩、钱伟长、何泽慧、戴振铎、王竹溪、葛庭燧等，当然，还包括林家翘。从 1929 到 1938 年，物理系共毕业本科生六十九人，研究生一人。其中后来成为中国科学院院士的有二十一人，成为美国科学院院士或美国工程院院士的各一人。抗战时期，在以清华物理系为主的西南联大物理系，又培养出了杨振宁、李政道、邓稼先、郭永怀、朱光亚等人。在当时极为艰苦的条件下，这不能不说是一个奇迹。

在清华的学习是紧张而愉快的，充满了生气。林家翘说，因为是考上清华第一名的学生，叶企孙对他很重视，曾亲自过问他的学习情况。[1] 他还回忆，"那时，清华好几位教授的课都很好，而且物理系还在不断进新人。刚刚从国外好大学拿到博士学位的年轻人非常有精力。比如叶企孙，教我们统计力学，他上第一堂课就讲得很深入，关联上的问题都讲得很清楚，然后再讲一些细节。那时完全是美式教育，我们的教师都是美国留学的博士，这些人给我们的教育完全合乎现在国外大学的精神"。[2] 林家翘的大学普通物理课教授是物理学家、后来担任过厦门大学校长的萨本栋（1902—1949 年）。萨本栋曾先后在美国斯坦福大学和伍斯特理工学院学习，获物理学博士学位。他在清华物理系任教期间，教学认真，循循善诱，很受学生欢迎。他编写了第一部用中文出版的大学物理教材《普通物理学》和《普通物理学实验》，其中许多物理名词译自日文。这本中文的物理教材后来在大学教学中用了二十多年，对中国的物理学教育有很大影响。林家翘回忆，"记得那时候，大学普通物理是萨本栋先生讲授。他教课非常

---

[1] 林家翘采访录像或文字记录稿，2001 年 3 月 18 日、4 月 1 日，2002 年 4 月 4 日、12 日、19 日、26 日，2003 年 5 月 3 日。

[2] 陈思（责任编辑）：大师林家翘：七十年，从清华到清华，载《名人传记》2011 年第 10 期。

认真切实,每星期一有一次十五分钟的小考。所有学生也都非常认真。课本是萨先生自著的,刚出版不久。那时候,大学程度的科学课本,中文的很少。我在大学所读的课本,除了萨先生的书以外,好像只有熊迪之先生(熊庆来,数学系主任)的高等数学分析是中文的。在实验室内,助教们也肯认真讲解,态度和善,学生都很喜欢。二年级以上的课,一般人数不多。所以除了以上所说的好处以外还更加上一个亲切之感。我到清华时,本意就是要学物理,在这种情况下,兴趣自然更提高了。那时候我也上了不少数学课,自然是个人的兴趣,也是那时候师长的指导。虽然我最后在学术界的工作方向,并未完全限于大学时代所学,但是这一段求学经验,对于我日后事业的发展,关系非常重大"。[1]

林家翘还记得,他上的其他课程还包括周培源(图1-11)的力学,王竹溪的统计力学,吴大猷的量子力学等。数学方面,他选了熊庆来、赵访熊、曾远荣、杨武之等教授的课,都是名师。林家翘指出,他当年所上课的内容,完全能跟上时代的科学发展。他举例说,大学四年级时上过一门 Matrix Theory(矩阵论)。这门课的教授是杨振宁的父亲杨武之先生(1896—1973年)。[2] 杨武之曾在美国芝加哥大学留学,是中国因数论研究而成为博士的第一人。在20世纪30年代,杨武之是名扬学界的著名学者,在清华教授过很多代数课程,特别是他

图1-11 周培源(1902—1993年)

的群论课,影响了大批后学者。林家翘说,这门矩阵论之所以重要,是因为20年代中期量子力学的诞生。量子力学的创立人之一、著名德国物理学家沃尔纳·卡尔·海森堡(Werner Karl Heisenberg,1901—1976年)即是

---

[1] 林家翘:回忆初入清华,《光明日报》,2011年5月6日。(文章原作于1981年)。
[2] 林家翘采访录像或文字记录稿,2001年3月18日、4月1日,2002年4月4日、12日、19日、26日,2003年5月3日。

用矩阵为单位描述和证明量子力学的。矩阵力学是当时量子力学中五种不同的数学体系之一。后来，量子力学又发展到用奥地利/爱尔兰科学家薛定谔（Erwin Schrödinger，1887—1961年）建立的波动力学的数学体系。量子力学的创立是从经典物理发展到现代物理的一大突破，是实验证明了的。许多现代技术装备中量子物理学的效应起到了重要作用，以致后来的高能物理的发展也都离不开量子力学。这个物理学的重大突破和发展发生在1925年及其以后，发生在林家翘在清华求学的年代。若干年后，当林家翘到麻省理工学院（Massachusetts Institute of Technology）教书时，那里有些人甚至还不知道这些量子力学的理论。学校数学系对于来自中国的年轻学者能掌握这些理论颇感意外，"他们把我看作为一个特殊的人物"，[1] 林家翘笑着说。他的清华校友、历史学家何炳棣在自传体《读史阅世六十年》一书中写道，"根据最近与林家翘学长三度电话长谈，三十年代清华物理系最难能可贵之处，是已经明了当时世界最先进的物理研究主流与取向；而且系中如吴正之（吴有训）、赵忠尧等做出的成绩，确与他们相关诺贝尔获奖人的研究成果非常接近"。[2]

　　林家翘告诉我们，除了跟随第一流学者学习之外，清华还经常邀请国外的著名科学家来校访问。到了三四年级，林家翘常常去听那些科学家的演讲。他记得1935年的暑期，数学系请来过麻省理工学院的著名教授诺伯特·维纳（Norbert Wiener，1894—1964年）到校演讲。维纳后来被认为是控制论的鼻祖。他也是林家翘40年代在麻省理工学院数学系工作时的同事。物理系曾请来过量子力学奠基人之一的德国物理学家沃尔纳·海森堡（Werner Karl Heisenberg），以及丹麦物理学家、诺贝尔物理学奖获得者尼尔斯·玻尔（Niels Henrik David Bohr，1885—1962年）。学校还请来过世界闻名的空气动力学家，美国加州理工学院教授冯·卡门（Theodore von

---

[1] 林家翘采访录像或文字记录稿，2001年3月18日、4月1日，2002年4月4日、12日、19日、26日，2003年5月3日。
[2] 何炳棣：《读史阅世六十年》，香港商务印书馆，2012年8月。

Kàrmàn,1881—1963年),等。[1] 不过,林家翘实际上并没有机会听到他后来的导师冯·卡门在清华的演讲,因为这位大科学家第一次到访清华是在1929年,他尚未入学。清华开始建立航空工程教学课程,始自冯·卡门当时的建议。当1937年7月6日冯·卡门第二次来到清华园时,已是"七七"事变的前夜。即使如此,他认为,能把这样的大科学家们请到清华来,可以看到当时清华的教授们和世界上学术水平最高的科学家们有着密切的联系。清华校园学术思想活跃,学术气氛浓厚,这些演讲和交流开阔了师生们的眼界。林家翘说,虽然那时的中国整体上科技落后,但清华大学的学术水平在世界上并不差。他认为他在清华所受的各方面教育是跟得上时代,甚至是走在时代前端的。这为他以后的科学研究工作打下了扎实深厚的基础。[2] 何炳棣说过的一句话曾广为流传:"如果我今生曾进过'天堂',那'天堂'只可能是1934年到1937年间的清华园。"而这也正是林家翘在清华上学的年代。

当年,物理系和数学系都在科学馆(图1-12)里,上课方便,两个系的师生也相互比较熟悉。对于两系的老师,林家翘始终怀有深情。他说,周培源和任之恭两位是对我最有影响的先生,我们在美国多次见面。而对于吴有训、赵忠尧、霍秉权三位先生,林家翘在20世纪70年代每次回国都一定与他们会见。

图1-12　清华大学科学馆(引自1934年《清华周刊》)

林家翘说,吴先生是我清华毕业论文的导师,我每次回国都去拜望他。可惜1978年我回国时,他已经去世了。还有华罗庚和陈省身两位先生,那时候他们在数学系做研究工作。对于梅贻琦校长,多年之后林家翘的评价是"老

---

[1]　林家翘采访录像或文字记录稿,2001年3月18日、4月1日,2002年4月4日、12日、19日、26日,2003年5月3日。

[2]　同上。

成持重",认为在时局动荡中,他对学校的大方针把握得很稳。[1][2]

和美国的多数大学一样,那时清华的学生入学后到第二年才选系。林家翘所入的物理系同班大约有十名学生。在课业学习中,所有同学都非常刻苦努力,但林家翘在独立思考上却更胜一筹。他对任何问题总是要想方设法找到最简明的方法和最好的答案,这是他一贯的作风,以至贯穿他一生的科学研究。这一点在他初上大学时就已经露出了端倪。何炳棣在自己的书中写过这样一件事:"任之恭先生在昆明曾面告,他虽未曾教过九级(1937年毕业)入学状元林家翘的普通物理,但系中同仁不时追忆起1933—1934年林家翘以一年级新生选萨本栋先生普通物理期终考试时,萨和同仁研究某试题所有的可能答法,等着看林家翘是否选最简捷漂亮的答案,结果林的答案出乎所有教授意料之外,比任何预想的答案都高明!"[3] 林家翘在自己的学习方法上确有独到之处。他的清华校友、同时也是留美同学的力学家钱伟长教授在和大学生谈到学习方法时曾提到林家翘。他说:"我有个同学叫林家翘,现在是美国麻省理工学院教授,美国科学院的院士,他的课堂笔记除每天晚上整理一次,写出一个摘要外,每个月他还要重新再整理一次,把其中的废话全删掉,把所有的内容综合起来,整理出一个阶段的学习成果。每学期结束复习时,一门课的笔记经过综合整理后,只

图1-13 林家翘的周培源"流体力学"课笔记(清华大学档案馆藏)

有薄薄的一本,大概十八页左右吧。一个学期所学习的知识,就完全消化成了他自己的东西了,他温书就看这个,边看、边回忆、边思考,每次考试都名列前茅。这种记笔记的方法,就是要把教师和别人的东西,经过自己的思

---

[1] 林家翘采访录像或文字记录稿,2001年3月18日、4月1日,2002年4月4日、12日、19日、26日,2003年5月3日。

[2] 林家翘:回忆初入清华,《光明日报》,2011年5月6日。(文章原作于1981年)。

[3] 何炳棣:《读史阅世六十年》,香港商务印书馆,2012年8月。

考、消化，变成自己的东西。要不断消化，不断地加深理解。林家翘分三个阶段记笔记的过程，就是一个不断消化的过程。我只分了两个阶段，我现在很后悔，我要早分三个阶段，学习效果一定会更好。"[1]

不言而喻，作为一所以留美预备学校而成立的大学，熟练掌握英文是每一个学生必需的基本技能。清华要求学生的英文能力必须保证他们在进入美国的大学后，能够顺利适应那里的学习与生活。因此，清华的教学直接采用美国模式，许多课程都用英文课本和英文课堂教学，并且实行严格的考试和淘汰制。同时，学校很重视营造英文的生活氛围，演讲会、辩论会、戏剧演出等活动都用英文进行，校内的各种刊物以至通知告示等也用英文书写，甚至到校医院看病都使用英文。林家翘高中阶段的学习已经为自己的英文打下了很好的基础。进入清华后，除了第一年上英文课并通过了考试，其他三年已不需再上专门的英文课。他的课程和在校内的日常生活几乎都用英文进行。这样的四年大学生活，使得他后来到美国留学，在语言上有一个无障碍的顺畅衔接。

正如林家翘在谈到他的大学生活时所反复强调的，那时的清华，"先生是认真地教，学生是认真地学"。"功课很紧，一直念到毕业。"那几年学习对他影响很大，奠定了他一生科学研究的基础。用他自己的话说，那是他一生中"最要紧"的时期。[2] 清华园良好的读书环境和科学氛围，再加上刻苦努力的学习，林家翘年年都能取得优异的成绩。在《清华大学档案精品集》中，可以看到他在清华前三年的"本科学生历年成绩片"（图1-14）。其

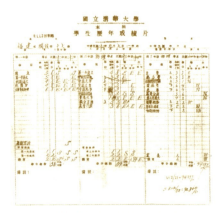

图1-14　林家翘的清华大学历年成绩片，1936年（清华大学档案馆藏）

---

[1] 钱伟长和大学生谈学习方法，在清华大学工学院校庆的演讲（据记录整理）。
[2] 林家翘采访录像或文字记录稿，2001年3月18日、4月1日，2002年4月4日、12日、19日、26日，2003年5月3日。

中大部分是"E"（Excellent，优异）或"E+"，少数是"S"（Superior，优良）。特别是他最注重的数理化成绩，除了"E"就是"E+"。第三学年成绩用分数评定，数理化成绩均在96分以上，甚至这一学年体育课成绩也是88分。不过也有例外，他的成绩单上分数最低的是75分，为三年级时所谓的"党义"课，看来他对此课缺乏兴趣。

马约翰（1882—1966年）是当年清华大学的体育教授，也是林家翘的体育课老师。那个时代的学生一定会记得马先生在操场上的标准形象：白衬衫，挽起双袖，bow tie（蝴蝶领结），深色马甲，下面一条英式灯笼裤和半腿袜，挥起手臂朝着奔在跑道上的同学大喊"Go! Go! Do your best!"（"加油！加油！拼尽全力！"）与同学们相比，林家翘的身体并不十分强壮。他的清华校友、数学家徐贤修讲过这样一段轶闻。他说，"林家翘在校时门门功课都优秀，大家都很服气；但他身体不好，跑步总是落在后面。马约翰先生教他锻炼，并说只要坚持下去，身体是会好起来的。林家翘照着做了，并且十分认真，风雨无阻，身体果然比过去好了。到了期末，他的成绩单上，出现了马老给的一个'优'。大家不服，去问马老，并说他是偏心。马老向他们解释说，在体育上，速度和各种技巧的锻炼，都是很重要的；但更重要的是意志、是顽强精神的培养。林家翘身体虽然差，速度不快，但在意志和精神的锻炼上，他是无愧于优秀者的"。[1]

在1937年九级同学毕业时编辑的《清华大学九级级刊》中，毕业生们各自撰文描写自己在清华园几年学习生活的经历和感受。林家翘在其中的一段文字令人忍俊不禁："自传从来就没写过，因为根本就不会写；然而姑且将今天的生活记下，交卷而已。早晨七时起，上课，下课，上课，下课，直到吃午餐时。今天上午有一堂化学课，因为书讲完了，大家随便讨论些问题，其中颇有有趣的。我总觉得化学班上有些同学算学学得不够好，因而不会Hypothesis and Conclusion之论。记得有一位同学请张先生写一方程式，张先生告诉他，这方程式应依实际实验情形而有不同。结果这位同学讲了一篇大

---

[1] 清华大学《马约翰纪念文集》编辑组：《马约翰纪念文集》，北京，中国文史出版社，1998。

道理来：坚持其中的一个方程式。最后他怒冲冲地对张先生说'你倒是告诉我一个准的，我们实验报告上还要写呢！'下午我在游泳池中饮水半口。"[1]

四年紧张而又愉快的大学生活在这样的氛围中很快就过去了（图1-15）。1941年，梅贻琦校长在纪念清华三十周年时写过一篇"大学一解"。文中写道，"古者学子从师受业，谓之从游。孟子曰：'游于圣人之门者难为言'，间尝思之，游之时义大矣哉。学校犹水也，师生犹鱼也，其行动犹游泳也，大鱼前导，小鱼尾随，是从游也，从游既久，其濡染观摩之效，自不求而至，不为而成"。[2] 此即为著名的"从游

图1-15　清华大学物理系部分师生在科学馆前合影，1936年

一排左五钱三强，二排左一周培源，左二赵忠尧，左三叶企孙，左四任之恭，左五吴有训，三排左四傅承义、左五彭桓武，四排左四钱伟长，左五熊大缜，最后排左二戴振铎，左四林家翘

论"。在清华的几年，林家翘如同"从游"于大师们的小鱼。他得到的当然不仅仅是具体的知识和各科的分数成绩，更重要的是在耳濡目染之下，他受到了清华优良学风的熏陶，培养了自己成为一个科学工作者所必需的基本品质和素养，为日后成长为一位科学大师作了前期的准备。清华大学为他开启了一生献身科学事业的大门，是他八十年科学探索征程的开端。

三、动荡的年代

谈到当年清华的大环境，林家翘心情沉重起来。他说，我在清华上学的几年当中，时局非常动荡。他在谈话中提到了清华园里的东北流亡学生，还有"何梅协定"和宋哲元为首的"冀察政务委员会"，等等。

---

[1] 孙卫涛、刘俊丽：《林家翘传》，南京，江苏人民出版社，2013。
[2] 梅贻琦：大学一解，清华学报，第十三卷第一期，《清华三十周年纪念号》上册，1941年4月。

20世纪30年代，中国政局动荡，风雨飘摇。林家翘在清华上学的几年，正值1931年"九一八"事变之后，日本帝国主义大举进攻中国之时。他清楚地记得，那时清华园里出现了许多东北流亡学生。他们背井离乡，生活十分清苦。他说，一二年级时还算稳定，但到了三四年级，局势便越发紧张。那是因为日本人侵占了东北以后，又把侵略的魔爪伸向了华北。[1]1935年六七月间，日本迫使国民政府签订"何梅协定"，严重侵犯中国主权，并策动所谓"华北自治"，建立傀儡政权，企图将侵略扩大，吞并华北。山河破碎，中华民族处于生死存亡的危急关头。全国人民强烈反对日本帝国主义的侵略，青年学生的抗日救国运动不断，各地一片抗日热潮。十二月，由清华进步学生组织的清华大学救国会发出告全国民众书，喊出"华北之大，已经安放不得一张平静的书桌了！"学生们抗日情绪高涨。林家翘说，在这样的形势下，许多像我一样埋头念书的学生也都卷入了运动。1935年12月9日，北平大中学生数千人举行抗日救国示威游行，反抗日本帝国主义侵略，反对华北自治，要求保全中国领土的完整。林家翘回忆道，那天早上，他参加清华学生的队伍，走向西直门，准备到北平城里参加请愿游行。其他学校离城近，学生早就进城了。清华大学和燕京大学离城远，等他们走到西直门时，城门已经被军警关上了，迫使千余人的学生队伍进不了城。于是，学生们就在西直门城墙外面呼喊抗日口号，向民众作抗日宣传，开群众大会，一直开了一整天。他还说，到了1936年底，发生了西安事变。由于共产党方面周恩来的调解，事变最终获得和平解决，把蒋介石给放了。那一天，清华园里还举行了庆祝西安事变和平解决的大会。会上一派学生喊口号"中华民族万岁！"，另一派支持国民党的学生则喊"中华民国万岁！"两派学生还因此而打起来了。林家翘说，那时候校园里抗战的气氛非常浓厚，而且学生运动都是有人领导的。虽然他并不知道哪些学生属于共产党，哪些学生属于国民党，但作为一个中国人，他很清楚抗日的道理。他出国留学时曾立志学航空，就是因为看到了日本飞机在中国的天空耀武扬威，狂轰滥炸。他要为

---

[1] 林家翘采访录像或文字记录稿，2001年3月18日、4月1日，2002年4月4日、12日、19日、26日，2003年5月3日。

壮大自己国家的航空事业,打败日本做贡献。[1]

西安事变之后的 1937 年上半年,学校因为学潮而形成罢课活动。林家翘说,那也正是在他毕业前写论文的时候,课已经不上了。7 月 7 日那天,林家翘迎来了自己二十一岁的生日。生日当晚,在清华园里可以清晰地听到卢沟桥方向传来的枪声。那是"七七"事变爆发的枪声。一个年轻的清华学子,在行将结束大学生活,对未来充满期望的时候,却不得不面对残酷无情的战争。林家翘说,因为"七七"事变那天正好是他的生日,所以印象特别深刻。[2]

7 月 29 日日军占领北平,同日清华园陷落。清华教授吴宓日记记载:"传闻日军已南进至清河。前队已驻守清华园车站。不久,或即来校接收。情形甚为忙乱。"[3] 根据国民政府教育部 9 月 10 日的第 16696 号令,国立清华大学、北京大学和私立南开大学南迁,组成长沙临时大学。9 月 13 日长沙临时大学筹备委员会成立,清华大学校长梅贻琦、北京大学校长蒋梦麟和南开大学校长张伯苓为常务委员,筹备临时大学开学事宜。

图 1-16 吴有训致梅贻琦,1937 年(清华大学档案馆藏)

这一年的 10 月 21 日,物理系主任吴有训致函校长梅贻琦,力荐刚刚毕业且学习成绩优异的林家翘代理物理系助教(图 1-16)。梅校长同日批复"照发聘函"。聘用从当年 9 月起算,林家翘就此便留在清华工作,而他留校工作的第一件大事就是随校南迁,前往长沙。10 月 25 日,长沙临时大学开学,11 月 1 日正式上课。到校学生 1452 人,其中清华 631 人;三校教师共 148 人,包括清华 73 人。从此开启了三校精诚团结,在艰难条件下办学的新篇章。[4]

---

[1] 林家翘采访录像或文字记录稿,2001 年 3 月 18 日、4 月 1 日,2002 年 4 月 4 日、12 日、19 日、26 日,2003 年 5 月 3 日。

[2] 同上。

[3] 史轩:清华大学在 1937 年,清华大学新闻网,2007。

[4] 同上。

美丽的清华园惨遭蹂躏。"9月12日日本宪兵队闯入学校,强行搜查校长办公室等机关,封闭学生自治会及教员住宅等处。自10月3日至10日,每天以'参观'为名行抢劫之实,每次将校内各种重要财物装满汽车扬长而去。10月13日,卢沟桥事变祸首日军牟田口部队强占清华。

1938年8月,校保管委员会被迫离开清华园迁至城里骑河楼。1939年春,日陆军野战医院152病院进驻,清华被用作伤兵医院。据统计,日军占领期间,清华的建筑物遭破坏达40%以上,设备损失达100%,图书损失达79%。"[1]

随着战争的发展,日军逐渐向华南推进,局势继续恶化。1937年底,上海、南京相继陷落,武汉告急,战火逼近长沙。1937年12月,国民政府命令长沙临时大学在第一学期学习结束后迁往昆明办学。1938年2月中旬,长沙临时大学开始西迁云南昆明。全校师生由海陆分三路前往云南:第一路经广州、香港乘船到越南海防市,再坐火车到昆明。走这条路线的教授主要有陈寅恪等。这一路于二月中到达。第二路从长沙坐火车到桂林,再从桂林换乘汽车途经柳州、南宁到越南,最后也顺滇越铁路到达昆明。走这条路线的教授主要有陈岱孙、朱自清、冯友兰、钱穆等十多人。这一路到昆明时已是二月底。林家翘后来在一篇回忆文章中写道,"我们到昆明那天是二月底,下了40年来第一次的小雪"。[2] 根据林家翘的回忆和有关史料推测,林家翘随团走的应该就是这条路线,以期早日到达,为开学作必要的准备。昆明号称春城,极少下雪。师生们为避战乱,背井离乡,长途跋涉抵达昆明,迎面只见山河素裹,天地间透着一派悲壮的情愫。第三路是最艰苦的迁移路线。被称为湘黔滇旅行团的师生于1938年2月19日开始迁移,共计336人,其中学生有280多人。旅行团团长为张治中将军委派的黄师岳中将。随行的教授主要有闻一多、袁复礼、李继侗、曾昭抡、吴征镒等。师生队伍由长沙至湖南益阳搭船,再由益阳步行经过湘西常德抵达沅陵,由沅陵经芷江到晃县乘卡车快速通过(因恐湘西土匪打劫),再穿越云贵高原(贵阳、平彝、曲

---

[1] 史轩:清华大学在1937年,清华大学新闻网,2007。
[2] 林家翘:一代宗师,载《科学巨匠师表流芳》,北京,中国科学技术出版社,1992。

靖)。师生们风餐露宿,栉风沐雨,艰苦跋涉之中于 4 月 28 日到达昆明。迁移全程约三千三百里,步行约两千六百里,历时 68 日,实际步行 40 天。师生们把这次迁移办成教学任务,在途中积极宣传抗日救国,同时也不忘记进行地质、地理、气象、植物、社会、民俗风情等方面的学习与实践。他们在长途跋涉中亲眼看到了中国广大城乡民众的艰苦生活,体察到国情的艰难。胡适称此次教育界的长途跋涉为"最悲壮的一件事","这段光荣的历史,不但是联大值得纪念,在世界教育史上也值得纪念"。[1]

1938 年 4 月 2 日,教育部转行政院命令,国立长沙临时大学改称国立西南联合大学。不屈服于日本帝国主义的侵略,中国文化的火种继续在祖国大地的西南燃烧。

在那烽火连天的时代,每个人都把自己的命运和民族的生死存亡联系起来。1937 年,清华教授朱自清为清华大学九级同学写了九级级歌:"莽莽平原,漠漠长天,举眼破碎河山。同学少年,同学少年,来挽既倒狂澜。去向民间,去向民间,国家元气在民间。莫怕艰难,莫怕熬煎,勠力同心全在咱。"[2] 直到晚年,林家翘仍然记得这首诞生于血与火时代的歌,并且还能轻轻哼唱。那个时代的莘莘学子在深重的忧患中成长,内心深处有排解不掉的忧国情怀与责任意识。中华民族蒙受的巨大屈辱造就了那一代青年。也正因为如此,在学习科学文化到传播科学文化的奋斗之中,他们获取了巨大的动力,担当着用自己的知识为多难祖国服务的历史责任。

四、西南联大生活

西南联大于 1938 年 5 月 4 日开学上课,各项工作陆续走上正轨(图 1-17)。联大借用昆明大西门外云南省立昆华中学(现昆明一中)后院的房子作教师宿舍。除了林家翘,同住在那里的还有来自清华的钱伟长和来自北京大学的郭永怀,以及其他十余位青年助教和研究生。他们一起包饭,也经常一起讨

---

[1] 闻黎明:《抗战风云中的国立西南联合大学》,秀威资讯科技股份有限公司,2010。
[2] 王伟瀛:朱自清写校歌,生活时报,2001 年 6 月 1 日。

论各种问题，彼此间很快就熟悉起来。作为林家翘的老师，清华物理系教授任之恭（1906—1995年）把他安排在无线电研究所工作。这是林家翘到了西南联大以后的第一个工作。清华大学在西南联大期间用有限的资金办着五个特种研究所，即农业研究所、航空研究所、无线

图1-17　西南联大校门

电研究所、金属学研究所和国情普查研究所。叶企孙是特种研究所委员会的主席。这些研究所只进行专门研究，不招收研究生。早在战前，清华就未雨绸缪，先行运送了一批书籍和仪器设备到汉口，以备不时之需。虽然一些书籍和设备在运送过程中遭到丢失和损毁，但仍有相当一部分最后辗转运送到了昆明。这些物资日后对于西南联大的教学和科研起到了至关重要的作用。清华还将战前就在国外订购的制造真空管的设备直接运到了汉口，后经重庆运至昆明，成为无线电研究所开展电子管研究的重要设备。清华的无线电研究所设在大普吉，距昆明城有五六千米路。其进行的主要工作有两项，其一，是真空管的装配和半导体理论研究。他们后来甚至研制成功了抗战时期中国的第一个电子管。其二，是对无线电频波通过地球介质和电离高层进行传播的理论和实验进行研究。时为无线电研究所所长的任之恭早年毕业于清华，后到美国留学，并于1929年在宾夕法尼亚大学（University of Pennsylvania）获无线电通信硕士学位，1931年获哈佛大学（Harvard University）物理学博士学位。1934年任之恭回到清华任物理系教授。1946年，任之恭到美国约翰·霍普金斯大学（John Hopkins University）工作。1972年，他曾和林家翘一起组织了首个美籍华人学者参观团回国访问，并受到了周恩来总理的接见。当年，任之恭教授在所里主要参与并负责上述第二个课题，和任之恭同庚的实验物理学家、美国加州理工学院博士孟昭英（1906—1995年）也应聘在所里工作。同时与林家翘先后在无线电研究所做助教和从事研究工作的还有毕德显、戴振铎、王天眷、陈芳允、张恩虬等。正值抗战时

期，西南联大有些工作也是直接为抗战服务的。例如，1939年无线电研究所就为军政部学兵队训练通信军官，学习为期四个月，学成后全部归队参加抗战。

林家翘在无线电研究所的职务是助理研究员，参加研制军用秘密无线电话机。孟昭英那时刚从加州理工学院获得博士学位回国，家眷尚未到来，林家翘便和他一起住在研究所的宿舍里，成为室友。在和孟昭英的交往中，林家翘认为自己"收益甚多"。"孟先生是个脚踏实地的人。他当时只有三十出头，刚刚成为教授，但是他学问做得非常好。他非常正直，做事情总是从大处着眼，从来不把个人利益放在第一位，而是把清华大学和无线电研究所的前途放在首位，考虑一件事情如何去做都是从是否有利于学校发展的角度去想。""在无线电研究所工作的短短一段时间使我感觉到孟昭英先生是一个非常正直的人。"[1] 在刚刚结束大学生生活，走上工作岗位的时候，孟昭英的工作态度无疑给林家翘留下了深刻印象，并从中学到了严谨踏实的科研作风。无线电研究所要做很多关于无线电方面的实验。在工作中，长于理论研究的林家翘"发现自己做实验的本领不是很强"，[2] 因而有了专门从事理论研究的想法。任之恭当时的邻居是好友周培源。周培源携眷刚到达西南联大时，在郊外西山租借了一座宅院，房东是一位姓马的团长，故被称作"马家花园"。这座西式宅院，一家人居住过于宽大。周培源夫妇就邀请新婚不久的任之恭、陶葆楷夫妇入住，两位教授就此便成了邻居。他们都是清华学校赴美留学返校任教的物理学家，经历相似，志趣相投，相处融洽。林家翘回忆说，在得知了我的想法之后，周培源就和任之恭商量，提出不如把我调回物理系做助教，由他来指导我做研究。这样，林家翘就离开了无线电研究所，到物理系跟随周培源当助教。[3] 这是林家翘在周培源身边工作的开始。

周培源（1902—1993年），著名流体力学家，理论物理学家和教育家，

---

[1] 陈思（责任编辑）：大师林家翘：七十年，从清华到清华，载《名人传记》，2011年第10期。
[2] 林家翘采访录像或文字记录稿，2001年3月18日、4月1日，2002年4月4日、12日、19日、26日，2003年5月3日。
[3] 同上。

中国近代力学的奠基人和理论物理学的奠基人之一。1924年，他在清华学校毕业后赴美留学，获美国加州理工学院（California Institute of Technology）物理学博士学位。1928年和1929年分别在德国莱比锡大学教授海森堡和瑞士苏黎世高等工业学校教授泡利（Wolfgang Pauli，1900—1958年）的指导下从事量子力学研究。回国后，他先后在清华大学、西南联大、北京大学任教授，期间于1936年至1937年利用他在清华的第一次学术休假到美国位于普林斯顿的高等研究院（Institute for Advanced Study, IAS），参加爱因斯坦（Albert Einstein，1879—1955年）主持的广义相对论讨论班，从事相对论的引力论和宇宙论的研究，成为中国唯一一位曾经在爱因斯坦身边长期工作过的人。1937年，他假满回国。不久，抗日战争爆发。周培源受校长梅贻琦之托，安排学校南迁事宜，曾先后担任长沙临时大学和西南联合大学物理系教授。周培源在学术上的主要成就是在物理学基础理论的两个方面，即爱因斯坦的广义相对论的引力论和流体力学的湍流理论。在湍流理论方面，他在国际上第一次提出湍流脉动方程，并用求剪应力和三元速度关联函数满足动力学方程的方法，建立了普通湍流理论，从而奠定了湍流模式理论的基础，在国际上形成了一个"湍流模式理论"流派，对推动流体力学尤其是湍流理论的研究产生了深远影响。从20世纪50年代到80年代，他的湍流理论不断得到深化和发展，从而建立了相当完整的湍流模式理论体系。

湍流是一种不稳定的液体或气体的流动，它广泛存在于自然界和人类的生活中，从河流瀑布到大气环流，从管渠水流到烟囱排烟，它和我们息息相关。湍流始终是物理学中一个极难解决的问题。20世纪30年代，周培源知难而上，开始了与航空关系密切的湍流理论研究，并且引导林家翘也走入这一重要的科学领域。林家翘说，"在清华大学物理系老师中，对我影响最深最广的，正是后来被称为'中国应用数学鼻祖'的周培源先生。当时周培源放弃了长年研究的广义相对论，专心将数学应用到航空上，以有助于中国制造出自己的飞机。1937年日本侵略中国，大家都觉得中国很吃亏是因为没有飞机。所以物理学家认为，爱国就应该学航空。周培源不仅在治学态度上深刻影响了我，而且从此引导我走上了应用数学的道路。我跟他学与航空有关的问题,即湍流问题。周培源老师也嘱咐我:'一定要研究湍流,因为这是一类基础科学研究。'"[1] 林家翘后来在流动稳定性和湍流理论方面潜心研究了二十多年,成为他一生最重要的工作之一,其源就在于此。1944 年他在加州理工学院获得的学位是与空气动力学密切相关的航空学博士,而应用数学的科学研究,则伴随了他的一生。

实际上,周培源在清华大学教过所有的理论物理课程,诸如普通物理、力学、电动力学、统计力学、量子力学、相对论,等等。林家翘与周培源相识并非始自西南联大,而是始自 1935 年秋,即林家翘在大学三年级上力学课的时候。那时,周培源是林家翘的力学课老师。"周先生讲课,非常认真、起劲,说话也相当快,所以听课的学生,很受鼓舞。那时候的物理教学课本都是英文的,所以我们大家听课,都必须记笔记,杂用中文和英文。因为那时候,多半的名词都没有标准的中文译名。每周都有习题,学生看笔记和习题就可以知道是否学懂了。教科书是很少有人仔细读的,我因为特别喜欢这一课,所以还读一读教科书,但是也觉得,从周先生讲课的笔记,也就可以学会了。"[2] 林家翘说,不过,因为学生运动,学校罢课,这门力学课没有上完。"汉密尔顿力学(Hamiltonian Mechanics)这最后一部分是我们自学的,所以我一直引为遗憾的,就是没有听完周先生讲汉密尔顿力学,是我后来自学把它完成的。"[3] 1938 年到西南联大之后,林家翘在给周培源做助教的同时,还在研究院听他的课。周培源当时是研究院的教授之一。

作为周培源的助教,林家翘参加了周先生指导下的空气动力学湍流研究小组。同组的还有郭永怀和胡宁。据中国科学院院士、北京大学教授胡宁回忆,"周先生指导我们研究的方式是提出问题让我们独立去考虑解决,有时他事先作一些粗略估算,然后共同讨论。周先生和他所指导的小组当时对我国理论物理和流体力学的研究起着先导的作用"。[4]

---

[1] 陈思(责任编辑):大师林家翘:七十年,从清华到清华,载《名人传记》,2011 年第 10 期。
[2] 林家翘:一代宗师,载《科学巨匠师表流芳》,北京,中国科学技术出版社,1992。
[3] 同上。
[4] 胡宁:怀念我的导师周培源先生,载《中国科学院院刊》,1994 年第 2 期。

林家翘除了跟随周培源学习流体力学之外，还涉猎了其他先进的物理学领域。他跟随王竹溪先生学习统计力学。"王先生也是周先生的学生，刚从英国剑桥大学 R.H. 福勒（R.H.Fowler）门下回国。"福勒教授的研究领域正是统计物理学。"再后来我也跟他们做些研究，其实也只是学着做研究罢了，自己的贡献很有限，但是的确学了不少东西。在这期间，我又听了周先生的普通相对论（包括宇宙论）课程，还听了吴大猷先生讲量子力学。这些位教授，都是学有专长，所以我们做学生的，的确可以从他们那里得知理论物理学尖端的发展情况。"[1]

　　在西南联大跟随周培源工作期间，林家翘完成了两篇论文。第一篇是在理论物理学教授王竹溪的指导下所作的关于统计力学的研究文章。统计力学（又称统计物理学）是研究大量粒子（原子、分子）集合的宏观运动规律的科学。林家翘的这篇文章题为"On the dependence of interaction energy upon atomic arrangements in superlattices of binary alloys"（"在二元合金超晶格中，原子相互作用之能量与其排列之关系"），发表于《中国物理学报》（*Chinese Journal of Physics*）1939 年第四期。学报创刊初期用英、法、德三国文字发表论文。该文也是 1987 年出版的《林家翘论文选》（*Selected Papers of C. C. Lin*）中的开篇之作。王竹溪（1911—1983 年）1933 年从清华物理系毕业后到英国剑桥大学留学，师从英国著名物理学家和天文学家、英国皇家学会院士拉尔夫·福勒爵士（Sir Relph Howard Fowler，FRS，1889—1944 年）。1938 年夏获得博士学位后，他即回到清华（时为西南联大）担任教授。林家翘说，王竹溪在英国的专业是应用数学，实际上就是做理论物理的研究。这是中英两国采用不同的名称表达同一种科学工作。[2] 王竹溪后来还指导过杨振宁和周光召两位研究生。他是中国最早发表湍流论文的物理学家。"他在周培源先生的指导下于 1934 年发表了研究论文'旋转体后的湍流尾流'。'Turbulence'的中文译名'湍流'就是王竹溪先生最早提出来的。这个译名

---

[1] 林家翘：一代宗师，载《科学巨匠师表流芳》，北京，中国科学技术出版社，1992。
[2] 林家翘采访录像或文字记录稿，2001 年 3 月 18 日、4 月 1 日，2002 年 4 月 4 日、12 日、19 日、26 日，2003 年 5 月 3 日。

无论从音译还是意译看来都恰到好处。"[1] 林家翘的第二篇文章是与周培源一起做的关于湍流的论文。周培源对林家翘非常关心爱护，引导林家翘走入了科学研究的领域。这些初期的湍流理论的研究，甚至对他以后在天体物理学星系结构理论等方面的探索和成果，都可以说是一个开创性的工作。林家翘曾强调说，搞科学研究，对于一个学生来说，选择好研究方向和课题至关重要，而一个好的导师则是极其关键的。[2] 林家翘是幸运的，周培源是他在科学道路上探索前进所遇到的第一个恩师。回忆起和老师的交往，林家翘满怀感恩之情。他认为，周培源留下的最宝贵的东西就是严谨认真的治学态度。这种治学态度是潜移默化地慢慢传给他的。他还回忆说，在西南联大时，周培源和任之恭是很好的朋友，同住昆明西山。我作为学生，常常去拜访他们，关系很密切。出国后，接受周先生的建议，我曾到 CalTech（加州理工学院）上学。这所学校也是周培源的母校。20 世纪 40 年代，他到 CalTech 作访问研究，我还和他在那里相处了一段时间。[3]

除了科学研究之外，林家翘的助教工作还有带学生实验和一些代课的工作。1938 年夏，杨振宁以高中二年级学历考上了西南联大物理系。他的一年级物理实验课老师就是林家翘。杨振宁的父亲杨武之是清华大学数学系教授，故而杨振宁从小在清华园长大。杨振宁父子与林家翘可以说是有两代的师生情谊。不过，因为课程安排的关系，林家翘只教了杨振宁半天的实验课。若干年后，已成为纽约州立大学石溪分校教授的杨振宁建议林家翘到位于普林斯顿的高等研究院工作。林家翘以此为契机开始了星系螺旋结构的研究，并发展了密度波理论。又过了几十年，他们都返回了清华园，彼此成了邻居。两人交往的历史，画了几十年的一个圈，又回到了原点，或许这也是一种缘分吧。

那段时间，林家翘也曾代过物理系的课程。现在人们已经不大听到"物

---

[1] 黄永念："中国湍流研究的发展史，中国科学家早期湍流研究的回顾"，载《第二届全国力学史与方法论学术研讨会论文集》，上海，上海大学出版社，2005。
[2] 林家翘采访录像或文字记录稿，2001 年 3 月 18 日、4 月 1 日，2002 年 4 月 4 日、12 日、19 日、26 日，2003 年 5 月 3 日。
[3] 同上。

性学"这个名词了。物性学是物理学的内容之一,是研究关于物质的气体、液体和固体三态的力学和热学性质的科学。随着对物质性质研究的发展,逐渐由力学和热学扩展到电磁学、光学等各方面。物性学所涉及的范围已经太广,现在不再作为一门单独的学科,而将其内容分别纳入各有关的学科。不过,20世纪30年代的西南联大还开有这门课。叶企孙有一次给学生上物性学课程,快下课的时候有位同学提出了一个问题,但是叶企孙还没有来得及给出完满的解释,下课铃就已经响了。叶企孙说:"我回去想想再来解释。"后来因为出席一个重要会议,他临时托林家翘代课。林家翘一上课就说:"这个问题非常简单。"随即指出关键,问题立刻圆满解决。再到下一次课,叶企孙上来就讲:"林先生天资聪颖过人,又努力钻研,来日必有辉煌成就。"[1]

林家翘在西南联大的几年,正是抗战开始时的艰苦岁月,其生活之艰难是今天难以想象的。西南联大诞生于抗战的烽火硝烟之中。初到昆明,校舍全无,只能赁屋而居。"刚来的时候,学校没有装电灯。寝室里是八人一组,公用一盏油灯。图书馆用汽灯。偌大一个图书馆并没有几盏,因此抢座位比在电影院购票还要拥挤。"[2] 毕业于物理系的北京大学教授沈克琦记得,"宿舍是泥地稻草顶,四十人一屋,十个窗户,每个窗户两张双层床。窗户是几根木条,冬天就糊纸挡风。好在昆明四季如春,很冷、很热的天气很少,能勉强应付"。[3] 租房不敷应用,联大于1938年7月以昆明市西北角城外124亩荒地为校址,修建新校舍。1939年4月,西南联大新校舍落成。由于战时困难,经费极其紧张,所以新校舍一律建成平房,没有任何一栋楼房。建成的学生宿舍共有36栋,全是土墙茅草顶结构;教室、办公室、实验室56栋,为土墙铁皮顶结构;食堂2栋,图书馆1栋,为砖木结构(图1-18)。"学生们几十人挤在铁皮屋顶(铁皮屋顶最后还因为经济困难换成了茅草屋顶)、土坯墙的教室和宿舍里,这些教室方向不同,大小不一,

---

[1] 王乐:清华往事并不如烟,《文汇报》,2011年4月21日。
[2] 蒲实:西南联大:在战争与清贫中治学,《三联生活周刊》,2015年11月6日。
[3] 沈克琦:谈谈西南联大,www.pku.edu.cn/news/xiao_kan/,2002年12月19日。

图 1-18　梁思成设计的西南联大茅草房宿舍

里面放了一些一边有一块平板,可以在上面记笔记的木椅,都是本色,不漆油漆……这种椅子的好处是不固定,可以从这个教室到那个教室任意搬来搬去。""图书馆连书架都没有——所谓书架,不过是在废弃的油桶上面放上一些木板而已。"[1] 杨振宁也有类似的回忆:"那时联大的教室是铁皮顶的房子,下雨的时候,叮当之声不停。地面是泥土压成。几年之后,满是泥垢……窗户没有玻璃,风吹时必须要用东西把纸张压住,否则就会被吹掉。"[2] 所谓铁皮屋顶换成了茅草屋顶,那是后来因经费出现严重赤字,学校当局把铁皮屋顶拿去卖钱以维持教学经费的开支。

　　至于学生生活,沈克琦作如此描述:"学生则靠救济金、贷金维持生活。当时学生自办膳团,轮流采买,伙食费与贷金数相等,一日两餐,早餐要自己解决。买的平价米是糙米,米中有沙子,有时甚至还有老鼠屎,伙食质量很差。少数人可得一点奖学金,多数人要靠打工,包括到中学兼课、家教等才能贴补上生活必需费用。"[3] 学生生活如此,"教师们的生计,比同学们的也好不了多少。以教授兼常务委员会主席的梅贻琦为例。他家经常吃不起蔬菜,只用辣椒拌饭吃;有时能吃到菠菜豆腐汤,大家就很满意了。为了贴补家用,梅夫人只好经常制作糕点、打毛线衣和围巾等出售,还摆过地摊。梅先生儿子梅祖彦的眼镜跌坏了,严重影响学习,却长期未能再配。闻一多教授刻图章、兼中学教师贴补家用的故事,广为人知。实际上,绝大多数西南联大的教师,仅仅靠工资是不能维持生活的。至于教学条件,图书、资料、仪器、教室、实验室、实习工厂、图书馆等等,都是凑合着用,也可说是捉

---

[1]　毕唐书:世界教育史上的奇迹西南联大,——中国过去的"世界一流大学"之一,共识网,2015,http://www.21ccom.net/articles/history/xiandai/20150619125937_all.html.
[2]　杨振宁:《读书教学四十年》,香港,三联书店有限公司,1985.
[3]　沈克琦:谈谈西南联大,www.pku.edu.cn/news/xiao_kan/,2002 年 12 月 19 日.

襟见肘"。[1] "很多著名教授已不复清华北大时期的优雅，破衣烂衫者比比可见。""校长梅贻琦的日子也过得十分拮据。他有 4 个孩子正就读于联大，家庭负担确实不轻。但梅贻琦却从不让自己的孩子领取联大发给学生的生活补贴，而是把钱尽量满足那些更需要补贴的贫困学生。梅贻琦夫人韩咏华曾不无辛酸地回忆起当时的一件小事。一次，家里要招待客人，又实在没钱，韩女士便跑到大街上，铺块油布摆地摊，把孩子不穿的衣服卖掉，'一个上午卖了十元，总算勉强把这顿饭备上了。'此后，家里每况愈下，梅贻琦夫人便和潘光旦、袁复礼两教授的夫人一道做糕点，取名'定胜糕'，拿出去卖，换点钱维持家用。"[2]

生活的艰苦还只是一个方面。联大开学后四个多月，1938 年 9 月 28 日，日机首次轰炸昆明，西南联合大学的教职工宿舍被炸，闻一多头部负伤，血流如注。此后，跑警报成为师生们的一个生活常态。日机来袭，警报一响，正常的教学秩序被打乱，师生们便立刻分散，避于防空洞甚或郊外，在乱坟之间上课、备课、做作业。[3] 实验室设备难得，为了防备飞机轰炸，"在实验室泥地上挖一个洞，半埋一个 50 加仑的大汽油桶，实验完毕后就将一些仪器放入桶中，再盖上桶盖，以免日机轰炸时遭受损失"。[4] 有的教授把自己未完成的书稿常备手边，一遇警报，立刻携带书稿避入防空洞，以免损失。和大家一样，林家翘的日常生活也是学习、研究、跑警报。他在回忆这段生活时写道，希德尼·戈德斯坦（Sydney Goldstein，1903—1989 年）"在 1938 年出版的 Modem Developments in Fluid Dynamics 的确是一部划时代的名著（尤其是关于湍流部分），现在还有复印的平装本发行。那时候的昆明居然有一部（两册），周先生就将此书交给我读，并保存，有空袭警报时也由我随身带到防空洞。"[5] 无论如何，这两本宝贝书是绝不可损失的。

生活虽然如此艰辛，读书、教学却一点不能马虎。"1939 年入读法律系

---

[1] 刘绪贻：西南联合大学的奇迹，免费论文网，2007 年 12 月 5 日。
[2] 沈克琦：谈谈西南联大，www.pku.edu.cn/news/xiao_kan/，2002 年 12 月 19 日。
[3] 刘绪贻：西南联合大学的奇迹，免费论文网，2007 年 12 月 5 日。
[4] 沈克琦：谈谈西南联大，www.pku.edu.cn/news/xiao_kan/，2002 年 12 月 19 日。
[5] 林家翘：一代宗师，载《科学巨匠师表流芳》，北京，中国科学技术出版社，1992。

的联大校友夏世铎至今难以忘怀图书馆前排队的人潮，而在暗淡的灯光下，却是一片鸦雀无声的自习景象。"[1] "从我较为熟悉的文、法学院情况看，由于重要参考书的复本少，图书馆开门时，总是拥挤不堪；由于图书馆容量有限，许多同学都是到附近茶馆内去看书、做作业或者讨论问题，称为'泡茶馆'。"[2] 当年的联大学生沈克琦对于宿舍学习的印象很深："在这样挤的宿舍里照样能自习。晚上七时以后就鸦雀无声，如有人不注意，大声讲话后，只要他人轻嘘一声，就复归平静。……当然，只能有一半的人留下自修，其他人就上图书馆或上茶馆。附近开了不少茶馆，成了联大学生的自习室，成为一景。由此可见，事在人为，艰苦条件是可以改造的。"[3] 他谈到自己在物理系的学习："由于战争突起，从平津仓促撤出，图书、仪器设备几乎全部丧失，因而教学、科研存在不少困难。但是在校领导和老师们的艰苦努力下，条件逐步改善，教学尚能基本正常进行。我在物理学系4年，一年级每周一次普通物理实验，二年级每周一次电学实验，三年级每周一次光学实验，四年级每周一次无线电实验，还做了六个近代物理实验，这在战时大学中实属难得。"[4] 北大校长蒋梦麟在防空洞里趁着躲避日机轰炸的间歇，仍专心致志的奋笔疾书写作他的《西潮》。哲学系教授金岳霖某日正伏案写作《知识论》，沉醉其中，尽管警报大作，却不忍离开，居然也安然无恙。社会学系主任陈达有一天正讲人口学，讲着讲着，警报响了，学生们也是在听得津津有味之时，提议到郊外躲空袭兼上课，陈达欣然同意。他们来到小山上，找一片茂密的树林，十余人坐下，把笔记本放在腿上，边听边记，陈达则坐在一冢土坟上讲课，历时一个半小时，吸引得其他疏散的人也站着听课。[5] 为避轰炸，有的教授露宿了一夜，第二天仍然上课。而联大各部职员，就在露天积土的房子里办公，未曾因轰炸而停止过一日。

[1] 毕唐书：世界教育史上的奇迹西南联大，——中国过去的"世界一流大学"之一，共识网，2015，http://www.21ccom.net/articles/history/xiandai/20150619125937_all.html。
[2] 刘绪贻：西南联合大学的奇迹，免费论文网，2007年12月5日。
[3] 沈克琦：谈谈西南联大，www.pku.edu.cn/news/xiao_kan/，2002年12月19日。
[4] 同上。
[5] 蒲实：西南联大：在战争与清贫中治学，《三联生活周刊》，2015年11月6日。

在艰苦的条件下，西南联大教师仍名士如云，居然开出一千六百多门课程，且各人学术及兴趣爱好迥异，互为印证。"联大的课堂上，清华、北大、南开的名教授八仙过海、各显神通，非常精彩。"[1] "教师开课都是按自编教材讲授，一般不受干扰。与此同时，相当多的教授主张'通才教育'，认为打好'博'的基础才易于求专求精。课时安排上，让学生有充分自学的时间，去独立思考，自觉钻研，鼓励学生勤学勤思，不读死书，不死读书。""最可贵的是当时师生之间存在着一种平等、诚挚、亲切、和谐的关系和教学相长的风气。联大实行'自由教育'。有时候一门相同的课，由二三个教师同时担任，各讲各的，各有特色，这叫'唱对台戏'。每个教授必须担任三门课，而且上课时很少照本宣科，主要讲自己的专长和研究心得。平时师生可以随时谈天，讨论问题，甚至为某个科学论据和学术观点争吵起来。"[2] 西南联大重视"通才教育"或称"通识教育"，以求学生的知识广博，认为只有在知识有一定的宽度的情况下，才有可能在学识的精专上取得长足的发展。"所谓通识教育（General Education）也称（Liberal Education），是近代西方大学所普遍推行的教育方针和思想体系，简要说来，该思想主张一个大学生，不仅应有专门的知识，还须接受普通教育，此普通教育并非专门知识的准备，而应渗透在整个大学课程中。普通教育的目标是在共同的文化中培养具有共通理想的公民。大学四年的课程，至少要有三分之一课程属于普通教育，每个学生对于人文科学、自然科学、社会科学三种，都应该融会贯通。"[3] 林家翘晚年回到清华之后曾反复强调通才教育，并为难于找到符合条件的学生而苦恼不已。他本人即是从这一教育理念中成长起来的学者。毫无疑问，他的精专建立在知识广博的基础之上，所以，他才能在诸如流体力学和天体物理学这样看似完全不同的领域里都取得令人瞩目的成就。

地处西南边陲与物质条件的窘迫并没有能够阻挡西南联大各科学人对

---

[1] 蒲实：西南联大：在战争与清贫中治学，《三联生活周刊》，2015年11月6日。
[2] 毕唐书：世界教育史上的奇迹西南联大，——中国过去的"世界一流大学"之一，共识网，2015，http://www.21ccom.net/articles/history/xiandai/20150619125937_all.html。
[3] 黄延复、钟秀斌：《一个时代的斯文：清华校长梅贻琦》，北京，九州出版社，2011。

国际前沿学术发展的关注。他们的学术视角始终瞄准着世界学术的制高点。林家翘仍然记得，周培源告诉他的好友、英国剑桥大学教授G.I.泰勒（Geoffrey Ingram Taylor，1886—1975年），"因为战事关系，国内大学的图书馆缺乏资料，结果泰勒回信说，愿意把他自己的那一份《英国皇家学会学报》（《Proceedings of the Royal of London》）赠给西南联大"。[1] 当年胡适在美国偶然看见一本拓扑学的书，是关于数学的。并非数学专家的他把这本书买了，并且立即寄到昆明给江泽涵教授。"因为邮寄费特别贵，他就把这个书皮精装去掉，光要那个芯子，然后再寄到西南联大数学系。教授们就互相传阅、传抄。陈省身先生说，抄了以后就马上讲给学生。从中可以理解为什么西南联大可以在昆明的茅草棚里教出和国际接轨的学生了。"[2] 英国近代生物化学家和科学技术史专家李约瑟（Joseph Terence Montgomery Needham，1900—1995年）惊讶于西南联大的极高的办学水平。西南联大不仅在中国学研究方面遥遥领先，数理、地学等学科也是全球瞩目。物理学则主要得益于清华大学物理系的基础，它曾是当时中国"最接近国际水平、最有望启渥未来大师的摇篮"，系中的吴有训、赵忠尧都曾有过诺贝尔奖级别的研究成果。"杨振宁曾回忆，他后来的工作，包括他获得诺贝尔奖的研究，都可以追溯到他在联大时期在吴大猷指导下写的学士论文；而他的硕士导师、毕业于剑桥的王竹溪，是昆明'最热情最渊博的教授之一'。1945年，杨振宁进入芝加哥大学深造，师从著名学者E.费米（Enrico Fermi，1901—1954年）和E.泰勒（Edward Teller，1908—2003年），却惊奇地发现，'在芝加哥课堂上的收获并不比我在中国所学到的多'，因为中国的老师在教学上'更认真，准备更充分，内容也更深'。"杨振宁说，"我一生非常幸运的是在西南联大念过书，因为西南联大的教育传统是非常好的，这个传统在我身上发挥了最好的作用"。[3]

---

[1] 林家翘：一代宗师，载《科学巨匠师表流芳》，北京，中国科学技术出版社，1992。
[2] 毕唐书：世界教育史上的奇迹西南联大，——中国过去的"世界一流大学"之一，共识网，2015，http://www.21ccom.net/articles/history/xiandai/20150619125937_all.html。
[3] 刘绪贻：西南联合大学的奇迹，免费论文网，2007年12月5日。

西南联大的师生之所以能够忍受困苦，团结一致，坚持高水平办学，是因为他们有山河破碎的切肤之痛，有坚决抗战、拯救国家的信念，有甘为中华民族而自我牺牲的精神支撑。在这生死存亡的历史时刻所催生出的信念和精神，是极其可贵和不可战胜的。"刚毅坚卓"是西南联大的校训，而以"满江红"谱曲的校歌则唱出了师生们对胜利的期许和信心："千秋耻，终当雪，中兴业，须人杰"，"多难殷忧新国运，动心忍性希前哲，待驱除仇寇复神京，还燕碣。""联大的师生物质上不得了，精神上了不得。"（林语堂语）与这种"刚毅坚卓"的爱国情怀对应的是民主自由的学术氛围。"集三校学贯中西的著名学者于一堂，可谓大师云集，群星璀璨。据统计，联大的教师队伍常年稳定在350人左右，包括教授、副教授、合聘教授、讲师、专任讲师、教员及助教，而教授副教授就占了教师总数的一半以上。在179名教授、副教授中，还有150多名年富力强、朝气蓬勃的曾留学欧美的学者。"[1] 联大没有大楼，却有梅贻琦所称的大师，而且是大师云集。从事自然科学的有吴有训、饶毓泰、叶企孙、施嘉炀、江泽涵、杨武之、赵访熊、陈省身、华罗庚、许宝騄、姜立夫、郑华炽、吴大猷、周培源、赵忠尧、王竹溪、张文裕等。从事人文社会科学的有朱自清、闻一多、陈寅恪、杨振声、罗常培、浦江清、冯友兰、王力、罗庸、向达、潘光旦、朱光潜、汤用彤、陈序经、吴晗、钱穆、吴达元、金岳霖、陈岱孙、张奚若、钱钟书、刘文典、费孝通、沈从文等。他们都是各个学科、专业的大师、泰斗、顶级的专家。"这些教师虽来自不同的学校，有各自不同的学术风格和学术流派，却有着共同的价值追求。他们忠诚教育，治学严谨，不苟且、不浮躁，教书育人，自敬其业，不忧不惑，自乐其道，默默耕耘，无私奉献，而联大也全力依靠这支教师队伍，成立'教授会'和几十个专门委员会，建立教师激励机制，实行'教授治校'制度，秉持'殊途而同归、一致而百虑'的教育理念，尊重教师的主体精神，创造了民主和谐的治学环境。"[2] 抗战胜利后，人们在昆

---

[1] 毕唐书：世界教育史上的奇迹西南联大，——中国过去的"世界一流大学"之一，共识网，2015，http://www.21ccom.net/articles/history/xiandai/20150619125937_all.html。

[2] 同上。

图1-19 西南联大纪念碑

明为西南联大立碑作记(图1-19)。冯友兰在其撰写的碑文中写道:"联合大学以其兼容并包之精神,转移社会一时之风气,内树学术自由之规模,外来民主堡垒之称号,违千夫之诺诺,作一士之谔谔。"这应该就是西南联大精神的真谛。

在抗日烽火之中,西南联大保存了一批重要科研力量,培养了一大批优秀学生,为中国以至世界科学文化的发展作出了贡献。从1938年算起到1946年西南联大解散,办学8年,共计毕业学生3343人。从这里走出来日后成为中国科学院、中国工程院院士的有170多人,国家最高科学技术奖获得者3人,两弹一星功勋奖获得者8人,诺贝尔奖获得者2人,还有一批人文社会科学的大师。至于美国科学院的华裔院士,到1965年为止一共有6位,其中陈省身、林家翘、李政道和杨振宁4位曾在西南联大求学或任教。

民国时期,政治腐败,经济萧条,战乱不断,民不聊生。与其形成鲜明反差的是西南联大充满勃勃生机的文化教育和科学研究。在极其恶劣的条件下,西南联大培养了一大批优秀人才。这在乱世的中国,不可谓不是一个惊人的奇迹!西南联大精神上爱国、制度上民主、学术上自由,不禁令人肃然起敬!西南联大在中国的现代高等教育史上,堪称经典。

艰苦办学八年,西南联大不仅是读书之地,更是那一代知识分子的精神家园。直到晚年,林家翘仍念念不忘清华和联大。那是他度过青春岁月的地方。那是一棵日后长成参天大树的幼苗的初始土壤。他从清华大学和西南联大汲取的精神力量和科学知识使他终生受益匪浅。那是一种切身的体会。时隔多年,对于清华要建成世界一流大学的目标,他多次说过,要恢复到二十世纪三十年代的旧清华不容易。当年的清华和西南联大的学术水平与国外比,并没有很大差距。[1] 也许史学家许纪霖教授说得更为直白:"中国的大学教育,不必学西方,……不必和世界接轨,先和传统接轨,我看已经大有希望了。你看西南联大,虽只存在短短的 8 年多时间,但培养出 2 名诺贝尔奖获得者,176 位院士,无数个人文科学的大师。世界上还有第二个这样伟大的大学吗?"[2]

五、辗转出国留学

1939 年夏,在西南联大工作了一年多以后,林家翘考取了中英庚款基金会第七届公费留学生。

清华创办之初即为留美预备学校,其教授也大都聘自国外留学归来的人才。因而,在谈到出国留学时,林家翘说,毕了业,大家都理所当然地想出国深造,发展科技,以科技救国。他说,这也是当时清华的传统,是很多学生的共识。不过,所谓"技",也就是工程,限于国家当时的状况,还根本谈不上。那时主要是要发展科学。由于出国名额有限,多数人还是留在了国内,能出国留学的只能是少数。那时候出国很难,签证也很难。社会上普遍认为学习科学技术一定要到国外,送出去的人一定要很杰出,而且一定要送到国外的一流大学去学习。学生学成之后,一定要回来为国效力,因为中国需要这些人才回来。所以,学成回国也被认为是理所当然的事。我那时根本没有想过留学之后在美国待下来,而当时的美国也排斥中国人。留学生在获得学位后能够留下来工作一两年已经是非常难得了。这和现在的情况完全不同。他还说,另一方面,20 世纪 30 年代美国的大学对于选拔一个研究生也是很慎重的,他们对自己国家的教育水平也没么大信心。许多念高学位的美国人都去欧洲国家读书,因为当时欧洲的学术水平比美国高很多。比如,曾当过麻省理工学院校长的斯特拉顿(Julius Adams Stratton,1959—1966 年

---

[1] 林家翘采访录像或文字记录稿,2001 年 3 月 18 日、4 月 1 日,2002 年 4 月 4 日、12 日、19 日、26 日,2003 年 5 月 3 日。
[2] 许纪霖:《读书人站起来》,北京,中国人民大学出版社,2011。

在职）的学位就是在瑞士念的。中国人也是这么认为。在英国剑桥留过学的人就看不起美国回来的博士，并且当时的人们认为能留学德国是很了不起的事。现在的情况当然不同了。这种情况的改变是因为第二次世界大战。战争把欧洲的人才特别是犹太科学家都驱赶到美国去了。林家翘说他早就有志于出国留学。他想要念一个博士学位回来当教授，认为只有那样才能帮助提高中国的科学和教育水平。[1]

科技十分落后且又处于抗战中的中国，确实需要各种人才。正如林家翘所说，当局对于选拔人才出去留学非常重视，也非常慎重。资料表明，1933—1943年举办的六届庚款留美考试和1933—1945年举办的九届庚款留英考试是民国时期最著名，也是竞争最激烈的公费留学考试。据统计，在九届留英考试的十二年中（有四年因战争未举行），只录取了193人。[2]这些学生里后来有40人（44人次）分别当选为中国科学院或中央研究院、美国科学院、加拿大科学院的院士，可见当时留学成材率之高。

公费出国留学的名额和专业为国民政府所设立。1939年的中英庚款基金会第七届公费留英考试报名日期是5月15日至6月20日。这一届报名者有384人，实际参加考试者323人。[3]当时和林家翘一起住在昆华中学的西南联大助教和研究生报名的就有11人。

考试于7月23、24日在重庆、昆明、上海和香港四处同时举行。考试科目共有6门，3门普通科目（国文、英文和党义）和3门专业科目。一个月后的8月24日，考试结果揭晓，共录取了24人。其中参加"算学"考试的23人中，录取了林家翘、段学复等3人（图1-20）。参加物理（"应用弹力学"）考试的11人中，录取了郭永怀、钱伟长两人。[4]这批录取的学生里出自西南联大的一共有7名，除了上述4人外，还有傅承义、张龙祥和靳文翰。

---

[1] 林家翘采访录像或文字记录稿，2001年3月18日、4月1日，2002年4月4日、12日、19日、26日，2003年5月3日。

[2] 周棉、李冲：论庚款留学，《中国人民大学复印报刊资料》，2008年第1期，原载《江海学刊》。

[3] 蒲以康："第七届中英庚款留学生的出国求学之路"，载《科学文化评论》，第18卷第1期，2021年7月。

[4] 同上。

有关这次考试,上海大学戴世强教授在博客中记述了他在1978年采访钱伟长时所听到的故事。钱伟长和郭永怀在战乱之中南下昆明到西南联大时,手中并没有基础课的教材,而联大简陋的图书馆里也难觅相应的书籍。因此,在听到要招考留英学生的时候,他们高兴过后却犯了愁。没有书怎么复习功课、准备考试啊?"这时,只见林家翘不慌不忙地说:'别着急,我来帮你们忙。'

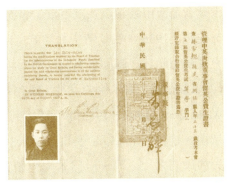

图1-20　林家翘留英公费生证书,1939年（蒲以康提供）

他从自己的行囊里掏出一摞笔记本,上头的蝇头小字十分工整。钱、郭抓过来一看,不正是他们急需的数、理、力材料么?原来,林家翘做本科生听课时,有这样一个习惯:每当上课时,他聚精会神地听课,不时把老师讲课的要点记下来;到晚自修时,他会呆坐在书桌前,在自己的脑海里'过电影',把全天听的课程内容回忆一遍;然后就挥笔直书,把学过的内容默写出来;再找相关的参考书（那时一般没有讲义）作一些订正;到了周日,再把每门课全周学的内容整理成正式的笔记。到课程讲完后,他不仅记住了课程的要点和来龙去脉,还留下了工整的笔记（包括习题本）。没想到,这时可以派大用场了。"两人不禁欢呼起来!从此,"他们就每天捧着这些笔记温课,还经常切磋疑难问题"。结果,三个人考得一样好,都被录取了。戴世强分析道:"三位都有同样的高智商。三位都在名校得到名师的点拨。三位都一样用功。三位都有扎实的数理力知识基础。三位用的是同样的复习资料。三位考前对疑难问题进行了探讨,碰到难题,要会,大家都会。因此,要不出现这样的结局也难。"[1]

几十年过去了,晚年的林家翘仍然记得在他的准考证上有个括号,写着"注重应用数学"（实为"注重应用算学"）几个字。不过,当时的他对

---

[1] 戴世强:32年前钱伟长先生答疑:"为什么我们三人考得一样好",科学网,戴世强博客,2010/8/12。

于什么是应用数学以及应用数学和物理学的关系，并不是很清楚。[1] 值得一提的是，1936年底，清华大学航空研究所成立，研究航空工程、流体力学、空气动力学等。国际著名空气动力学大师、美国科学家冯·卡门（Theodore von Kàrmàn）推荐他的学生和助手、美国教授佛朗克·华敦德（Frank L Wattendorf, 1906—1986年）博士到清华协助航空教学和科研工作，并在南昌指导建设一个15英尺（1英尺=30.48厘米）的风洞。这是当时世界上最大的风洞之一。冯·卡门本人也曾在1937年夏到南昌风洞建设现场考察。林家翘知道，这种涉及空气动力学的学科在国外就被称为"应用数学"。这就是当时他对应用数学的初步认识。不过，他没有想到的是，若干年后，冯·卡门教授成为了他在加州理工学院的博士生导师。

侵华日本空军对中国的狂轰滥炸，给中国军民造成了巨大伤亡。落后的中国空军无法和日本飞机相抗衡。日益严重的军事形势使得"航空救国"成为响彻全国的呼声。林家翘说，在这种情况下，出国留学的名额中专门设立了航空专业。郭永怀考的就是航空专业。林家翘虽然考的是应用数学专业，但出国后主要研究与航空有关的流体力学，最后他在加州理工学院获得的是航空学博士学位。[2]

林家翘的出国留学计划是周培源亲自帮助安排的。周培源的好友、剑桥大学教授G.I.泰勒是著名的英国物理学家和数学家，也是流体力学专家，被称为是20世纪最伟大的物理学家之一。在林家翘准备留学的时候，周培源就想到了泰勒，并且进行了联系，要送他去英国跟随泰勒学习和研究湍流理论。

整个1939年的夏天，林家翘都在忙于留英考试和录取后去英国留学的准备工作。这是个异常炎热的夏天，欧洲大地也如同这炎夏一样，时局紧张，战云密布。希特勒德国的数十万军队陈兵德波边界，蓄势待发。与此同时，林家翘等人按中英庚款董事会通知的时间安排，准备启程（图1-21，图1-22）。他们没有料到的是，远在万里之外的德国出动58个师，2000多架

---

[1] 林家翘采访录像或文字记录稿，2001年3月18日、4月1日，2002年4月4日、12日、19日、26日，2003年5月3日。

[2] 同上。

飞机，2800辆坦克和6000门大炮，突然在一夜之间越过边界，向波兰大举进攻。这是1939年9月1日，第二次世界大战爆发了。而此时，被录取的留英学生还在憧憬着前往英国去深造，他们并没有想到这场远在东欧的战争会对他们的留学造成怎样的影响。清华大学蒲以康教授根据史料分析，包括林家翘在内的部分当时在昆明的留英学生，约于9月3日启程，乘火车离开昆明转道越南海防前往香港，预计9月16日从香港乘拉杰普塔纳（Rajputana）号万吨级邮轮前去英国。[1] 但是，几乎就在学生们离开昆明的当天，与波兰订有军事同盟条约的英国对德宣战。9月6日，林家翘等人到达了越南的海防，准备赴港。直到此时他们才获悉，英国海军部于9月4日宣布开始征用商业轮船，将其改为军用，其中包括留学生们将要乘坐的拉杰普塔纳号邮轮。[2] 战争的突然爆发打乱了英国的一切正常活动，去英国的海路被封锁。面临战争的英国难于接纳外国留学生，因而留学工作被迫中止，原来接洽好的留英一事只能暂时搁置。中英庚款董事会决定留学生延期出发，等待消息再做打算。林家翘等人被迫于9月9日折返云南，[3] 然后重回西南联大工作，继续学习英文，并等待通知。当时西南联大的外文系主任是叶公超，他的英文水平超高，林家翘和几位将要出国留学的学生因此而大为受益。

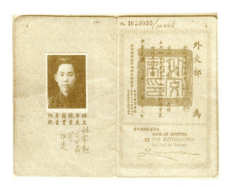

图 1-21　林家翘出国护照，1940（蒲以康提供）

图 1-22　林家翘上海至温哥华船票，1940年8月11日（蒲以康提供）

---

[1] 蒲以康：第七届中英庚款留学生的出国求学之路，载《科学文化评论》，第18卷第1期，2021年7月。

[2] 同上。

[3] 同上。

十一月底，林家翘再次离境，于 12 月 2 日到达越南海防，欲前往香港，但这次尝试因为某种原因又失败了。几天后的 12 月 7 日，他不得不无功而返，重回云南。[1]

转眼来到了 1940 年。二月中，中英庚款董事会第三次安排这批留学生出发。他们改变了路线，从香港出发，打算经上海取道加拿大前往英国留学。这一次林家翘等人虽然到了香港，甚至已经乘船到了上海，但最后还是没有走成，其原因传说是日本人得知了这些留学生的信息，企图在上海抓捕这批学生。还有一个可能的原因是当时从加拿大到英国的海路极其危险，已经有数百艘商船遭到德国潜艇、飞机或鱼雷的袭击而沉没。[2]

1940 年的欧洲战局非常严峻。五月，德军绕过马其诺防线，开始侵入法国，而他们的下一个目标，很可能就是英国。此时再派学生去英国留学显然已不合时宜。中英庚款董事会在 1940 年 7 月最终决定，让这批留英庚款学生改去加拿大的多伦多和麦吉尔两所大学读书。林家翘说，加拿大是英联邦国家，英国去不成了，所以可以改派加拿大。[3] 此时，因为滇越铁路的越南一段已被日军控制，原来经由铁路到越南转赴香港的路线已经不通。所以，中英庚款董事会安排在云南的留学生改乘飞机，于 7 月 16 日抵达香港。八月初，林家翘收到了加拿大多伦多大学数学系的录取通知书。[4]

一波三折。1940 年 8 月，在中英庚款董事会的安排下，部分学生在香港乘船去上海，最终全体在上海集合。8 月 10 日，林家翘、钱伟长和郭永怀等一行二十四人登上"俄国皇后号"（"Empress of Russia"）邮轮，终于真正启程出国留学（图 1-23）。

---

[1] 蒲以康：第七届中英庚款留学生的出国求学之路，载《科学文化评论》，第 18 卷第 1 期，2021 年 7 月。

[2] 同上。

[3] 林家翘采访录像或文字记录稿，2001 年 3 月 18 日、4 月 1 日，2002 年 4 月 4 日、12 日、19 日、26 日，2003 年 5 月 3 日。

[4] 同 [1]。

8月11日，汽笛长鸣，轮船启航。包括林家翘在内的第七届中英庚款留学生的出国之路，充满了曲折、艰辛和危险。抗战中的学子，背负多难的祖国，怀着满腔悲愤与救国的信念，展开心中理想的翅膀，踏破太平洋万顷碧涛，奔向广阔的世界，去找寻科学的真经。

图 1-23 第七届留英公费生在赴加拿大的"俄国皇后号"轮船上（前排左一林家翘，左五钱伟长，后排站立者左二段学复，左九傅承义，右三郭永怀。1940年）

第二章
学海无涯

一、起步多伦多

20世纪40年代中美之间的交通以轮船为主,往来旅客鲜少有乘飞机者。乘坐"俄国皇后号"的留学生们在太平洋的风浪中颠簸了十五天,终于在1940年8月26日抵达加拿大西海岸大城市温哥华,踏上了美洲的土地。按照事先的安排,林家翘将要前往多伦多大学学习,同去的还有钱伟长和郭永怀等。于是,几个人又马不停蹄地转乘火车,沿横贯加拿大东西的铁路直奔位于加拿大东部的多伦多。九月,他们终于走进了多伦多大学的校园。这是多伦多大学第一次接受来读研究生学位的中国留学生。

来到了多伦多,林家翘没有像某些人一样,为自己取一个外国名,而是一生都保留了他的中国名字。他只是按英语国家的习惯,把姓氏放在了名的后面,并采用当时的威妥玛拼音,称作Chia-Chiao Lin,简称C. C. Lin。多伦多是林家翘留学生活的起点。此时的他或许还没有想到,留学是他人生的一个转折点,无论在学术上、事业上还是生活上,都是如此。

多伦多(Toronto)是加拿大的第一大城,坐落于安大略湖西北岸,风光旖旎。位于市中心的多伦多大学(University of Toronto)始建于1827年,原名国王学院(King's College),1849年改为现名(图2-1)。经过上百

图2-1 多伦多大学校园(资料来源:百度百科)

年的建设，多伦多大学已经成为加拿大规模最大、学科最多、师资力量雄厚、设备齐全先进的著名大学。校园里草坪绿茵如毯，甬道碧树成荫，处处花团锦簇，美不胜收。古老的哥特式、罗马式和歌德复兴式风格的建筑散落各处，雅静、和谐，令人心旷神怡。

适逢秋季开学，几位学子顾不上去欣赏号称枫叶之国的加拿大异域风情，也顾不上参观多伦多大学校园的亮丽秋景。他们没有片刻耽误，立即按照周培源的推荐与安排，进入应用数学系，投入到紧张的学习之中。林家翘和郭永怀攻读流体力学硕士学位，钱伟长攻读弹性力学硕士学位，但他们所学的课程大体相同。指导教授辛格亲自为他们讲授流体力学和弹性力学，而相对论和理论物理则是由英菲尔德教授主讲。

约翰·L.辛格（John Lighton Synge，1897—1995年），数学家和物理学家，英国皇家学会会员（Fellow of Royal Society）和加拿大皇家学会会员（Fellow of Royal Society of Canada）。辛格是爱尔兰人，20世纪20年代在都柏林三一学院获得博士学位，1930年受聘为多伦多大学教授，并任应用数学系主任（图2-2）。辛格的研究范围相当广泛，他不但在流体力学领域，而且在经典力学、一般力学、几何光学、气体动力学、弹性、电子网

图2-2 约翰·L.辛格（John Lighton Synge，1897—1995年）

络、数学方法、微分几何以及爱因斯坦的相对论理论等方面都有突出的贡献，甚至他还是最早研究宇宙黑洞的物理学家之一。在他的一系列成功的学生中包括1994年诺贝尔奖获得者约翰·纳什（John Nash）。林家翘介绍说，辛格在1948年接受都柏林高等研究院的聘请回到爱尔兰，成为理论物理学系的资深教授。历史上英国曾统治了爱尔兰九百年。辛格是一位爱国者，他愿意回去为自己的祖国服务。[1]

---

[1] 林家翘采访录像或文字记录稿，2001年3月18日、4月1日，2002年4月4日、12日、19日、26日，2003年5月3日。

里奥波尔德·英菲尔德（Leopold Infeld，1898—1968年），波兰物理学家，波兰科学院院士。20世纪30年代中期，他作为洛克菲勒基金会的会员，在英国剑桥大学与诺贝尔奖获得者马克斯·玻恩（Max Born）合作，从事电动力学的研究，发表了波恩—英菲尔德理论（Born–Infeld theory）。1936年，因为对相对论感兴趣，他接受爱因斯坦（Albert Einstein，1879—1955）的建议，前往位于普林斯顿的高等研究院工作。在那里的两年中，英菲尔德作为爱因斯坦的助手和合作者，与爱因斯坦共同出版了《物理学的演变》（Evolution of Physics）一书。这本书成为普及尖端科学的范本。他们二人和巴内什·霍夫曼（Banesh Hoffmann，1906—1986年）一起合作研究广义相对论的运动问题，共同提出了著名的爱因斯坦—英菲尔德—霍夫曼方程（Einstein–Infeld–Hoffmann equations）。英菲尔德因为与爱因斯坦的合作而闻名。1939年，接受正在为应用数学系招聘人才的约翰·辛格的邀请，英菲尔德作为副教授来到多伦多大学应用数学系任教。按林家翘的说法，英菲尔德当时在系里作副教授真是"屈才"了。[1]

林家翘和郭永怀、钱伟长一起听辛格和英菲尔德的课。两位教授不但是应用数学专家，而且在物理学方面都有很深的造诣。他们的课总是及时地吸收当时世界最新的科学发展，来扩展基本理论的应用范围。这样结合实例的讲解，不但更新和丰富了课程内容，而且使课程能够跟上科学发展的时代步伐。林家翘从和教授们的密切接触中了解到，他们都是欧洲哥廷根学派的学者。

顾名思义，哥廷根学派（Göttingen School）之名源于1734年建立在下萨克森州小城哥廷根的哥廷根大学（图2-3）。整个18世纪，哥廷根大学因其极为自由的科学探索精神和氛围而居于德国大学的中心地位。世界数学史上最重要的天才数学家高斯（Carl Friedrich Gauss）于18世纪在此学习和任教，并开创了哥廷根学派。此后，哥廷根学派的重要人物黎曼（Georg Friedrich Bernhard Riemann）、狄利克雷（Johann Peter Gustav Lejeune

---

[1] 林家翘采访录像或文字记录稿，2001年3月18日、4月1日，2002年4月4日、12日、19日、26日，2003年5月3日。

Dirichlet）和雅可比（Jacobi Carl Gustav Jacob）继承了高斯的工作，在代数、几何、数论和分析领域做出了贡献。从19世纪到20世纪初叶，著名数学家希尔伯特（David Hilbert）和克莱因（Felix Christian Klein）使哥廷根学派走向了高潮，吸引了大批数学家前往哥廷根，从

图2-3　画家笔下18世纪末的哥廷根大学图书馆（图片来源：维基百科）

而使德国哥廷根数学学派进入了全盛时期。林家翘后来的博士生导师冯·卡门（Theodore von Kármán，1881—1963年），以及他的朋友与合作者冯·诺依曼（John von Neumann，1903—1957年）都是哥廷根学派的著名学者。重视和倡导应用数学，把自然科学理论和控制工程技术结合起来的优良传统，是哥廷根数学学派留下的成功经验。到20世纪初，哥廷根已成为无可争辩的世界数学的麦加圣地。

林家翘曾回忆起辛格在课上向他的学生们所阐述的哥廷根学派的应用数学观点。和其他数学家不一样，哥廷根学派主张用数学来解决实际问题。数学家们在研究数学的时候是从数学中找问题。而哥廷根学派的应用数学家们是在物理学、化学和其他科学的问题中来找问题，并且是要用数学来说明和解决科学上的问题。辛格说，首先要把科学问题，如物理学的或化学的问题本质分析清楚。其次是要想办法用现有的数学方式来表达这些问题，最后要按实际问题的需要来求得定性或定量的解答。世界上一切问题都可以有定量或定性的答案。他举出柯西（Augustin-Louis Cauchy）的应力张量和爱因斯坦的四维空间张量作为应用数学的极好范例。他认为，数学家可以用一切合乎逻辑的方法发展张量分析，但最精粹的部分是其中能解决实际物理学或其他学科问题的部分。因此，哥廷根学派要求应用数学家不但要有很好的数学能力，而且要对物理学、化学和其他科学问题有更好的深入本质的理解。[1]

---

[1] 林家翘采访录像或文字记录稿，2001年3月18日、4月1日，2002年4月4日、12日、19日、26日，2003年5月3日。

辛格还说，数学可以比喻为汪洋大海。为了解决实际问题，我们应该有不怕淹死的精神，跳进这个大海去寻找最好的数学工具，甚至创造新的数学工具来解决实际问题。但是，不能迷失在数学的大海之中。数学对于应用数学者来说只是解决实际问题的工具，不是问题本身。找到数学工具后，要及早爬上岸来。数学本身很美，不要被它迷了路。应用数学的任务是解决实际问题，不是去完善许多数学方法。现代科学有很多实际问题，要用各种数学工具去解决。迷在数学里，等于不会游泳的人，喝饱了水溺在水中，不能再去解决实际问题了。在这个问题上，钱伟长也回忆过辛格教授的教导，"我们应该是解决实际问题的优秀'屠夫'，而不是制刀的'刀匠'，更不是一辈子欣赏自己制造的刀多么锋利而不去解决实际问题的'刀匠'"。[1]

同样重视应用数学的英菲尔德教授专门为研究生开设了一门叫作"物理学演进"的讨论课。这门课通过物理学的发展历史来说明，人们正是通过长时间生产实践和对科学实验的不断总结，才深化了对于物质运动的认识，并提高到理论的高度。用一定认识的某些假设来建立物理学的理论基础，再用数学方程推理分析来研究更广泛的问题，然后用一定的实验来验证。当这种验证和理论结果相矛盾的时候，人们就要对理论中的假设进行再认识，并对理论进行修改和提高，从而使理论得到新的发展。英菲尔德教授强调，物理过程的理论认识是战略性的，物理理论的数学处理是战术性的。当然战略比战术重要，但这样说并不是轻视战术。这个讨论班的成果曾由英菲尔德整理出版，在这之后的十余年里一直受到普遍的重视。[2]

40年之后的1980年，林家翘在北京的讲学中曾引用了辛格教授关于跳入大海和爬上岸来的一段话，用以说明应用数学的理念。老师的教诲真是没齿难忘。作为出国后遇到的第一位教授，辛格的学术思想无疑使林家翘深受教育，而英菲尔德的讨论课则从物理学发展的历史角度，让他看到了应用数学对于推动科学发展所起的巨大作用。如果说林家翘在西南联大开始了他的湍流理论研究，但对应用数学还不甚了了的话，那么在多伦多大学，他的

---

[1] 钱伟长：《八十自述》，深圳，海天出版社，1998。

[2] 同上。

这一研究则走上了一个新的高度，树立起将数学当作工具去解决实际问题包括湍流问题的应用数学学术思想。林家翘在辛格的指导下从事湍流和流体不稳定性的研究，并在这一工作中逐渐加深了对应用数学理念的理解。林家翘谈到自己的体会时说，是科学的发展促进了应用数学的发展。牛顿（Isaac Newton, 1643—1727 年）发明微积分是因为他研究天体力学和其他科学问题的需要。他用微分和微分方程得出了万有引力定律这一物理学的基本定律。该定律至今仍是经典物理学的少数基本定律之一。英国的应用数学界传承了牛顿的应用数学观点，主张用数学来研究和解决科学问题，用应用数学来推动科学的发展，并在科学研究中发展应用数学。他感到，应用数学在多伦多大学颇受重视，它独立于数学之外，自成一个系，显然是遵循英国的应用数学传统。在英国不使用"理论物理"这个名词，而是使用"应用数学"一词。[1]

多伦多大学对硕士生的要求侧重于学习基础课，而把论文放在较次要的位置，以便为攻读博士学位打下坚实的基础并积累研究经验。但是，沉浸在湍流世界之中并对应用数学不断加深理解的林家翘，在完成所有基础课的同时，还是写出了自己的论文。在到达多伦多大学的第二年，林家翘除了在《物理评论》（*Physical Review*）发表文章之外，还在美国《国家科学院院刊》（*Proceedings of the National Academy of Sciences*）发表了"On the motion of vortices in two dimensions"（《关于二维旋涡的运动》）的论文。这篇总共长达八页的文章分为两个部分，刊登在院刊 1941 年第 12 期上。[2] 文章对湍流中的旋涡运动进行了数学分析。

在科学意义上的描述中，湍流是流体的一种流动状态。当流速很小时，流体分层流动，互不混合，称为层流，也称为稳流或片流；随着流速逐渐增加，流体的流线开始出现波浪状的摆动，摆动的频率及振幅随流速的增加而

---

[1] 林家翘采访录像或文字记录稿，2001 年 3 月 18 日、4 月 1 日，2002 年 4 月 4 日、12 日、19 日、26 日，2003 年 5 月 3 日。

[2] C. C. Lin: "On the motion of vortices in two dimensions", Proceedings of the National Academy of Sciences, Vol. 27, No. 12, Part I, pp. 570-575, Part II, pp. 575-577 (1941).

增加，这种流况称为过渡流；随着流速继续增加到一定程度，流线不再清晰可辨，流场中出现许多小旋涡，层流被破坏，相邻流层间不但有滑动，还有混合。这时的流体作不规则运动，并有垂直于流动轴线方向的分速度产生，这种运动称为湍流，又称为乱流、扰流或紊流（图2-5）。物理学中，以英国物理学家奥斯本·雷诺兹（Osborne Reynolds，1842—1912年）（图2-4）的名字所命名的雷诺数（Reynolds Number），被用来表征流体流动情况。流体稳定，雷诺数较小；反之，如果流体流动较不稳定，甚至成为湍流，则雷诺数较大。

图2-4 奥斯本·雷诺兹（Osborne Reynolds，1842—1912年）

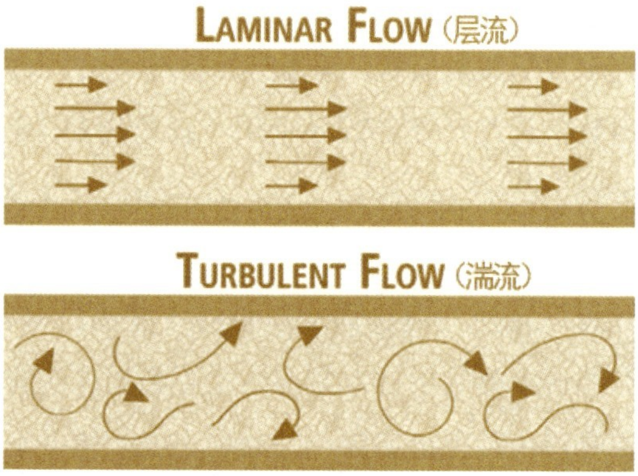

图2-5 层流和湍流示意图（资料来源：百度百科）

湍流无所不在。在宇宙中，人们借助现代科技观测到了太阳风暴和木星上的大红斑（湍流风暴），也知道两个螺旋星系相撞后会产生湍流，而这个湍流在恒星的生成过程中发挥了关键作用（图2-6）。在大气中，飞机飞行时机翼对空气的扰动、烟气的上升、灾害性天气如龙卷风和热带飓风等，都是湍流。两种高温气体混合时形成的湍流对气体自燃起到了催化作用。湍流还包括大海的波涛、河水的奔腾、管道中液体的流动，等等。某些海洋微生物会利用海洋的湍流，以获得更好的觅食、繁殖及扩散条件。这对于理解和研究海洋微生物的分布，以及周边整个生态系统提供了线索。湍流甚至也存在于人体之中。心脏中血液湍流的螺旋波可以引起心律不齐以至于致命。不过，在画家和诗人的眼中，湍流是富有艺术性的。文艺复兴大师达·芬奇

（Leonardo da Vinci）受到流经意大利中部阿诺（Arno）河水流的启发，在他的作品里描绘出了湍流。世界著名的印象派画家凡·高（Vincent Willem van Gogh）在他的名画《星夜》（*The Starry Night*）里，用夸张的手法使高远的天空上布满了巨大的湍流旋涡（图2-7）。中国唐代诗人王维的诗句"大漠孤烟直"描写的显然是稳定的层流，而到了李白笔下的"飞流直下三千尺"，则必是湍流无疑。面对"白浪如山那可渡，狂风愁杀峭帆人"（李白《横江词六首》其三），诗人显然是被湍流所阻止而欲渡不能。

图2-6 木星大红斑（湍流风暴）
（资料来源：百度百科）

图2-7 凡·高：《星夜》

湍流是对人类的挑战。由于流体力学广泛地应用于航空航天、机械、化工、建筑、水利、生物、环境、海洋、石油、能源等各个领域，是一门基础性很强且应用性广泛的学科，所以对流体特别是湍流的研究显得尤为重要。到了19世纪末，经典物理学在许多方面已经臻于成熟和完善，但湍流却是那么桀骜不驯，难以捉摸。人们仍然不能普遍地详细预测流体在任何一组特定条件下如何运动。这也正是很多物理学家认为湍流仍是未解之谜的核心理由。时至今日，流体力学中湍流的理论体系仍然没有完成，正如美国著名物理学家、诺贝尔物理学奖获得者理查德·费曼（Richard Phillips Feynman）所说："湍流是经典物理中最重要的未解之谜"（"Turbulence is the most important unsolved problem of classical physics"）[1]。林家翘在1976年也

---

[1] I. Eames and J. B. Flor: "New developments in understanding interfacial processes in turbulent flows", Philosophical Transactions of the Royal Society A, (2011) 369, Doi: 10.1098/rsta.2010.0332.

说过,"现在还没有关于湍流的数学理论,虽然几十年来已经有许多人为此付出了巨大的劳动"。("There is as yet no mathematical theory for turbulence despite many heroic efforts over several decades."[1]) 2015 年,瑞典物理学家汉森(Johan Hansson)将湍流与量子引力、暗能量、暗物质等并列,称其为当今十大未解决的物理学难题之一。[2]

作为一种非常复杂的三维非稳态、带有旋转的不规则流动,湍流从物理结构上看是各种不同大小的旋涡叠合而成的流动,这些旋涡的大小及转轴的方向分布是随机的。所以,对旋涡的数学分析有助于揭示湍流的本质性问题。涡量用来表述湍流的旋转程度。著名德国物理学家赫姆霍兹(Hermann von Helmholtz)和柯西霍夫(Gustav Robert Kirchhoff)提出点旋涡的理论假设,试图解决涡量和湍流之间的相互作用与影响的问题。问题是提出来了,但证明呢?没有。实际上,在这一点上以及一般形式的多涡流运动方程都缺乏严格的数学证明。林家翘通过对旋涡的分析,继续了他在国内的湍流研究,而对于应用数学的进一步深刻理解则大大帮助了他的这一研究。出国留学仅几个月的林家翘一头钻进前辈大师所未能解决的假设里,艰苦求解。他在发表于美国《国家科学院院刊》上的文章的第一部分"柯西霍夫－茹斯函数的现实"("Existence of the Kirchhoff-Routh Function"),和第二部分"关于柯西霍夫－茹斯函数的进一步研究"("Some Further Investigations on the Kirchhoff-Routh Function")中,运用了自己的流体力学理论知识和扎实的数学功底,证明了多连通区域内存在多个涡旋的运动流函数,并给出了一般形式的多涡流运动方程。[3]

一个硕士学生的文章在美国《国家科学院院刊》上发表是不多见的。毫无疑问,林家翘所取得的学术成果已经大大超出了对一个硕士生的学术要

---

[1] C. C. Lin: "On the role of applied mathematics", Advances in Mathematics, Volume. 19, Issue 3, 1976.

[2] Johan Hansson: "The 10 Biggest Unsolved Problems in Physics", ResearchGate Web site, Jan. 2015.

[3] C. C. Lin: "On the motion of vortices in two dimensions", Proceedings of the National Academy of Sciences, Vol. 27, No. 12, Part I, pp. 570-575, Part II, pp. 575-577 (1941).

求。除此之外,林家翘和自己的导师约翰·辛格的合作研究项目也在进行之中。因为湍流的复杂性,研究它一般要用统计平均概念。统计的结果是湍流细微结构的平均,用以描述流体运动的某些概貌。可以说,几乎所有湍流理论都是统计理论。这一研究也取得了成绩。两年后,林家翘与辛格的论文"On a statistical model of isotropic turbulence"(《关于各向同性湍流的统计模型》)在加拿大皇家学会学报(Transactions of the Royal Society of Canada)发表。[1]

九月中旬的多伦多,天气已经转凉。过了短暂的金秋,便迎来了漫长的冬季。从安大略湖上袭来的风雪无情地吹打着这座地处北纬43.7°的"会聚的地方"(印第安语)。刚刚离开春城昆明不久的林家翘却无心理会窗外的风雪"湍流",而始终沉浸在自己笔下的"湍流"之中。一旦咬住一个问题,便绝不放松,拼命钻,千方百计、想方设法去求得答案。这是林家翘对研究工作的一贯态度。正如他的夫人所说,林家翘在工作上总是"很紧很紧"。

聪明且努力,诚恳又谦虚。三位中国留学生的学习和研究给应用数学系的教授们留下了深刻和良好的印象,与留学生接触密切的辛格教授更是非常欣赏他们。他和林家翘谈湍流的统计模型问题,和钱伟长谈弹性板壳的内禀理论张量问题,和郭永怀谈可压缩黏性流体的流动问题。他还邀请这几位学生到自己家晚餐,把学生们介绍给自己的家人。辛格教授赞叹说:"想不到中国有这样出色的人才,他们是我一生中很少遇到的优秀青年学者!"[2]

林家翘用自己的学习成果迎来了1941年春暖花开的季节。两个学期过得很快。顺利取得了应用数学方面的科学硕士学位(Master of Science)之后,他整装待发,要去攻读自己的博士学位了。除了钱伟长留在这里继续自己的博士学位学习以外,林家翘和郭永怀将要离去,奔赴美国的加利福尼亚理工学院,开始新的学习生活。林家翘回忆说,辛格教授对于即将离去的学生非常不舍,因为这样的研究生人才确实难得。当然,为了年轻人的前途,

---

[1] C. C. Lin, J. L. Synge: "On a statistical model of isotropic turbulence", Transactions of the Royal Society of Canada, Third Series, Section Ⅲ, Vol. 37, pp.1-35 (1943).
[2] 李家春、戴世强:郭永怀传略,载《中国科技史料》,1985年01期。

他还是尊重学生们自己的选择。[1]

在从多伦多到加利福尼亚横贯美国东西的四千千米长途旅行中，林家翘想到了什么？是对已取得成绩的欣慰，还是对未来学习的憧憬？始自牛顿的应用数学理念，经过辛格教授的传授，对他产生了很大影响，并开始在他的学术思想中占据了重要地位。在出国时还不太清楚应用数学是怎么回事的林家翘，通过在多伦多大学9个月的学习和工作，接受了传统的和正确的应用数学思想教育，建立起了应用数学理念的良好基础。这种应用数学的理念一直影响到了他后来几十年的研究工作。林家翘甚至开始把目光投向了更广阔的空间，他说，现在看来，化学、生物学也应当包括在应用数学之内。[2]

二、Caltech岁月

在谈到自己母校的时候，林家翘总是喜欢说英文"Caltech"，而不说"加利福尼亚理工学院"或"加州理工学院"。这不仅仅是习惯，更是一种对母校的亲切感情。因为他一直都是这么称呼它的，从年轻开始到白发苍苍。

到自己的母校加州理工学院（California Institute of Technology）读博士学位是周培源亲自为林家翘做出的安排，并且得到中英庚款基金会的同意。作为林家翘恩师的周培源与加州理工学院有着不解的渊源。

1927年，在美国芝加哥大学获得了学士和硕士学位之后，周培源进入加州理工学院攻读博士学位。应用数学在这里受到特别的器重，物理、机械等系都突出应用数学的作用。开始，周培源师从来自剑桥大学的英国应用数学家哈里·贝特曼（Harry Bateman）教授。因为掌握应用数学的理论，贝特曼先生甚至可以跨界兼职做数学、物理和航空三系的教授。后来，周培源又改为师从数学家埃瑞克·坦普尔·贝尔（Eric Temple Bell），并参加数学谱系计划（Mathematics Genealogy Project）的研究工作。贝尔是数论大家，在

---

[1] 林家翘采访录像或文字记录稿，2001年3月18日、4月1日，2002年4月4日、12日、19日、26日，2003年5月3日。

[2] 同上。

20世纪30年代初曾任美国数学协会主席。作为一位数学教授，他对于宇宙论颇有研究，并曾发表相关的论文。宇宙论是与爱因斯坦的相对论有关的理论。这也表明应用数学是广义的理论科学，它和物理学结合得最为紧密，也最早取得成功。来到加州理工学院的第二年，周培源以博士论文"The Gravitational Field of a Body with Rotational Symmetry in Einstein's Theory of Gravitation"（《在爱因斯坦引力论中具有旋转对称物体的引力场》）答辩，大获好评，并因此获得博士学位，同时获得毕业生中的最高荣誉奖（Summa Cum Laude）。周培源仅用两年就获得了博士学位，并且是获得加州理工学院博士学位的第一名中国人。

1928年秋天，周培源离开加州理工学院前往德国莱比锡大学追随沃纳·海森堡（Werner Karl Heisenberg）做博士后研究。此时，冯·卡门尚未来到学院。但加州理工学院浓厚的学术气氛和良好的学习环境，特别是冯·卡门在空气动力学方面的造诣和世界领先的地位，使得周培源在十余年之后仍极力推荐自己的学生林家翘追随冯·卡门，到这所大学深造。

1. 加州理工学院（Caltech）

1941年初夏时节，林家翘来到了加利福尼亚理工学院（图2-8）所在地，位于加州南部靠近洛杉矶的小城帕萨迪纳（Pasadena）。和寒冷的有着漫长冬季的多伦多相比，这里四季阳光明媚，气候温和，如同是另一个世界。街道两侧，高大的棕榈树在湛蓝的天空中展示着它们的挺拔，空气中不时飘来玫瑰与紫藤的花香。不到十万人口的小城，散布着许多白墙红瓦的典型地中海式别墅。美丽的环境和温暖的气候使得它成为了疗养胜地和一些富人的退休之所。

图2-8　加州理工学院（California Institute of Technology）（资料来源：百度百科）

加州理工学院的建立看起来有些偶然。帕萨迪纳附近有一座高 1742 米的威尔逊山。20 世纪初，在近代实测天体物理学创始人乔治·海尔（George Ellery Hale，1868—1938 年）的领导下，山顶建造了威尔逊天文台（Mount Wilson Observatory），并安装了当时世界上最好的天文望远镜。这以后，乔治·海尔经常到这里观测天象。山脚下的帕萨迪纳有所 1891 年创立的斯鲁普大学（Throop University），一所小型的职业学校。谁也没有想到，就是因为它所处的位置而幸运地被海尔看中。海尔认为，应该把这所学校改造成为一座以科学技术为主的大学。在他的极力鼓动下，实验物理学家、后来的诺贝尔物理学奖获得者罗伯特·密立根（Robert Andrews Millikan，1868—1953 年）和物理化学家、麻省理工学院代理校长阿瑟·诺伊斯（Arthur Amos Noyes，1866—1936 年）相继移居到帕萨迪纳，参与对斯鲁普大学的改造。

学校聘请建筑设计师贝特伦·古德休（Bertram Grosvenor Goodhue）为学校做了整体的布局安排，并设计了物理楼、达伯尼（Dabney）厅和其他一些建筑，使得校园更适合学校的教育理念、南加州的气候特点以及传统的西班牙式建筑风格。学校并没有追求多么亮眼的建筑，这使得它少了一点人文学院的浪漫与优雅，而突出了科学领域的严肃和实事求是的精神。1920 年前后，学校获得了可观的捐赠，起草了新的教育理念。海尔和诺伊斯希望利用加州理工学院来重塑科学家的教育。密立根希望使加州理工学院成为世界物理学名校之一。1920 年，California Institute of Technology（加利福尼亚理工学院）的校名正式启用，英文简称 Caltech。校训"The truth shall make you free"（"真理使你自由"）表明，学校把追求科学的真理作为自己永远不变的办学宗旨。

从那时起，在海尔、密立根和诺伊斯的推动下，加州理工学院开始四处招募和挖掘顶尖人才，使学校在不到二十年的时间里就有了长足的发展。学校聘请的哈佛大学历史政治和经济学学院主席威廉·穆罗（William Bennett Munro）创立了人文和社会科学学院。美国最出色的生物学家和遗传学家、染色体的发现者之一托马斯·摩尔根（Thomas Hunt Morgan）领导建立了生物学院。他在 1933 年获得了诺贝尔生理学或医学奖。匈牙利科学家冯·卡门（Theodore von Kármán）于1930年加盟航空研究生院，为喷气推进实验室的创立作出了贡献，并且奠定了加州理工学院作为火箭科学前沿中心之一的地位。物理学家卡尔·安德森（Carl David Anderson）于1932年在这里的研究工作中发现了正电子，并首次证实了反物质的存在，并因此获得了1936年的诺贝尔物理学奖。化学家及生物化学家莱纳斯·卡尔·鲍林（Linus Carl Pauling）于1927年来到加州理工学院。他所进行的有关化学键性质的研究，奠定了分子生物学的基础。在1920年代，学校的地震学家哈里·伍德（Harry Oscar Wood）和天文学家约翰·安德森（John August Anderson）共同开发的伍德-安德森（Wood-Anderson）地震仪，是最早记录地震波的实用仪器之一。加州理工学院的地震实验室因此而得以建立。

对于加州理工学院来说，物理学是国王。它比其他部门都拥有更多的学生、更多的师资和更多的资金。实际上，罗伯特·密立根主持加州理工学院后不久，就发起了访问学者计划。应邀来访的都是当时欧洲物理学的精华，如量子力学奠基人之一的保罗·狄拉克（Paul Adrien Maurice Dirac），对量子理论做出巨大贡献的埃尔温·薛定谔（Erwin Schrödinger），量子力学奠基人、流体力学家沃纳·海森堡（Werner Karl Heisenberg），理论物理学家和数学家亨德里克·洛伦兹（Hendrik Antoon Lorentz），量子力学家、玻尔原子模型的创立者尼尔斯·戴维·玻尔（Niels Henrik David Bohr）等。

狭义相对论和广义相对论的创立者阿尔伯特·爱因斯坦（Albert Einstein）于1930年底（或1931年初）首次来到加州理工学院，以完善他的广义相对论。1931年底到1932年初，他再次来此担任客座教授（visiting professorship）。这是一位活跃的访问学者，他总是骑着脚踏车在学校里穿行。他几乎参加了"每一场午餐会，每一次晚宴，每一个电影放映仪式，每一场婚礼，以及三分之二以上的离婚仪式"。[1] 人们有理由认为，爱因斯坦的访问表明，海尔、密立根和诺伊斯在20世纪20年代开始建立的加州理工学院已经成熟了。

---

[1] Iris Chang（张纯如）：*Thread of the Silkworm*（《蚕丝：钱学森传》），Basic Books，1996。

和东北部的哈佛大学及耶鲁大学等历史悠久的名校比起来，加州理工学院只能算是一个初长成的"小弟弟"。但是，当林家翘1941年来到校园的时候，成立了仅仅二十年的这所大学已经取得了骄人的成绩，成为世界名校。在聚焦于当代顶尖科学研究和教学的同时，它始终保持了自己小而精的特点。甚至发展到一百多年后的今天，它也只有两千多名大学生和研究生以及约八百名教授和研究人员。

2. 导师冯·卡门教授

初夏时节，林家翘终于在校园里见到了富有传奇色彩的冯·卡门教授

图2-9 冯·卡门（Theodore von Kàrmàn，1881—1963年）

（图2-9）。对于即将开始的跟随这位新导师的博士生学习，他充满了期待。林家翘当时并没有意识到，冯·卡门将成为自己最重要的也是最为崇敬的导师，其学术思想影响了他的一生。

西奥多·冯·卡门（Theodore von Kàrmàn，1881—1963）是20世纪最伟大的科学家之一，世界著名的流体力学和空气动力学专家和应用数学家，同时还是工程力学和航空技术权威。

冯·卡门出生于奥匈帝国的布达城，即现在的匈牙利首都布达佩斯。父母对冯·卡门的成长有着深远的影响。父亲鼓励儿子读诗歌、文学、历史等人文方面的书籍，这使得冯·卡门在人文科学方面扩大了自己的知识面，反过来促进了他在自然科学上的发展。在这一点上，他对父亲心存感激。

冯·卡门自幼聪慧，六岁就能心算五位数乘法，常博得人们的惊讶和赞叹。他对数学似有一种天生的直觉和悟性，并将其保持了一生。在几十年后的加州理工学院，冯·卡门在课堂的黑板上进行数学推导，临到下课还没有推导完。只见他略一思索，就写下了最后的结论，然后对学生说："我想应该是这样！"课后，他的学生和助手钱学森继续进行了详细且严密的推导，发现老师的结论果然不错。常常，冯·卡门对某个问题直接提出结论，而把

证明和推导交给学生。往往，他都是对的。

冯·卡门始终难忘莱茵河畔的哥廷根，那窄窄的石板小路，塔楼高耸的哥特式教堂和中世纪风格的民居。1902 年，他在获得奖学金之后，前往那座古风犹存的小城，师从著名物理学家、现代流体力学开拓者之一的路德维希·普朗特（Ludwig Prandtl，1875—1953 年）。1904 年，由于把边界层理论与实验相结合，普朗特奠定了现代流体力学的基础。

走上航空气动力学研究的道路对于冯·卡门来说却是颇具戏剧性的偶然。在即将完成博士学习的时候，二十七岁的冯·卡门正在巴黎。有一天，经不住记者玛格丽特·维琦（Margit Vészi）的再三请求，他很不情愿地开车陪这位布达佩斯老乡去看一场飞行试验，虽然他并不想去看一个他所谓的"木头和纸做的箱形风筝满天飞"的表演。阅兵场上，在引擎的轰鸣声中，飞行员法尔曼驾驶着的法国制造的涡赞（Voisin）飞机环绕全场完美地飞行了 2 千米。冯·卡门自始至终目不转睛地盯着飞在空中的所谓"木头和纸做的箱形风筝"。他被深深地震撼了。以前他只是从报纸上看到了几年前美国莱特兄弟发明飞机的消息，却从来没有目睹过。挤过欢腾的人群，冯·卡门来到了法尔曼身边，问道："我是研究科学的。有一位伟大的科学家用他的定律证明了比空气重的东西是绝对飞不起来的，怎么……"法尔曼幽默地回答："是那个研究苹果落地的人吗？幸好我没有读过他的书，不然，今天就不会得到这次飞行的奖金了。我只是个画家、赛车手，现在又成了飞行员。至于飞机为什么会飞起来，不关我的事，您作为教授，应该研究它。祝您成功，再见！"

在返回的路上，冯·卡门长时间陷入深思。他对玛格丽特说，现在我终于决定我今后的一生该研究什么了。他把手伸出车窗外，立刻感受到风吹过手面。"我要不惜一切努力去研究风以及在风中飞行的全部奥秘。"他说，"总有一天我会向法尔曼讲清楚他的飞机为什么能上天的道理。"[1]

这是 1908 年 3 月 21 日，是冯·卡门永远不会忘记的一天。他事先绝对

---

[1] 百度百科网：西奥多·冯·卡门。

没有想到,这次观看飞行表演的经历,居然把他引上了毕生从事航空气动力学研究的道路,成为了自己一生科学研究的转折点。

秋天,在获得了哥廷根大学博士学位之后,冯·卡门应普朗特的邀请担任了哥廷根大学新建的风洞实验室助理。在接下来的四年里,他作为普朗特的助手从事教学和多项研究工作。在哥廷根大学任教的德国数学家菲利克斯·克莱因(Christian Felix Klein)与纯粹数学巨匠希尔伯特(David Hilbert)各自率领着一支数学大军,但他们的观点却不相同。"克莱因强烈主张数学与实际工程要结合起来,并认为,所有伟大的数学家都知道应如何运用数学去解决实际问题,而这种观点又是希尔伯特和其他数学家所反对的。为了确保自己的这种想法能够实施,克莱因在哥廷根大学设立了应用数学和应用力学讲座职位。冯·卡门在哥廷根大学从教的这段时间内,受到克莱因的上述观点的影响,并成为他后来在亚琛工学院和加州理工学院致力于科学与技术相结合的动力源泉。""可以这样说,克莱因和普朗特开创的德国哥廷根应用力学学派思想的发展和实践是由冯·卡门实现的。"[1]

确立"卡门涡街"(Kármán vortex street)理论是冯·卡门对流体动力学的重要贡献之一。

1911年,冯·卡门观察到了圆柱体对水流的阻碍并产生旋涡的现象。在普朗特的鼓励下,他对移动的涡旋所形成的涡系进行了数学分析与计算,并在三周后提出了论文。阻流体下游出现不稳定的边界层分离,一侧旋涡循时针方向转动,另一侧旋涡则反方向旋转,这两排旋涡相互交错排列,各个旋涡和对面的旋涡二者的中间点对齐,如街道两边的街灯一般。这种流体或气体在流经阻流体时其下游所形成的一系列涡旋现象,首次被冯·卡门从理论上予以阐明,因此被称为"卡门涡街"。这个理论从根本上改变了当时公认的气动力原则。卡门涡街现象在自然界普遍存在。水流流经桥墩,大风吹过桥面或建筑物,飞机在空气中飞行,潜水艇在水下潜航,等等,都会有这种现象产生。2009年5月,美国宇航局公布了五十年来卫星拍摄的十张最佳

---

[1] 陈然:哥廷根应用力学学派与冯·卡门,《力学与实践》,2012年第6期。

地球照片，第一帧就是"陆地卫星 7 号" 2007 年拍摄的当风在太平洋北部向东运行过程中，遇到阿留申群岛时所形成的卡门涡街现象（图 2-10）。照片上巨大的对称涡旋清晰可见。1954 年，冯·卡门曾用这一理论解释了 1940 年美国塔科玛大桥（Tacoma Narrows Bridge）在大风中塌垮的原因，当时这座大桥建成仅有四个月。他认为，是卡门涡街现象引起了桥梁共振而最终摧毁了这座大桥。1992 年 8 月 3 日，匈牙利发行了冯·卡门纪念邮票，邮票上冯·卡门头像的背景就采用了"卡门涡街"的图形（图 2-11）。

图 2-10　2007 年美国"陆地卫星 7 号"拍摄的阿留申群岛后的卡门涡街

图 2-11　匈牙利的冯·卡门纪念邮票，背景为卡门涡街现象，1992 年

1912 年，冯·卡门受聘为亚琛理工学院（RWTH Aachen University）航空学和力学系的教授，并出任亚琛航空研究所（Aeronautical Institute at Aachen）主任。1915 年，冯·卡门与制造企业合作，生产出了航空史上第一架全金属飞机——容克飞机。从 1925 年起的二十年间，中国曾引入了数十架各型容克飞机。

在第一次世界大战期间，冯·卡门领导开发了第一架能够盘旋飞行的早期直升机。随着冯·卡门国际声誉的提高，他领导的航空研究所声誉也随之提高。1922 年，冯·卡门参与组织并领导了在奥地利因斯布鲁克（Innsbruck）举行的国际空气动力学和流体力学大会。这次大会促成了国际应用力学大会委员会（International Applied Mechanics Congress Committee）的成立。1946 年，在这一委员会的基础上，诞生了国际理论和应用力学联盟（International Union of Theoretical and Applied Mechanics），冯·卡门曾担任联盟的名誉主席。

进入20世纪20年代，冯·卡门陆续发表了多篇流体力学的重要论文，涉及空气阻力、湍流边界层、流体表面摩擦及混沌运动等。除了匈牙利语之外，他还会意大利语、法语、德语和英语，可以与欧洲各国来的学生交流。

冯·卡门在亚琛干得风生水起的时候，也适逢全球经济开始大萧条。德国纳粹势力渐强，掀起排挤犹太人的浪潮。作为一个犹太人科学家，他在进行科学研究的同时，又不得不考虑如何躲避这种令人窒息的政治空气。愈发严重的经济萧条也使得研究经费时常发生困难。德国马克大幅下跌，通货膨胀严重挤压了项目基金，学校的学生亦逐年减少。就在此时，古根海姆基金会决定给加州理工学院50万美元，资助成立航空实验室，条件是要物色一位欧洲航空科学家来领导这一工作。于是，远在美国并到处寻觅世界顶尖航空科学家的加州理工学院校长密立根决定邀请冯·卡门担此重任。后来的事实证明，这是一个重要而且完全正确的决定。

冯·卡门决定接受这一邀请。一生未婚的他说服了与他共同生活的母亲和妹妹，于1929年12月举家乘船离开了世代居住的欧洲。这一去，直到"二战"结束的十五年期间，冯·卡门再也没有踏上德国的土地。冯·卡门是第二次世界大战前最早离开欧洲的犹太科学家之一。希特勒德国犯了无可挽回的错误。德国纳粹的排犹和第二次世界大战，迫使包括优秀犹太科学家在内的大批科学家从德国以及欧洲各地逃到美国，从而在客观上极大地提高了美国的科技水平。

冯·卡门在1930年初来到了帕萨迪纳。1932年以后，冯·卡门发表了许多有关超音速飞行的论文和研究成果。他首次提出超音速流中的激波阻力概念，以及减小相对厚度以减少激波阻力的重要理论。这一理论最终导致了20世纪40年代世界上第一架超音速飞机X-1的诞生。1936年，他被任命为加州理工学院古根海姆航空实验室（Guggenheim Aeronautical Laboratory），即后来的喷气推进实验室（Jet Propulsion Laboratory，JPL）的第一任主任。在这期间，他领导了第一次超音速风洞试验，发明了喷气助推起飞，并大胆地首次在飞机上使用助推火箭。除了"卡门涡街"理论，他还发展了边界层

（Boundary Layers）理论，发明了空气动力学在火箭、导弹和喷气推进诸方面的许多尖端技术。他对近音速和超音速飞行的研究和所提出的理论，涉及几乎所有的航空领域，对第二次世界大战及战后的航空工业发展起到了绝对重要的作用。可以不夸张地说，没有冯·卡门，就没有今天美国及世界的现代航空工业。

选定冯·卡门作为自己的博士生导师，林家翘的内心是非常满足甚至是激动的。他相信那句中国的名言：名师出高徒。况且，冯·卡门曾经担任过管理庚子赔款奖学金项目的清华大学学校顾问，他了解中国庚款留学生的背景情况。1929年和1937年，冯·卡门两次访问中国，并在他第一次访问中国时，就建议清华大学尽快创办航空工程专业和设立航空讲座，培养这方面的人才。1935年，他又派出他的学生和得力助手华敦德（Frank L. Wattendorf）博士到清华任教，帮助中国培养航空工业人才。1937年冯·卡门第二次访华，7月7日晚刚刚离开北平去南京，就发生了震惊中外的"七七"事变。他赶上的是日本军队占领北平前的最后一班火车。林家翘说，冯·卡门对中国是有感情的，他愿意帮助中国。的确如此，作为一个为躲避纳粹德国的迫害而来到美国的犹太科学家，他对正在被日本侵略者狂轰滥炸的中国怀有深切的同情，也十分理解渴望学习航空科学技术以报效祖国的中国学生。特别是，他从已成为自己得力助手的钱学森身上，看到了中国留学生的潜质：睿智、踏实、谦和、刻苦。"世界上最聪明的民族有两个，一个是犹太人，另一个就是中国人。"据说，这是他对抗战爆发时的中国之行所发出的感叹，也是他接受钱学森作为自己弟子之后的感悟。钱学森是1936年结束在麻省理工学院的硕士学习之后，来到加州理工学院成为冯·卡门的博士研究生的。到了1941年，冯·卡门又欣然接受了三位中国博士生，一位是郭永怀，一位是林家翘，还有一位来自西南联大学习流体力学和量子力学的胡宁。

学校的学术气氛给初入加州理工学院的林家翘留下了深刻印象。在他的记忆中，个子不高的冯·卡门有着一双明亮的灰色眼睛和浓重的黑色眉毛，生性活泼好动而又才思敏捷。他可以在食堂的餐巾纸上顷刻之间就解出其他教授为之纠结了几个星期的数学难题；又或许因心有所思而心不在焉，常常在学校停车场把别人的车碰得坑坑洼洼。但这却并不影响冯·卡门和其他教授及学生的融洽关系。他与学生们平等相处，除了课堂教学，在和学生一起聊天、讲笑话甚至下棋的时候，他都会时不时地与他们探讨学术问题，交流学术思想。师生的目光始终集中在他们共同的学术研究上，而许多具有创造性的思想也就在这种无拘无束的氛围中孕育而成。冯·卡门倡导的这种学术讨论，不仅开阔了学生们的思路，而且激发了他们的创造热情。冯·卡门在学校里教授空气动力学理论和飞机弹性结构两门课程。这里的博士学习，教授绝不照本宣科，学生也绝非闷头死读。除了上课，师生之间平等的学术讨论以至争论处处都在进行，不仅在教室的讨论课上，也在饭厅里、宿舍里，甚至在冯·卡门的家里，而冯·卡门也往往会兴趣盎然地参加这样的争吵。这给初到加州理工学院的林家翘留下了深刻印象并产生极大影响。

林家翘已经记不清他曾经多少次到访老师的家了。冯·卡门的家位于马伦戈南街1501号（1501 South Marengo Avenue, Pasadena），离东北方向的校园只有两英里（1英里≈1.6千米）路程，如果不想开车，步行到学校也不算太远。这是一栋建于1915年、有着雪白墙壁和橘红色屋瓦、面积近4500英尺^{2}的西班牙式豪宅（图2-12）。除了有五间卧室和四个卫生间以外，它还有偌大的庭院、客厅和餐厅。这对于好客而且常常宾客盈门、高朋满座的冯·卡门来说，是非常合适和必要的。客厅里陈设着来自世界各国的装饰品，包括中国的屏风和丝绸椅垫。林家翘常常来到这栋住宅参加周末的师生聚会，或者和导师讨论研究课题。这是导师的家，也往往是学术讨论的会场。确实，冯·卡门"经常邀请他的学生到家里举行非正式的研讨会，连续几个小时讨论有争议的数学问题。有时候，在研讨会进行中，冯·卡门会在人群中消失，转移到书房里与一两个学生讨论他

图2-12　林家翘在学生时代曾多次造访的冯·卡门故居

们的研究进展。偶尔，他也会一个人躲进书房，独自静思冥想"。[1] 为追求科学真理而进行的研讨，是大脑思维的碰撞，学术思想的交锋。这一切启发了学子们的奇思妙想，使得他们才思泉涌，火花四溅。钱学森回忆起在加州理工学院的生活时曾说，"那时候早晨起来晚，上午到图书馆翻杂志，或者到实验室看实验，并和实验人员聊天，下午参加讨论班的争论，卡门教授也参加争吵，但不影响人与人的关系。或者乱七八糟听课，如听广义相对论等。晚上以后就一直工作到子夜12点。最后发表论文，虽然只写了钱某的名字，但在实际上，科研成果绝不是钱某一个人的，它是集体工作的结晶"。[2] 这是一种崭新的学习方式，给年轻的林家翘以极大的思想启迪。广开思路，对与错，甚至无所谓对与错，都在热烈的讨论之中。林家翘从中不仅可以了解到他所关心的最新学术进展，了解到同学们都在想什么、做什么，更重要的是别人的思维和看法往往会对自己思考的问题有出乎意料的启发，从而受益良多。这是一种与国内学校的传统教学不同的学习方法。这种讨论式启发式的学习，耳濡目染、潜移默化、沁入心田，逐渐形成了林家翘自己的学术风格和研究方法之一，并用之于他一生的教学实践与学术研究中。

林家翘在多伦多大学的导师约翰·辛格和冯·卡门是两种不同类型的学者。辛格偏重于理论和严格的数学，而冯·卡门则更注重于物理现象，偏重于实际的应用。冯·卡门有着天马行空般的思维。凭借广阔的思路和天生的对物理学的敏感，他常常会心有所感而迸发出思想的火花并直击问题的关键。与老师不同，林家翘好静。在热烈的讨论与思想交锋之后，他往往会沉浸在静静的思考之中。他喜欢理论研究，一个人静读冥想，脑海里却是波涛涌动。他欣赏冯·卡门在分析问题时的德国式的严谨，偏好严密的逻辑思考与推理。林家翘的工作则有着中国式的周密与规整。这或许是从小到大的学习所养成的习惯。这种习惯构成了他缜密的思维和有条有理的工作方式。这是一位理论物理学家所必备的素质。

---

[1] Iris Chang（张纯如）：*Thread of the Silkworm*（《蚕丝：钱学森传》），Basic Books，1996。
[2] 叶永烈：《钱学森传》，上海，上海交通大学出版社，2010。

3. 师生同窗情谊

在林家翘来到加州理工学院工程与应用数学系（Division of Engineering and Applied Mathematics）开始博士生学习的时候，钱学森已经在那里工作

图2-13　青年钱学森（1911—2009年）

两年了。钱学森是冯·卡门的第一位中国博士生（图2-13）。在1939年取得博士学位后，钱学森留在加州理工学院任助理教授（assistant professor）。在科学研究工作中，冯·卡门的天才设想和钱学森严密的推理与计算，使得他们的结合相得益彰。这让冯·卡门很快就喜欢上了这位中国学生。他们二人有多项共同的研究成果发表，其中最为著名的当属"冯卡门-钱学森公式"（Kármán-Tsien pressure correction formula equation），也称"卡门-钱公式"或"钱-卡门公式"。这个公式用来估算在空气（可压缩流体）中，飞机在亚音速，即以低于每秒340米的速度飞行时，空气的压缩性对物体表面（机翼）压力系数的影响。这个公式直接根据翼型在不可压缩流中的压力系数进行可压缩性修正，求出亚音速流时的压力系数。实验证明，在整个亚音速范围内，此公式能较为精确地估算出翼型上的压力分布，同时还可以估算出该翼型的临界马赫数（Ma）。这是举世公认的空气动力学上的重大研究成果，并且有着很强的实践意义。在计算机出现之前，这个公式曾被业界普遍应用。

虽然同为北京师大附中的先后校友，但林家翘到了加州理工学院以后才和钱学森熟识起来。林家翘说，那时很少有中国人在美国当教授，所以我们都觉得钱学森很了不起。整整六十年之后的2001年，林家翘在北京参加了钱学森的九十寿诞庆典。林家翘说，钱学森后来在国内所做的具体工作我不是很清楚，但他最大的贡献是发展了控制论，做成了导弹。这个才能从他在Caltech时的表现就可以看得出来。他流体力学、固体力学都懂，当得

起"博大精深"四个字，是了不起的罕见人才。[1] 除了郭永怀以外，在多伦多大学获得了博士学位的钱伟长在第二年也来到了加州理工大学，在冯·卡门主持的喷气推进实验室（JPL）工作。同一年，清华和西南联大的老同学、学习地球物理专业的傅承义也来到了这里，攻读博士学位。林家翘回忆说，中国同学开始多了起来。身处异国他乡的中国学生很自然地常在一起相处。大家都年轻，志趣相投，高谈阔论，感情融洽。那时的钱学森已经有了一辆自己的汽车，休息时常会带同学出去转转。他们周末不时到中餐馆吃顿中国饭，而作为助理教授的钱学森常常做东也是很自然的事。[2]

第二次世界大战时期，鼓励中美交流。应加州理工学院的邀请，周培源利用学术休假，于1943年秋携夫人王蒂澂来到母校讲学并做湍流理论研究。11月27日，周培源在第401次美国数学学会（American Mathematical Society）会议上做了题为"Velocity correlations and the solutions of the equations of turbulent fluctuation"（"湍流波动的速率相关性与方程解"）的演讲。恩师的到来，使林家翘及钱学森、郭永怀、钱伟长、傅承义等中国学生都兴奋异常。不到一年，清华的孟昭英教授也因休假来到了加州理工学院。回忆起当时的一切，林家翘说，这些都是熟识的同学和老师。周培源往往在星期日请我们这些年轻人到他的寓所去，我们也就成了他家的常客。我们在他家谈学术、谈工作、谈世界战局、谈国事家事、谈音乐艺术、谈理想抱负，几乎无所不谈，无所不议，有时还有争论。但怀念故土，怀念亲人和师长同学朋友始终是最主要的话题。确实如此。老师们来自西南联大，来自炮火连天山河破碎的祖国。殷殷游子意，浓浓故人情。海外相聚，牵挂故土，更引起了林家翘对家乡和亲人的无限思念和坚定科学救国的信心。林家翘还说，每次聚会都非常热闹，我们还品尝周师母做的中国菜。不过，刷盘洗碗还是要大家自己动手的。周培源还告诉我们一个"秘密"：他在莱比锡大学时曾和他的导师沃纳·海森堡比赛乒乓球，海森堡技逊一筹，打不过他。这样愉快的

---

[1] 林家翘采访录像或文字记录稿，2001年3月18日、4月1日，2002年4月4日、12日、19日、26日，2003年5月3日。

[2] 同上。

周末餐会曾持续约两年之久，印象深刻。后来，周培源还到剑桥住过一段时间，访问 MIT（麻省理工学院）和 Harvard（哈佛大学）。在波士顿时，他就住在赵元任家里。[1] 赵元任是语言学大师，会 33 种方言，7 种外语。他同时又是音乐家，有 130 多首音乐作品。他还曾在哈佛、耶鲁、康奈尔、密西根、伯克利和清华大学等美国和中国的多所著名大学教授物理、数学和哲学，是民国时期的一大才子。林家翘补充说，赵元任在剑桥号称是中国人的"大老板"，中国人来了都住他那里。[2]

林家翘入学加州理工学院的 1941 年，正是第二次世界大战最为紧张激烈的时候。无论科学研究工作还是日常生活，都能感受到战争的影响。他清楚记得，那是在 12 月珍珠港事件后不久的一天，他和几个中国学生在街上边走边聊，无意中走进了一个安静的住宅区。忽然，警灯闪烁，一辆警车飞驰而来。警察截住学生，进行了详细的盘问。在弄清楚他们是中国人而不是日本人以后，同学们才获准离去。[3] 那个时候，美国民间反日情绪高涨。1942 年 2 月，根据罗斯福总统的 9066 号行政命令（Executive Order 9066），美国西海岸的一些地区被宣布为"军事区"，在那里居住的约 11 万日本侨民和日裔美国人被驱离或关进了集中营。当时美国政府还规定，战争期间所有 26 岁以下的人都要登记，如有需要，随时可能被征召当兵入伍上前线。林家翘说，那时中国和美国是同盟国，中美间有协议，视这些学生是中国的人才。如果美国要征召他们入伍，中国就要把他们撤回国内作中国空军的航空工程师，不能给美国当兵。[4]

三、解决海森堡的湍流问题

浩瀚的大洋隔开了炮火连天的残酷战争，让学子们能有一张安静的书桌

---

[1] 林家翘采访录像或文字记录稿，2001 年 3 月 18 日、4 月 1 日，2002 年 4 月 4 日、12 日、19 日、26 日，2003 年 5 月 3 日。
[2] 同上。
[3] 同上。
[4] 同上。

进行学习和科学研究。显而易见的是，这种研究又和战争有着密不可分的联系。

战争的发展，对于和航空密切相关的空气动力学研究提出了更为紧迫的要求。美国国家航空咨询委员会（National Advisory Committee for Aeronautics，NACA），即后来的美国国家航空航天局（National Aeronautics and Space Administration，NASA）的前身，和以冯·卡门为代表的古根海姆航空实验室（Guggenheim Aeronautical Laboratory）签订了研究合约，要解决风洞试验中出现的层流和湍流转化过程中边界层不稳定的问题，因为这与飞机机翼低阻力实验密切相关，而当时和此一问题相关联的奥尔－索末菲方程（Orr–Sommerfeld equation）却始终没有精确解。

众所周知，飞机是在空气中飞行的，而空气是一种流体。怎样让飞机飞得更快、更高、更远、更安全，是流体力学研究面对的问题之一。实际上，早在飞机发明之前很久，物理学家们就已经在研究流体力学了。湍流是流体力学中最为让人捉摸不透的难题，也是经典物理学里最后的难以攻克的堡垒。一个困扰流体力学界四十余年、也争论了四十余年的湍流问题当然也时时在冯·卡门的脑海中浮现。环顾自己的周围，不乏许多优秀的学生。他们中有欧洲人、犹太人、印度人，也有中国人。他记得，一位来校参观的美国官员对此不以为然，曾用责问的口气表示不满："你为什么不多收一些美国学生？"冯·卡门立刻回答说："你的意思是让我多收一些印第安人学生吗？"那位官员立刻哑然。作为一位来自欧洲的移民，冯·卡门当然清楚美国是一个移民组成的国家，只有印第安人才是原住民。他视一切学生平等，而不问他们来自何方。他尤其欣赏那些聪明又努力的学生。他想到了刚来不久的林家翘，也清楚林家翘在多伦多大学关于湍流的研究和论文。据林家翘夫人回忆，在林家翘迅速而完美地完成了冯·卡门交给他的一项研究工作后，冯·卡门高兴地说："C.C., You are better than me!"（"家翘，你比我强！"）这里不乏美国式的幽默和溢美之词，却也真实地反映出了冯·卡门对林家翘的欣赏。他希望这个思维敏捷而且兢兢业业的中国年轻人可以继续在湍流问题上做出点名堂来。

于是，冯·卡门把这个流体力学界久而不得其解的奥尔-索末菲方程问题，交给了年方二十五岁的林家翘，作为他的博士论文题目。对于导师交给自己的研究课题，林家翘非常重视。他清楚地知道，这与战争中的航空问题密切相关。同时，这个前辈科学家所未解的疑难问题，也激发了他要破解其坚的斗志。他开始探索此一问题的来龙去脉。

图2-14　阿诺德·索末菲（Arnold Sommerfeld，1868—1951年）

这个故事说起来有点曲折。事情源于著名的德国理论物理学家阿诺德·索末菲（Arnold Sommerfeld，1868—1951年）（图2-14）。索末菲出生于东普鲁士的柯尼斯堡（现俄罗斯加里宁格勒），一个人杰地灵之地。那里诞生了哲学家康德（Immanuel Kant）、作家及作曲家霍夫曼（Ernst Theodor Amadeus Hoffmann）、数学家希尔伯特（David Hilbert）、数学家哥德巴赫（Christian Goldbach），等等。柯尼斯堡居民提出的有趣的"柯尼斯堡七桥问题"（Seven Bridges Problem），最后被18世纪瑞士大数学家欧拉（Leonhard Euler）解决，并因此创立了一个重要的数学分支——图论与几何拓扑。索末菲一生的主要研究方向是量子力学和原子物理学，并被称为是这一领域的开山鼻祖。在20世纪初那个量子力学兴起的群星闪烁的年代，索末菲和他所代表的"索末菲学派"无疑是一颗璀璨明亮的星。1918年，继爱因斯坦之后，德高望重的索末菲曾担任了历史悠久的国际性的德国物理学会（Deutsche Physikalische Gesellschaft，DPG）主席。由于在物理学上的突出贡献，索末菲曾被人提名为诺贝尔物理学奖候选人达八十四次之多，创物理学诺贝尔奖提名之最。但终其一生，他却与诺贝尔奖擦肩而过。不过，他的学生中有七位获得了诺贝尔奖。其中博士生四位：彼得·德拜（Peter Joseph Wilhelm Debye）、沃纳·海森堡（Werner Karl Heisenberg）、沃夫冈·泡利（Wolfgang Ernst Pauli）和汉斯·贝特（Hans Albrecht Bethe）；博士后三位：利纳斯·鲍林

（Linus Carl Pauling）、爱斯多尔·拉比（Isidor I. Rabi）和马克斯·冯·劳厄（Max von Laue）。培养了许多优秀的物理学人才是索末菲的一大突出贡献。有人统计，到1928年为止，德语国家中近三分之一的普通理论物理学教授都是索末菲的学生。比索末菲年轻十岁的爱因斯坦曾对他说过，"我特别佩服您的是，您一跺脚，就有一大批才华横溢的青年理论物理学家从地里冒出来"。埃克特（Michael Eckert）在他的传记《阿诺德·索末菲：科学、生活与动荡年代 1868—1951 年》（*Arnold Sommerfeld: Science, Life and Turbulent Times 1868-1951*）中曾总结道："普朗克是权威，爱因斯坦是天才，索末菲是老师。"索末菲的确堪称是大师的大师。

虽然索末菲一生的主要研究领域是量子力学和原子物理学，但在他开始走入物理学的年轻时代，也曾涉猎过流体力学领域。19世纪90年代，索末菲在获得博士学位后，进入德国的数学中心哥廷根大学（University of Göttingen），成为数学家克莱因（Christian Felix Klein）的助手。克莱因在阐述湍流的发生机制时曾指出，管道中的流体运动超过了临界速度，平行条纹状的流动就成为了"不稳定"的形式，但发生不稳定的原因并不清楚。他还认为，湍流的发生机理可以转化为一个稳定性问题加以分析。当处于层流状态的管流流速一旦大于某一临界值的时候，一个微小的扰动就足以将规则的层流破坏，从而使层流变成了一种不稳定的状态，湍流便发生了。受到克莱因的启发和影响，索末菲也对湍流发生机制的问题进行了深入的思考。诺贝尔奖获得者、物理学家亨德里克·洛伦兹（Hendrik Lorentz）在1897年发表的一篇文章中，推导了在层流场中叠加一个小扰动后流场能量的变化。受此启发，索末菲沿着这个方向进行了探索，却一无所获。在和洛伦兹的通信中，索末菲谈到了自己的苦恼，并在随后的一次演讲中提到，他仍然没有一种精确的理论方法来决定这个临界速度和超过临界速度后的流体压力梯度变化曲线。1900年，在克莱因的安排下，索末菲到德国亚琛皇家工业大学（Königliche Technische Hochschule Aachen，即后来的亚琛工业大学 RWTH Aachen University），任职应用力学系主任，此时的他仍没有放弃对湍流发生机理的探索。

1906 年，索末菲来到慕尼黑大学（University of Munich），以物理学教授和理论物理研究所所长的身份开始了他在这里长达三十余年的教学与研究生涯。有家公司要开挖通过慕尼黑的伊萨尔河（Isar River），需要确定水流从层流到湍流的详细变化过程，并因此与索末菲签订了一份研究水流的合同。这件事促使索末菲加紧了在湍流问题上的研究。就在这时，他读到一篇关于板壳变形失稳的文章，受到了启发。索末菲意识到或许能用类似的方法解决自己的流体力学问题。主修数学并且一直在数学物理学方面工作的索末菲于是着手建立数学模型，把微扰动的理论运用于平行流动稳定性的问题。方程建立之后，他却苦于长时间无法找到方程的解。几个月后，他在给洛伦兹的信中写道，不幸的是，我仍然无法在确定流体动力学临界速度这一问题上取得进展。

几乎与此同时，远在两千千米之外的英国和爱尔兰数学家、爱尔兰皇家科学院（Royal Irish Academy）院士威廉·麦克法登·奥尔（William McFadden Orr，1866—1934 年）也对同样的湍流形成机制问题进行了研究，并且向爱尔兰科学院提交了自己的论文"理想液体和黏性液体的稳态运动的稳定性或不稳定性"（"The Stability or Instability of the Steady Motions of a Perfect Liquid and of a Viscous Liquid"）。论文的第一部分标题是"理想液体"。第二部分于第二年即 1907 年提交，标题为"黏性液体"。但是，奥尔和索末菲互相并不知道他们其实是在同时进行同一个问题的研究，并各自独立得出了相同的方程。

两年以后的 1908 年，在罗马举行了第四届国际数学家大会（International Congress of Mathematicians，ICM）。索末菲在会上介绍了解决流体不稳定性问题的方法。他首先用英国物理学家奥斯本·雷诺兹（Osborne Reynolds，1842—1912 年）的名字命名了雷诺数（Reynolds Number）。这是流体力学界第一次使用雷诺数这个表述流体流动状况的无量纲数值。虽然雷诺兹在 1883 年的一项经典实验中，验证了管道流在流速变化的条件下发生了从稳定的层流到不稳定的湍流的过渡过程，但他也无法解释湍流发生的机理。和克莱因的看法一样，索末菲认为，湍流的发生机理可以转化为一个稳定性分析问题。当流速高于某临界值时，层流变成不稳定，在微小的扰动下即会产生湍流。这是一个微分方程。通过解出方程，或者研究其特征值等，可以作为判断流体动力稳定性的条件。匪夷所思的是，在这段时间里，其他数学家和物理学家都没有注意到威廉·奥尔同样的工作。直到 1916 年，著名流体力学教科书作家霍勒斯·兰姆（Horace Lamb）在他的《水动力学》第四版中，才指出平面流体的稳定性方程式是由奥尔（Orr）给出的，其后是索末菲（Sommerfeld）独立给出的。看来这是奥尔和索末菲的名字首次在一起出现。这个方程用他们两个人的名字命名，也就是我们现在所说的奥尔－索末菲方程（Orr-Sommerfeld equation）。

在流体动力学中，奥尔－索末菲方程是一个经典问题，也是一个特征值方程，是用于层流小扰动的四阶线性微分方程。它描述了对黏性平行流的线性二维扰动模式。在最简单的情况下，它模拟牛顿流体在两个无限大板之间的流动。这个方程可以看作是索末菲对与湍流相关的流体力学的最主要贡献。流体力学上有一个基本方程，叫作纳维叶－斯托克斯方程（Navier-Stokes equations）。这是一个用来描述黏性不可压缩流体动量守恒的运动方程。奥尔－索末菲方程则是在此基础上，叠加了微小扰动后并加以线性化而得到的。它描述的是当在层流速度剖面上叠加振幅的微小扰动后，扰动随时间而变化的情况。如果对于某一特定的雷诺数，任意扰动都随时间而衰减，那么这个流动就是稳定的，反之，则流动是不稳定的。如果可以对这个描述流体运动的方程求解，那么就可以详细描述流体在任何特定条件下的运动方式，预测从层流到湍流的发生。这在工程上是有实际意义的。

方程已经有了，曙光似乎就在前面。只需求解，并据之列出特征方程，找到扰动的变化规律和临界雷诺数，大功即可告成。可是，在罗马会议的两个月之后，索末菲的方程求解工作依然毫无进展。他在一封信中写道，我一直在湍流问题上折磨自己，花费了几乎我所有的时间，但我还是无法完成它。

山重水复疑无路。在一筹莫展的情况下，索末菲的目光转向了自己那些睿智的学生，或许从学生那里可以寻到柳暗花明又一村。德国犹太理论物理学家路德维希·霍普夫（Ludwig Hopf）当时是他的博士生之一，而且就要写以流体力学为主题的博士论文。于是，索末菲将这一有关湍流的方程解问题交给了霍普夫。湍流问题对霍普夫是一个挑战，他也花费了巨大的努力。这位毕业后曾经与爱因斯坦合作发表过两篇关于辐射的经典统计论文的才子，在奥尔-索末菲方程问题上终究没有突破，最后只好另换博士论文题目。

图2-15 沃纳·卡尔·海森堡（Werner Karl Heisenberg, 1901—1976），1933年

时间来到了1920年，十九岁的沃纳·卡尔·海森堡（Werner Karl Heisenberg, 1901—1976年）进入慕尼黑大学，跟随索末菲学习物理（图2-15）。在就读大学的第一个学期，索末菲就给了海森堡一个尚未解决的物理难题：反常塞曼效应。塞曼效应是以荷兰物理学家彼得·塞曼（Pieter Zeeman）的名字命名的一种磁场原子光谱线分裂的效应。塞曼因为发现了这一效应而获得了1902年的诺贝尔物理学奖。对于老师给出的问题，海森堡在两个星期之内就有了进展，这使得索末菲非常惊讶。他意识到这个小伙子是位思维敏捷绝顶聪明的学生。事实也是如此。海森堡后来成长为一代物理学巨匠，成为量子力学的创始人之一。量子力学和相对论是现代物理学的两大支柱。海森堡的贡献还包括提出了量子力学的矩阵形式，提出了著名的"不确定性原理"等。海森堡在1932年获得了诺贝尔物理学奖。很多人认为海森堡是继爱因斯坦之后最伟大的物理学家。虽然海森堡一生的研究领域主要是量子力学，但他的博士毕业论文却是流体力学。因为，作为导师的索末菲了解海森堡在当时有争议的量子理论问题解决方案上的名声，所以建议海森堡在更为传统的流体力学领域写他的博士论文，以更为稳妥。于是，在霍普夫对湍流的方程解问题毫无建树的十余年之后，索末菲又把这一问题交给了海森堡。

在接受了这个博士论文题目之后，海森堡想方设法予以解决。但他首先就在求方程的渐进解上遇到了困难。虽然他巧妙地用小参数摄动方法找出了方程的渐近解，但由于随之所引出的奇点问题，以及渐进解的收敛性问题，而陷入了顾此失彼的窘境。求解既然有问题，紧接着列出的特征方程就更无从做起。应该说，问题卡在了他的数学能力上。显然，年仅二十二岁的海森堡对问题的数学理解及数学分析的运用上尚有不足之处。可是，海森堡凭借着他对物理学的敏感和对问题关键点的直觉，还是东拼西凑地猜出了一个临界雷诺数的解答。1923 年 7 月 10 日，海森堡提交了一份长达 59 页的论文，题目是"关于流体流动的稳定性和湍流"（德文"ÜberStabilität und Turbulenz von Flüssigkeitsströmen"，英文"On stability and turbulence of liquid flows"）。7 月 23 日的海森堡博士论文答辩会进行得并不顺利。除了数学论证不严谨之外，他对于索末菲之外的三位教授提出的其他有关实验物理和天文学的问题也都回答得不能令人满意。最后，由于他的导师、答辩委员会主席索末菲的庇佑，海森堡的论文才有惊无险地勉强以最低分数"C"得到了通过。

虽然海森堡获得了博士学位，但问题并没有真正解决，而且有关的争议也就由此产生。他的文章在 1924 年发表以后（图 2-16），数学界立刻就有了不同意见。一些数学家批评海森堡的文章有两个问题没有解决：第一，在数学上，他没有论证所谓的渐近展开是否正确。这里缺乏一个严格的数学证明。第二，曲线没有作定量分析，因而也就不可能获得精确的数值结果。他仅对一条曲线作了粗略的计算，而对另一条则只有猜想和估算。猜想是无法说服严谨的理

图 2-16　公开发表的海森堡博士论文首页，1924 年

论家的。果然，德国数学家诺特（Fritz Alexander Ernst Noether）在分析之后认为，海森堡的结论是错的，并且说像这样的一条曲线，即标志稳定区域的中性曲线，也许根本就不存在。许多数学家对海森堡的结论持反对或保留态度，但是海森堡不肯承认他错了，以致这一有关平行板间流体稳定性问题的

研究在数学界引发了多年的争论。数学界并不认可海森堡缺乏严格数学证明的猜测式解答。

现代流体力学奠基人路德维希·普朗特（Ludwig Prandtl，1875—1953年）的学生、德国流体力学家沃尔特·托米恩（Walter Tollmien）秉承海森堡的方法，也在边界层稳定性方面进行了研究，却没有突破性的进展。实际上，海森堡之后的二十年间，数学界仍然不时有人对这一问题发起冲击，然而却都是无功而返。可能索末菲自己当时也没有想到，他所建立的方程居然困惑了数学界和物理界数十年而不得其解。虽然在这之后，无论是索末菲还是海森堡都转向了其他物理学研究领域，纵横捭阖，战功卓著，但在流体力学的湍流问题上所遇到的挫折，显然在他们的心里留下了长久的阴影与遗憾。这个问题是如此的复杂和困难，以至于自己的得意门生海森堡都没能给出完美的解答，这曾让索末菲无可奈何地表示，"对于任何其他学生，我都不会提出这个困难的题目当作论文"。（"I would not have proposed a topic of this difficulty as a dissertation to any of my other pupils."[1]）冯·卡门在他的自传中说，阿诺德·索末菲，这位著名的德国理论物理学家，有一次曾经告诉我，在他死前，他希望能够理解两种现象——量子力学和湍流。我相信他更接近于理解引导了现代物理学的量子理论，而不是接近于湍流的真实含义。海森堡的叙述有些差别："索末菲说过：见到上帝时我想问他两个问题：为什么会有相对论？为什么会有湍流？"1932年，八十三岁的英国应用数学家和物理学家霍勒斯·兰姆爵士（Sir Horace Lamb）在向英国科学发展协会的演讲中说："当我死后并升入天堂的时候，我希望在那里可以得到两件事的启示。一件是量子电动力学，另一件是流体的湍流运动。而对于前者，我相当乐观。"[2] 尽管此种传闻有几个不同的版本，但显而易见，桀骜不驯的湍流确实是一个很难解决的流体力学问题。在无可奈何之下，大师们似乎都只好把

---

[1] David C. Cassidy: *Uncertainty: The Life and Science of Werner Heisenberg*, W H Freeman & Co., Oct. 1991, or AIP (American Institute of Physics) Web Site, http://www.aip.org/history/heisenberg.

[2] Iris Chang（张纯如）: *Thread of the Silkworm*（《蚕丝：钱学森传》），Basic Books，1996。

希望的目光投向了上帝，而上帝是否能解答，他们也没有把握。

由此可见，奥尔-索末菲方程是流体力学稳定性领域中一个困难的经典问题。林家翘在得到了导师冯·卡门所给的有关求解这一方程的题目之后，便认真研读了海森堡的论文，并且陷入了深深的思索。既然是著名的前辈科学家们四十年都未能解决的问题，它必然有相当的难度。自从跟随周培源研究流体力学以来，林家翘数年来始终在湍流问题上锲而不舍地钻研，积累了相当的知识与经验。仅在1943年，即在他研究生学习的第三年，他就至少发表了三篇关于湍流的文章（其中一篇是与前导师辛格合作）。依靠深厚的数学功底，针对科学问题的实际，用数学来解决科学问题的应用数学理念已经深入林家翘的心中。也许最早提出问题的索末菲的一句话是对的，他常常对他的学生说："如果你想成为物理学家，你必须做三件事情；第一，学习数学；第二，学习更多的数学；第三，坚持这样做。"此时，迎难而上便是林家翘的唯一选择，而数学则是解决此一物理学问题的基础和关键。

林家翘认为，数学上的问题涉及一个具有内部奇异点（或在其解到达问题的物理边界之前的"拐点"）的四阶常微分方程的解；但也有物理学问题，即与稳定的流体相比较，从稳定向不稳定过渡的临界雷诺数值会比较大，这样就有可能找到一种分析方法去解决这个问题，并因此可以作为一个大的无量纲参数而用于渐近展开。即使在今天，这个问题也仍然是对应用数学的一个重大挑战。

林家翘具体分析了海森堡的思路，认为可以按照海森堡思考的方向去做。奥尔-索末菲方程的四个解，海森堡都已经找到了，或者说被他天才地猜到了，问题是他没有能做出严格的数学证明。这里需要正确地应用边界层条件，解决复杂的特征值问题，而这当中又存在着临界点和边界层混合在一起的复杂情况。至于曲线的渐近行为，则又是一个极困难的问题。

林家翘首先将精力集中于海森堡问题中引起争论的部分，明确了问题的本质是需要求出奥尔-索末菲方程的特征值。既然流体从稳定过渡到不稳定时临界雷诺数会增大，那么基于这个概念，可以采取一种叫做渐近逼近法的解析方法来进行处理，用雷诺数，即大的无量纲参数给出渐近展开式。在一

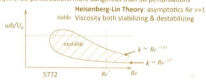

图 2-17 从层流到湍流的过渡，无量纲奥尔-索末菲方程（引自徐遐生在清华大学林家翘追思会上的演讲：Remembering Professor C. C. Lin, 2013/6/24）

个收敛级数的收敛中如果采用某种渐近的方法，其收敛速度可以变得非常迅速。这在微积分的应用中并不鲜见（图2-17）。

在经过分析、思考和努力之后，林家翘终于在数学上对这一湍流问题给出了严格的证明。他的结论是，海森堡的猜想和其所用的渐近方法原则上是正确的，而数学家诺特关于曲线不存在等的结论因此是错误的。同时，林家翘的解法也成了求解这一类高阶微分方程的范例。林家翘在晚年谈到这件事的时候，只是轻松地笑笑说，海森堡的结论其实是对的，诺特那个问题的症结只是不够精细。他还指出，去解决科学大师留下的科学疑难问题，是当时这一领域的发展方向，是一个前沿问题。[1]

1944年初，林家翘完成了自己的博士论文"On the development of turbulence"[2]（"关于湍流的发展"）。他在论文的摘要中写道："根据海森堡初始的对奥尔-索末菲方程的思考，研究了不可压缩流体的二维平行流的稳定性。海森堡的相关理论被仔细地研究，并作了进一步的发展，以得到几个一般的和特殊的有关流体动力学稳定性的结果。现有理论上的大多数争论都被清晰地展示出来并得到了认真的了结。这进一步表明，在大于一定的最小临界雷诺数的情况下，速度的分布对于所有对称类型和所有边界层类型都是不稳定的。"("The stability of two-dimensional parallel flows of an incompressible fluid is investigated, based upon a study of the equation of Orr and Sommerfeld along the lines initiated by Heisenberg. The theory of Heisenberg is carefully examined and further developed to obtain several general and specific

---

[1] 林家翘采访录像或文字记录稿，2001年3月18日、4月1日，2002年4月4日、12日、19日、26日，2003年5月3日。

[2] Lin, Chia-Chiao: "On the development of turbulence", Caltech Library System.

results on hydrodynamic stability. Most of the disputes in the existing theories are clearly brought out and carefully settled. It is further shown that all symmetrical and all boundary-layer types of velocity distributions are unstable above a certain minimum critical Reynolds number")。论文并给出了获取近似值的方程,以及取得了中性稳定性曲线的一般特征,并对曲线进行了完整的数值计算。他继续写道:"基于在理想流体中的涡流强度守恒及其在黏性力作用下的扩散,给出了所得结果的物理解释。对于将稳定性理论与泰勒的湍流变化理论相联系的表述也予以给出。希望此一工作可以消除所有对于应用小幅振动理论论述流体动力学稳定性的疑虑,这一理论使用了不可压缩流体的纳维－斯托克斯方程。"("Physical interpretations of the results obtained are given, based upon the conservation of vorticity in a perfect fluid and its diffusion by viscous forces. Indications are also given to connect the stability theory with Taylor's theory of transition to turbulence. It is hoped that this work may remove all the doubts of applying the theory of small oscillations to the treatment of hydrodynamic stability using Navier-Stokes equations for an incompressible fluid.")论文相当完美!对于奥尔－索末菲方程的解,其收敛性以及用渐近方法解出的特征方程均堪称一绝!

1944年2月1日,林家翘提交了自己的博士论文,并在三个星期后进行了论文答辩。林家翘信心满满。严格的数学证明和精彩的问题解答使这一场答辩会进行得十分顺利。林家翘一举解决了数学界几十年没有解决的难题,他也因此获得了航空学博士学位(PhD in Aeronautics)(图2-18)。

博士论文(图2-19、图2-20)所展示的出色研究成果,并没有使林家翘就此止步,反而让他以更大的兴趣继续在流体稳定性问题上的钻研,并对自己的论文进行深化。六个月后,林家翘又完成了另一篇

图2-18 林家翘博士毕业照,1944年

九页的文章"On the stability of two-dimensional parallel flows"[1]("关于二维平行流的稳定性")。文章于当年十月在美国国家科学院院刊（Proceedings of the National Academy of Sciences）上发表。他在文章的导言中写道，海森堡在二维平行流的流体动力学稳定性问题上引人注目的贡献并没有被心悦诚服地接受，原因是他的文章中仍存在着若干模糊不清的疑点。作为结果则是导致对大雷诺数的不稳定层流理论阐述的严重困惑，并因此极大地妨碍了它的发展。许多文章的作者认为以下这些建议是必要的，即（1）考虑有限振幅的扰动；（2）要包括压缩系数或平衡的影响；（3）修改纳维-斯托克斯方程。林家翘的这篇文章的内容包括了奥尔-索末菲方程问题，稳定性的一般准则与中性的稳定性曲线，并给出了这两种曲线，物理上的阐述和对结论的讨论，以及过渡到湍流等问题。林家翘在文章中对于相应的问题作出了明确的阐述和严格的数学推导[2]。

图 2-19　林家翘博士论文封面，1944 年　　图 2-20　林家翘博士论文目录

从博士论文的课题开始直到以后的几年，林家翘研究工作的重点一直是

---

[1]　C. C. Lin: "On the Stability of Two-Dimensional Parallel Flows", Proceedings of the National Academy of Sciences of the United States of America, Vol. 30, No. 10 (Oct. 15, 1944), pp. 316～324.
[2]　同上。

在二维平行流稳定性方面。1945 年，他又写了同一题目下的三篇文章，对二维平行流动的稳定性从理论上作了全面系统的分析。这三篇文章分别是，第一部分"总论"（"Part Ⅰ, General theory"[1]），第二部分"非黏滞流体的稳定性"（"Part Ⅱ, Stability in an inviscid fluid"[2]），和第三部分"黏滞流体的稳定性"（"Part Ⅲ, Stability in a viscous fluid"[3]）。三篇论文于 1945 年和 1946 年相继发表在美国《应用数学季刊》（*Quarterly of Applied Mathematics*）上。这样，关于二维平行流动的稳定性理论就有了一个完整的论证和总结。

长期存在争议的海森堡湍流问题看似得到了完美的解决。不过，新的争论也因此而起。奇异摄动理论今天已经发展成为一个成熟的数学方法分支，可以用来解决此类问题。但在当时的年代，通常的办法是用差商近似导数的有限差分法来近似求解微分方程，而林家翘所采用的渐近方法并没有成熟的理论。虽然这种超前的方法确实是奇思妙想，独辟蹊径，但在数学界却也属标新立异，曲高和寡。当年轻的林家翘在自己的湍流论文中首次提出这一解决问题的策略并得出了结论以后不久，他就听到了许多反对的声音。毕业于麻省理工学院的犹太物理学家和应用数学家恰姆·派克瑞斯（Chaim Leib Pekeris，1908—1993 年），当时在哥伦比亚大学从事研究工作。他也对海森堡的问题进行了研究和计算。派克瑞斯采用传统的有限差分的技术，设计了对同样平面层流问题的直接数值方法，经计算后得出了结论。他认为，抛物流很可能是完全稳定的，不存在稳定区域和不稳定区域的中性分界线。他非常确定地表明流体在通过圆形管道的情况下不存在不稳定性。这恰好和诺特的结论相一致，而与海森堡的结论相反，也就是和林家翘的结论相反。林家翘当然坚持自己是对的，而对方也不肯服输。林家翘曾回忆，这种学术上的争论"变得非常激烈"，并且持续了相当长的时间。争论的最终解决还是依

---

[1] C. C. Lin: "On the stability of two-dimensional parallel flows. Ⅰ. General theory", Quarterly of Applied Mathematics, Vol. 3, No. 2, 1945.

[2] C. C. Lin: "On the stability of two-dimensional parallel flows. Ⅱ. Stability in an inviscid fluid", Quarterly of Applied Mathematics, Vol. 3, No. 3, 1945.

[3] C. C. Lin: "On the stability of two-dimensional parallel flows. Ⅲ. Stability in a viscous fluid", Quarterly of Applied Mathematics, Vol. 3, No. 4, 1946.

靠了技术的发展。

让我们回到林家翘论文答辩的那一天。给林家翘留下深刻印象的不仅仅是答辩会,导师冯·卡门对于自己的学生解决了湍流上的一大难题并获得博士学位十分高兴,邀请林家翘在一家中餐馆吃饭。当然,这并不是冯·卡门第一次请林家翘吃饭,更让林家翘印象深刻的是,冯·卡门同时还请来了一位客人,并介绍给他。这位客人是著名的应用数学家、物理学家和计算机大师冯·诺依曼。这是林家翘第一次结识冯·诺依曼。

和冯·卡门一样,约翰·冯·诺依曼(John von Neumann,1903—1957年)也是匈牙利犹太人,但比冯·卡门要小二十二岁。他的父亲、银行家马克斯·冯·诺依曼(Max von Neumann)和冯·卡门熟识,并且在冯·诺依曼还年轻的时候曾委托冯·卡门照顾自己的儿子,还让冯·卡门劝说他不要去学科学,而像他一样去学金融。作为朋友,他们之间非常熟悉。违背父命的冯·诺依曼二十二岁时在布达佩斯大学获得了数学博士学位,并先后在柏林大学和汉堡大学担任数学讲师。1930年,他到美国普林斯顿大学(Princeton University)任客座教授,三年后进入附近的高等研究院(Institute for Advanced Study)工作,和爱因斯坦等人一起成为当时研究院的著名六教授之一。冯·诺依曼在物理学、计算机科学和经济学等诸多领域中都有杰出贡献。他将量子力学的最重要的基础严谨地公式化。1932年,他的量子力学教科书《量子力学的数学基础》(*Mathematical Foundations of Quantum Mechanics*)出版,首次提出了量子逻辑。这是量子力学的经典书籍。1945年,他写下了长达101页纸的报告"First draft of a report on the EDVAC"(EDVAC报告书的第一份草案),即计算机历史上著名的"101页报告",明确规定用二进制代替十进制运算,并将计算机分成五大组件,即运算器、控制器、存储器、输入和输出设备,并描述了这五部分的职能和相互关系,奠定了现代计算机的逻辑结构设计基础。由于在计算机上的这一伟大贡献,他被誉为"计算机之父",并担任高等研究院电子计算机项目主任达十六年之久。在经济学领域,冯·诺依曼曾与摩根斯特恩(Oskar Morgenstern)合著巨作《博弈论与经济行为》(*Theory of Games and Economic Behavior*)。这本书标志着现代系统博弈理论的初步形成。博弈论被认为是 20 世纪经济学最伟大的成果之一，冯·诺依曼被称为"博弈论之父"。他在不同的科学领域取得了成功，其科学研究的主要方法就是用数学来解决科学问题。这一点对林家翘产生了深刻的影响。他后来曾说过，冯·诺依曼是一生中对他的应用数学学术思想影响最大最深的人。[1]

冯·诺依曼（图 2-21）在数学界有很高威望的原因，还在于他积极提倡用计算机来解决数学问题。例如，今天用计算机做天气预报在世界上已经得到普及，而这一技术最早是由冯·诺依曼首先提出并实行的。显然，冯·卡门希望自己的这位老朋友能从计算机方面对林家翘的湍流理论研究给予支持和帮助。

图 2-21　约翰·冯·诺依曼（John von Neumann，1903—1957），1940 年代

饭桌上的气氛是轻松而愉快的。两位匈牙利老乡时不时用母语交谈，不过，冯·诺依曼的英语相当流利，这对于林家翘倒是方便了许多。在听了林家翘关于他的湍流研究工作情况之后，冯·诺依曼建议用计算机对这一研究结论进行验证。20 世纪 40 年代计算机刚刚开始兴起。冯·诺依曼亲自编写程序，并找到在纽约哥伦比亚大学沃森科学计算实验室（Watson Scientific Computing Laboratory at Columbia University）工作的物理学家汤马斯（L. H. Thomas），请他帮助用计算机对林家翘的研究结论进行计算。不难想象，早期的计算机和今天机器的强大功能当然不能同日而语，相应的计算机及软件的准备工作花费了数年。最后，计算机进行了长达 150 小时的运算，所得到的结果是，临界雷诺数和林家翘用数值分析的方法计算的结果十分接近。如今的大师在谈到与当年的大师接触时的感受说，"我说要紧的还是 issues（问题）。你考虑的问题，是不是他有兴趣的问题。他对于那个问题根本就有兴

---

[1] 林家翘采访录像或文字记录稿，2001 年 3 月 18 日、4 月 1 日，2002 年 4 月 4 日、12 日、19 日、26 日，2003 年 5 月 3 日。

趣，你去讨论，他当然就愿意跟你谈了。这就要看能力了，看学生的本事了"。[1] 林家翘谈的正是冯·诺依曼最感兴趣的用计算机解决数学问题。

　　计算机的运算结果证明恰姆·派克瑞斯的结论是错误的。在计算机提供的可靠数据面前，争论最终归于沉寂。林家翘说，其错误的原因是积分取值上间隔太大，因而得出的结论就完全不一样了。[2] 通俗地说，派克瑞斯在积分取值上迈的步子太大了，太粗了，以至于无法针对某个函数随其自变量和问题的无量纲参数（雷诺数）迅速变化而给出可靠的结果。往往，人们习惯于常规方法的数值计算，其结果也常常是令人信服的，是与实验或事实相符的。但是，自然界的事物千变万化，看起来好像确定的变化过程，有时却可能显示出随机性的不可预测性。微量，在不经意间发挥了作用。在多伦多大学及加州理工学院学习和工作的时期，林家翘和钱伟长及郭永怀常常在一起讨论力学问题。虽然他们具体的研究领域不同，但有些理论在解决实际问题时是相通的。例如，关于微量的处理。在处理实际问题时，常常要略去微量，但有时微量的略去会引起不合理的结果。微量没有绝对的大小。钱伟长曾回忆说，"微量是一系列实际模型中逐步缩小而趋近于零的过程。我们特别重视略去的量和保留的量之间的微量级别的比例"。我们"都体会到在边界层微小区域内的这些复杂情况，只有放大了这种区域，才有可能看清内部变化。在数学上放大区域就是放大坐标尺寸，在边界层里，应该放大法向坐标的尺寸"。[3] 思想火花的碰撞，往往能激起意想不到的灵感。曾经的关于微量问题的讨论让林家翘在解决海森堡问题时受到启发。美国气象学家爱德华·诺顿·罗伦兹（Edward Norton Lorenz，1917—2008 年）在 1961 年提出的"蝴蝶效应"（Butterfly Effect），中国古训里的"差之毫厘，失之千里""千里之堤，溃于蚁穴"，说的都是一个道理。罗伦兹在 1963 年进一步提出了混沌理论（Chaos Theory）。一种貌似随机的运动，其本质是系统的长

---

[1]　林家翘采访录像或文字记录稿，2001 年 3 月 18 日、4 月 1 日，2002 年 4 月 4 日、12 日、19 日、26 日，2003 年 5 月 3 日。
[2]　同上。
[3]　钱伟长：怀念同窗益友郭永怀教授，载《钱伟长文选》，上海，上海大学出版社，2004。

期行为对初始条件的敏感性。输入的微小差别会迅速放大到输出端,而这种非线性现象在我们的生活中比比皆是。

有许多人去验证海森堡的湍流问题结论。例如,日本京都大学(Kyoto University)和京都理工学院(Kyoto Institute of Technology)名誉教授巽友正(Tomomasa Tatsumi)就对林家翘和派克瑞斯的不同结果重新作了检查,最后仍然证明林家翘的结论是正确的。恰姆·派克瑞斯后来到以色列的魏斯曼科学院(Weizmann Institute of Science)就职于应用数学系主任。受冯·诺依曼的影响,他特别提倡用计算机来解决数学问题。

林家翘"对平行流稳定性问题的解法构成了从层流到湍流过渡的经典范例"。[1] 这一场学术争论让林家翘难忘。他后来的学生、天文物理学家、美国国家科学院院士徐遐生(Frank Hsia-San Shu)写道:"尽管我从来没有机会直接与他讨论此事,但我个人始终怀疑,这个早期争论的不愉快使得他在其科学生涯中后来的争论里变得坚强,也使他相信自己所具有的对科学真理的直觉,而并非盲目依赖数字模拟。"("Although I never had the opportunity to discuss the matter directly with him, I always personally suspected that the unpleasantness of this early controversy steeled him for the later controversies in his scientific life and also led him to trust to his own intuition for where scientific truth was likely to lie more than blind reliance on numerical simulation."[2])的确如此,刚走出校门不久的青年林家翘在权威面前坚持了独立思考,没有盲目;在数值计算面前坚持了物理直觉,没有盲从;在学术争论中坚持了自信,没有畏缩。他只相信真理。

林家翘还说,用实验去证明海森堡的结论在当时属于军事机密,虽然有人做这样的实验,但结果却不能告诉他这个外国人。直到若干年后有关文件解密,林家翘才看到了实验的结果和分析。结论是一致的和明确的,这些实

---

[1] Frank Hsia-San Shu: "Chia-Chiao Lin (1916—2013)", From American Astronomical Society (AAS) Web site, 2013.

[2] 同上。

验均证明了林家翘的理论分析是完全正确的。[1] 他的出色工作得到了数学界的肯定和好评。这些进展结果的摘要收入了林家翘于 1955 年出版的《流体动力学稳定性的理论》(The Theory of Hydrodynamic Stability)一书中。

林家翘通过严格的数学证明所得到的这一湍流问题的解,与海森堡当年在自己毕业论文中所做的猜想和估计基本一致。听闻此讯的海森堡大概是长长地舒了一口气。他的博士论文虽然已经过去了二十年,但作为一个名闻世界的大科学家,其中的遗憾毕竟是心中长久的阴影。1947 年,海森堡在给年已七十九岁的老师索末菲的信中写道:"我高兴地发现我的论文的主要内容分明是正确的。特别是,如同我当时所说,流体力学专家现在看来同意抛物线流纵剖面确实是不稳定的,而且我对不稳定性区域的计算实质上是正确的。中国科学家林在美国也发现了同样的结果。"("I was amused to find that evidently the main content of my dissertation was still all right. In particular, the specialist on hydrodynamics now apparently agree that the parabolic flow profile is indeed instable, as I had stated at that time, and that also my calculation of the region of instability was essentially correct. The same has been found in America by the Chinese scientist Lin." [2])信中的得意之情,溢于言表。1950 年,第十一届国际数学家大会(International Congress of Mathematicians,ICM)在美国马萨诸塞州的剑桥举行,这是第二次世界大战后的第一次数学家大会。海森堡来美国出席会议,并应邀到哈佛大学就流体的稳定性和湍流发表专题演讲。他在演讲中特别提到了林家翘博士对于湍流理论的重要贡献。关于海森堡对林家翘研究成果予以肯定的意义,徐遐生曾写道:"同时,在第二次世界大战之后,海森堡短暂地回到了他的博士学位论文的主题,并且他在哈佛大学举行的美国数学学会上对林家翘工作的慷慨赞扬使林成为了一个学术名人。该事件是在杨振宁、李政道和吴健雄后来获得成功之前发生

---

[1] 林家翘采访录像或文字记录稿,2001 年 3 月 18 日、4 月 1 日,2002 年 4 月 4 日、12 日、19 日、26 日,2003 年 5 月 3 日。

[2] 潘玉林:流体江湖风云录(一):索末菲学派那些事儿,MIT Web site,http://www.mit.edu/~panyulin/misc_files/Sommerfeld.pdf。

的，这是华裔美国人社会感到非常自豪的原因，因为这是近代历史上第一次有中国人在世界科学舞台上受到国际关注。"("Meanwhile, after the Second World War, Heisenberg returned briefly to the subject of his PhD dissertation, and his generous praise of C. C. Lin's work at an American Mathematical Society held at Harvard University made Lin an academic celebrity. The event, which preceded the later successes of C. N. Yang, T.D. Lee, and C. S. Wu, was a source of great pride among the Chinese-American community because it was the first time in modern history that a person of Chinese descent commanded such international attention on the world scientific stage." [1]）林家翘回忆说，因为海森堡是世界著名的科学大师，他的这一肯定对于自己以后的研究工作不无裨益。这是林家翘第一次见到海森堡。随后，海森堡到麻省理工学院物理系访问，系主任请海森堡到家里做客，林家翘也被请去作陪，因此得与海森堡结识。[2]

后来，冯·卡门在他的著作 *Aerodynamics: Selected Topics in the Light of Their Historical Development*（《空气动力学：依据其历史发展选择的主题》）中指出，层流不稳定理论是一个数学问题。经过索末菲和海森堡等数学家的努力和尝试，最后这一问题由林家翘给出了完整的数学论证。回忆起这一时期的工作，林家翘对自己的导师充满感激之情，"跟冯·卡门做博士，主要的收获有两方面：一是，他给了我一般性的指导；二是，他给了我一个很好的论文题目"。[3] 在毕业以后离开了加州理工学院，甚至已经过了十几年，林家翘和自己的导师仍然有多次的研究合作。在 *Selected Papers of C. C. Lin*（《林家翘论文选》）一书中，收入了他和冯·卡门合作发表的四篇有关流体力学的论文。其中最后一篇，"On the existence of an exact solution of the equations of Navier-Stokes"（《关于纳维-斯托克斯方程精确解的存在》），发

---

[1] Frank Hsia-San Shu: "Chia-Chiao Lin (1916—2013)", From American Astronomical Society (AAS) Web site, 2013.
[2] 林家翘采访录像或文字记录稿，2001年3月18日、4月1日，2002年4月4日、12日、19日、26日，2003年5月3日。
[3] 同上。

表于冯·卡门去世前的两年（图 2-22）。此篇文章收入了冯·卡门的论文集 *Collected works of Theodore von Kármán*，1952—1963 年（《西奥多·冯·卡门作品集，1952—1963 年》）。[1]

人们注意到，无论是在麻省理工学院，还是后来回到清华大学，林家翘办公室的墙上总是悬挂着冯·卡门的照片。恩师深邃的目光一直注视着他的学生，似乎仍然给学生以指导，以鼓励。林家翘无言地向我们表明，他心中始终怀念着恩师的教诲，直至晚年（图 2-23）。

COMMUNICATIONS ON PURE AND APPLIED MATHEMATICS, VOL. XIV, 645-655 (1961)

K. O. Friedrichs anniversary issue

On the Existence of an Exact Solution of the Equations of Navier-Stokes*

THEODORE VON KÁRMÁN and C. C. LIN

When Professor Kurt Friedrichs was my assistant at the Technical University of Aachen, I had the opportunity of learning pure mathematics from him. Now I have had to learn mathematics again in order to understand our joint paper which my good friend, C. C. Lin, and myself dedicate to this volume honoring Kurt Friedrichs. May I take this occasion to express my sincere gratitude and send best wishes to him on his 60th birthday.

THEODORE VON KÁRMÁN

1. Introduction

In 1921, the senior author [1] showed that the viscous flow due to an infinite rotating disk can be treated by an exact solution of the Navier-Stokes equations, provided a certain boundary value problem involving a system of nonlinear ordinary differential equations can be solved. The numerical calculation of this boundary value problem was first made by Cochran [2]. More recently, a slightly more general problem, involving uniform suction at the boundary, has been treated by Stuart [3] and by Fettis [4], using methods somewhat different from each other. However, there does not yet exist a mathematical proof that such boundary value problems do possess solutions, as that given by H. Weyl [5] for another exact solution of the Navier-Stokes equations, i.e., the flow near the stagnation point. The purpose of the present note is to furnish such a proof in the case of large suction. Indeed, the junior author [6] has recently shown a scheme for finding a class of exact solutions of the Navier-Stokes equations (with or without magnetic field), which includes both the flow due to a rotating disk and the flow near the stagnation point. Thus the two problems are, to a

*This work was supported in part by the Office of Naval Research. Reproduction in whole or in part is permitted for any purpose of the United States Government.

645

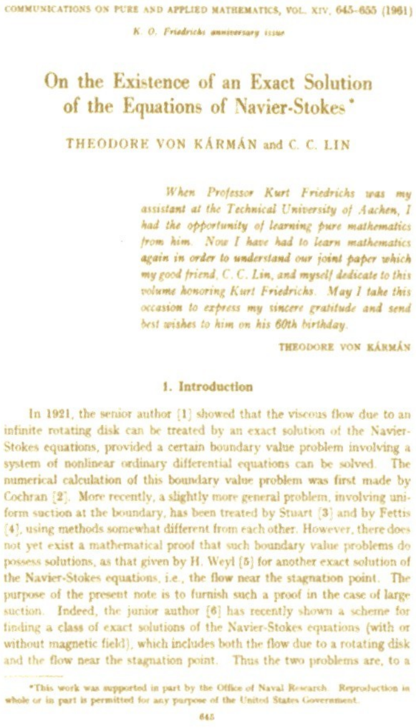

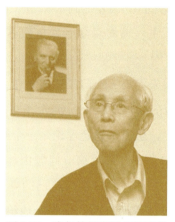

图 2-22　冯·卡门和林家翘合作发表的论文“On the existence of an exact solution of the equations of Navier-Stokes”首页，1961 年

图 2-23　晚年的林家翘在他清华大学的办公室里仍然悬挂着恩师冯·卡门像（引自“林家翘先生学术暨座谈会”展览，清华大学周培源应用数学研究中心、清华大学图书馆主办，2013 年 6 月）

[1] Th. von Karman, C. C. Lin: “On the existence of an exact solution of the equations of Navier-Stokes”, Communications on Pure and Applied Mathematics, Vol. XIV, No. 3, Aug. 1961.

四、推动流体稳定性与湍流理论研究的发展

林家翘在层流和湍流问题上所进行的工作和连续发表的相关论文，实际上推动了20世纪40年代国际流体力学在这一领域里的发展。他和拉斯·昂萨格之间有关的讨论就是一个很好的例证。昂萨格对林家翘的工作怀有极大的兴趣，两个人之间的通讯特别是他写给林家翘的一封长信已经成为研究流体稳定性与湍流理论发展的重要参考。

出生于挪威的美国化学物理学家及理论物理学家拉斯·昂萨格（Lars Onsager，1903—1976年）被称为是20世纪的科学巨人（图2-24）。他一生从事于将数学应用于化学和物理的研究，其最重要的功绩是对线性不可逆过程热力学理论的贡献。1931年，他证明了以他的名字命名的昂萨格倒易关系。这是线性不可逆过程热力学的主要理论之一。他后来成为美国科学院院士和英国皇家学会会员，并且在1968年获得了诺贝尔化学奖。拉斯·昂萨格在40年代所从事的流体动力学

图2-24　拉斯·昂萨格（Lars Onsager，1903—1976年）

湍流理论的研究，是他一生多领域开创性科学工作的一部分。昂萨格终生都对流体动力学的湍流怀有极大的兴趣。

21世纪初，美国约翰·霍普金斯大学（The Johns Hopkins University）的应用数学家伊英克（Gregory L. Eyink）和马里兰大学（University of Maryland）的流体力学家斯瑞尼瓦萨（Katepalli Raju Sreenivasan）对昂萨格在流体力学研究方面的论文资料进行了整理和分析，并且在2006年1月的《现代物理评论》（*Reviews of Modern Physics*）上发表了他们的研究文章 "Onsager and the theory of hydrodynamic turbulence" [1]（"昂萨格和流体动力学

---

[1] Gregory L. Eyink and Katepalli R. Sreenivasan: "Onsager and the theory of hydrodynamic turbulence", Reviews of Modern Physics, Volume 78, January 2006.

的湍流理论")。文章回顾了昂萨格在流体力学上的一系列重要贡献并作出了评价。昂萨格在发展和阐述他的二维点—涡均衡理论时，明确指出这些方程均源自于林家翘的工作，也就是林家翘1941年和1943年所广泛研究的有关的数学性质。在昂萨格遗留的文件夹中，很多内容都特别提到林家翘在1945年6月给他回信里的有关论述。

在昂萨格生活的年代，顶级的流体力学家当然是冯·卡门。而冯·卡门的学生林家翘在点-涡动力学和平行流的稳定性上所发表的开创性论文，无疑表明他在这一领域里扮演着重要的角色。

图2-25　昂萨格致林家翘信的首页，1945年

1945年6月，昂萨格给林家翘写了一封十一页的长信，阐述他的旋涡统计理论的分析，虽然他还尚未完成相关的复杂计算（图2-25）。26日，林家翘给他回信，表示自己还没有来得及彻底研究昂萨格的全部理论。林家翘回信中的信息相当丰富。他给昂萨格指出了这方面的许多发展，包括数学家洛乌纳（Charles Loewner）在函数积分方面的最新研究，以及他本人推导的卡尔曼-霍华斯方程（Kármán-Howarth equation）的频谱版本。林家翘在信中写道："我想详细研究您得出了明确结果的思路，因为我从未成功地获得任何成果。我相信俄国人处理卡尔曼-霍华斯方程的方式非常巧妙。我研究了他们在这方面给《数学评论》的一篇最新论文。附上副本供你参考。这是洛伊兹伊安斯基的不变积分 $\int_0^\infty f(r,t)r^4 dr$ 的评论和柯尔莫哥洛夫的其他讨论。作者有一些新想法，从数学上来看，这是非常聪明的，不过也许并不符合物理事实，除非当'湍流的雷诺数'程度很低。"（"I would like to study in detail the way in which you arrived at definite results, for I never succeeded in getting any. I believe the way by which the Russians handled Kármán-Howarth equations is very ingenious. I reviewed a very recent paper of theirs in this line for the Mathematical Reviews. Enclosed is a carbon copy for your reference. This is a review of Koritzinsky's invariant integral $\int_0^\infty f(r,t)r^4 \mathrm{d}r$ and other discussions of Kolmogoroff. The author has some new ideas, which are very clever from a mathematical point of view, but which perhaps do not correspond to physical facts except when the 'Reynolds numberof turbulences' is low."[1])

苏联著名数学家安德雷·尼古拉耶夫·柯尔莫哥洛夫（Андрéй Никола́евич Колмóгорв，1903—1987年）是20世纪世界上最有影响力的数学家之一，他对开创现代数学的几个分支都作出了重大贡献。柯尔莫哥洛夫在20世纪40年代初开始涉猎湍流理论领域，提出了统计理论占主导地位的湍流内部结构研究。他还引入了局部"各向同性湍性"的概念，从物理学的观点对能量传播进行了考察，并利用考察的结果和量纲分析推导出能谱函数。他的能谱函数目前已经得到相当多的实验证实。对于昂萨格来说，他很可能是通过林家翘的信件，才第一次听说柯尔莫哥洛夫在湍流方面的工作。[2]

一个月后的7月25日，昂萨格又直接写信给冯·卡门，并附上了他给林家翘及给鲍林（Linus Pauling）信的复印件、林家翘的回信以及有关浓缩电解质的评论文章。信中重点讨论了德拜－休克尔理论（Debye-Hückel theory）和泊松－玻耳兹曼方程（Poisson-Boltzmann equation）。他还附上了他在1931年写的有关对等关系的论文。随着时间的推移，这些论文使昂萨格获得了诺贝尔奖。不过，这封信和所附材料，当时没有引起并不熟悉昂萨格且工作繁忙的冯·卡门的重视。8月25日，刚从战败的德国考察回来不久的冯·卡门从华盛顿给林家翘写了一封短信，询问昂萨格的论文是否值得一

---

[1] Gregory L. Eyink and Katepalli R. Sreenivasan: "Onsager and the theory of hydrodynamic turbulence", Reviews of Modern Physics, Volume 78, January 2006.

[2] 同上。

读。9月4日，林家翘回复了一封三页的信给冯·卡门，概括和评价了昂萨格的工作。首先，林家翘告诉冯·卡门，"我曾替我的一个朋友向他索要他的关于晶格的统计力学方面的论文。他给我寄了一些重印本，并且出于礼貌索要了一些我的文章的副本。我给他寄了一些，包括我先前在多伦多所做的关于涡旋运动的文章。他显然被涡旋坐标所满足的微分方程汉密尔顿形式所打动，并试图为其发展统计力学。"林家翘告诉冯·卡门，他向物理学家爱泼斯坦（Paul Sophus Epstein）和加州理工学院的其他人咨询的结果，称昂萨格在统计物理学中享有很高的声誉，并且"在他的研究领域（统计力学、热力学等）拥有很多好东西。"但是，林家翘认为昂萨格的点－涡均衡理论的论据还并没有得到充分发展。至于三维（3D）的级联理论和与速度相关的2/3定律，林家翘写道："他的方法对于大的 n 值确定 $F(n)$（能谱作为波数的函数）似乎没有说服力。"同一天，林家翘给昂萨格回信，感谢他所提供的有关论文，并希望以后能有机会和昂萨格谈谈这些问题。[1]

国际权威科学杂志 Nature（《自然》）在1946年12月14日刊登的文章指出，柯尔莫哥洛夫、昂萨格、海森堡和理论物理学家冯·维萨克（von Weiszäcker）惊人地同时发现了速率相关的2/3定律。伊英克和斯瑞尼瓦萨的文章认为，有证据表明，昂萨格于20世纪40年代在湍流理论上至少取得了四个不同寻常的发现，但是因为某些原因，这些发现没有被公开发表。柯尔莫哥罗夫在湍流方面的工作在很大程度上被流体力学界接受和记住，而这一点却极大地掩盖了昂萨格在湍流理论上的独特贡献。文章还认为，林家翘是对昂萨格的湍流理论影响最大的四位科学家之一。在这里，和不到三十岁的林家翘并列的其他三位是冯·卡门，被誉为20世纪最伟大的科学家之一、英国物理学家与数学家G.I.泰勒（Geoffery Ingram Taylor），以及荷兰理论物理学家与应用力学家J.M.伯格斯（Johannes Martinus Burgers）。[2]

1949年5月，第一届国际纯物理与应用物理联合会（IUPAP）统计力

---

[1] Gregory L. Eyink and Katepalli R. Sreenivasan: "Onsager and the theory of hydrodynamic turbulence", Reviews of Modern Physics, Volume 78, January 2006.
[2] 同上。

学会议(International Union of Pure and Applied Physics(IUPAP) conference on statistical mechanics)在意大利的历史名城佛罗伦萨举行。昂萨格在会上就流体湍流的议题发表演讲,介绍了两种新颖的想法,即二维理想流体的负温度平衡和奇异欧拉解的能量耗散异常(negative-temperature equilibria for two-dimensional ideal fluids and an energy-dissipation anomaly for singular Euler solutions)。德国物理学家和数学家马克斯·玻恩(Max Born)在他演讲后问道,新理论是否可以预测过渡到湍流的关键雷诺数,昂萨格回答说:"不,雷诺数问题更复杂。请参考林家翘的最新研究。"("No, the problem of the Reynold's number is more complicated. Consult recent work of C.-C. Lin." [1])

五、喷气推进实验室

林家翘刚刚获得博士学位,就被安排进喷气推进实验室(JPL)的研究工作中去了。而这,却并非如他所愿。

喷气推进实验室的最初起源是 1936 年加州理工学院的古根海姆航空实验室。为了给冯·卡门的研究生弗兰克·马利纳(Frank Malina)的博士论文收集实验数据,马利纳和其他几位研究生威尔德·阿诺德(Weld Arnold)、阿波罗·史密斯(Apollo M. O. Smith)、钱学森和杰克·帕森斯(Jack Parsons)组成了一个实验小组,一起测试一台小型酒精燃料发动机。他们打零工筹集经费,寻找废旧零件拼凑实验装置。几个穷学生坚持不懈,居然使得火箭助推发动机的研究逐渐取得了进展。由于化学试剂的腐蚀性和燃料爆炸的危险性,这个被称为"自杀小组"("Suicide Squad")的研究集体历经风险,但终于坚持了下来,并先后受到美国科学院和军方的重视和资助,取得成绩,并不断扩大。1941 年,小组试制成功了美国第一台喷气助力起飞发动机。就在这一年的十二月,日本偷袭珍珠港,美国卷入战争。

1939 年,英国收到了来自德国、后来被称为"奥斯陆报告"("Oslo

---

[1] Gregory L. Eyink and Katepalli R. Sreenivasan: "Onsager and the theory of hydrodynamic turbulence", Reviews of Modern Physics, Volume 78, January 2006.

Report"）的重要情报，透露出德国正在秘密研制导弹。接着，冯·卡门又从盟军侦察机所摄照片上辨认出德军修筑的巨大火箭发射平台。这一情况立刻引起了美军的高度重视，美国的火箭技术显然已经落后于德国。于是，在冯·卡门的建议下，喷气推进实验室在1943年11月成立，成为加州理工学院根据合同运营的陆军航空部的设施，以进行承载能力更大、飞行距离更长的火箭研究。也就是从这时候开始，冯·卡门和他的研究者们的工作重心已经不再是飞机喷气助力起飞发动机，而是火箭和导弹了。

随着德国研制火箭和导弹的消息被证实，形势紧张起来。就在林家翘的博士论文答辩前的一个月，1944年1月15日，陆军军械部发函给冯·卡门，希望尽快着手研发远程火箭导弹，并提供每年300万美元的研究资金。

紧接着，在林家翘提交博士论文并进行答辩的同一个月，加州理工学院校董事会批准了"军械部与加州理工学院的合同"（"Ordnance Contract to the California Institute of Technology，ORDCIT"）项目计划。喷气推进实验室因此马上行动起来。由冯·卡门主持，整个实验室划分为四个部分：弹道、材料、推进和结构。钱学森被指派为推进小组的负责人，并与另一位实验室成员霍默·约瑟夫·斯图尔特共同管理弹道小组，研究工作很快就紧锣密鼓地开展起来了。

林家翘的博士论文的准备和答辩以及毕业，就在这样一种形势下进行。作为冯·卡门的高足，刚刚通过论文答辩的林家翘理所当然地成为了喷气推进实验室的成员。他被安排进入实验室，以博士后的身份协助钱学森的工作。不过与此同时，他仍然执着他的理论研究。对于林家翘的这一段经历，徐遐生写道："作为喷气推进实验室（由冯·卡门于1938年创立）的博士后，他和他的导师合作于完全发展的湍流能谱理论，该理论扩大了冯·卡门在不可压缩同质湍流的统计理论中相似性任务的观点。在此期间，他还研究了燃气轮机的空气动力学，振荡机翼和冲击波理论，即成为现代喷气式飞机和火箭发展基础的知识。"（"As a postdoc at the Jet Propulsion Lab（founded by von Karman in 1938）, he collaborated with his adviser on a spectral theory of fully developed turbulence, which extended von Karman's ideas of the roles of similarity in statistical theories of incompressible homogeneous turbulence. In this period he also worked on the aerodynamics of gas turbines, oscillating airfoils, and shockwave theory, i.e., knowledge which became the base of the development of modern jet airplanes and rockets."[1])

喷气推进实验室 JPL 几乎囊括了冯·卡门手下所有的精兵强将。钱伟长此时也一起参加了进来。小组里有十多位科学家，一半是擅长理论的应用数学家，另一半则是侧重应用的电子学专家。他们初始的计划是从小到大，逐步发展制造从固体推进剂到液体推进剂的导弹系列。项目的最终目标是研制一个可以负载 1000 磅（1 磅≈0.45 千克）炸药，飞行 150 英里，锁定目标误差不超过 3 英里的制导导弹。

试验工作的紧张进行，事实上占去了林家翘相当多的时间和精力。林家翘和大家一样，担负着自己那一份具体的实验工作，常常到发射现场参加测试活动。斯图尔特曾经回忆，"大家都要睡在脏兮兮的帐篷里，吃着同样恶劣的食物，直到像了解自己一样了解彼此。"十二月底，试验转入了学校东北一百多英里外巴斯托镇（Barstow）附近的沙漠中。这次试验的是长 8 英尺的列兵 A 型导弹。他们进行了 24 次发射测试。导弹最高曾达到 14500 英尺的高空，最远距离到了 23 英里。试验取得了成功。[2]

就在林家翘紧张参加导弹试验的时候，1944 年 5 月底，冯·卡门前往纽约施行肠癌手术，之后，又因为手术引起了两次疝气而不得不滞留在那里的乔治湖治疗和休养。九月，已经晋升为四星上将的亨利·阿诺德在纽约拉瓜迪亚机场的汽车里约见了冯·卡门，同他进行了一次秘密谈话。此时，以美英为主的盟军已经在六月初成功实施了诺曼底登陆，开辟欧洲大陆的第二战场。东线的苏联军队不但转入了反攻，收复了全部苏联国土，而且将战线向西推进，直指德国。第二次世界大战形势即将发生重大变化。阿诺德对冯·卡门说，他需要一项可以为军方描述未来空中战争、空中军事力量和制

---

[1] Frank Hsia-San Shu: "Chia-Chiao Lin (1916—2013)", From American Astronomical Society (AAS) Web site, 2013.

[2] Iris Chang（张纯如）: *Thread of the Silkworm*（《蚕丝：钱学森传》），Basic Books，1996。

导火箭的可行性的研究。显然，阿诺德已经将目光投向了战后的空中军事力量的发展。一个月后，冯·卡门受聘为美国陆军航空部的顾问。

果然，这次谈话后仅过了半年多，1945年5月，苏军攻克柏林，德国宣布投降。日本步德国后尘，于8月15日战败投降。第二次世界大战宣告结束。冯·卡门离开后，作为火箭小组创始人之一的马利纳接替他担任喷气推进实验室主任。虽然战争已经结束，但实验室的工作任务仍然是导弹武器的研究，而不是火箭的和平利用，这一点使马利纳感到不安甚至厌烦。他重新审视了自己的工作，最终在1946年选择了辞职。第二年，马利纳远走法国巴黎，受雇于刚刚成立不久的联合国教科文组织，改变了自己的职业方向，开始从事他长期向往的艺术工作。

马利纳在战争结束后的想法在实验室里颇具有代表性，而冯·卡门的离开使喷气推进实验室实际上失去了主心骨。虽然大家都盼着他的回归，但冯·卡门却已经于1944年底开始在国防部的五角大楼工作了。当听说冯·卡门一时不会回来时，实验室里人心浮动。11月7日，几位中国留学生写信给冯·卡门，表示他的缺席"令他们无法继续在一个充满'有创造力的领导和温暖的个人关系'这样的氛围中工作"。如果冯·卡门不再回到加州理工学院，他们希望老师能帮助自己在其他大学谋得职位。钱学森想去加利福尼亚大学，钱伟长希望到另一个研究机构，郭永怀中意于普林斯顿大学的声波小组，而林家翘则想到布朗大学从事应用数学研究（图2-26）。[1]

图2-26 在NACA的Langley Research Center（兰利研究中心）合影，前排左三钱学森，左七冯·卡门，后排左一林家翘，左五郭永怀，1947年2月3日

钱学森最后并没有去成加利福尼亚大学，而是受导师冯·卡门之邀，去华盛顿当他的助手。至迟到1945年1月，钱学森辞去了喷气推

---

[1] Iris Chang（张纯如）: *Thread of the Silkworm*（《蚕丝：钱学森传》），Basic Books，1996.

进实验室研究分析主管的职务，又将教学任务移交给同事斯图尔特，到华盛顿的国防部五角大楼上班去了。早已有了家室的钱伟长思乡心切，在中国抗战胜利后，便以探亲为名，于 1946 年 5 月登上了回国的邮轮。[1] 四个月后，已经获得博士学位一年有余的郭永怀，与钱学森一起驾车奔驰在从美国最西部的加利福尼亚到东部纽约州伊萨卡（Ithaca）的路上。冯·卡门在加州理工学院的第一个博士生威廉·西尔斯（William Rees Sears）正在创建康奈尔大学（Cornell University）航空工程研究生学院。接受冯·卡门和钱学森的推荐，他聘请郭永怀前去担任助理教授。钱学森则是结束了他在美国国防部的工作，应聘到波士顿的麻省理工学院任副教授。两个人结伴前去赴任，正好是一路，从西到东，横跨美国。[2]

战争的结束和情况的变化，使得冯·卡门手下的几位中国学者陆续离开或考虑离开加州理工学院，各奔前程。在喷气推进实验室工作了一年多的林家翘，每天与导弹的研制和测试打交道，这和他所中意的理论研究工作大相径庭。特别是战争已经结束，为什么还要继续花费时间、精力、金钱进行导弹武器的研制呢？再加上冯·卡门的长期缺席，让他对自己今后研究工作的前景颇感困惑。当大家各自找寻适合发展道路的时候，林家翘也有了他自己的打算。

或许可以把自然科学家分为两类：理论科学家和应用科学家。顾名思义，理论科学家更偏重于科学理论的研究，或是基础理论的研究。他们的研究内容不一定马上能应用到具体的实际工程或生活中去，但却为科学的发展打下一个广泛而坚实的理论基础。应用科学家的工作则偏重于理论与实际工程或生活的密切结合。他们的科学研究能更实际地应用到工程或生活的需要中去，有更实际的应用目的。前者如牛顿、爱因斯坦、海森堡；后者如冯·卡门、钱学森、郭永怀。

林家翘便属于前者。虽然他花费了大量时间和精力参加了 JPL 的工作，

---

[1] 钱伟长：《八十自述》，深圳，海天出版社，1998。
[2] 王丹红：李佩的"特殊使命"（二）：冯·卡门的中国弟子，《知识分子》网，2017/4/2，https://zhuanlan.zhihu.com/p/26151371。

但他始终认为自己更适合从事理论研究，就像他当年在西南联大参加无线电研究所工作时的感受一样。他说："我这个工作，拿一支笔，一张纸，就能算，不像他们，需要一个实验室。"他认为喷气推进实验室的工作过于具体，而和自己的研究离得远了。"我其实并不适合那里的工作"，林家翘说。[1] 事实也是如此。从博士毕业后的 1944 年到 1945 年间他所发表的数篇文章就可以看到，林家翘这段时间虽然在喷气推进实验室从事着具体的导弹试验工作，但重心却始终在流体稳定性与湍流理论的研究上。他一直关心着应用数学在美国的发展，并且注意到布朗大学（Brown University）在第二次世界大战中聚集了一批从欧洲避难而来的应用数学家，那里的应用数学开展得很活跃。这是他想去布朗大学工作的主要原因。

1945 年，出国五年的林家翘已经是流体力学界的名人。他的一系列出色的研究成果为布朗大学所熟知，而冯·卡门给自己学生的强有力的推荐信又如锦上添花。于是，布朗大学正式聘请林家翘为助理教授，他也随即接受了这一聘请。这年的十一月，林家翘离开了学习、工作和生活了四年多的加州理工学院，满怀希望地走向了另一个新的天地。

---

[1] 林家翘采访录像或文字记录稿，2001 年 3 月 18 日、4 月 1 日，2002 年 4 月 4 日、12 日、19 日、26 日，2003 年 5 月 3 日。

第三章
从布朗到MIT

一、在布朗大学

1945年的初冬时节,布朗大学的古老校园迎来了年轻的中国教授林家翘。

成立于1764年的布朗大学(图3-1)是美国资历最老的大学之一,也是一所常春藤大学。常春藤联盟(The Ivy League)大学在美国闻名遐迩。起先,它是指美国东北部新英格兰地区八所研究型高等私立院校组成的体育赛事联盟,但后来其意义已经超出了体育比赛。这八所学校中有七所成立于美国独立前的殖民时

图3-1　布朗大学校门

代。常春藤大学以历史悠久、治学严谨、学术一流、教授水平高、学生质量好而享誉世界。

普罗维登斯河(Providence River)流过美国罗得岛州(Rhode Island)首府普罗维登斯市(Providence),布朗大学就坐落在河的左岸。罗得岛州是美国面积最小的州,也是美国最早的十三个殖民地之一。因为它紧邻大西洋,所以又被称为"海洋之州"(The Ocean State)。普罗维登斯市南离纽约市两百八十多千米,北距波士顿八十多千米,处于二者之间的交通要道上。城市始建于1663年,扼守普罗维登斯河河口,面临纳拉甘西特湾(Narragansett Bay)。这里的工业制造业一度十分繁荣,一些建筑仍保持着殖民时代的新

113

英格兰风格，是一座古老而美丽的城市。

布朗大学建校之初称为罗德岛学院，是一个只收男生的基督教浸礼会学校。1803年，学校许诺如果在一年内有人向学校捐赠五千美元，学校将以捐赠者的名字命名。这得到了当时的学校财务主管、慈善家和校友尼古拉·布朗（Nicholas Brown, Junior）的响应。第二年，因为他的捐赠，学校名称改为布朗大学。在以后的几年中，尼古拉·布朗对学校的捐赠总共达十六万美元之巨。布朗大学也随之进行改造重建，摆脱教会的束缚，确立了世俗化办学宗旨。以后，又将研究与教学并举作为办学方向。与一般的美国大学校园几无围墙不同，布朗大学的主校园大多以砖和铁制艺术围栏环绕，颇具欧洲风格。学校最古老的建筑是大学会堂（University Hall），建于1770年，是仅存的美国独立战争前建造的七栋学校大楼之一。这座大厦是18世纪学术建筑的典范，已被命名为美国国家历史地标，至今仍在使用。校园里还有多栋建于19世纪的古老建筑，典雅、古朴、庄重，尽显岁月沧桑。

布朗大学重视应用数学的发展，建立了美国大学中第一个、也是当年唯一一个应用数学系。应用数学系是布朗大学最著名的系之一，也是全国同类学科中最古老和最强大的系之一。它开创了美国应用数学教育之先河，并对各大学应用数学的研究发展，有着不可替代的示范作用。

应用数学在20世纪上半叶之前的很长时间里，并没有受到各大学的重视。许多数学家对应用数学存在着偏见，认为它只是数学在物理学或工程学上的简单应用，而不像纯粹数学，是通过研究数字和数学关系系统的本质而产生的"最出色的想象力"和"创新的方法"。[1]但实际上在19世纪中叶以前，数学家和物理学家并没有明确的划分。直到20世纪初，美国的许多经典力学课程是在数学系，而不是在物理系教授的。林家翘在谈到应用数学的历史时也说，在牛顿的时代，理论物理学和应用数学其实是不分开的。学物理的要学应用数学。但二者有什么不同呢？他说，着重点不一样。应用数学

---

[1] Godfrey H. Hardy: *A Mathematician's Apology*. Cambridge, MA: Cambridge University Press, 1992, P135.

是广义的理论科学，在物理上用得最早也最成功。[1]

有志于从事应用数学研究的林家翘，始终注视着它在美国的发展状况。20世纪40年代初的几年，布朗大学在应用数学方面快速发展和成长，引起了林家翘很大的兴趣，而这段时间，也恰好是他出国留学的1940年直到1945年第二次世界大战结束。

应用数学在美国得以发展的主要原因是第二次世界大战。战争对军事、工业和各项技术都提出了更高的要求。飞机、军舰、火炮等生产规模一再扩大，机器制造与技术需求越来越复杂，普通工程师和一般实际的科学家由于缺少所需的数学知识和训练而难以胜任他们的工作。在这种大背景下，应用数学有了发展的机会，而布朗大学则走在了其他大学的前面。

新形势下应用数学的发展具体起因于贝尔电话实验室的应用数学家桑顿·弗赖伊（Thornton T. Fry）。在看到了应用数学培训问题上的当务之急后，他于1940年春天起草了一份报告，详细介绍了应用数学可以解决的工业上的数学问题。这份报告得到了冯·卡门的热情赞同与支持，并且对报告提出了自己的建议。

这一年年底，趁着美国国会审查工业状况的机会，弗赖伊向政府有关部门提交了他的报告，指出美国因缺乏应用数学家，将会对战争产生不利影响。这引起了政府对此事的重视。与此同时，布朗大学研究生院院长、曾担任美国数学学会秘书长近二十年的罗兰·理查森（Roland George Dwight Richardson，1878—1949年），也意识到了应用数学在工业上的需要和它的发展机会。

1941年夏天，在政府部门和卡内基基金会的支持下，理查森院长做了一个试验。他出面组织了一个为期十二周的暑期课程，称为"高级力学教学与研究项目"（"Program of Advanced Instruction and Research in Mechanics"）。来自德国的应用数学家威廉·普拉格（William Prager）应聘来主持这一工作。这是美国大学里的第一个应用数学项目。结果该项目大受欢迎，学生们

---

[1] 林家翘采访录像或文字记录稿，2001年3月18日、4月1日，2002年4月4日、12日、19日、26日，2003年5月3日。

在研究生院办公室外排起长龙，争相报名参加。项目的课程包括偏微分方程、弹性力学和流体力学等，涉及应用力学、数学、工程学和物理学等各个方面。

秋天，在项目课程结束之后，包括有冯·卡门和美国数学学会主席马斯顿·莫尔斯（Marston Morse）在内的评估委员会对这一试验给予了正面的评价，认为试验应该继续进行。1942年夏天，项目扩展到了110名学生。这一年暑期课程的特色是飞行理论课、高级动力学、力学几何基础，以及电磁理论等。能开设如此多的课程，与蜂拥而来的世界各地众多杰出教授有关。这里包括许多为躲避战乱和纳粹迫害而来到美国的德国科学家。[1][2]林家翘回忆说，其实那个时候美国对自己的科技也没有那么大的信心。德国的科技力量很强，很多德国教授都来到了美国。那时候甚至普遍认为，教授要有德国口音才是真正的教授。[3]

应用数学的教学与研究项目一直进行到战争结束。在战后年代，随着大规模重建工作的开展，对应用数学家的工业需求急剧上升。1945年11月，在理查森和普拉格的不懈努力下，布朗大学的有关教师选举通过成立"与研究生院相关的应用数学系"（"the Division of Applied Mathematics in connection with the Graduate School"）。普拉格被任命为这个新部门的第一任主任，其教职人员包括五位正教授、四位副教授、三位助理教授，并保留了空余的职位以允许再增加四位客座教授。[4]这真是一个庞大的阵容！应该说，应用数学得以在布朗大学发展，桑顿·弗赖伊、罗兰·理查森和威廉·普拉格三位科学家功不可没。

林家翘注意到了布朗大学应用数学的发展情况，不失时机地应聘为应用数学助理教授。就在应用数学系成立的同一个月，林家翘踏入布朗大学校

---

[1] Brief History of the Division, Website of Brown University.
[2] Clare Kim: "Math Derived, Math Applied the Establishment of Brown University's Division of Applied Mathematics, 1940—1946", Website of Brown University.
[3] 林家翘采访录像或文字记录稿，2001年3月18日、4月1日，2002年4月4日、12日、19日、26日，2003年5月3日。
[4] 同[2]。

园，走马上任了。他称之为他结束博士后的第一个工作，他也是布朗大学应用数学系正式成立后最早到任的教授之一。林家翘的到来，正逢布朗大学求贤若渴之时，他无疑为应用数学的教学增加了力量。用他自己的话说，他发现自己当年与周培源一起做应用数学研究而积累的知识和经验，在这里很有用，很是得到布朗大学同行们的欣赏。[1] 林家翘和其他教授同心协力，为推动布朗大学这个新学科的发展而努力。

在战争结束前一年的 1944 年 6 月 22 日，美国总统富兰克林·罗斯福（Franklin Delano Roosevelt）签署了国会通过的《1944 年军人再调整法》（"Servicemen's Readjustment Act of 1944"）。这项法案赋予了战争退伍军人一系列各种权利和福利，其中包括政府给予退伍军人为期四年的教育培训资助，即每人每年最高 500 美元的学习费用，外加一定的生活补助。

这项法案鼓励了大批从战场上退下来的年轻人涌入学校。从 1945 年下半年开始，各大学进入了战争结束后的大发展时期。随着包括退伍军人在内的入学人数空前增加，教学任务变得十分繁重。应用数学系每年开设超过十六门不同的课程。林家翘和系里的其他教授如威廉·普拉格、罗恩·特鲁尔（Rohn Truell）、赫伯特·格林伯格（Herbert Greenberg）等轮流担任各种课程的教学工作。应用数学系早期的课程侧重于固体和流体力学、电磁理论、应用物理学中的数学方法、数值分析以及概率论等。至于博士研究生，除了完成他们的课程之外，还需要有与课程相关联的个人研究。为此，他们就必须学习物理学上诸如结构力学、振动、流体，以至光学等各方面的知识。除了数学以外，对一个应用数学家的知识要求是多方面的。布朗大学的应用数学课程把数学系、物理系和工程学这些分散而又密不可分的学科和领域有机地结合在一起，而数学又构成了物理学与工程学的基础。布朗大学的应用数学教学和研究的开展，在美国各大学的相关领域中是无与伦比的。教授和学生们努力开发先进的数学技术为布朗大学赢得了声誉。

林家翘在布朗大学的工作是繁忙和充实的，无论在校园里还是在楼道

---

[1] 林家翘采访录像或文字记录稿，2001 年 3 月 18 日、4 月 1 日，2002 年 4 月 4 日、12 日、19 日、26 日，2003 年 5 月 3 日。

里，人们常常能看到这位年青中国教授匆匆走过的身影。"我在布朗做应用数学，教了两年书。"他说。[1] 林家翘所说的教书，除了给学生上课以外，还指导了几名应用数学研究生，包括1946年毕业的三名硕士生和1947年毕业的两名硕士生。1949年毕业的博士生彼得·恰如里（Peter Chiarulli），后来曾担任美国机械工程师学会副执行主任。这些学生的学位论文内容，都与流体力学有关。

在繁忙的教学之外，精力充沛的林家翘还参与了布朗大学的专业杂志《应用数学季刊》（Quarterly of Applied Mathematics）的编辑工作，在这份刊物上倾注了自己的心力。《应用数学季刊》创刊于1943年。此前一年，威廉·普拉格、罗兰·理查森和亨利·弗里斯顿排除干扰，就已经为创立一份应用数学刊物积极作准备了。显而易见的是，鉴于应用数学越来越被广泛重视，需要一种更有效的方式来协调布朗大学的行动，并进一步扩大应用数学的影响力。普拉格在3月19日给冯·卡门的信中写道，"the need of such a journal of 'applied mathematics' is felt very keenly by all persons working in this field."（"所有在这个领域工作的人都非常渴望[应用数学]这样的期刊。"）[2]

第二年，即1943年4月，《应用数学季刊》由布朗大学正式出版。冯·卡门非常支持这一刊物，并写了"Tooling Up Mathematics for Engineering"[3]（"给工程技术装备数学"）一文，作为创刊号上的首篇文章发表。冯·卡门在文章中用数学家和工程师互相对话的方式，进一步阐明了应用数学的本质和它在工程上的作用。他在文章中指出：

"人们常说数学的主要目标之一是为物理学家和工程师提供解决问题的工具。显然，从数学科学的历史可以看出，许多基本的数学发现是由渴望理解自然规律开始的。许多数学方法是由对实际应用最感兴趣的人发明的。"

---

[1]　林家翘采访录像或文字记录稿，2001年3月18日、4月1日，2002年4月4日、12日、19日、26日，2003年5月3日。

[2]　Clare Kim: "Math Derived, Math Applied the Establishment of Brown University's Division of Applied Mathematics, 1940—1946", Website of Brown University.

[3]　Theodore von Karman: "Tooling up mathematics for engineering", Quarterly of Applied Mathematics, Vol. 1, No. 1, (APRIL, 1943), pp. 2-6, Published By: Brown University.

（“It has often been said that one of the primary objectives of Mathematicsis to furnish tools to physicists and engineers for solution of their problems. It is evident from the history of the mathematical sciences that many fundamental mathematical discoveries have been initiated by the urge for understanding nature’s laws and many mathematical methods have been invented by men primarily interested in practical applications.”）

“进一步打个比方，为了得到使工程问题进入生产实际的解决办法，您需要某些方面的工具设计师。这些是真正的应用数学家。他们原来的背景可能有所不同，他们可以是来自纯数学，来自物理学或者工程学，但他们的共同目的是给工程技术‘装备’数学。”（“To carry your analogy further, in order to get the solution of engineering problems into production, you need some kind of tool designers. These are the real applied mathematicians. Their original backgrounds may differ; they may come from pure mathematics, from physics or from engineering, but their common aim is to ‘tool up’ mathematics for engineering.”）

虽然那时候林家翘尚未毕业，还在加州理工学院读博士，但他也和老师一样，给这一创刊号投稿，发表了题为“On the motion of a pendulum in a turbulent fluid”[1]（“关于摆在湍流中的运动”）的论文，对新刊物出版表现了显而易见的热情和支持（图 3-2）。1945 年和 1946 年，他把自己的论文“On the stability of two-dimensional flows”（“关于二维平行流

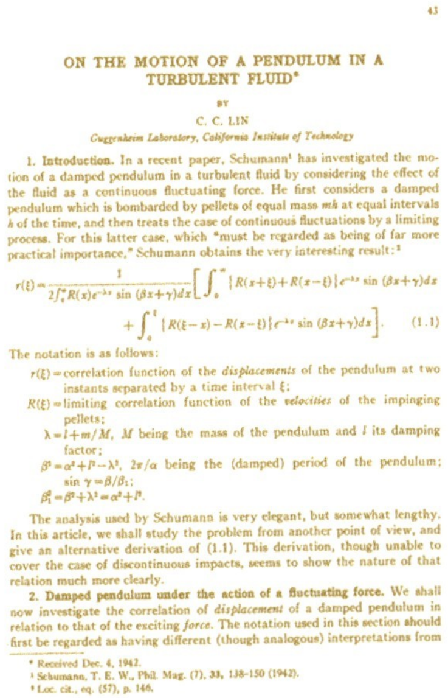

43

ON THE MOTION OF A PENDULUM IN A TURBULENT FLUID*

BY

C. C. LIN

Guggenheim Laboratory, California Institute of Technology

1. Introduction. In a recent paper, Schumann[1] has investigated the motion of a damped pendulum in a turbulent fluid by considering the effect of the fluid as a continuous fluctuating force. He first considers a damped pendulum which is bombarded by pellets of equal mass mh at equal intervals h of the time, and then treats the case of continuous fluctuations by a limiting process. For this latter case, which "must be regarded as being of far more practical importance," Schumann obtains the very interesting result:[2]

$$r(\xi)=\frac{1}{2\int_0^\infty R(x)e^{-\lambda x}\sin(\beta x+\gamma)dx}\left[\int_0^\infty\{R(x+\xi)+R(x-\xi)\}e^{-\lambda x}\sin(\beta x+\gamma)dx+\int_0^\xi\{R(\xi-x)-R(x-\xi)\}e^{-\lambda x}\sin(\beta x+\gamma)dx\right]. \quad (1.1)$$

The notation is as follows:

$r(\xi)$ = correlation function of the *displacements* of the pendulum at two instants separated by a time interval ξ;

$R(\xi)$ = limiting correlation function of the *velocities* of the impinging pellets;

$\lambda=l+m/M$, M being the mass of the pendulum and l its damping factor;

$\beta^2=\alpha^2+l^2-\lambda^2$, $2\pi/\alpha$ being the (damped) period of the pendulum; $\sin\gamma=\beta/\beta_1$;

$\beta_1^2=\beta^2+\lambda^2=\alpha^2+l^2$.

The analysis used by Schumann is very elegant, but somewhat lengthy. In this article, we shall study the problem from another point of view, and give an alternative derivation of (1.1). This derivation, though unable to cover the case of discontinuous impacts, seems to show the nature of that relation much more clearly.

2. Damped pendulum under the action of a fluctuating force. We shall now investigate the correlation of *displacement* of a damped pendulum in relation to that of the exciting *force*. The notation used in this section should first be regarded as having different (though analogous) interpretations from

* Received Dec. 4, 1942.

[1] Schumann, T. E. W., Phil. Mag. (7), 33, 138-150 (1942).

[2] Loc. cit., eq. (57), p. 146.

图 3-2　林家翘发表在《应用数学季刊》（*Quarterly of Applied Mathematics*）创刊号上的文章“On the motion of a pendulum in a turbulent fluid”首页，1943 年

[1]　C. C. Lin: “On the motion of a pendulum in a turbulent fluid”, Quarterly of Applied Mathematics, Vol. 1, No. 1, (APRIL，1943), pp. 43-48, Published By: Brown University.

的稳定性")的三个部分，先后分别发表在三期《应用数学季刊》上。来到布朗大学以后，他和刊物的初始创办者威廉·普拉格以及普拉格的博士研究生汉德尔门（G. H. Handelman）共同合作，完成了论文"On the mechanical behavior of metals in the strain hardening range"[1]（"关于应变硬化范围内金属的机械特性"）。文章探讨了应力－应变的关系，即应变硬化范围内的各向同性金属的机械特性。文章发表在 1947 年初的《应用数学季刊》上。这是林家翘为数不多的与他人合作的有关固体力学的研究论文之一，也是应用数学用于工程的一个例证。

当然，应用数学的广泛适用性远不止于此。另一个有趣的例子是在交通方面。林家翘的朋友和合作者、应用数学家普拉格的眼光已经不仅仅局限于应用数学与物理学和工程学的结合。每天步行上班时，普拉格注意观察路上行驶的汽车。他发现乔治街和希望街在交通的高峰时段会发生堵车，这引起了他对运输理论进行研究的兴趣。他解释说，对交通流可以像对波浪一样建立数学模型。一旦交通流量超过临界阈值，流量中的细微扰动就会"放大"，并且产生"交通波"。这些波沿道路向后传播，迫使驾驶员不断制动和加速。普拉格在他发表的有关演讲和论文中，结合了严格的方程式和复杂的数学理论，试图通过应用数学的数学模型，监控交通的拥堵，并向驾车者建议可能的替代路线。[2]

以后数年，即使在离开布朗大学之后，林家翘继续在《应用数学季刊》上发表了多篇研究论文。这份刊物成为了他的又一个专业研究平台。《应用数学季刊》越办越好。1947 年 10 月 29 日，冯·卡门从意大利写信给普拉格："在法国和意大利的旅行中，我注意到许多人听说了《应用数学季刊》，并且喜欢阅读那些发表了的文章。这份刊物已经享有很高的声誉。我想应该

---

[1]　G. H. Handelman, C. C. Lin and W. Prager: "On the mechanical behavior of metals in the strain-hardening range", Quarterly of Applied Mathematics, Vol. 4, No. 4, (1947), pp. 397-407, Published By: Brown University.

[2]　Clare Kim: "Math Derived, Math Applied the Establishment of Brown University's Division of Applied Mathematics, 1940—1946", Website of Brown University.

寄更多的刊物到这里来。"[1] 时至今日，这份由布朗大学出版、美国数学学会发行的《应用数学季刊》已经有了八十年的历史，并且仍然是应用数学领域的权威刊物之一。

林家翘在布朗大学的工作成绩颇丰。在教学以外，他继续在流体力学、特别是湍流理论的研究上努力开拓，连续发表研究论文。1946年9月下旬，国际理论与应用力学联合会（International Union for Theoretical and Applied Mechanics，IUTAM）组织的第六届国际应用力学代表大会（The Sixth International Congress of Applied Mechanics）在法国巴黎举行。这是战后举行的第一次大会。在有着七百年建校史的索邦大学（Sorbonne University）的古老校园里，聚集了来自盟国及瑞士、意大利、丹麦、瑞典、土耳其和西班牙等各国的四百五十多位科学家。大会的专题讨论分为四个部分，与会科学家在各个不同的专题组纷纷报告了自己的研究成果。除此以外，大会还增加了一些额外的讨论专题，"湍流"便是其中之一。林家翘向大会提交了自己的论文，报告了对层流边界层不稳定现象的研究成果，指出奥尔－索末菲方程（Orr-Sommerfeld）存在的问题，并进一步提出了更为确切的层流失稳理论。林家翘的报告获得了同行们的好评。1947年2月出版的《科学》（Science）期刊发表了联合会副会长、美国航空学家休·德莱登（Hugh Latimer Dryden）对第六届大会的总结报告。文章在评价林家翘在会上的论文时特别指出，经过实验，布朗大学教授、曾经的加州理工学院的中国学生林家翘对二维平行流动稳定性理论做了修正，对争议甚多的T-S波（Tollmien-Schlichting）理论的一些特性进行了澄清。理论和实验非常吻合。[2] 都说三十而立，年届三十岁的林家翘已经在应用数学界崭露头角，成为一颗冉冉升起的科学新星。

林家翘工作努力，为人性情平和，在布朗大学将近两年的时间里，与同

---

[1] Clare Kim: "Math Derived, Math Applied the Establishment of Brown University's Division of Applied Mathematics, 1940—1946", Website of Brown University.
[2] Hugh L. Dryden: "The International Congress for Applied Mechanics: Paris, September 22-29, 1946", Science, New Series, Vol. 105, No. 2720 (Feb. 14, 1947), pp. 167-169, Published By: American Association for the Advancement of Science.

事们相处融洽。他在回忆起这一段生活时说，在布朗大学的工作，使我有机会认识了更多的应用数学同行，交了不少朋友，对以后的工作很有利。[1]

在布朗大学工作期间，林家翘遇到了自己的老朋友徐贤修（1912—2002年）。徐贤修是浙江温州永嘉县人，1935年毕业于清华大学数学系。数学系和物理系关系很密切，作为物理系学生的林家翘在清华读书的时候曾到数学系修过一些课，所以他们两人很早就熟识。1946年，徐贤修远渡重洋，来到布朗大学读博士，主修应用数学专业。时光流过十年，两位清华校友重逢在布朗大学的校园里，共叙旧情，颇有他乡遇故知之感。徐贤修来到布朗大学留学的时候，他的儿子徐遐生只有三岁。那时的徐贤修和林家翘都没有想到，十多年后徐遐生长大成人，竟成了林家翘的博士研究生和得力助手，共同在天体物理研究上取得了举世闻名的成就。据徐遐生回忆，他的父亲曾对他说，清华大学有三位有名的数学家，一位是陈省身，一位是华罗庚，还有一位就是林家翘。徐遐生一直尊称林家翘为"Uncle Lin"（林叔叔），即使林家翘成为他的博士生导师也是如此。徐遐生在一篇回忆自己的恩师林家翘的文章中写道："我父亲告诉过我在他班级里的传奇故事。当考试成绩在任何一个班级公布的时候，好奇心只在于谁会是第二名。因为人人都知道林家翘总是能得到班里的最高分数，他在1937年毕业时取得了同样的成绩。甚至在体育场上，林家翘也得到了最高等级的成绩，这并不是因为他具有特殊的运动才能，而是因为当其他学生都离开了去洗澡时，他还在赛道上奔跑。"（"A legend among his classmates–my father told me that when exam scores in any class were posted, the only curiosity would be who had placed second–it was conceded by everyone that C. C. Lin would graduate at the head of his class, which he did in 1937. Even in gymnastics, C. C. Lin got the highest grade, not because he was particularly athletic, but because when all the other students had left to wash up, he was still on the track running."[2]）徐贤修1948年在布朗大学

---

[1] 林家翘采访录像或文字记录稿，2001年3月18日、4月1日，2002年4月4日、12日、19日、26日，2003年5月3日。

[2] Frank Hsia-San Shu (徐遐生): "Professor Chia-Chiao Lin (1916—2013)", Bulletin of American Astronomical Society, Vol. 45. Issue 1, Dec. 01, 2013.

毕业，获得博士学位，1961年创建台湾清华大学数学系，1970年任校长。徐遐生则于2002年担任台湾清华大学校长。徐贤修和徐遐生父子校长的佳话一时传为美谈。

那时候的布朗大学，中国教授和中国学生并不多见。易家训的到来，又给林家翘增加了一位中国朋友。易家训生于贵阳，成长于镇江和苏州，早年毕业于中央大学（南京大学前身）土木工程系。1946年初，他进入艾奥瓦大学（University of Iowa）留学，主修流体力学。1947年夏天，林家翘开设流体力学暑期班，易家训利用暑假来到布朗大学听林家翘的课，深受启发。第二年，他完成了自己的毕业论文，获得博士学位。以后，易家训在流体力学研究方面多有建树，提出了有关流体的重力波、非均匀流体力学等理论，并曾在美国、加拿大和法国多所大学任教。他有多篇学术论文和著作发表，其《流体力学》成为大学的经典教材。据林家翘后来在麻省理工学院时的研究助理（research associate）袁旗回忆，易家训是他在密西根大学（University of Michigan）做博士生时的导师。在袁旗跟随易家训学习流体稳定性理论时，剑桥大学出版的林家翘的流体稳定性专著成为必读的教材。袁旗毕业后找工作，被林家翘接受去做博士后。易家训得知这一消息，立刻找袁旗谈话，嘱咐他说，"林家翘先生是我的老师，你要好好地做。"后来，袁旗参与了林家翘的星系螺旋结构密度波理论的研究，成长为一位天文学家。[1]1972年，易家训和林家翘一起参加了1949年后的第一个美国华人学者访问团，回到祖国大陆参观访问。

二、喜结连理

1946年底，林家翘结婚了，新娘叫梁守瀛。

当梁守瀛走进林家翘的生活时，其实他们还都是孩子。因为有点亲戚的缘故，两家过从甚密。两个人从孩童时代起就常在一起玩，正所谓青梅竹

---

[1] 袁旗：我认识的林家翘先生，《力学进展》，第36卷第4期，2006年11月25日。

马,两小无猜。

梁守瀛小林家翘两岁半,1919年1月12日生于北京,祖籍福建福州城门镇梁厝村,和林家翘是福州同乡。梁守瀛的曾祖父梁鸣谦,字礼堂,清咸丰九年(1859年)进士,官至吏部考功司主事,后又成为船政大臣沈葆桢的得力助手,随其巡视台湾及管理两江总督署事务,官至二品衔,晚年任福州鳌峰书院山长,其留存在福州衣锦坊闽山巷的旧居,已成为三坊七巷历史街区的保留建筑。祖父梁孝熊,字伯通,曾任江苏海门直隶厅同知(知府的副职)。

梁守瀛的父亲梁敬錞(1892—1984年),字和钧,1917年毕业于北京大学法科,成绩优异,被聘作司法总长林长民(1876—1925年)的秘书。此后,他又追随林长民在外交委员会、国民外交协会等处工作。1919年1月,第一次世界大战后的协约会议巴黎和会在凡尔赛宫召开。4月25日,身为参加会议的中国代表团顾问及记者的梁启超,从巴黎给国民外交协会发来电报,称日本欲继承德国在山东的权益。由于当时电报传送迟缓,这封电报几日后才送达北京。见此电报后,林长民于5月1日撰写"外交警报敬告国民"一文,揭露北洋政府有意在巴黎和会的《凡尔赛和约》上签字,出卖山东主权给日本。文内有"今果至此,则胶州亡矣!山东亡矣!国不国矣!""此皆我国民所不能承认者也。国亡无日,愿合我四万万众誓死图之"等语。[1] 当晚,梁敬錞奉命将此稿送至菜市口丞相胡同北京《晨报》馆,交给总编辑陈博生。文章次日署名刊登,全市震惊。5月4日,北京大学等几所高校的青年学生首先走上街头,示威抗议,"五四"学生爱国运动爆发。[2] 当日,三十二名参加游行示威的学生遭警察逮捕。梁敬錞立即设法营救。"据梁敬錞回忆,5月4日当晚,他来到警察厅司法处长蒲志中家(蒲与梁有亲戚关系),询问学生能否保释,蒲志中说:'如有较为体面之人,出名具保,伊当向总监请予通融。'"随后,梁敬錞就保释一事立即上下奔走,寻求社会贤达出面。汪大燮、林长民、蔡元培、王宠惠等人均签字具保。"会签

---

[1] 林长民:外交警报敬告国民,载《晨报》,"代论",1919年5月2日。
[2] 吴相湘:《民国人物列传(上下)》,北京,中国大百科全书出版社,2009。

后,已至夜晚,我送到蒲家,面交志中先生,他答应明早即为设法。"[1] 当局斟酌利弊,被捕学生三日后得以释放。

林长民所写"外交警报敬告国民"一文刊出,竟引发日本公使小幡酉吉的无理抗议,认为此文激起学潮。林长民愤而辞去外交委员会事务长一职,并于第二年携在北京培华女中读书的女儿林徽因赴欧洲考察。"五四"运动之后,梁敬𬭎前往英国伦敦大学留学,于1921年获经济学硕士学位,学成后归国。他曾在北京大学等校任教,后相继出任司法部参事、宁夏高等法院院长、财政厅厅长和甘肃省财政厅厅长等职。1948年6月,梁敬𬭎辞职移居美国,任哥伦比亚大学客座教授,专注于近代史研究,著有《九一八事变史述》《开罗会议》《欧战全史》《日本侵略华北史述》《史迪威事件》《与罗素同船之一封书》等。梁敬𬭎晚年移居台湾省。

梁守瀛幼时曾一度回到福州老家。出身于书香门第的她是幸运的。父亲没有旧时"女子无才便是德"的陈腐观念,并不因为她是女孩就拒其于学门之外。且福建地处沿海地区,开西风东渐之先,家中早早就给她请了私塾先生,为其开蒙授课。民国之初,私塾已有所改良,除《三字经》《百家姓》《千字文》《蒙求》等传统经典之外,也教授修身、读经(诗经)、国文、算术等课。

1930年,十一岁的梁守瀛随家人移居上海。父亲工作稳定,家道殷实。他们住在法租界,离城南不远。此后不久,梁守瀛进入位于城南老西门的上海裨文女中上学。裨文女中,原名"裨文女塾",1850年由美国公理会传教士裨治文(Elijah Coleman Bridgman)和夫人格兰德女士创办。裨治文曾参与创立马礼逊教育会,后创办马礼逊学堂。1835年,裨治文在澳门办学时曾收留两位男童,其中之一为后来的中国近代著名思想家和首位留美学生容闳。建于上海老城厢的裨文女中是上海历史上第一所女校,也是上海第一所教会学校,它还是上海市第九中学的前身。裨文女中最有名的校友大概非倪桂珍莫属。倪桂珍于1886年十七岁时毕业于裨文女中,第二年与宋嘉树

---

[1] 邓野:《巴黎和会与北京政府的内外博弈:1919年中国的外交争执与政派利益》,北京,社会科学文献出版社,2014。

（宋耀如）结婚，婚后生育了六个子女，其中三个女儿分别是宋霭龄、宋庆龄和宋美龄。

梁守瀛在裨文女中接受了较为全面的现代文化教育。因为是教会学校，学校十分注重英文。英文是主课，一些文科课程如史地等，都使用英文教学。当然，《圣经》也是必修课程之一。裨文女中为梁守瀛打下了较好的英文基础。

梁守瀛来到上海的第二年年初，"一·二八"淞沪抗战爆发。日本军队依仗军舰、飞机、大炮及数万军队大举进攻上海，遭到以十九路军为首的中国军队的顽强抵抗。上海及全国人民同仇敌忾，支援中国军队反击侵略，"近者箪食壶浆，远者输财捐助"（十九路军总指挥蒋光鼐语），表现了极大的爱国热情。侵略战争打破了校园的宁静。多年之后，梁守瀛仍然记得，那时空袭警报几乎天天拉响，学生们不得不在老师的带领下一而再，再而三地跑防空洞，根本无法安心上课。从裨文女中毕业后，梁守瀛进入沪江大学接受大学教育。沪江大学创办于1906年，原名上海浸会大学，1915年改名沪江大学。梁守瀛在大学里主修英文。作为一所教会学校，英文教学是其强项。梁守瀛在这里的学习不仅使得英文水平日益提高，而且学习了英美历史和文学，熟悉了英美国家情况，为以后在美国的工作和生活奠定了相当的基础。从沪江大学毕业后，梁守瀛受裨文女中之聘，回到母校教授英文。

20世纪30年代让梁守瀛和林家翘难忘的不仅是他们的学校生活，还有他们之间的相处与情感的增进。因为两家的亲戚关系，又因为梁守瀛的大哥梁守槃从幼年的私塾、四存中学校的初中，直至进入清华大学，都和林家翘在一起上学（虽然不在一个系），两人始终亲如兄弟。林家翘时常利用学校放假到上海的梁家小住，与梁家兄妹共度假期的美好时光。这一层关系，使得林家翘和梁守瀛两人之间随着年龄的增长而渐生情愫。两人年龄相仿，兴趣爱好相投，家庭出身与教育背景相似，到了一定年龄而谈婚论嫁自然是水到渠成之事。"林家翘虽然不善言辞，但是温文尔雅，给人一种好学上进的印象"，梁守瀛回忆说，"父亲也特别欣赏他，因为父亲也是一个特别严谨、认真的人。"[1] 1940年3月，当要出国留学的学生们因故耽搁在上海不能启程时，林家翘利用这个机会办了一件人生大事：他和梁守瀛订婚了。这一天是3月11日，虽然结婚遥遥无期，但两颗年轻的心誓言终生相守。

处于兵荒马乱动荡年代的青年人，面对日本帝国主义的侵略，国家民族处于危亡之时，很难能安下心来建立自己的小家。刚从清华毕业就不得不远走西南联大的林家翘说："学校条件虽差，但已实属不易，如果不努力学习，就好像是一种罪过一样。正是当时的环境使得许许多多青年觉得危机深重，只有抗战胜利，才能有光明的前途，自然把个人婚姻暂时搁置一边。"[2] 结婚的事就这样耽搁下来。

直到1946年，"我在布朗大学有了稳定的工作，才把守瀛接来。"林家翘说。[3] 梁守瀛持学生签证来到美国，和已经是布朗大学教授的林家翘完婚。12月20日，正值学校的圣诞新年假期，也是圣诞节前的最后一个周末。在节日的喜庆气氛中，林家翘和梁守瀛举行了婚礼（图3-3）。中国节气"大雪"已过，"冬至"将到。虽处寒冬，但一对新人的心里却充满了温暖。订婚六年之后，有情人终成眷属。"妻子好合，如鼓琴瑟。"（《诗经·小雅·棠棣》）他们从此开始了长达六十六年齐眉举案的恩爱夫妻生活。

图3-3　林家翘、梁守瀛结婚照，1946年

三、在麻省理工学院

1946年，林家翘整三十岁。由于丰富的学识和努力的工作，来到布朗

---

[1] 孙卫涛，刘俊丽：《林家翘传》，南京，江苏人民出版社，2013。
[2] 同上。
[3] 林家翘采访录像或文字记录稿，2001年3月18日、4月1日，2002年4月4日、12日、19日、26日，2003年5月3日。

大学一年后的林家翘被提升为副教授（associate professor）。三十而立的林家翘，无论在学术上、工作上还是个人家庭上都是顺风顺水。生活为他的前途展现了一片光明。

麻省理工学院（MIT），这所世界闻名的高等学府，位于马萨诸塞州剑桥市，属波士顿大都会区，离布朗大学不远。当布朗大学的应用数学系搞得风生水起的时候，麻省理工学院甚至还没有自己的应用数学专业，那里几乎是应用数学的荒芜之地。正值应用数学在美国兴起，MIT需要物色一位有作为的应用数学家来发展自己的这个专业。于是，他们把目光投向了年青的林家翘。

在1947年的新年钟声敲响以后不久，麻省理工学院正式向林家翘发出了邀请，希望他能到MIT来工作，并许以副教授的头衔。林家翘当然知道麻省理工学院的分量，特别是第二次世界大战结束以后，这所以理工和技术见长的研究型大学又有了长足的发展。能在MIT当教授不仅是一份荣誉，更是有了一个可以大显身手的新天地。可是，另一方面，布朗大学的应用数学系人才济济，学术环境一流。在布朗大学一年多的工作，林家翘已经熟悉了那里的研究环境，打下了一个很好的基础。而且，布朗大学已经许诺要在这一年提拔他为正教授（full professor）。到底是留在布朗大学升任正教授，还是应聘去MIT当副教授，林家翘一时犹豫起来。

有了问题找老师。于是，林家翘拿起电话，把自己的苦恼告诉了正在华盛顿的冯·卡门，征求他的意见。冯·卡门在听了林家翘的叙述之后说："宁可在大池塘里做一条小鱼，也不要在小池塘里当一条大鱼。"（"It's good as a little fish at a big pond, but be a big fish in a little pond."）冯·卡门的意思是，在一个更广阔的天地里才可能有更大的发展。这句话对林家翘起了关键的作用。他听从了恩师的意见，很快就接受了麻省理工学院的聘请。[1]

1947年的夏末，在结束了布朗大学暑期班的教学之后，林家翘辞去了

---

[1] 林家翘采访录像或文字记录稿，2001年3月18日、4月1日，2002年4月4日、12日、19日、26日，2003年5月3日。

在那里的教职，启程前往麻省理工学院，开始在一个新的天地里继续他的科学工作。

麻省理工学院的所在地是美国马萨诸塞州的首府波士顿（Boston）。城市扼守查尔斯河（Charles River）河口，濒临大西洋的马萨诸塞湾（Massachusetts Bay）。城里到处都有古典的和现代的高大建筑。美丽的查尔斯河从城中蜿蜒流过，风光无限。不过，市中心的街道却没有规则可循，忽而消失，忽而又随意分叉成数条小巷，迂回曲折，杂乱无章。这或许是波士顿中心城区的一大特色。曾久居波士顿地区的林家翘说，相传城市的道路最早是牛群踩出来的。人们跟着牛踩出的路修成了街道。既然是牛走出来的路，随意而率性，想必也有它的天然合理性了。[1]

当1630年英国的清教徒开始建立这座城市的时候，距离著名的"五月花号"（May Flower）三桅船载着英国移民来到美洲的土地上才不过十年。怀念家乡的移民们用英格兰东海岸的港口城市波士顿，命名了美洲大陆上的这座新城。发生在这座城市里最著名的历史大事是1773年波士顿倾茶事件。这个事件成为美国独立战争的导火索，并最终导致了美利坚合众国的诞生。世界上第一个电话（1875年）、第一条电话线（波士顿到纽约，1877年）、第一条地铁（1897年）和美国第一所大学（哈佛大学，1636年）都诞生在这里。从这里先后走出了四位美国总统。波士顿也是革命家、美国《独立宣言》签署人之一的塞缪尔·亚当斯（Samuel Adams，1722—1803年）和著名政治家与物理学家本杰明·富兰克林（Benjamin Franklin，1706—1790年）的家乡。

十七世纪由清教徒开始建立的这座城市，社会结构稳定，风气良好。多年来，重视教育、热爱文化、努力工作、崇尚道德已成为波士顿的传统和民风。城市不但拥有麻省理工学院，而且还拥有哈佛大学、塔夫茨大学（Tufts University）、波士顿学院（Boston College）和波士顿大学（Boston University）等百余所大学和学院。这里有数十所设备齐全的医院，是美国

---

[1] 林家翘采访录像或文字记录稿，2001年3月18日、4月1日，2002年4月4日、12日、19日、26日，2003年5月3日。

高质量的重要医疗资源中心之一。波士顿还有众多的博物馆、图书馆、剧院等。它也是美国顶尖的五大交响乐团之一波士顿交响乐团的家乡。波士顿的经济基础是科研、金融与技术，特别是生物工程技术使它成为医疗保健的圣地。经过三百多年的发展，波士顿已经成为美国东北部新英格兰地区六个州里最大的城市，也是美国以至世界闻名的大城市。

麻省理工学院的英文全称是 Massachusetts Institute of Technology，更为贴切的中文翻译名称应该是"马萨诸塞理工学院"。清朝时国人仿本国省制，把"马萨诸塞州"简称为"麻省"，于是"马萨诸塞理工学院"便成了"麻省理工学院"。源自清朝时期的这一译名，后人沿用至今。人们常常用其英文名称的缩写字母 MIT 来称呼它。

麻省理工学院与历史悠久的哈佛大学毗邻而居，却比它的邻居整整年轻了二百二十五岁，它成立于 1861 年。学校的创办人是威廉·巴顿·罗杰斯（William Barton Rogers，1804—1882 年），一位著名的美国自然科学家。19 世纪中叶，自然科学飞速发展。作为一个自然科学家，威廉·罗杰斯深感有必要成立一所新式的高等学校，来应对科学技术蓬勃发展所带来的挑战。在他的努力下，马萨诸塞联邦总督签署了学校成立的特许状，而罗杰斯本人则在学校成立后两度出任校长。

由于美国南北战争的爆发，学校实际上到 1865 年才正式开学上课。1916 年，学校从河南岸的波士顿后湾区（Back Bay）填海的土地上搬到对岸剑桥（Cambridge）的现址，处于哈佛大学的下游。早年，哈佛大学曾六次企图合并麻省理工学院，却遭到麻省理工学院的教职员工、学生和校友们的一致反对。1917 年，马萨诸塞州最高法院以反垄断为由阻止了这项合并计划，麻省理工学院终于得以保留。经过多年的不断努力，麻省理工学院已经发展成为与哈佛大学比肩的世界一流私立研究型大学。

麻省理工学院不大，仅占地 166 英亩（1 英亩≈4046 米^2）。虽然如此，它还是比林家翘曾学习和工作过的加州理工学院和布朗大学略大。现址上的第一批建筑完工于学校迁到剑桥的 1916 年，由当时的校长理查德·麦克劳林（Richard Maclaurin）亲自督造，所以也被称为"麦克劳林建筑"。和其他大多数美国的大学不同，麻省理工学院的各个建筑物命名都使用数字编号。10 号楼是麻省理工学院的标志，是一座仿罗马古老的万神殿圆顶的大型建筑，覆铜大穹顶非常醒目。这座大楼面朝查尔斯河，左右两旁分别是 3 号和 4 号楼，再略远一点是 1 号楼和 2 号楼。这几座建筑俯瞰并环抱着绿草如茵的基利安庭院（Killian Court），也俯视着每年在庭院里举行的盛大毕业典礼（图 3-4）。

图 3-4　麻省理工学院 10 号楼和基利安庭院（Killian Court）（图片来源：百度百科）

在庭院周围石灰岩覆盖的建筑物上，刻有重要的科学家和哲学家的名字。这组建筑是作为剑桥校园原始计划的一部分而建造的。

无论从波士顿跨过查尔斯河走进麻省理工学院校园，还是沿河从哈佛大学走来，你都会发现那些与优雅的古典气息迥然不同的建筑风格。第二次世界大战期间，大约有两千多名身着军装的陆军和海军军官来到麻省理工学院学习超高频电波技术。MIT 与军方签订了四百多个国防合同。由于大批研究合约的到来，学校迫切需要房屋，许多房子因此而匆匆建成，来不及考虑其他。于是，一栋栋四四方方的混凝土建筑拔地而起。这种情况在战后有了改变。从 20 世纪 60 年代到 80 年代，一位校友为母校设计了四座建筑，包括地球科学楼（54 号楼）、化学楼（18 号楼）、化工楼（66 号楼）和原来的媒体实验室大楼（E15 号楼）。这位校友是 1940 年建筑系毕业的华人学生贝聿铭。几十年来，不同风格的建筑师为这所大学贡献了自己的设计。新古典主义、战后现代主义、野蛮主义（Brutalism）和解构主义（Deconstructivism）等各种风格的建筑都在麻省理工学院的校园里找到了自己的位置。当然，这些建筑并非为所有人所接受。2010 年，为大学招生服务的《普林斯顿评论》（The Princeton Review）曾将麻省理工学院列入了全美二十所校园"很小、难看，或二者兼而有之"（"tiny, unsightly, or both"）的学校名单。但也有的看法认为，麻省理工学院的校园是旧世界与新时代的碰撞与融合，它更彰显出学校的开放与创新的精髓。这自然是见仁见智的事情。

　　一流的学生，一流的教授，使得麻省理工学院和西海岸的斯坦福大学（Stanford University）、加州大学伯克利分校（University of California, Berkeley）一起被称为工程科技界的学术殿堂。这显然与创始人威廉·罗杰斯为学校制定的办学理念，即罗杰斯计划分不开。他提出要将教学与实践结合在一起，使学生们在毕业后能从容应对比课本更复杂的实际问题。罗杰斯计划的中心思想就是"知行合一"，强调在实践中学习的必要性。正如麻省理工学院的校训"Mind and hand"（"头脑与手"）所宣示的，理论与实践并重。秉承着其创始人的宗旨，麻省理工学院一直将科学研究放在首位。学校采用欧洲理工科大学的办学模式，从一开始就强调实验室教学。这里的实验设备也许并不是最好的，但是这里的实验室使用的自由度却是无可比拟的。教学普遍要求学生结合理论，培养极强的动手能力。学生入学后的刻苦学习程度惊人，然而却并不读死书。理论与实际的紧密结合使许多学生思路大开，常常突发奇想。学校为本科生里研究能力强的学生提供经费，让他们有机会参与感兴趣的研究课题。麻省理工学院不像哈佛大学或普林斯顿大学，平均C（及格）的成绩在这里是不能被接受的。但也有一种例外，或者可以有一种借口，那就是如果学生有重要的创造性发明，并且必须集中精力投入到某项研究中去而不能被别人所打扰。本科学生需要拿满360个学分才能顺利毕业。由此而来的就是科学研究之外的极为繁重的学习，犹如"drinking from a fire hose"（"饮用消防栓喷出的水"）。在这种繁重的学习中，学生们必须学会在夹缝里求生存。没有谁的时间是够用的。学生读起书来不管时间，睡起觉来也不管空间。有人在跑步机上边跑边看书，也有人在"24小时房间"里读书、查资料或打瞌睡。在Study（学习）、Sleep（睡觉）、Social activities（社会活动）这三个"S"当中，一般的学生只能做到两个，能做到三个的便可称为"超人"。学生中流传着五个缩写字母的格言"IHTFP"。它有上百种不同的解读，例如"It's Hard to Finish Papers"（"完成论文太难了"），或者是"I Hate This Fucking Place"（"我恨死了这个鬼地方"），也可以是"I Have Truly Found Paradise"（"我真的找到了天堂"），等等。许多学生对学校可以说是爱恨交加。即便如此,转学离开的学生却并不比其他学校多,而且学生四年内的毕业率达 92%,高居全美第三名。MIT 学术自由的研究环境与奋发有为的学习气氛,造就了大批优秀人才。林家翘在麻省理工学院有一批优秀的学生与合作者。可以说,这对于他后来能在这里取得突出的研究成果是绝对必要的。

1947 年的夏末,林家翘走进了麻省理工学院 2 号楼。这是数学系的所在地。在这座大楼里,林家翘开始了他长达四十余年的研究和教学生涯。放眼向西望去,可以看到基利安庭院修建整齐的绿色大草坪。向南,目光越过狭长的绿化带和河边的纪念大街(Memorial Drive),可以看到美丽的查尔斯河和水面上的片片风帆。

这座宏大而庄重的三层建筑始建于 1916 年,是麻省理工学院早期的主要建筑之一。它位于学校的中心区域,毗邻 4 号楼。这两座建筑与对面的 1 号楼和 3 号楼相对称,围起了基利安庭院,并共同形成了对大穹顶 10 号楼的拱卫之势。如果说学校的标志性建筑 10 号楼是王,那么恭立在侧的 2 号楼便恰如王的股肱之臣(图 3-5)。这也确实有如数学在麻省理工学院的地位,它是所有理工科学生必修的重要基础课之一。

图 3-5 麻省理工学院 2 号楼(数学系)

作为一个以工科为主的大学,数学的重要性不言而喻。从 19 世纪麻省理工学院建校伊始,数学系就是学校的重要组成部分。在创办人及首任校长罗杰斯缺席的情况下,教育家约翰·鲁克尔(John Daniel Runkle)从 1868 年起任代理校长,两年后任正式校长,直到 1878 年。鲁克尔本人就是一位数学家,从建校起兼任数学系主任达三十七年。他确立了数学为工程师服务的宗旨。从 1902 年起担任数学系主任一职达二十八年的亨瑞·泰勒(Harry Walter Tyler),则通过招聘一流数学家到校任教,来促进数学系的成长和发展。不过长期以来,数学系的职责就是教工程科系的学生所需要的数学,而研究从来都不是数学系的主要任务。这种情况在克拉伦斯·摩尔(Clarence

Lemuel Elisha Moore，1876—1931年）来到以后有所改变。摩尔在获得了博士学位后于1904年作为讲师加入数学系，从讲师升到教授，在麻省理工学院工作了二十七年。他长于研究代数几何和黎曼几何，并且极力提高数学系的研究实力。

聘请林家翘到麻省理工学院数学系工作的主要人物是系主任亨瑞·菲利普斯（Henry Bayard Phillips）。林家翘在数学系报到时受到了菲利普斯的热情接待。他向林家翘介绍说，数学系在麻省理工学院是一个服务的系（service department），为全校各系的教学服务。因此，给学生上数学课是本系的主要任务，而研究则处于较次要的地位。他希望这位新来的年轻教授能大大地助力数学系的教学，此外做一些应用数学的研究（图3-6）。

图 3-6　青年林家翘

进入九月的波士顿，秋意渐浓，红叶、黄叶已经悄悄爬上枝头。初来乍到的林家翘发现麻省理工学院的校园里到处都是学生。的确，不像战争时期校园和教室里的空空荡荡，随着1945年战争的结束，大批学生重新涌入校园，填满了学校的教室和走廊。与以前不同的是，这些学生中有许多是从战场上下来的退伍军人。在经历了战争的生死考验后走入和平的年轻人，急于开始自己人生的新篇章。1946年，麻省理工学院的在校人数达到学校历史上空前的两千多名本科生和超过八百名的研究生。除此而外，学校得到了来自政府方面的大量研究经费，因此各系的教授们不仅能够招收研究生和研究助理，还可以招聘许多博士后到这里进行科学研究。

没有时间欣赏马萨诸塞州绚丽多彩的秋景了。如同菲利普斯所说的那样，林家翘很快就体会到了数学系繁重的教学任务。工科的学生不但要上数学课，而且要上两年。这是学校的规定，不可或缺。代数、线性代数、几何、拓扑学、微积分、高等微积分、微分方程、数值分析、数论、离散数学、复变量（complex variables），等等。各个不同科系的学生根据各自的需要，必须学习一系列的数学课程。按全校两千多名本科生都要上两年数学课计算，数学系面临着一千多名学生的教学任务，每个教授平均每年要教四门数学课，负担一百多名学生的数学学习，每周上课十几个小时，此外还有研究生的数学教学。

能应付这种高负荷的教学任务，数学系这个大家庭里必然是人才济济。当时和林家翘共事的数学系十余位教授都不是等闲之辈。他们各有各的风采，各显各的神通。

数学系里最引人注目的自然是老资格的教授诺伯特·维纳（Norbert Wiener，1894—1964 年）。他从小被称为"神童"，十九岁时就取得了哈佛大学博士学位。维纳一生最大的贡献是创立了控制论（cybernetics），同时他还是信息论（information theory）的奠基人之一，并且在纯数学和应用数学上都有许多重大贡献。他是美国科学院院士，并在晚年获得过美国国家科学奖章（National Medal of Science）。维纳显然是数学系最受尊敬的教授。在许多外人看来，维纳就是数学系。维纳的经历和中国有些关系。1935 年到 1936 年，他作为访问学者曾应邀在清华大学短期工作，那时的林家翘还是清华的一名本科生。当林家翘踏入 MIT 数学系的时候，维纳已经在这里工作了二十八年。

来自德国的埃瑞克·瑞斯纳（Max Eric Reissner，1913—1996 年）是数学系的重量级人物。在 1947 年林家翘进入数学系的时候，他就已经是这里的正教授了。瑞斯纳是固体力学方面的出色应用数学家。他对于板、壳和梁的力学、结构动力学、弹性理论以及湍流、空气动力学和机翼理论等方面的研究都卓有贡献。瑞斯纳获得过多种重要奖项，并且是美国艺术与科学院、美国国家工程院和国际宇航科学院的院士。瑞斯纳一生发表科技论文近三百篇，包括和林家翘合作发表的论文。不过，这样的学术经历也使得他固执于应用数学的范围只限于固体力学和流体力学领域的理念，从而与林家翘的学术观点截然不同。

诺曼·莱文森（Norman Levinson，1912—1975 年）教授和林家翘的私交很好，他们曾共同鼎力支持系主任马丁的工作。莱文森是维纳的学生,曾获得过美国数学界的多项奖励。数学系教授哈特里·罗杰斯(Hartley Rogers)说,"泰德·马丁是把事情做好的主导者,而策划人则是诺曼·莱文森。他总是信心满满地确认自己有高超的判断能力。"[1]

此外,和林家翘同岁并且和他同年获得博士学位的是应用数家克劳德·香农(Claude Elwood Shannon)。他在贝尔电话实验室开发的信息理论(Information Theory),成为他一生最为重要的科学贡献。比林家翘晚两年来到数学系而且比他小两岁的是乔治·怀特黑德(George W. Whitehead)。这是一位拓扑学专家,多年后当选为美国科学院院士。还有艾萨道尔·辛格(Isadore Manuel Singer),也是美国国家科学院和美国艺术与科学院院士,为纯数学的发展做了许多工作。他还曾分别与华裔科学家陈省身和杨振宁有过学术合作。和林家翘在同一年加入数学系的助理教授沃伦·安布罗斯(Warren Arthur Ambrose)通常被认为是现代几何学的奠基人之一。波兰出生的威陶尔德·赫瑞维兹(Witold Hurewicz)比林家翘早两年来到数学系。他的早期工作领域是集合论和拓扑学。第二次世界大战期间他通过应用数学研究伺服机构,为战争做出了贡献。弗朗西斯·希尔德布兰德(Francis Begnaud Hildebrand)在1940年获得博士学位后加入数学系。他为工程师们开发的微积分课程及其课程教科书《工程师高级微积分》成为工程数学的标准教材,曾被长期使用。

在当时的数学系十余位教师里,先后成为美国科学院院士、美国艺术与科学院院士、美国工程院院士或兼而有之的有五位教授。

不可不提到的人物是和林家翘关系甚好的泰德·马丁(William Ted Martin,1911—2004年)(图3-7)。他在林家翘加入数学系后不久便取代了行将退休的六十七岁的亨

图3-7 泰德·马丁(William Ted Martin,1911—2004年)

---

[1] Joel Segel: *Recountings: Conversations with MIT Mathematicians*, A K Peters/CRC Press; 1st edition (Jan. 2009).

瑞·菲利普斯，当选为系主任，而且一做就是二十一年。数学系在那个时代的发展，离不开系主任马丁的持续努力和出色的管理。马丁于 1936 年加入麻省理工学院数学系，两年后升为教授。他在布朗运动数学模型、函数理论、复杂变量、微分方程和微分空间、量子空间及预测等方面都有研究论文或专著发表。马丁是美国艺术与科学院院士，并担任过美国数学学会（American Mathematical Society，AMS）副主席等不同数学组织的职务。

马丁担任系主任后的一大功绩是建立了摩尔教学计划。面对战后数学系极大的教学压力，马丁提出招收博士后人员来校讲授数学课，同时安排这些博士后做数学研究。这个做法明显缓解了紧张的教学压力，对教学和科研两方面都有利。这一计划被冠以提倡研究的数学系老前辈摩尔（Clarence Lemuel Elisha Moore，1876—1931 年）的名字，称为摩尔教学计划（C. L. E. Moore Program）。此后系里每年都根据这个计划招收三五名博士后。虽然并不属于永久性招聘，但应聘人员需要在数学系工作两到三年。这些人被称为摩尔讲师（Moore Instructor），其中有的人日后成为数学系的教授。1994 年获得诺贝尔经济学奖的约翰·纳什（John Nash）就曾经是 1951 年招聘的摩尔讲师。

长时间以来，由于繁重的教学工作，教授们不得不忙于上课，研究工作则被严重挤压。摩尔计划的实施，使得研究工作有了开展的空间与时间。为此，马丁力主招聘一流人才到校任教和开展研究工作。他强调，要招聘好的教授，一定要好的，要更好的！这和林家翘的想法不谋而合。林家翘在系里招聘应用数学教授的时候也是这样做的，并且得到了马丁的大力支持。在马丁任系主任期间，系里先后聘请了二十四位学术有成的教授到数学系工作。

马丁为数学系的发展打下了良好的基础。在他的领导下，数学系逐渐发展起来，从一个小型的服务性质的系发展成为世界上主要的纯数学和应用数学中心之一。在 20 世纪 70 年代曾任数学系主任的霍夫曼说，如果你要让人列出美国前八名或十名的数学系，那么在第二次世界大战之前，你在这个名单上找不到麻省理工学院。但是，到了 1960 年左右，你就会看到 MIT 已经名列其中。[1] 确实如此，到现在，麻省理工学院的数学系已经是美国乃至世界上名列前茅的数学系了。

马丁给林家翘留下了深刻印象。林家翘认为马丁精力充沛，性格开朗，在数学系的威望很高。李理论（Lie theory）和辛几何（Symplectic geometry）专家柯斯坦（BerframKostant）说："马丁非常认真地对待自己的责任，但仍保持了富有感染力的幽默感。"罗杰斯说："马丁是一个非常有趣的人。"应用数学家柯雷特曼（Daniel J. Kleitman）说："马丁是一个和蔼细心的人，组织工作非常出色。"他喜欢组织聚会，所以我可以借此机会和许多人会面。柯雷特曼所说的聚会，是指马丁通常周末在自家住宅里的聚会。林家翘和马丁的私交很好，有空的时候自然会去参加这种温馨的团聚。那是他和数学系的同仁们聊天交往、放松自己的好机会。他仍然记得，马丁的家在剑桥西北不远的历史名城列克星敦（Lexington），房子建在半山腰上。来自冰岛的海尔戈松（Sigurdur Helgason）教授这样回忆，马丁会发出一张卡片，写道"我们这个月的每个星期日都会在家，请随意过来"。那是大家都喜欢去的聚会。没什么正式的，人人都感到很舒适。在倾斜小山坡上的房子，墙壁大多是玻璃的。客厅有一个很大的飘窗，从那里可以看到非常美丽的景色。[2] 马塔克（ArthurP.Mattuck）回忆说，这样的聚会通常每个月有一次，来参加的人都很随意。大家围坐在一起高谈阔论，吃着零食，谈系里的事情，也聊其他有意思的话题。罗杰斯则说，许多教职员工都会带着妻子一起来。当然，当时的数学系比现在要小，也并非每个人每次都能来。马丁经常会准备大量的烤牛肉，不过要到晚上十点左右才会端出来，那时我们早就饥肠辘辘了！[3] 马塔克还说，那时马丁在数学系组织每周一次的 colloquium（学术研讨会），后来与哈佛大学同样的研讨会合并，每周一次轮流在麻省理工学院和哈佛大学举行。MIT 的研讨会之后是水果和奶酪招待，而研讨会的主讲人

---

[1] Joel Segel: *Recountings: Conversations with MIT Mathematicians*, A K Peters/CRC Press; 1st edition (Jan. 2009).

[2] 同上。

[3] 同上。

则被请出去吃晚饭。[1]

数学系的发展和马丁的成功,还仰赖于系里教职员工们的共同努力,而林家翘则是其中一个重要人物。许多教授都认为,对系主任马丁的管理工作鼎力相助的主要是三个人:诺曼·莱文森、艾萨道尔·辛格和林家翘。其中林家翘的工作给数学系的同事们留下了深刻印象。许多人都认为,这是一位中等个子、儒雅而又充满活力的中国教授。罗杰斯说,林家翘是一位具有非凡国际地位的应用数学家,他能到MIT来任教是数学系的巨大收获。霍夫曼说,林家翘是一位杰出的流体力学家。他是一个安静的人,也是一位有影响力的人物,是马丁在应用数学方面的重要顾问。他认为,莱文森、辛格和林家翘这三个人是不断提高数学系标准的推动者。他们总是尝试聘请比上一个更好的教授。林家翘在管理和招聘方面的建议常常被采纳,实际上他和莱文森及辛格组成了数学系所谓的"内阁",成为系主任马丁的重要顾问。林家翘后来在数学系组织和发展应用数学,招聘相关的应用数学教授等,都离不开马丁的支持和帮助。这对于林家翘在这一工作中能取得成绩和进展至关重要。当然,应用数学在系里的成绩,也是数学系成功发展的重要组成部分。林家翘的语言能力给阿拉尔·图莫瑞(Alar Toomre)留下深刻印象。他说林家翘是他认识的第一个中国人,而他的英语是非常了不起的(terrific)。他还说,"在那个年代,我们在学术界没有很多华裔或者华裔的美国同事,尽管在麻省理工学院已经有好几个电气工程和物理领域的优秀同事。但是,即使和那些家伙相比,我也声称C. C.(指林家翘)的英语水平更高。"他认为,林家翘是一位有教养的人,他的出色声誉部分基于一本非常出色的专著《流体动力学稳定性理论》(*The Theory of Hydrodynamics Stability*)。林家翘总结了他和他人的工作,显示了他的数学才能,其中包括平行剪切流的水动力不稳定性。[2]

林家翘的一些学生对他的教学印象深刻。麻省理工学院校友、美国南

---

[1] Joel Segel: *Recountings: Conversations with MIT Mathematicians*, A K Peters/CRC Press; 1st edition (Jan. 2009).

[2] 同上。

加州大学（University of Southern California）航天与机械工程系教授佛瑞德·布朗旺德（Fred Browand）曾生动地写道：

"20世纪60年代初，我是麻省理工学院航空与航天系的研究生。我的兴趣是空气动力学，更广泛的是流体力学。那时林家翘（C.C.Lin）是应用数学项目的负责人。应用数学一直以来都在流体力学上投入了大量资金，尤其是在麻省理工学院。""林在数学系讲授流体力学的研究生课程。它在各个学科的工程专业学生中都很受欢迎，并且课程总是很充实。我参加了林的课程，至今仍记得这段经历。林会精确地在规定的时间到达，并且他的穿着总是无可挑剔。当然，西装和领带，而且总是搭配颜色匹配的西装和领带，西装笔挺，鞋子擦光，等等。我不记得他曾经带过笔记本或其他书面材料。他开始讲课，并在讲话的同时也开始书写，从黑板的左上角开始。上完课以后，黑板的大部分已经被覆盖。而我不仅会听到他有见地的讲解，而且还会得到出色的书面记录。我从不记得他一旦写就，会擦掉、添加或修改任何内容。他怎么能如此严谨，如此有条理，一个星期接着又一个星期，这真是不同寻常的精彩。"[1]

四、流体力学研究

林家翘的课讲得很精彩，得到学生的好评。但是，从进入麻省理工学院开始，他就对那时的数学系，特别是对应用数学的状况很不满意。林家翘回忆说，那时的数学系被分为四个部分，分析、几何、代数和应用数学，而应用数学部分是非常薄弱的。他还认为，除了个别人以外，数学系的人都是"教书匠"。[2] 所谓"教书匠"，是指那些人只教书，不做研究。林家翘并非是轻视教学，相反，他很重视给学生上课，甚至在他退休之后的几年，作为

---

[1] Fred Browand: "C. C. Lin at MIT: From a Student's Perspective", Notices of the ICCM, Vol. 1, No. 2, November 2013 https://www.intlpress.com/site/pub/files/_fulltext/journals/iccm/2013/0001/0002/ICCM-2013-0001-0002-a013.pdf.

[2] 林家翘采访录像或文字记录稿，2001年3月18日、4月1日，2002年4月4日、12日、19日、26日，2003年5月3日。

一位应用数学大师，仍然常常亲自给一二年级的本科学生上数学基础课。他认为学生的基础教育对他们一生的研究和工作都非常重要。他所不满意的是，当时数学系并没有把数学研究，特别是应用数学研究的工作很好地开展起来。[1]

林家翘当然不甘心只做个"教书匠"。人们从他持续不断地发表论文上就可以看到他的研究成果。不难想象，作为一个应用数学家，除了繁忙的教学，他仍然不间断地拓展着自己在流体力学领域的探索。

1948年，在麻省理工学院开始工作的第二年，林家翘接连发表了五篇学术论文。这包括他和当时在布朗大学的同事乔治·卡里尔（George Francis Carrier，1918—2002年）合作的"On the nature of the boundary layer near the leading edge of a flat plate"（"关于平板前沿附近的边界层性质"）。[2] 乔治·卡里尔是流体力学和海啸建模方面的著名应用数学家，曾任《应用数学杂志》（*Journal of Applied Mathematics*）副主编，也是国家科学奖章获得者。1952年，卡里尔成为哈佛大学的应用数学教授。

林家翘和钱学森也有过合作（图3-8，图3-9）。钱学森于1946年，即比林家翘早一年回到麻省理工学院，不过身份已经改变——他已经不再是这里的学生，而是受聘为航空工程系副教授。钱学森的办公室在古根海姆大楼，即麻省理工学院的33号楼，离数学系的2号楼不太远。当林家翘在1947年8月末来到学校的时候，他已于当年七月暂离学校，回国结婚去了。但是，这并不耽误他们之间在流体力学上的研究合作。1948年，《数学物理杂志》（*Journal of Mathematics and Physics*）第三期发表了他们两人及应用数学教授埃瑞克·瑞斯纳（Eric Reissner）共同署名的文章"On two-dimensional non-steady motion of a slender body in a compressible fluid"（"细长

---

[1] 林家翘采访录像或文字记录稿，2001年3月18日、4月1日，2002年4月4日、12日、19日、26日，2003年5月3日。
[2] C. C. Lin, G. F. Carrier: "On the nature of the boundary layer near the leading edge of a flat plate", Quarterly of Applied Mathematics, Vol. 6, No. 1, pp. 63-68 (1948).

物体在可压缩流体中的二维非稳定运动")。[1] 文章提出了著名的林-瑞斯纳-钱方程（Lin-Reissner-Tsien equation）。这是一个非线性偏微分方程，描述了在可压缩流体和近似声速情况下的非稳态跨声速流。此一研究对于航空器在空气中的飞行有着重要的意义。这是1949年钱学森重返加州理工学院之前他俩最后一次科学上的合作。林家翘说他仍然记得，1949年夏天，当钱学森接受古根海姆基金会的资助，离开MIT返回加州理工学院出任喷气推进研究中心主任一职时，林家翘接替他给学生上完了他没有完成的流体力学课程。[2]

图3-8　林家翘（左）和钱学森，1948年

图3-9　林家翘夫人梁守瀛（右）和钱学森夫人蒋英，1948年

1948年9月，第七届国际应用力学大会（International Congress of Applied Mechanics）在伦敦的帝国理工学院（Imperial College of Science, Technology and Medicine）举行。这是第二次世界大战后首次举行的盛会，来自世界各国的八百多位代表出席了大会。会议收到二百多篇论文，其中有关湍流的研究是主题之一。林家翘在会上发表了自己的研究成果——"On the law of decay and the spectrum isotropic turbulence"[3]（"关于衰变律和各向同性湍流频谱"），受到关注。世界著名物理学家和应用数学家G.I.泰勒

---

[1] Lin C. C., Reissner E., Tsien H. S.: "On two-dimensional non steady motion of a slender body in a compressible fluid", Journal of Mathematics and Physics, Vol. 27, No. 3, pp. 230-231 (1948).

[2] 林家翘采访录像或文字记录稿，2001年3月18日、4月1日，2002年4月4日、12日、19日、26日，2003年5月3日。

[3] C. C. Lin: "On the law of decay and the spectrum isotropic turbulence", Proceedings of the seventh International Congress of Applied Mechanics, London, Sept. 1948.

（Sir Geoffrey Ingram Taylor）在科技界权威杂志《自然》(Nature)上撰文介绍这次大会的成果时，特别提到了林家翘的这篇文章，认为那是包括林家翘在内的几篇不同文章的作者所共同关心的主题，即有关各向同性湍流的统计动力学问题。[1] 虽然因为战争，当年林家翘无缘前往英国成为G.I.泰勒的学生，但八年之后，泰勒却在这里看到了林家翘的成长。

在这以后的几年，各向同性湍流成为林家翘的主要研究课题之一。他继续在各向同性湍流方面进行探讨。在离开了冯·卡门的十多年时间里，林家翘和自己老师的合作并没有停止，仍然继续发表他们共同的研究论文。例如，他们在1949年发表了"On the concept of similarity in the theory of isotropic turbulence"[2]（"各向同性湍流理论中的相似性概念"），1951年发表了"On the statistical theory of isotropic turbulence"[3]（"关于各向同性湍流的统计理论"）。林家翘和冯·卡门共同提出的各向同性湍流的湍谱理论，发展了冯·卡门的相似性理论，成为早期湍流统计理论的主要学派。

当年海森堡论文中留下的第一个问题是纯数学问题，即微分方程在拐点附近一致有效渐近解的性质与形式。这类问题在量子力学的薛定谔方程（Schrödinger equation）中早已出现。一种较为简单的数学基础是朗格（R. E. Langer）所提供的。朗格曾用他的方法来研究方程，但未能成功。林家翘在他1944年所成功取得的力学分析理论的基础上，和他的学生A.L.拉本斯坦（Albert Louis Rabenstein，1931—2012年）一起证明了一系列微分方程中的存在定理，并且于1960年在《美国数学学会会刊》(Transactions of the American Mathematical Society)上发表了他们的研究成果"On the asymptotic solutions of a class of ordinary differential equations of the fourth order"[4]（"一类

---

[1] G. I. Taylor: "Seventh International Congress for Applied Mechanics, 1948", Nature, February 18, 1950, Vol. 165, pp. 258.

[2] C. C. Lin, Th. von Karman: "On the concept of similarity in the theory of isotropic turbulence", Review of Modern Physics, Vol. 21, No. 3. pp. 516-519, Jul. 1949.

[3] C. C. Lin, Th. von Karman: "On the statistical theory of isotropic turbulence", Advances in Applied Mechanics, Vol. 2, pp. 2-19, Academic Press, N.Y. (1951).

[4] C. C. Lin, A. L. Rabenstein: "On the asymptotic solutions of a class of ordinary differential equations of the fourth order", Transactions of the American Mathematical Society, Vol. 94, No. 1, pp. 24-57 (1960).

四次常微分方程的渐近解")。这项研究成果从数学上彻底解决了海森堡论文中的纯数学问题。林家翘的这一工作发展了常微分方程中的渐近理论,因而他不仅在力学界和应用数学界赢得了广泛声誉,而且在理论数学界也受到了赞扬和敬重。

除此之外,林家翘在 20 世纪 40 年代和 50 年代的研究内容还包括流动体力学的稳定性(hydrodynamic stability),以及边界层流的稳定性(the stability of the laminar boundary layer)等主题。除了陆续在专业刊物上发表有关研究论文之外,林家翘集自己那些年的研究成果,写作了 The Theory of Hydrodynamic Stability[1](《流体动力学稳定性理论》)一书,系统地集中阐述了他在这方面的研究成果。这本专著于 1955 年由剑桥大学出版社出版(图 3-10)。1958 年,它的俄文译本在苏联出版。这本书的内容包括解释通用的渐近方法,论述平面库爱特流运动(Couette motion),其中特别参考了 G.I. 泰勒对旋转圆柱之间流动进行的经典实验以及关于流体力学稳定性的通用理论、平板边界层的稳定性、天体物理学和地球物理学中相关的稳定性问题等。林家翘在这本书中发展了流体稳定性理论,给出了精确的数学阐述,使之成为一个时期的典范。这对于飞机等航空器的在空气中的飞行有着实际意义。这本书也成为流体稳定性和湍流发展方面的里程碑式的著作。该书的出版引起了数学界和力学界对这些问题的广泛关注和重视,许多人参与了对这些问题的研究,加以发展或者简化。

对于林家翘在书中所展现的卓越工作,G. 坦普尔(G. Temple)发表评论说,流体动力学稳定性是"流体力学中最困难和最复杂的论题"("most

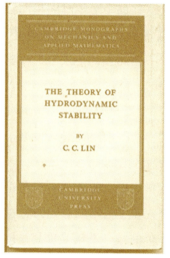

图 3-10 林家翘著《流体动力学稳定性理论》(The Theory of Hydrodynamic Stability)英文版封面,1955 年

---

[1] C. C. Lin: *The Theory of Hydrodynamic Stability*, Cambridge University Press, 1955.

difficult and complex topic in fluid dynamics"）。他在书评中写道，"作者本人在该领域做出了杰出的贡献，而且对阐述所提出的各种理论有着绝对的资格。"（"The author has himself made notable contributions to this field and is admirably qualified to expound the various theories which have been propounded."）坦普尔并且认为，"毫无疑问，这将是对以后一段时间里有关流体动力学稳定性论题的权威性工作。这项工作不仅涵盖了基本的数学分析，还讨论了不稳定性的物理机制以及根据理论对实验结果的解释。"（"There is no doubt that this will be the standard work on the subject of hydrodynamics stability for some time to come. The work covers not only the fundamental mathematical analysis but also a discussion of the physical mechanism of instability and the interpretation of experimental results in the light of theory." [1]）

P.R. 欧文（P. R. Owen）对该书做了较为全面的介绍和评论。他写道："作为对一个解决流体动力稳定性问题技术的介绍，作者选择集中讨论两个例子，其中关于临界雷诺数已经得出了明确的结论。这些是旋转圆柱体之间的库爱特流，以及平面泊肃叶流（Poiseuille flow），即边界层稳定性问题的原型。"（"As an introduction to the technique for solving problems of hydrodynamic stability, the author chooses to concentrate on two examples in which definite conclusions about the critical Reynolds number have been reached; these are Couette flow between rotating cylinders, and plane Poiseuille flow, the archetype for problems of boundary-layer stability."）"稳定性理论的实验最终导致林家翘重新考虑这个论题的数学基础，而且能在很大程度上予以澄清。确实，该理论的现状很大程度上归功于林家翘的成就。"（"The experimental vindication of stability theory eventually led Lin to reconsider the mathematical foundation of the subject, which he was able to clarify in large measure. Indeed, the present status of the theory owes a great deal to Lin's efforts."）他还写道，

---

[1] G. Temple: "Review of The Theory of Hydrodynamic Stability, C. C. Lin", Cambridge University Press Web site.

"林教授专著的实用性是毋庸置疑的,因为它是第一次以书本形式出现的关于水动力稳定理论的重要综述。"("There can be no reasonable doubt about the usefulness of Professor Lin's monograph, for it is the first major survey of the theory of hydro-dynamic stability to appear in book form.")"在它的明确界定的范围内,这本书能够使读者追溯数学理论的所有主要成就,而不必过度沉迷于伴随其发展而来的繁琐论据。"("within its clearly defined scope the book enables the reader to trace all the main achievement of the mathematical theory without becoming unduly immersed in the tortuous arguments that accompanied its development.")他认为,从本书的阐述中我们可以看到该理论的最微妙之处。欧文强调,"最后一章讨论边界层稳定性理论中固有的数学困难之处,并且是在很大程度上基于林教授对于该论题的贡献。考虑到所涉及的微妙论点,这是一个涉及精细论据见解的清晰典范,而且集中在必要的原则性问题之上。仅这一章就可以确保这部专著作为该理论指导的永久性。"("The final chapter deals with the mathematical difficulties inherent in the theory of boundary layer stability, and is based very broadly on Professor Lin's own contribution to the subject. It is a model of clarity in view of the delicate arguments involved and concentrates on essential matters of principle. This chapter alone could ensure the permanence of the monograph as a guide to the theory.")评论者并且认为,整个著作都具有权威性。读懂并领会它的全部精华需要付出很大的努力,但这应归咎于此一专题的困难,而并非由于作者而产生的困难。"流体力学的研究人员将会感激林教授以如此紧凑的形式展现该理论以及它的许多应用。"("Workers in fluid mechanics will be indebted to Professor Lin for presenting the theory and many of its applications in so compact a form."[1])

也许林家翘这本著作真的很难读懂。袁旗在一篇回忆文章中写道:"1962 年我去密歇根大学读博士学位,随易家训教授学流动力学稳定性理论,我才第一次看到林先生在流体稳定性理论方面的经典著作,那时台湾来

---

[1] P. R. Owen: "Review of The Theory of Hydrodynamic Stability, C. C. Lin", Cambridge University Press Web site.

的同学，人手一本台湾地区翻版的剑桥大学出版社出版的流体稳定性理论专著，尽管此书篇幅不大，但诚如丁观海教授所说，林先生这本小书真的非常难懂，我虽然在那门课拿了 A，但是很多地方仍是似懂非懂。最难懂的部分就是林先生成名的研究工作：平行流的不稳定性理论。林先生不仅从数学上完整地解决了 Orr–Sommerfeld 方程的本征值问题，而且从物理上说明了流体的黏性可以稳定流动，也可以成为制造不稳定的诱因，它具有两重性，所以具有抛物线速度剖面的平行流动，在 Rayleigh 的无黏流体的稳定性定律下是稳定的，而当计及流体黏性后，就可能不稳定，并为实验所证实。"他还说，及至这本书的出版，林先生在流体力学界中就有了"不稳定性先生"（"Mr. Instability"）的称谓。[1]

从 40 年代开始直到 1961 年转入星系结构研究为止，林家翘研究工作的重点是流体力学稳定性和湍流理论。这是他科学研究生涯的第一个高峰。在长达二十余年的时间里，林家翘在这一领域辛苦耕耘，发表了许多这方面的研究论文和专著，其中选入 1984 年出版的《林家翘论文选》（*Selected Papers of C. C. Lin*）一书里的有 31 篇著作。林家翘在为该书所写的"回顾与说明"（"Recollections and Comments"）一文中对自己这一阶段的研究工作和有关理论的发展过程做了一个概略的梳理。

也是在这二十余年中，林家翘在进行科学研究和教学的同时，着力培养应用数学和流体力学的后起之秀。凡是跟随林家翘学习的学生都不会忘记这位温文尔雅、学术上要求严格而生活上又十分亲切的老师。前面提到过的他的学生 A.L. 拉本斯坦（Albert Louis Rabenstein，1931—2012 年）毕业于 1958 年，他们合作证明了一系列微分方程中的存在定理。来自新西兰的戴维·约翰·本尼（David John Benney，1930—2015 年）于 1957 年进入麻省理工学院，成为林家翘的研究生。1959 年他获得博士学位后，加入了麻省理工学院数学系。本尼以研究流体动力学的非线性偏微分方程而闻名，其主要研究贡献在于对非线性波、流体动力稳定性和湍流过渡的数学分析。林家翘和本尼

---

[1] 袁旗：我认识的林家翘先生，《力学进展》，第 36 卷第 4 期，2006 年 11 月 25 日。

有过多次研究合作,发表了数篇论文。他们的研究表明,非线性波相互作用是流体动力稳定性的基础,并且可能导致湍流爆发的出现。这一结论随后在美国国家标准局进行的实验中被观察证实。2000 年,在为本尼七十寿辰举办的科学研讨会上,林家翘与人合作撰文,总结了本尼在科研上的成就,以示祝贺。本尼在 1964 年获得了古根海姆奖。在 20 世纪 90 年代,他曾担任过两届麻省理工学院数学系主任。

1974 年,林家翘和自己的学生 L.A. 西格尔(Lee Aaron Segel)合作出版了又一部专著 *Mathematics Applied to Deterministic Problems in the Natural Sciences*[1] (《自然科学中确定性问题的应用数学》)(图 3-11)。这本书是研究应用数学的重要著作,得到了很高的评价。《美国数学月刊》(*American Mathematical Monthly*)的评论对该书赞赏有加,称在可以向读者推荐的仅有的几本应用数学书里,"这本书是最好的,没有比它再好的了。"("this book may well be the best. I know of none better.")该书被列为美国工业与应用数学协会(Society for Industrial and Applied Mathematics,SIAM)的应用数学经典丛书第一卷。中国科学院院士、力学家白以龙在推荐这本书时称其为"一本启发性强的好书"。他写道,本书的中译本(图 3-12)具有启发性、完整性和实用性。该书"采用的是针对研究对象的启发式思考的写法,因此对已有一定数学知识,而又缺乏独立研究工作能力的人,本书会起到较大的启发作用。""全书不拘泥于数学理论的完整性,而是强调实际可行又有用的方法,选例精当,典型性强,讲解性例子简单又突出矛盾。"他称其为"做实际工作的研究工程师们,确实提供了一套现实可用的工具和切实可仿的先例,补充了一些数学书远水不解近渴的不足。"该书"在实际研究和相应的应用数学处理工作中",有针对性地"力图给出应用数学的一套思考和行为准则,并尽力指出可能遇到的各种陷阱。""全书着力贯穿应用数学方法的精神,……把解决实际问题和数学工具结合起来""无疑将有助于提高我们研

---

[1] C. C. Lin, Lee A. Segel: *Mathematics Applied to Deterministic Problems in the Natural Sciences*, Macmillan Publishing Co., 1974,(中文版《自然科学中确定性问题的应用数学》,北京,科学出版社,1986)。

究人员处理实际问题的能力。"[1]

图 3-11　林家翘、L.A. 西格尔合著 *Mathematics Applied to Deterministic Problems in the Natural Sciences*（《自然科学中确定性问题的应用数学》）第一版封面

图 3-12　林家翘、L.A. 西格尔合著《自然科学中确定性问题的应用数学》中译本封面

L.A. 西格尔（Lee Aaron Segel，1932—2005 年）是林家翘的又一位得意门生（图 3-13），与本尼在同一年获得麻省理工学院博士学位。西格尔的父母是从欧洲立陶宛来的犹太移民，曾给予幼年的西格尔以良好的教育。西格尔本科主修数学，毕业于哈佛大学，然后到麻省理工学院跟随林家翘攻读应用数学博士学位。作为犹太人，西格尔始终保持着与中国人完全不同的犹太传统生活习惯。林家翘记得有一次应邀去他家吃饭，在座的还有他父亲的一位医生朋友。上菜时第一是给主人自己（证明食物是安全的），第二是给医生（挽救生命的），第三才是给老师。"这印象太深了！"林家翘笑着说。[2]西格尔后来移居以色列，担任魏兹曼科学院（Weizmann Institute of Science）数学学院院长。作为应用数学家，他的工作领域以对流、黏液霉菌和趋化性

---

[1] 白以龙：一本启发性强的好书：林家翘等著，《力学进展》，第 13 卷第 2 期，1983 年。
[2] 林家翘采访录像或文字记录稿，2001 年 3 月 18 日、4 月 1 日，2002 年 4 月 4 日、12 日、19 日、26 日，2003 年 5 月 3 日。

图 3-13　L.A. 西格尔（Lee Aaron Segel，1932—2005 年）

的自发出现而著称。西格尔的长子乔尔·西格尔（Joel Segel）对其父读过的麻省理工学院数学系很感兴趣，在 20 世纪初曾专门采访了系里一些尚健在的老教授，写成并于 2009 年出版了 Recountings: Conversations with MIT Mathematicians[1]（《回顾：与麻省理工学院数学家的谈话》）一书。该书披露了数学系在 20 世纪 30 年代及以后几十年里的发展历程。据不完全统计，林家翘在麻省理工学院直接培养的学生有二十二人，而其学术后代则有数百人。

从 1940 年开始，美国的许多大学都接受了美国大学教授协会（American Association of University Professors，AAUP）的建议，在学校里实行终身教授（tenure）制度。只有那些在教学、科研、服务及其他方面表现优秀的教授才有可能终身获聘。1950 年，在来到麻省理工学院三年之后，林家翘获聘为学院的终身教授，1953 年晋升为正教授（full professor）。1951 年他获选为美国艺术与科学院（American Academy of Art and Science，AAAS）院士，是该院最早的华人科学家院士。1925 年创立的古根海姆奖由古根海姆基金会每年颁发，旨在为世界各地的杰出学者和艺术工作者等提供奖金以支持其继续发展和探索。林家翘在 1954 年和 1960 年两次荣获古根海姆奖，成为古根海姆会员（Guggenheim Fellowship）。1958 年，他当选为台湾地区"中央研究院院士"。

五、应用数学委员会

林家翘曾说过，他从踏入数学系的一开始就对系里的应用数学现状不满

---

[1] Joel Segel: *Recountings: Conversations with MIT Mathematicians*, A K Peters/CRC Press; 1st edition (Jan. 2009).

意。这是言之有理的。

传统上麻省理工学院数学系是一个以教学为主的服务性质的系，并没有开展认真的数学研究，尤其是应用数学研究。其实这也不是麻省理工学院一家这样，美国的数学界在 20 世纪中叶以前，大抵如此。应用数学教授阿拉尔·图莫瑞（Alar Toomre）曾指出，20 世纪中叶，美国各校的数学系大约从 1920 年到 1940 年或 50 年代，陷入了非常纯粹的可怕陷阱。一般而言，美国最好的数学系——他们甚至没有把麻省理工学院列为最好的数学系——在某种程度上都忘记了他们的起源。另一位应用数学家哈维·格林斯潘（Harvey P. Greenspan）也认为，在美国，纯数学的传统受到哈佛大学和乔治·戴维·伯克霍夫的强烈影响，每所大学都有一个纯数学系，数学机构培养了很多完全倾向于纯数学的人。[1] 格林斯潘所说的乔治·戴维·伯克霍夫（George David Birkhoff，1884—1944 年），是 20 世纪上半叶重量级的美国数学家，美国科学院院士，曾任美国数学学会主席（President of the American Mathematical Society），1912 年起任教于哈佛大学。伯克霍夫对纯数学的发展有许多重要贡献，在美国数学界影响巨大。他的故居后来被定为国家历史建筑地标（National Historic Landmark）。纯数学注重于数学的严谨与优雅，注重于数学定理的发现和证明。但数学不是凭空产生的，它的本源是生产和生活的实践。英国的应用数学就从来没有像美国那样服从于纯数学。林家翘一再提到的牛顿和 G.I. 泰勒等人，都是应用数学的大师。他们在研究解决实际科学问题的同时，推动了数学的发展。英国人始终没有像美国人那样坠入纯数学陷阱，如同格林斯潘所说，英格兰的应用数学从未像美国那样服从于纯数学。因此，当纯数学家在处理拓扑和代数等，或者去证明一个伟大定理的时候，应用数学家却对证明定理的兴趣不大。他们的精力集中在处理流体力学和其他理论物理学问题，或者去提高对现实问题进行数学分析的技术，并且高度重视与科学家和工程师的互动。实际上，那时候美国的一些大学，如哈佛大学、布朗大学、纽约大学和加州理工学院等，仍然有一些应用数学

---

[1] Joel Segel: *Recountings: Conversations with MIT Mathematicians*, A K Peters/CRC Press; 1st edition (Jan. 2009).

家在工作,以应对流体和空气动力学中许多新的紧迫问题,包括对这些领域和其他领域进行理论分析的需求。林家翘说,他自己本来是要去英国跟随G.I. 泰勒学习的,后来因为战争而改为到加拿大和美国留学。但是,对他来说,追随并发扬由牛顿开辟的应用数学思想却是从没有改变的。他始终推崇英国的应用数学思想,并用之于实践。[1]

在教学上,数学系在一所理工科学校教授纯数学,往往和学生们的专业结合不上。曾经是麻省理工学院本科生的徐遐生回忆他的大学时代时说,自然科学和工程专业的学生对数学系的课程不满意,因为他们所学的数学对他们的专业没有帮助。举例来说,分析课程有很多基础工作,如勒贝格积分(Lebesgue integration),将傅里叶理论置于严格的数学基础上,而没有教学生如何使用傅里叶级数或傅里叶变换(Fourier series or Fourier transforms)来解决光学、电路理论以及数据分析中的实际问题,或图像处理等。因此,数学部门承受了很多外部压力,被要求提供更合适的"服务"课程,而纯粹的数学家却自然地鄙视"数学即方法"。在这种情况下,应用数学家陷入到了学生和纯数学家辩论的中间。[2] 林家翘指出,MIT 的学生都是学理工的,数学课教的是纯数学理论,着重点和科学的关系太浅,离专业远了,学生们感到格格不入,学习的兴趣自然也就不大。[3] 在这种情况下,林家翘就开了一门新课,叫做"Introduction of Applied Mathematics"("应用数学导论")。他结合学生们的专业课讲授应用数学,结果大受欢迎,外系来听课的学生比本系的还多。林家翘说,其原因就在于这样的课程和所传授的知识很实用。他还说,给本科生上课,要有一丝不苟的精神,深入浅出,把问题讲通,还要给他们举例,让学生真正懂,不能高高在上。他又说,"应用数学课还真教出了几个好学生来",有的人从此就走上了从事应用数学的道路。更多的理工科学生,因为有了应用数学的知识,在毕业后的求职和工作上也大受裨

[1] 林家翘采访录像或文字记录稿,2001 年 3 月 18 日、4 月 1 日,2002 年 4 月 4 日、12 日、19 日、26 日,2003 年 5 月 3 日。

[2] Frank Hsia-San Shu(徐遐生):Professor Chia-Chiao Lin (1916—2013), Bulletin of American Astronomical Society, Vol. 45. Issue 1, Dec. 01, 2013.

[3] 同 [1]。

益。[1] 这门课所用的教材是林家翘和他的学生西格尔（Lee A. Segel）合作编写的，后来编辑成书出版，也就是前面已经提到过的《自然科学中确定性问题的应用数学》一书。

实践表明，应用数学的作用越来越明显，并且在学校的教学中声名远扬，影响颇大。应用数学在麻省理工学院应该可以大有可为。

林家翘因此认为，当时数学系的应用数学力量过于薄弱，应该加以扩大。在他的极力主张以及系主任马丁的支持下，数学系招聘了一些应用数学教授。这些人和林家翘的应用数学观点一致，而且都不满意数学系的应用数学现状。林家翘说，我们都觉得应用数学归属于数学系不对。在英国，应用数学一向是和数学并列的，那里的数学教授分为三种，即纯数学、应用数学和统计数学。在哈佛和布朗等大学，应用数学都是独立的，和纯数学分开。[2] 年轻教授格林斯潘甚至认为，纯数学的统治意味着应用数学必须单独发展，应用数学应该脱离数学系而独立。

应用数学教授们要求独立的呼声日隆。他们希望应用数学独立成系，和数学系平起平坐。一个改革数学系组织系统的要求便在酝酿之中。但是，这个要求却在学院一级被否定了。现在已经不清楚当时应用数学没有成为一个独立系的具体原因，但大概可以从教务长杰瑞·维斯纳（Jerome Bert Wiesner）后来的话里看出端倪："这太可笑了！"这位在底特律长大的曾经的电气工程教授大笑，"麻省理工学院本身就是一所伟大的应用数学研究院！"他认为成立应用数学系"毫无任何意义！"[3] 从某个角度来看，这种否定也许有他的道理。毕竟麻省理工学院是一所理工科大学，数学与科学和工程的结合更为紧密。这和哈佛大学及布朗大学都不一样。既然谋求一个独立的应用数学系被否定，那么退而求其次，让应用数学自治就应该是理所当然的了。这是系主任马丁的得力帮手、数学系所谓三人"内阁"里的林家翘

---

[1] 林家翘采访录像或文字记录稿，2001 年 3 月 18 日、4 月 1 日，2002 年 4 月 4 日、12 日、19 日、26 日，2003 年 5 月 3 日。

[2] 同上。

[3] Joel Segel: *Recountings: Conversations with MIT Mathematicians*, A K Peters/CRC Press; 1st edition (Jan. 2009).

和诺曼·莱文森的主意。当时的情况是，应用数学的教授们需要有权招聘相应的应用数学人才、决定应用数学教授的升迁、考虑应用数学的课程设置、资金的使用和其他有关事务。例如招聘，如果想要聘请一位数学生物学家到系里来，需要大多数教授的同意。应用数学教授们不会降低招聘的质量标准，但他们考虑的是对于生物学教学和科研有什么特殊意义。这些对于纯数学家们当然是完全陌生的，因为他们只对纯数学感兴趣，不大会欢迎数学生物学家。这就是说，并不是所有的纯数学家都对应用数学的发展表示赞赏。所以，在数学系里纯数学教授总是占多数的情况下，办一件事情单单靠讨论和举手表决是不行的。说实在的，那时的应用数学教授有时候看起来就像系里的"二等公民"。

终于，把数学系的内部一分为二，分别成立纯数学委员会和应用数学委员会（Applied Mathematics Committee）的建议得到了校长的同意。在一个系里有一个系主任和两个委员会主席，非比寻常。这绝对是麻省理工学院的创造，也绝对是 MIT 的风格！它绝不拘泥于任何表面上的组织形式，而是怎样有利于教学和科研就怎样办。至于谁来当应用数学委员会的主席，似乎埃瑞克·瑞斯纳（Max Eric Reissner）应该是首要考虑的人选。他是系里年龄较大，资历也最老的应用数学教授，并且是一位以弹性力学闻名的应用数学家。不过，按照他的观点，应用数学的范围就是固体力学和流体力学。对此，林家翘持有不同看法，认为这样看待应用数学太过狭隘。他说，以力学为主办应用数学是不够的，一定要发展到其他学科。对应用数学要作广义的理解，即应用数学可以用于任何科学的研究，如物理学、化学、生物学，等等，这些都可以是应用数学的应用范围。有人问，理论物理和工程数学是否也算应用数学呢？林家翘回答，那是半应用数学。[1] 有些教授主张应用数学委员会主席一职应该由林家翘来担当。事情提交到了麻省理工学院校长朱利叶斯·亚当斯·斯特拉顿（Julius Adams Stratton，1901—1994 年）那里。斯特拉顿完全赞同林家翘对应用数学的看法。他曾在瑞士苏黎世获得数学物理

---

[1] 林家翘采访录像或文字记录稿，2001 年 3 月 18 日、4 月 1 日，2002 年 4 月 4 日、12 日、19 日、26 日，2003 年 5 月 3 日。

学博士学位,对于林家翘在解决海森堡流体力学问题上的决定性贡献是了解的。作为当时学校教育考察委员会(Committee on Educational Survey)的成员,斯特拉顿曾参加了林家翘应聘麻省理工学院的面试。他完全相信林家翘在应用数学上的能力。最后,由斯特拉顿拍板,指定林家翘担任首届应用数学委员会的主席,要求委员会的工作直接向校长汇报,并给了林家翘六个应用数学教授名额,由他负责招聘人才到麻省理工学院数学系来工作。[1]

应用数学委员会的工作由此展开,从1961年起延续至今(图3-14)。

在应用数学委员会成立之初,担任主席的林家翘选择格林斯潘作为自己的搭档,担任委员会的秘书(图3-15)。

图3-14 林家翘在麻省理工学院办公室,20世纪50年代

哈维·格林斯潘(Harvey P. Greenspan,1933—)曾在哈佛大学师从应用数学家乔治·卡里尔(G. F. Carrier),于1956年获得博士学位。毕业后,他留在了哈佛大学任应用数学助理教授。大约在1960年的夏季,格林斯潘临时到艾夫库-埃弗雷特(Avco-Everett)研究实验公司当顾问。这家实验室从事物理、空间科学与技术、磁流体动力发电等方面的研究和应用。实验室在迈斯提克(Mystic)河对岸的埃弗雷特(Everett)镇,距麻省理工学院大约五英里。格林斯潘在实验室研究流体稳定性问题,与此同时,林家翘恰好也被实验室聘为顾问,每星期一次到那里工作,因此得以结识格林斯潘。两位应用数学的同行,在专业问题上很谈得来。林家翘赞同格林斯

图3-15 哈维·格林斯潘(Harvey P. Greenspan,1933年—)

---

[1] 林家翘采访录像或文字记录稿,2001年3月18日、4月1日,2002年4月4日、12日、19日、26日,2003年5月3日。

潘对应用数学的看法，认为他年轻有为，进而就鼓动他到麻省理工学院来工作。在与自己的导师乔治·卡里尔商议之后，格林斯潘很快就跳槽到了MIT，于是林家翘挖墙脚成功。

格林斯潘在晚年接受采访的时候，阐述了自己对应用数学的思考。他认为，对科学以及对其他人来说，数学的发展通常并非来自纯数学，而是来自物理学家、工程师和应用数学家。"物理学家们提出了许多无法证明的想法，但早在纯数学家们用他们的批准印章将其神圣化之前，他们就知道那是正确的。"（"The physicists were on to many ideas which couldn't be proved, but which they knew to be right, long before the pure mathematicians sanctified it with their seal of approval."[1]）格林斯潘说，傅里叶级数、拉普拉斯变换和德尔塔函数就是其中一些例子，等待严格的证明过程将会扼杀一百年的进展。对严格性追求太多就意味着严格的死亡。物理学家很早就使用了德尔塔函数，但直到引用了分布理论以使其变得严格而纯粹之前，它并不是真正的数学组成部分。那是一个世纪之后的事！科学家和工程师不会等待：在需要的时候他们开发他们所需要的东西。必然地，他们开发了各种近似的方法：扰动理论、奇异摄动理论、权重正则化、数值计算和方法、傅里叶分析，等等。涉及这方面的数学全部来自应用方面，也就是那些想要理解物理现象的科学家们。你很可能无法在数学系学习这些东西。那些是我们的课程来源。在研究生阶段，它被称为应用数学方法。[2]

格林斯潘指出，数学源于实际的应用和科学的现象，而大自然（指实践——笔者）是最后的裁判。如果数学分析和推理的结果与实验不一致，那就出问题了。那就是还没有把实际的正确的东西放入数学模型，也没有正确地分析模型。因此，这里有一个将整个系统组织好的问题，其次就是关于它的数学阐述，最后就是必需的相关问题的解答。这是不同的任务阶段。解决问题的方法可能涉及发明（新的）数学，或使用一些并非常用的规则和方法

---

[1] Joel Segel: *Recountings: Conversations with MIT Mathematicians*, A K Peters/CRC Press; 1st edition (Jan. 2009).
[2] 同上。

来寻求答案。物理学家就是这样做的。那么，这样得到的结论会正确吗？如果理论上说某事情存在或将会发生，或者一个恒星的结构会是怎样的，那么相关的证实就是必要的了。大自然才是最后的裁判。如果实验和结论不一致，那么这个数学模型就不够好，即使它表面看起来是正确的。这样的数学模型一定是有什么地方错了，或者至少是不完整的。在应用数学中，我们不会采用定理或引理的方式对结论进行证明。[1]

格林斯潘说："用数学术语陈述物理问题，给出它的近似解并描述它与原始问题及数据或者实验的相关性。看到了吗？那就是科学。在比较自然的性质和现有数据的时候，科学研究，如同它所证明的那样，其结果是正确的。"（"State the physical problem in mathematical terms; give its approximate solution and describe its relevance to the original problem and the data or experiments. You see? That's science. Scientific study has, as its vindication, that the results are correct when compared to nature and the available data." [2]）

林家翘的眼光不差。格林斯潘不仅有着与林家翘相一致的正确的应用数学观点，而且确实很能干，与他配合良好。两个人一起制定了应用数学委员会的相应文件。按格林斯潘的说法，林家翘在把握应用数学委员会的工作基础与工作方向上是非常重要的，而他自己则总是做辅助性的如文字书写等方面的具体工作。文件首先确定了这个委员会的宗旨，然后是它的运作，任用人员的标准，等等。例如，在任用人员方面，所用人才必须非常出色、要比我们现有的人才还要好。我们不任用不能在其他科系被任用的人，也就是除了数学之外，还必须具有其他学科的专长，这才是应用数学需要的人才，也是和纯数学的重要区别。

应用数学委员会主席林家翘主要负责决策，秘书格林斯潘则负责执行以及委员会的日常运作。格林斯潘认为他们两人在应用数学上有相同的哲学基础，但在处理具体问题上也会有不同之处。他曾回忆起这样一件事：应用数

---

[1] Joel Segel: *Recountings: Conversations with MIT Mathematicians*, A K Peters/CRC Press; 1st edition (Jan. 2009).

[2] 同上。

学委员会成立之前，系里有个评议会（council）。有一次，林家翘提出是否有必要任用不具备数学学位的应用数学人才，他和格林斯潘都认为可以这样做。这一提议引起许多不满，于是他提出开会讨论这件事。会上林家翘提出来了，格林斯潘则以自己的风格进行了非常有力的辩论。大约四十分钟后，在会议快要结束的时候，有人忘了其实是林家翘提出这个问题的，而转向林家翘，问道："家翘，你怎么看待所有这一切？"（"C. C., what do you think about all this?"）

"我无所谓。"（"I'm indifferent."[1]）林家翘却答道。

格林斯潘说他那时候只能笑。他认为，要有幽默感，理解他和林家翘不同的文化背景。他来自纽约市的布鲁克林区（Brooklyn），争强好斗是布鲁克林的风格。而林家翘来自中国的上层社会。格林斯潘认为林家翘是属于非对抗性的（not confrontational），做事情要不遭受抨击（did things by not getting hit）。70年代初，当应用数学委员会运作很顺利的时候，格林斯潘认为这是一个时机，便提出了应该建立独立的应用数学部门。但林家翘却有些顾虑，担心独立的应用数学系没有一个大的学生群体，万一学生太少将会感到尴尬。格林斯潘却并不这样想，也不担心学生会少。他认为，缺少林家翘的有力支持，是导致应用数学系最后没有能够成立的原因之一。[2] 而林家翘却认为，格林斯潘富有才华，但是年轻气盛。[3] 不知这是否为褒中有贬。但总之，饱读中国诗书礼乐的林家翘，自然有很深的中国儒家传统价值观的烙印。布鲁克林的小伙子焉能理解儒家中庸之道的深妙之理！

应用数学的发展，人才尤为重要。林家翘说，当然首先是延用本系人才，给系里现有的一些有应用数学专长的人换头衔，从"数学教授"变成"应用数学教授"。这涉及职称的改变。教授们能愿意吗？系主任马丁实在是有些担心，因为毕竟纯数学教授的名称更传统也更响亮，似乎也更正式。林

---

[1] Joel Segel: *Recountings: Conversations with MIT Mathematicians*, A K Peters/CRC Press; 1st edition (Jan. 2009).
[2] 同上。
[3] 林家翘采访录像或文字记录稿，2001年3月18日、4月1日，2002年4月4日、12日、19日、26日，2003年5月3日。

家翘回忆说，他当时就找几位合适的教授谈话，征求意见。结果被问到的几位教授都欣然表示愿意改职称为应用数学教授，认为从事应用数学是颇具挑战性也很有意思的工作。事情居然进行得很顺利。林家翘觉得，这是因为大家都明确应用数学是干什么的，都对他在应用数学上的努力方向和实践表示满意和支持。[1]

林家翘对延揽应用数学人才倾心尽力。数学系原来就有几位应用数学教授，如埃瑞克·瑞斯纳（Eric Reissner）、诺曼·莱文森（Norman Levinson）和克劳德·香农（Claude Elwood Shannon）等。到了50年代及60年代初期，林家翘力主扩大应用数学力量，又接连挑选和主持招聘了多位应用数学专家到数学系工作。除了前面提到的哈维·格林斯潘和他曾经的博士生戴维·约翰·本尼（David John Benney）外，林家翘先后推荐和主持从校外聘请的有流体力学家路易斯·霍华德（Louis Norberg Howard）、地球物理学家乔治·爱德华·巴库斯（George Edward Backus）、流体力学和波浪理论专家格里·惠特姆（Gerald Beresford Whitham）、从事组合学、功能分析、概率论和哲学方面研究的吉安-卡罗·罗塔（Gian-Carlo Rota）、流体力学及天体物理学家阿拉尔·图莫瑞（Alar Toomre）等。每个教授都有各自的特点。比如学流体力学的图莫瑞后来在林家翘的引导下成长为天体物理学家。惠特姆来自英国，若干年后转往林家翘的母校加州理工学院，创建了那里的应用数学专业。来自意大利的罗塔曾任美国数学学会（American Mathematical Society，AMS）副会长。他是跨数学和哲学的双系教授，这在麻省理工学院是罕见的。他的课包括难度很大但颇受欢迎的概率论，还有微积分、微分方程和组合理论的应用等，而星期五晚上则是他的现象学哲学课。让学生们难忘的是罗塔手不释"罐"，每次上课必带一罐可口可乐来教书，边喝边讲。他还常在课堂上颁发奖品，从好时巧克力（Hershey bars）到折叠小刀，用来奖励那些在提问或考试中表现出色的学生。这自然是特别受到学生们欢迎的事。

---

[1] 林家翘采访录像或文字记录稿，2001年3月18日、4月1日，2002年4月4日、12日、19日、26日，2003年5月3日。

林家翘说，招聘是非常严格的。在聘请应用数学教授的时候，一方面要看候选人的资历，另一方面也要了解他对应用数学的看法。[1]事实证明，林家翘慧眼识珠，每个招聘来的人都是非常优秀的人才。他们发挥各自的特长，做出了令人瞩目的成绩。五位年轻的教授后来全都成为美国科学院院士、美国艺术与科学院院士或英国皇家学会会士（Fellows of the Royal Society），无一例外。

团队逐渐搭建起来，林家翘主持的应用数学工作也随之在数学系蓬蓬勃勃地展开。于是，人们看到了这样的景象：在数学系的同一座大楼里，纯数学家在研究拓扑和代数的问题；应用数学教授则在处理流体力学，或许还有理论物理学的问题。在后来的年代，整个数学系 2 号楼的三层全部腾出来作为应用数学的领地，其中 2-330 房间则成为了林家翘的办公室。纯数学和统计数学集中在一层和二层办公。在这座楼的地下室里甚至建起了真正的物理实验室。加州大学洛杉矶分校的实验和理论物理学家威廉·马尔库斯（Willem Malkus）被聘请到这里研究物理现象，包括流体力学问题等。马尔库斯曾分别与获得过诺贝尔奖的物理学家恩里科·费米（Enrico Fermi）和著名数学家兼气象学家爱德华·洛伦兹（Edward Norton Lorenz）合作过。后来，应用数学的教授们在这里甚至拥有了属于自己的计算机实验室。

学校和系里每年都会有一定的拨款来支持应用数学的发展，用于招聘新的教师，还设立了奖学金，以表彰优秀的学生。物理实验室的资金是学校特批的，除了购买设备，马尔库斯还可以用这些资金招收一些学生到实验室工作。即使如此，格林斯潘仍然说他们的资金是紧张的，压力很大，因为开设了许多应用数学的课程，缺少更多的资金来招聘足够的教师上课。

系里新开设了至少十种介绍应用数学的课程，其中有三四种属于高级方法课程。给本科生也开了相同数量的课，包括应用数学的微积分。但这遭到了纯数学家们的反对，因为微积分本来是他们的一亩三分地，虽然他们教得不一定非常好。应用数学课采用自己的教材上课，当然是侧重于应用。比

---

[1] 林家翘采访录像或文字记录稿，2001 年 3 月 18 日、4 月 1 日、2002 年 4 月 4 日、12 日、19 日、26 日，2003 年 5 月 3 日。

如，除了林家翘的"应用数学导论"课及所用的教材之外，格林斯潘和戴维·本尼还合作编写了一本微积分教材《微积分：应用数学入门》（*Calculus: An introduction to applied mathematics*）。

应用数学的课程分为连续性和单独性两类。固体力学、流体力学、生物流体学、混沌学等是连续性的，而统计学、组合数学和计算科学等就属于单独性的课了。60年代，在林家翘开始了他的天体物理研究以后，应用数学委员会就及时地把这一内容加入到教学中，成为一个新的组成部分。应用数学的教授们不断增加新的自己感兴趣的内容和专题到教学中来。关于教学，格林斯潘说，应用数学的教学并非鼓励学生早期专业化，而是试图向学生展示真正的数学是什么，数学是如何使用的，以及它与科学实际统一的概念是什么。我们教授了科学家和工程师所需要的数学。我们的学生来自许多部门，并且还可以回到许多部门去工作。我们不仅将微积分的伟大历史成就引入了微积分课，还引入了后来将受到更多关注的当前技术：微扰理论、渐近论、数值分析，等等。我们的动机是为最好的学生提供他们所希望参加的课程。[1]

林家翘说，应用数学的事情就这样办起来了。MIT是名校，影响大，我们这样做了，其他学校也纷纷效仿。许多学校邀请我去演讲，讲的都是同样的问题：什么是应用数学？还有一些学校请我去做他们的访问委员会成员（visiting committee member）。林家翘认为这个访问委员会的制度很好，有利于学校之间的交流，活跃学术思想，对大家都有好处，还可以互相批评，不能因为是名校就不让人家批评了。他还说，中国的大学没有这样的访问委员会是一个缺点。[2]

林家翘的应用数学委员会主席职务一任三年，第二任又做了一年。因为当时他已转向天体物理学的研究，工作十分繁忙，感到精力不够，所以到

---

[1] Joel Segel: *Recountings: Conversations with MIT Mathematicians*, A K Peters/CRC Press; 1st edition (Jan. 2009).
[2] 林家翘采访录像或文字记录稿，2001年3月18日、4月1日，2002年4月4日、12日、19日、26日，2003年5月3日。

了1964年末的时候，就辞去了主席一职，交给格林斯潘接任。林家翘笑着说，校长当初给的六个教授名额，已经先后招聘了五位教授，可以交卷了。[1]

当时的格林斯潘三十出头，年轻且干劲十足。接任应用数学委员会主席后，虽然来自各个方面的压力很大，而且数学系里应用数学的工作有高潮也有低谷，但是他克服了许多困难，坚持了下来。林家翘满意地说，格林斯潘干得很不错！无论如何，应用数学委员会已经坚持到了今天。[2]

林家翘为麻省理工学院的应用数学发展所做的努力功不可没，同时他的流体力学研究也不断取得突破和进展。1962年，林家翘当选为美国国家科学院院士（Member of National Academy of Sciences），是早期仅有的几位华人院士之一。1966年，麻省理工学院校长朱利叶斯·亚当斯·斯特拉顿（Julius Adams Stratton）授予林家翘"学院教授"（Institute Professor）称号。这是麻省理工学院教授的最高荣誉，在当时所有麻省理工学院的教授中，获此殊荣的不超过十人。

后世的年轻学者对林家翘为数学系所做的贡献念念不忘。1998年才加入数学系的布什（John W. M. Bush）教授说自己是由林家翘引进麻省理工学院的，并且称他是"the father of this department"[3]（"本系的教父"）。

1958年暑期，林家翘应邀前往威斯康星大学（University of Wisconsin）数学系讲学，巧遇应物理系邀请来此演讲的杨振宁。没有想到的是，这次会面竟成了林家翘的研究工作发生重大转折的一个契机。

---

[1] 林家翘采访录像或文字记录稿，2001年3月18日、4月1日，2002年4月4日、12日、19日、26日，2003年5月3日。
[2] 同上。
[3] 刘建林：聆听大师的声音——追记林家翘先生，2013年1月13日，刘建林个人博客，https://blog.sciencenet.cn/blog-44316-652778.html。

第四章
仰望星空

1958年的夏天，林家翘应邀到威斯康星大学（University of Wisconsin）讲学，发出邀请的是鲁道夫·朗格（Rudolph Ernest Langer，1894—1968年）。朗格是该校数学系的资深教授，曾担任系主任达十年之久。他的研究范围涉及到微分方程边界值问题的渐近解。由于林家翘在微分方程的渐近解方面证明了一系列定理，发展了朗格的研究成果，于是朗格怀着很大的兴趣邀请林家翘利用暑期到校进行讲学和交流。

威斯康星州（Wisconsin）地处北美五大湖地区，隔着苏必利尔湖（Lake Superior）与加拿大遥遥相望，夏季气候凉爽宜人。威斯康星大学的主校区位于州的首府麦迪逊（Madison）。巧的是，时为高等研究院教授的杨振宁应威斯康星大学物理系的邀请，在同一时间也来到了这里演讲。杨振宁的父亲杨武之是林家翘在清华大学的老师，而林家翘又曾是杨振宁在西南联大的老师。西南联大一别，两个人已有近二十年没有见面了，此次海外偶遇，他们都很高兴。除了叙旧之外，两位科学家自然谈到了当下各自的研究工作。此刻，杨振宁从粒子物理的研究转向了对玻色-爱因斯坦凝聚（Bose-Einstein condensate）理论的研究。气态的玻色-爱因斯坦凝聚会呈现出许多超流体（Superfluid）的特性。超流体是超低温下具有奇特性质的理想流体，即流体内部完全没有黏性。超流体所需温度甚至比超导体还低，它们都属于超低温现象。例如，液态氦在低于2.17K时，它的内摩擦系数就会变为零。在这种条件下，如果将超流体放置在环状容器中，由于没有摩擦力，它可以永无休止地流动。这种现象叫做超流现象（Superfluidity）。杨振宁需要一位既懂得物理学，又精通流体力学的专家来协助他的这一研究，林家翘当然是最为理想的人选。于是，杨振宁便邀请林家翘以访问学者的身份到高等研究院来，与他合作进行这项工作。

这时候的林家翘已经做了二十多年的流体力学研究,成绩斐然。他在谈到这件事的时候说,他当时想要去高等研究院的主要目的,是想多接触和认识来自各方面的专家学者,看看人家都在做什么,讨论各个方向的科学研究的大问题,去发现新东西,以扩大自己的思路。[1]

一、高等研究院

1959年9月,在金风送爽的美好秋日,林家翘利用自己在麻省理工学院的学术假(sabbatical leave),第一次来到高等研究院。他在那里工作了一个学年,即进行了相当于麻省理工学院秋季和春季两个学期的科学研究,直到第二年的四月。

高等研究院(Institute for Advanced Study,IAS)(图4-1)位于新泽西州(New Jersey)的小城普林斯顿市(Princeton)爱因斯坦路(Einstein Drive)1号。它拥有五百多亩森林绿地,斯托尼小溪(Stony Brook)从林中缓缓流过。春季和夏季,百合、紫罗兰和许许多多的野花处处盛开。清脆的鸟鸣声阵阵传来,不绝于耳。白杨、灰桦、山毛榉、橡树、山核桃、山茱萸和红枫树,为夏季繁殖以及春季和秋季迁徙的鸟类提供了栖息地。高等研究院的主要建筑——四层的红砖福尔德大楼(Fuld Hall)便坐落在这绿树掩映之中。虽然高等研究院与著名的普林斯顿大学(Princeton University)处在同一座城市,但二者互不隶属,各自独立。高等研究院成立之初曾借用普林斯顿大学的

图4-1 高等研究院(Institute for Advanced Study,IAS)

---

[1] 林家翘采访录像或文字记录稿,2001年3月18日、4月1日,2002年4月4日、12日、19日、26日,2003年5月3日。

校舍，并且有些教授还曾在普林斯顿大学兼课，和普林斯顿大学有很好的合作关系，但高等研究院的正式名称前面并不冠以"普林斯顿"的字样，这一点常常会引起误解。高等研究院是世界闻名的私立科学研究机构，并不隶属于任何教育组织和政府机构。

成立于1930年的高等研究院，由美国教育家亚伯拉罕·弗莱克斯纳（Abraham Flexner）和慈善家路易斯·班伯格（Louis Bamberger）及卡罗琳·班伯格（Caroline Bamberger Fuld）兄妹共同创立。在1930年10月10日的组织会议上，创始人亚伯拉罕·弗莱克斯纳宣称："这个研究院保证集结一群科学家和学者，他们与他们的学生和助手们一起致力于超越当前人类知识的局限，并训练在这种意义上能继续从事下去的人们。"（"The Institute is pledged to assemble a group of scientists and scholars who with their pupils and assistants may devote themselves to the task of pushing beyond the present limits of human knowledge and to training those who may'carry on'in this sense." [1]）

高等研究院是由好奇心驱动从事基础科学研究的全球领先中心之一。自1930年以来，它一直是保护和促进独立探究的典范，并强调全世界学术自由的重要性。研究院宣称不承受来自任何方面的压力。它提供研究所需的设施、安静的环境和时间。它的学者享有完全的知识自由，并且绝对没有行政上的责任或顾虑。

当时的高等研究院主要分为历史研究、数学、自然科学和社会科学四个部分。它的资金来源完全依靠捐赠、资助和礼物。成立之初，正逢欧洲法西斯主义开始兴起。在第二次世界大战期间，它为许多因为受到法西斯迫害而从欧洲来到美国的富有才华的犹太科学家提供了工作机会，在将知识资本从欧洲转移到美国方面发挥了关键作用。高等研究院迅速赢得了学术和科学研究顶峰的声誉，每年都有来自世界各大学和科研机构的上百位科学家到高等研究院做访问学者。它的所有成员都是具有博士学位的研究人员。包括爱因斯坦（Albert Einstein）、罗伯特·奥本海默（J. Robert Oppenheimer）、

---

[1] The Web site of Institute for Advanced Study, 2021, https://www.ias.edu/about/mission-history.

库尔特·哥德尔（Kurt Gödel）、冯·诺依曼（John von Neumann）、杨振宁和李政道等在内的许多世界闻名的科学家和学者都曾在高等研究院进行过科学研究，并取得了不凡的成就。他们当中有众多的诺贝尔奖和菲尔兹奖等世界著名奖项的获奖者。高等研究院已经成为世界闻名的学术圣地。

图4-2 青年杨振宁（图片来源：百度百科）

1949年，杨振宁（图4-2）在芝加哥大学（The University of Chicago）获得博士学位以后的第二年，便来到高等研究院做博士后研究工作，并于1955年9月成为研究院的教授。在那段时间里，他和在哥伦比亚大学（Columbia University）工作的李政道合作，发现了宇称不守恒定律，并因此共同获得了1957年的诺贝尔物理学奖。

林家翘和杨振宁合作的超流体研究进展得并不理想。如同华裔应用数学家谢定裕曾进行同样主题的研究一样，他说，"我当时从事超流体液氦方面的研究。林先生跳出经典流体力学研究转移方向的最早探索，就是在这一领域。他为超流体液氦的流动，提出了非线性边界条件的假设。但这一尝试的发展，并不十分成功。"[1] 科学研究就是这样，需要不停地探索、尝试，但当然不是每一次都会取得成功。

对林家翘的学术思想有重大影响的冯·诺依曼当时也在高等研究院工作，不过林家翘那次并没有能和冯·诺依曼见面。冯·诺依曼担任原子能委员会（Atomic Energy Committee）的委员，正忙于推广应用数学和计算机的应用，那段时间不在普林斯顿。林家翘很遗憾地失去了这次会面的机会。

不过，失之东隅，收之桑榆，林家翘在研究院认识了丹麦学者斯特龙根。这一结识对他以后的科学研究工作产生了重大影响。

---

[1] 谢定裕：我所认识和知道的林家翘先生，《力学与实践》，2016年第1期。

本特·格奥尔·丹尼尔·斯特龙根（Bengt Georg Daniel Strömgren，1908—1987年）是丹麦著名天文学家（图4-3），其父曾是哥本哈根大学（University of Copenhagen）的天文系教授和哥本哈根大学天文台台长。或许是遗传作用使然，斯特龙根从小就对科学特别是天文学怀有极大的兴趣，二十一岁便以最高分的成绩获得哥本哈根大学天文学和原子物理学专业的博士学位。子承父业，他后来也曾出任哥本哈根大学天文台台长。作为高等研究院的第一位理论天体物理学教授，他从1957年起便在这里工作，并且使

图4-3　本特·格奥尔·丹尼尔·斯特龙根（Bengt Georg Daniel Strömgren，1908—1987年）

用着爱因斯坦生前的办公室。斯特龙根在恒星大气和恒星结构（Structure of stars）方面做了大量的研究工作，在星际气体的电离理论上有重要贡献，发现并推导出恒星的紫外辐射将气体云电离，形成电离氢区的边界。此边界以内的区域被称为斯特龙根球。边界到恒星中心的距离被称为斯特龙根半径。后来，他又从事太阳和恒星光谱的研究，提出了四色测光系统，被称为斯特龙根测光系统。20世纪60年代，他曾担任美国天文学会（American Astronomical Society）的会长。1950年前后，他担任过国际天文学联合会（International Astronomical Union，IAU）的总干事（General Secretary）。到了70年代，他又曾任这个组织的主席。1962年，他获得了英国皇家天文学会金质奖章。

人类自古以来就对浩瀚的宇宙着迷。广阔星空中数不清的亘古秘密和浪漫故事，展现出它的无穷魅力，寄托了人类无限的遐思。20世纪50年代，人类在天文学研究及对宇宙奥秘的探索上有了极大的飞跃。1957年10月4日，苏联发射了人类第一颗人造地球卫星。三个多月后的1958年1月31日，美国的第一颗人造地球卫星"探险者1号"（Explorer 1）发射升空。1961年4月12日，苏联宇航员尤里·加加林乘坐"东方1号"宇宙飞船绕

地球飞行一圈，成为人类飞入太空的第一人。在探索宇宙和航天工程上，人类确实取得了划时代的开拓性进展。越来越多的科学家把目光对准了天文，渴望解开宇宙的奥秘。林家翘敏锐地看到了科学界的这个变化，而与斯特龙根的结识也就成了他在科学研究上转向天体物理学的契机。林家翘清楚地记得，就是在那间屋子里，在那间爱因斯坦生前的办公室、后来的斯特龙根办公室里，斯特龙根向他介绍天体物理学，并且提到了当时天文学家对星系结构（structure of galaxies）极为关注，但却无法深刻理解。那个时候，天体物理学的主要研究对象，已经由恒星结构转到了星系结构。这一研究需要用到湍流理论，林家翘对此提供了帮助，因而两人进行了合作。通过这一合作，林家翘对星系结构产生了很大的兴趣。他和斯特龙根对星系的螺旋结构进行了深入的讨论。当年在加州理工学院读书时，林家翘曾上过天体物理学家福瑞茨·兹威基（Fritz Zwicky）的课，读过天文学家、并且是杨振宁和李政道在芝加哥大学的老师钱德拉塞卡（Subrahmanyan Chandrasekhar）的天文学专著，也读过施瓦茨柴尔德（Martin Schwarzschild）的天文学著作，对天文学有一般性的了解。虽然以前的研究工作并没有涉及天文，对天文学的了解也未曾深入，但他感觉到星系结构的演化问题或许可以用类似于研究流体力学或湍流理论的方法来解决。林家翘说，当然，二者并不完全一样。他认为，从一个应用数学家的角度来看，当时普遍存在的星系结构研究方法有许多值得改进的地方，其中必定有许多工作可以做。[1]

1961年4月10日到20日，斯特龙根在高等研究院召集了一次国际学术研讨会，以进一步开展对于星系结构的研究。会议的主题是"星系中星际物质的分布和运动"（"The distribution and motion of interstellar matter in galaxies"[2]）。林家翘再次来到普林斯顿，饶有兴趣地参加了这个学术研讨会。斯特龙根请来他的老朋友简·奥尔特与会作主题演讲。

---

[1] 林家翘采访录像或文字记录稿，2001年3月18日、4月1日，2002年4月4日、12日、19日、26日，2003年5月3日。

[2] Lodewijk Woltjer: "The distribution and motion of interstellar matter in galaxies", proceedings of a conference held at the Institute for Advanced Study, Princeton, New Jersey, April 10 to 20, 1961.

身材瘦高且彬彬有礼的荷兰人简·奥尔特（Jan Hendrik Oort，1900—1992年）是世界天文学界大师级的人物，时任国际天文学联合会（IAU）主席（图4-4）。他从少年时期起就对科学特别是天文学有着极大的兴趣。据他自己说，他的兴趣是由于阅读法国科幻小说家儒勒·凡尔纳（Jules Gabriel Verne）的作品而激发的。

图4-4　简·奥尔特（Jan Hendrik Oort）

从著名的有着四百年历史的荷兰格罗宁根大学（University of Groningen）毕业以后，奥尔特终生从事天文学研究，在银河系结构及动力学和射电天文学方面做出了许多重要贡献。他确定了银河系的旋转，并推翻了太阳位于其中心的说法。奥尔特提供了两个描述银河系自转的公式，从这些公式中计算出的两个常数被称为"奥尔特常数"（Oort constant）。他根据各种恒星运动计算出，太阳距银河系中心约3万光年，绕银河系中心旋转一周需要约2.25亿年。他的研究还表明，恒星位于银河系盘的外部区域旋转的速度，要比靠近中心的区域旋转速度慢。因此，银河并不会像一个整体一样旋转，而是表现出所谓的"较差转动"（differential rotation）。这一突破使奥尔特在天文学界声名远扬。1932年，他对太阳系附近星体运动进行了暗物质研究，推测出宇宙中神秘的无形暗物质约占宇宙总物质的84.5%，其引力引起星群聚集成星系，星系聚集成连接的星系。1938年，奥尔特运用恒星统计的方法研究了太阳附近的恒星分布，发现了银河系的旋臂结构（structure of spiral arm），以及中性氢会发射波长为21厘米的谱线。星系里通常会有大量的中性氢存在。随着射电天文学的兴起，1951年天文学家成功地从星际氢谱线中以射频探测到21厘米的无线电发射。奥尔特可能是第一个意识到这一重要性的天文学家。他与人合作，通过观测绘制出了人类第一幅银河系的中性氢21厘米波分布图，证实了银河系的螺旋结构（spiral structure），并且发现了正在膨胀的三千秒差距（Parsec）旋臂。他的理论研究表明，巨大的氢云在银河系的旋臂中徘徊。他推测,这些分子云是恒星的发源地。在彗星的研究方面,奥尔特提出了许多革命性的假设。他假设太阳系周围环绕着由数十亿颗彗星组成的巨大云团,其中许多是"长周期"彗星。这种云团包围着太阳系并且存在于它的最外层,被称为"奥尔特云"(Oort Cloud)。奥尔特长期担任历史悠久的荷兰莱顿天文台(Leiden Observatory)台长。由于奥尔特在天文学上的重要贡献,《纽约时报》称他为"本世纪最伟大的宇宙探索者之一"。欧洲航天局网站将他描述为"20世纪最伟大的天文学家之一",并指出"通过他的突破,发现革命了的天文学"。

奥尔特在研讨会上向大家介绍了星系的螺旋性结构(spiral structure in galaxies),并且简洁地提出了使天文学家们完全感到困惑不解的,叫做"缠卷困境"(winding dilemma)的螺旋星系旋臂缠绕现象。

抬头仰望夜空,繁星点点。星星在宇宙中的分布并非均匀,而是以一个个星的集合,即星系(galaxy)的形式存在。星系中包含了恒星、行星、气体、星际尘埃和暗物质等。它们受到万有引力的作用,在星系内部不停地运动,而整个星系也在不停地绕它的质心自转。星系大小不同,小的有几亿颗恒星,直径数千光年,大的则有上百万亿颗恒星,直径达数十万光年(光年是长度单位,是光在真空中一年所走的距离,约为 9.46 兆千米或 $9.46×10^{12}$ 千米)。目前在人类可观测到的宇宙中,总计大约有两千亿个以上的星系。在晴朗的暗夜,可以在天空中看到一条朦胧的

图 4-5　摄影镜头下的银河系(图片来源:百度网)

白色光带,那就是我们所处的银河系(Milky Way Galaxy)(图 4-5)。它是众多宇宙星系中的一个,其恒星数量约在 1000 亿到 4000 亿之间,太阳便是其中之一。

人类能够观测到星系的形状有赖于天文望远镜的使用。爱尔兰罗斯勋爵家族第三代威廉·帕森斯(William Parsons, 3rd Earl of Rosse)是一位

英裔爱尔兰天文学家、博物学家和工程师。1845 年,他在自家的比尔城堡（Birr Castle）里建成了一座口径 1.8 米、重达 10 吨的天文反射望远镜。在 1917 年乔治·海尔（George Ellery Hale）在威尔逊天文台（Mount Wilson Observatory）建成口径达 2.5 米的望远镜之前,它在七十多年时间里曾一直是世界上最大且倍率最高的天文望远镜。威廉·帕森斯在望远镜建成的当年就看到了猎犬星座编号为 M51 的星系螺旋形状,发现了它明亮而美丽的螺旋状旋臂（spiral arm）。这是人类第一次观测到螺旋星系。从那时起到 1850 年的五年间,用这台望远镜一共发现了 14 个螺旋星系。

星系按视觉形态可以分为椭圆星系（elliptic galaxy）、螺旋星系（spiral galaxy）、棒旋星系（barred spiral galaxy）、透镜星系和不规则星系等类型。其中在质量较大的星系中,螺旋星系约占三分之二,椭圆星系约占三分之一,此外还有少量的其他星系。顾名思义,螺旋星系或称旋涡星系,外形呈螺旋结构,有明显的核心（galactic core）,核心呈透镜形状。核心球外是一个薄薄的圆盘（galactic disk）。螺旋星系大多有两条或两条以上的旋臂。在螺旋星系结构中有一类的核心不是球形,而是由恒星聚集组成短棒形状,旋臂从棒的两端生出,因此称为棒旋星系。银河系被认为是一个棒旋星系,有相当大的总角动量（angular momentum）。星系中的星并非均匀分布,而是大部分集中在了它的旋臂之上。旋臂包括了星系中的年轻恒星、亮星云（nebula）、星际气体、尘埃、电离氢和其他天体,它们在螺旋星系中分布为旋涡状,形成螺线带。这种巨大的旋臂成对称分布,成为螺旋星系或棒旋星系的主要特征。以我们的银河系为例,现已探知,它有两条清晰明确且相当对称的主要螺旋臂（一说四条主旋臂）,旋臂之间相距 4500 光年。太阳系（solar system）就位于银河系上称为猎户座的短旋臂上,距银河系中心约 26 000 光年左右。恒星的形成绝大多数都发生在螺旋星系中,尤其是和旋臂有关。由于新生的恒星往往集中在旋臂上,所以旋臂会发出明亮的光。了解旋臂的性质对于了解恒星形成和星系演化都是非常必要的（图 4-6）。

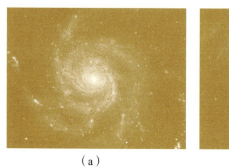 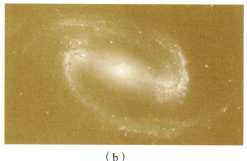

（a） （b）

图4-6 图（a）为典型的螺旋星系 NGC 5457，又称风车星系（Pinwheel Galaxy），距地球2100万光年。图（b）为棒旋星系 NGC 1300，距地球6100万光年（哈勃太空望远镜拍摄，图片来源：维基百科）

如同奥尔特所说，螺旋星系的这些旋臂给天文学家们带来了一个长期不解之谜。巨大的星系旋转一周需要很长时间，例如银河系自传一周大约需要2.25亿年到2.5亿年。这些旋转当中有很强的较差转动（differential rotation）。这是指一个非刚体的天体，如星系、巨型气体行星等，在自转时不同部位的角速度互不相同的现象，也就是在自转时其不同部位到中心的距离不同，因而角速度也不同而产生的现象。星系绕中心转动时，靠中心的角速度大，即转得快，外部的角速度小，转得慢。如果旋臂是由固定物质组成的，这样的旋转内快外慢，旋臂于是就会越缠越紧。据计算，只要转上一、两周，即一、两个银河年（galactic year，银河系自转一周的时间），旋涡就会旋紧数倍，旋臂将完全缠绕在一起，如同一个毛线团，从而使旋臂无法继续存在下去。但是天文观测和计算的结果表明，螺旋星系大多有自转三十周的历史，而这些星系的旋臂之间距离大多很松散，毫无缠紧现象。所谓"缠卷困境"（winding dilemma）就是这样一个让人迷惑不解的事实，它成为星系结构理论的核心问题（图4-7）。有人企图解释这一现象，认为是磁流（hydromagnetic）造成的，但实际的磁场强度不足以维持这种结构。又有人说是气体跑出星系，又从外面跑回来了，等等，议论纷纷，莫衷一是。星系的螺旋臂长期存在而不会缠卷在一起的原因，是天文学家多年未能解决的一个疑问。甚至连当时美国最著名的理论物理学家、诺贝尔奖和国家科学奖获得者理查德·费曼（Richard Feynman）在他的名著《费曼物理学讲义》（The

Feynman Lectures on Physics）中都提到了螺旋结构这个难解的世界谜题，并称其为一个"好问题"。

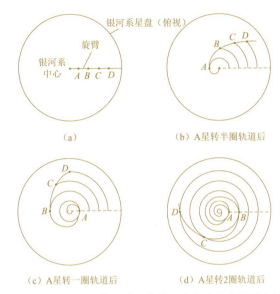

图 4-7　星系螺旋结构的缠卷困境示意图（引自徐遐生在清华大学林家翘追思会上的演讲：Remembering Professor C. C. Lin，2013 年 6 月 24 日）

二、星系密度波理论

奥尔特教授提出的星系螺旋臂缠卷问题使林家翘感到震惊，对他的冲击是如此的强烈（"struck Professor Lin so forcefully"[1]）。他凭着直觉很快就感觉到，这种旋臂应该不是由物质组成的，而是一种波的存在。[2] 这种直觉的确非常敏锐。

1. 跨入新的领域

带着有关螺旋星系旋臂的不解之谜和可能的密度波猜测的困惑，林家翘从高等研究院的学术会议上回到了麻省理工学院。此时是 1961 年的春天，

---

[1] Frank Hsia-San Shu（徐遐生）："Professor Chia-Chiao Lin (1916—2013)", Bulletin of American Astronomical Society, Vol. 45. Issue 1, Dec. 01, 2013.

[2] 袁旗：我认识的林家翘先生，《力学进展》，第 36 卷第 4 期，2006 年 11 月 25 日。

林家翘四十五岁，已是麻省理工学院的终身教授，人到中年，功成名就。数学家丁玖教授在一篇纪念林家翘的文章中写道："一名学者终其一生，即便只有一个较大的科学发现，就足以引为自豪了。有位数学系的主任曾经做过统计，美国所有高校的数学博士一生发表数学论文的平均篇数差不多是一。几乎所有的科学家一辈子只在一个领域里劳作，只在一处矿场中寻觅，发现一块稀有矿石就可用'杰出'来形容了。更多的大学教授拿到终身位置后就开始享受人生，不再用功，因为他们的业余爱好丰富，为之不吝时间。"[1]

但林家翘与众不同。此刻回旋在他脑海里的是星系螺旋结构之谜，心无旁骛。星系的旋臂究竟是怎么回事？它真的是一种波吗？在科学上的敏锐直觉是可贵的，但它当然不能代替科学研究本身。这个悬而未决的天文学难题激起了林家翘极大的好奇心，也激起了他要一探究竟的勇气。很多年后在谈到这一研究方向的重要转变时，林家翘说，应用数学不能只做力学，它应该向外发展。正在寻找应用数学新的发展空间的林家翘，敏锐地抓住了螺旋星系这一主题。他决定把自己的工作重心转移到天体物理学上来，他认为这是当时科学研究的前沿，是"第一等的题目"。[2]

麻省理工学院没有开设天文学系，而林家翘这位应用数学家却要进行天文学的研究。MIT 给了这位应用数学家以充分的时间与空间。高等研究院就是这样做的，MIT 亦如是。这让人不禁想起了抗战时期的西南联大。在战时极端艰苦的条件下，西南联大却培养出了众多的人才，取得了令人刮目相看的教育成绩。数十年后，当有人问起个中原因时，曾在西南联大任教的沈从文只回答了两个字：自由。如同一幅描述西南联大的对联所云："自然自由自在，如云如海如山。"毋庸置疑，学术自由对科学家来说是极为宝贵的。

准备工作立即着手进行。因为学校没有天文学专家，所以很快地，在从普林斯顿会议回到学校的那年暑期，林家翘就邀请了奥尔特的学生、荷兰天文学家洛德韦克·沃尔彻（Lodewijk Woltjer，1930—2019 年）作为客

---

[1] 丁玖：百年林家翘，《数学文化》，2016 年第 4 期。
[2] 林家翘采访录像或文字记录稿，2001 年 3 月 18 日、4 月 1 日，2002 年 4 月 4 日、12 日、19 日、26 日，2003 年 5 月 3 日。

座教授，到校讲授约一个月的天文课程"银河系结构和动力学"（"Galactic Structure and Dynamics"）。沃尔彻是一位很有成就且口才极好的天文物理学家，20世纪六七十年代曾在哥伦比亚大学任教授和系主任。后来，他先后担任欧洲南方天文台（European Southern Observatory，ESO）的台长和国际天文学联合会（IAU）的主席（1994—1997年）。林家翘从沃尔彻那里学到了不少天文学理论和观测知识。借此机会，他从银河系磁盘的引力不稳定性的角度出发，和沃尔彻深入地探讨了星系螺旋结构得以维持的可能性。"对一个假设平稳星盘的恒星，或者其星际部分，或者二者皆有，需要什么样的环境才能在所有大规模的扰动下保持引力稳定？"（"What are the circumstances that would be needed for either one or both of the stellar and interstellar parts of a supposedly smooth galactic disk to remain gravitationally stable against all large-scale disturbances?"[1]）林家翘对沃尔彻提出了这样的问询。可见在那个时候，他已经在考虑螺旋星系的稳定性问题了。在以后的星系结构研究中，林家翘曾得到过沃尔彻很多帮助。除此之外，德国天文学家瑞玛·吕斯特（Reimar Lüst）也在被邀请讲学之列。邀请专家来讲学是很有见地的，它有利于培养天文学的人才，并在很大程度上帮助了林家翘的天体物理学研究工作。

不同于一些著名教授，林家翘并不主张自己一个人单打独斗搞研究，他很看重研究环境和团队的作用。这里还有一个小插曲。由美国石油大王洛克菲勒家族建立的洛克菲勒基金会（Rockefeller Foundation）世界闻名，资金雄厚。1966年，洛克菲勒基金会向林家翘发出邀请，有意请他到基金会所属的科研机构任职。开出的条件是薪资加倍、实验和办公经费充裕、所有设备包括家具一应俱全、餐食免费，甚至允许林家翘带领自己的学生一起过去，等等，条件不可谓不优裕。但林家翘认为，自己当时正在进行天体物理学的研究，当然不能半途而废。况且对方的环境不像MIT这样的大学，有许多教授和科研人员。学术思想的开阔和交锋，相互之间的启迪与学习是一个良好的科研环境所必备的。考虑到研究事业，他婉言谢绝了洛克菲勒基金会的

---

[1] Alar Toomre: "On the gravitational stability of a disk of stars", The Astrophysical Journal, Vol. 139, pp. 1217-1238, May 1964.

邀请，继续了在 MIT 的工作。因为，他始终认定，科研环境和一批精兵强将在研究工作中不可或缺。[1]

随着研究团队的组建，林家翘周围逐渐聚集了一批青年才俊，这就有助于支持一个长期的研究工作。他曾回忆，"作为教授就是要有许多学生，可以帮你做事情。我先后有过多少学生记不清了，至少几十个人。有的学生真好，教学生主要还是要教出这种学生。（这些学生当中）对学术有影响的有十几个人。"[2] 当然，他也在研究工作中把这些年轻人领进了天文学的大门。正是在这个时候，徐遐生成为了林家翘考虑并决定启用的团队成员之一。

徐遐生（Frank Hsia-San Shu, 1943—）是浙江温州人（图4-8）。正值抗战时期，他出生在遥远的昆明，故名"遐生"。徐遐生六岁时随家人到美国，1959年十六岁时进入麻省理工学院物理系读大学本科。因为自己的父亲徐贤修和林家翘是好友的关系，他便常常在课余时间到林家翘家里做客，并一直对林家翘以"林叔叔"（Uncle Lin）相称。徐遐生天资聪慧，学业优秀，很得林家翘喜爱。徐遐生则把林家翘当作自己的长辈那样敬重。八年后的1967年，林家翘还曾在维斯顿（Weston）自己的家中主持了徐遐生和未婚妻、后来的夫人濮建平（Helen Pu）的订婚典礼（图4-9）。不过，刚上大学时的徐遐生只是学物理，对天文学一无所知。在得知沃尔彻到校讲授天文课后，他听从林家翘的建议，在那个学期去上了沃尔彻的天文学课程。回忆这一段历史，徐遐生写道："我很幸运在1962年夏天开始作为本科研究生与他一起工作。他刚刚被选为美国国家科学院院士，也许他很高兴去指导一个不知学术研究为何物的

图4-8　徐遐生（Frank Hsia-San Shu）

---

[1] 林家翘采访录像或文字记录稿，2001年3月18日、4月1日，2002年4月4日、12日、19日、26日，2003年5月3日。
[2] 同上。

人。他给我的问题是帮助进行风驱动海洋环流的数值计算（在机械计算器上，不是电子计算机）。我必须胜任这个职位，因为在下个学期他将成为我的本科论文指导教授，从事螺旋密度波理论的研究（在麻省理工学院，所有物理学专业的学生都必须写一篇本科论文）"。（"I was fortunate to begin to work with him as an undergraduate research student in the summer of 1962. He had just been inducted as a member of the National Academy of Sciences,

图4-9　徐遐生和濮建平在林家翘家订婚，左起徐遐生、濮建平、林声溶、梁守瀛、林家翘，1967年（引自徐遐生在清华大学林家翘追思会上的演讲：Remembering Professor C. C. Lin，2013年6月24日）

and he was perhaps in a good mood to mentor someone who had no idea of what academic research entailed. The problem that he put me on was to help with numerical calculations（on a mechanical calculator, not an electronic computer）of wind-driven ocean circulation. I must have performed adequately in this role because he became my undergraduate thesis advisor in the following semester to work on spiral density-wave theory.（At MIT, all physics majors must write an undergraduate thesis.）"[1]）林家翘回忆说，刚开始进行密度波研究的时候，因工作繁忙，需要找一个人帮助他做复杂的数学计算。于是在他的指导之下，徐遐生就来做这个工作。林家翘慧眼识珠，询问徐遐生是否对天体物理有兴趣，徐遐生给予了肯定的回答。这样，这位十九岁的大学生居然就成了他的研究团队中的一员！[2] 以后，林家翘又做了徐遐生在哈佛大学天文系博士生

---

[1]　Frank Hsia-San Shu（徐遐生）："Professor Chia-Chiao Lin (1916—2013)", Bulletin of American Astronomical Society, Vol. 45. Issue 1, Dec. 01, 2013.

[2]　林家翘采访录像或文字记录稿，2001年3月18日、4月1日，2002年4月4日、12日、19日、26日，2003年5月3日。

的指导教授。博士毕业后，徐遐生逐渐成长为著名的天文学家，曾任伯克利大学（UC Berkeley）天文系主任，再以后，成为美国国家科学院院士，美国天文学会（American Astronomical Society，AAS）会长，然后是台湾清华大学的校长。他多次获得各种专业奖项，一颗1973年9月发现的、编号为18238、直径4.8千米的太阳系小行星以他的名字Frankshu命名。徐遐生的天文学专著 The Physical Universe, An Introduction to Astronomy（《物理宇宙：天文学导论》）已成为许多美国大学天文系学生的必读教科书。在长期的天体物理研究工作中，徐遐生是林家翘最为倚重的助手和合作者之一，林家翘称之为他的学生中"最好的"，"顶尖人才"。[1]

林家翘怀着极大的热情向自己年轻的同事们传达了他在普林斯顿所听到的一切，即使这些人几乎都不是天文学专业毕业。为了尽快熟悉和赶上当时天文学有关研究的发展，他组织了类似读书会的小组，把大家带入天文学的领域。读书讨论的气氛友好而热烈。A.J.卡尔纳斯（Agris J. Kalnajs）说，"我要感谢麻省理工学院的林和图莫瑞教授，（他们）也对螺旋结构问题感兴趣，我从和他们以及他们的学生们的讨论中受益匪浅。"（"I would like to acknowledge that Professors Lin and Toomre of MIT are also interested in the problem of spiral structure, and that I have benefited from discussions with them as well as their students." [2]）那些年陆陆续续被林家翘选入团队的，还包括1960年以摩尔讲师身份来到数学系的阿拉尔·图莫瑞（Alar Toomre），和毕业于英国剑桥大学（University of Cambridge）的克里斯·亨特（Christopher Hunter）。这两个人原来的专业都是流体力学。亨特仍然记得，那时他们"一起对天体物理学问题产生了兴趣。我们一起阅读了马丁·施瓦茨柴尔德的关于恒星结构的书"（"were all becoming interested in astrophysical problems together. We read Martin Schwarzschild's book on stellar structure together" [3]）。

---

[1] 林家翘采访录像或文字记录稿，2001年3月18日、4月1日，2002年4月4日、12日、19日、26日，2003年5月3日。

[2] I. I. Pasha (И. И. Паша): "Density Wave Spiral Theories in the 1960s, I", 俄罗斯天文网，2002，http://www.astronet.ru/db/msg/1183369/eindex.html。

[3] 同上。

1960 年，亨特在麻省理工学院开始了数学系博士后的工作。在从事天体物理研究的初期，他们两人和林家翘一起讨论，进行了许多相关的研究。1964 年，亨特成为数学系的教授。1970 年，他应聘前往佛罗里达州立大学（Florida State University），主持应用数学项目的教学和研究，继续了在天体物理学特别是银河动力学方面的研究工作。此外还有比尔·罗伯茨（William Woodruff Roberts, Jr.），1964 年加入团队时他还是林家翘的一名研究生，在这期间他参加了天体物理的研究。毕业后，罗伯茨在 1969 年 2 月被聘为弗吉尼亚大学（University of Virginia）工程学院的应用数学教授，螺旋星系仍然是他的研究范围之一。后来，他任该校的应用数学项目主任。詹姆斯·马克（James Wai-Kee Mark）1968 年从普林斯顿大学（Princeton University）毕业以后，到麻省理工学院数学系做讲师，1970 年升为副教授。拥有麻省理工学院电子工程博士学位的刘汝莹（Yue Ying Lau）来自香港，1973 年作为讲师在数学系执教应用数学，1975 年成为助理教授，直到 1979 年。这期间他和林家翘有多篇合作论文发表。后来，他到密西根大学（University of Michigan）任教授，从事应用物理研究。从意大利比萨高等师范学院（Scuola Normale Superiore）获得博士学位后，约瑟夫·贝尔廷（Giuseppe Bertin, 1952—）作为研究员在 1975 年来到麻省理工学院。二十三岁的他在麻省理工学院工作多年，后升为副教授。贝尔廷与林家翘合作，致力于星系结构的研究，多年后与林家翘合作出版了《星系的螺旋结构：密度波理论》（*Spiral Structure in Galaxies: A Density Wave Theory*[1]）一书。

袁旗（Chi Yuan, 1937—2008 年）是林家翘的得力助手和合作者。他原籍湖南长沙，父亲袁守谦是黄埔军校一期毕业生。袁旗在台湾大学完成了大学教育以后，作为易家训的学生于 1966 年在密西根大学（University of Michigan）获得博士学位。他为寻找博士后的工作而给林家翘写过信，并曾在一篇回忆文章中写道："我当时写信给林先生时，表示对旋转流动（rotating flows）有兴趣，林先生就写信给我，要我做他的研究助手，但是表

---

[1] G. Bertin and C. C. Lin: *Spiral Structure in Galaxies: A Density Wave Theory*. The MIT Press, 1996.

示他现在不做流体动力学稳定性的研究了,也不研究一般的旋转流动,而是做一个巨大系统的旋转流动,后来我才知道这巨大系统就是星系盘,所研究的是天体物理学方面的课题,我做梦也没想到会去做天体物理学,但是我对林先生非常崇拜,认定他选择的研究课题一定不会错,这样,我就走上了天体物理学研究的道路,我对这个选择从来没有后悔过,即使开始时,因为自己的物理基础十分薄弱,我感到十分吃力,但是林先生循循善诱,使我很顺利地进入了这个研究的殿堂。"[1]1966年初袁旗到波士顿的时候,举目无亲。林家翘和夫人梁守瀛给予他热心的照料,这种温暖使他久久不能忘怀。三年后,袁旗结束了博士后工作之后,到纽约市立大学(City College of New York)任教,继续天文学的研究工作。70年代初,他在纽约曾积极参与组织和领导了轰动一时的台湾留学生及华人的保卫钓鱼岛运动。90年代袁旗回到台湾,参加筹建"台湾中央研究院天文及天文物理研究所",为推动台湾天文学研究的发展做出了贡献。

对于林家翘这样一位流体力学家来说,转向一个完全陌生的全新研究领域,谈何容易(图4-10)!一切必须从头开始。他和年轻的大学生一样,拿着课本去听洛德韦克·沃尔彻(L·Woltjer)的课,学习天文学基本知识。他的目的不是一般地学习天文,而是要解决其他天文学家所没有解决的天文学难题。这无疑是一个巨大的挑战。他从本·斯特龙根(B·Strömgrenand)和简·奥尔特(Jan Hendrik Oort)那里得到了重要的启示,认真研读他们及其他天文学家的有关著作。沃尔彻应邀到MIT讲课,对林家翘来说是一个极好的机会,使得他能够经常当面向沃尔彻请教,一起讨论天文学问题。林家翘还和哈佛大学应用科学系和天文学系的数学家和天体物理

图4-10　中年林家翘

---

[1]　袁旗:我认识的林家翘先生,《力学进展》,第36卷第4期,2006年11月25日。

学家马克斯·克鲁克（Max Krook）教授，以及天体物理学家、宇宙学家大卫·莱泽（David Raymond Layzer）教授探讨星系结构问题。他也曾不耻下问，向哈佛大学天文台的A.J.卡尔纳斯（Agris J. Kalnajs）请教有关天文观测的事情，虽然那时的卡尔纳斯还只不过是一个年轻的哈佛大学天文系博士生。他与数学系的年轻学者阿拉尔·图莫瑞（Alar Toomre）、克里斯·亨特（Christopher Hunter）和徐遐生等人关于盘状星系和密度波的反复讨论，更是多得不可计数。徐遐生在回忆这段经历时写道："处于一个变革年代的开始是令人兴奋的。在此一时期，林教授不仅与当时最重要的理论家进行了互动（并争论），而且还忙着和处于前沿的观测者们（特别是在射电天文学方面）结合，试图找出有关盘状星系螺旋结构本质的科学真相。因此，在二十岁之前，我遇到了20世纪射电天文学上一些伟大的名字——简·奥尔特、巴特·博克、弗兰克·克尔、哈罗德·韦弗、莫特·罗伯茨、加特·韦斯特豪特、伯尼·伯克，等等。"（"It was exciting to be at the beginning of a transformational era, one in which Professor Lin interacted (and argued) not only with the foremost theorists of the day, but also engaged the observers (especially in radio astronomy) in an all-fronts attempt to find out the scientific truth about the nature of spiral structure in disk galaxies.Thus, before I had turned twenty, I had met some of the great names of twentieth-century radio astronomy – Jan Oort, Bart Bok, Frank Kerr, Harold Weaver, Mort Roberts, Gart Westerhout, Bernie Burke, and others."[1]）除了交流和讨论，林家翘更多的时间是用来研读专著、收集和分析观测数据、建立数学模型、进行数值分析和计算，以及用经验资料来进行验证，诸如此类。这一切都离不开不知疲倦的深度思索。在常人看来充满浪漫的星空，在科学家的眼中却是一个个待解的科学谜团。我们不知道那时候的他，在繁星点点的苍穹之下，度过了多少不眠的夜晚。

全身心地迎接挑战，靠的不仅仅是他的勇气，还因为他手中握有一把金钥匙，那就是能够开启不同科学领域大门的应用数学。用数学的方法来研究

---

[1] Frank Hsia-San Shu（徐遐生）："Professor Chia-Chiao Lin (1916—2013)", Bulletin of American Astronomical Society, Vol. 45. Issue 1, Dec. 01, 2013.

科学问题，以推进科学的发展，并且在研究的过程中发展数学。这是基本的理念。隔行如隔山吗？未必！

林家翘说，可以将千千万万个星看作是一个个质点，星系螺旋运动如同流体的运动，虽然他们并不一样，但是其中有可以借鉴的地方。所以，星系的稳定性问题与流体动力学中的问题非常相似。[1][2]

林家翘对星系螺旋问题进行了长时间的反复思考。在高等研究院和天文学家们的探讨和交流使他相信，长寿命的、形状得以维持的螺旋图形这一想法本身与哈勃的星系分类系统（Hubble classification of galaxies）相一致，而这套系统将螺旋特征与星系的形态类型和稳定性性质联系起来，也就意味着螺旋也应该是稳定的。他后来在一次采访中说，"由于我与观察者（以及洛·沃尔彻）的密切接触，我采用了经验的处理方法。现在我已经考虑了更多的情况，我想我应该承认这或许是真的，我过去在流体动力学不稳定性研究中的长期经验确实（……）在我的思想中发挥了作用（尽管我不曾意识到这一点）。但更重要的是，我还觉得（经过回顾）我采用经验方法的原因确实是我过去教育的自然结果。"（"I adopted the empirical approach because of my close contacts with the observers（and with L. Woltjer）. Now that I have thought over the situation some more, I think I should admit that it is probably true that my past long-standing experience in the studies of hydrodynamic instability did（...）play a role in my thinking（although I was not conscious of it）. But more important, I also feel（upon reflection）that the reason I adopted the empirical approach is really the natural consequence of my past education." [3]）这一点让林家翘想到了他多年前一直在研究的流体流动中的波浪模式。"尽管我在剪切流的不稳定性方面有几十年的经验，但我没有将这些问题带入1964年

---

[1] 林家翘采访录像或文字记录稿，2001年3月18日、4月1日，2002年4月4日、12日、19日、26日，2003年5月3日。

[2] C.C.Lin and Frank H.Shu: "On the spiral structure of disk galaxies", The Astrophysical Journal, Vol.140, pp. 646-655, Aug. 15, 1964.

[3] I. I. Pasha (И. И. Паша): "Density Wave Spiral Theories in the 1960s, I", 俄罗斯天文网，2002，http://www.astronet.ru/db/msg/1183369/eindex.html。

论文的介绍中，只是对不稳定性做了模糊的评论。”（“Despite of my decades of experience with instability of shear flows, I did not bring these matters into the presentation of the 1964 paper, but commented only vaguely about instability.” [1]）基于他独特的发现，离散的星系螺旋模式如同波浪演化，其自然结果是非常合理的。林家翘据此建立了一个假设，并将其作为核心，发展出一个半经验理论。

2. 星系密度波理论的诞生

寻找真理实在是一个艰苦的过程。三年——林家翘从天文学的初学者起步——用了近三年的时间，终于在密度波理论上迈出了关键的一步。1964 年 3 月，林家翘把他的第一篇关于星系密度波理论的文章寄给了《天体物理学杂志》（*The Astrophysical Journal*）。八月，文章发表，题目是《关于盘状星系的螺旋结构》（“On the spiral structure of disk galaxies” [2]），由林家翘和他的学生徐遐生共同署名（图 4-11）。

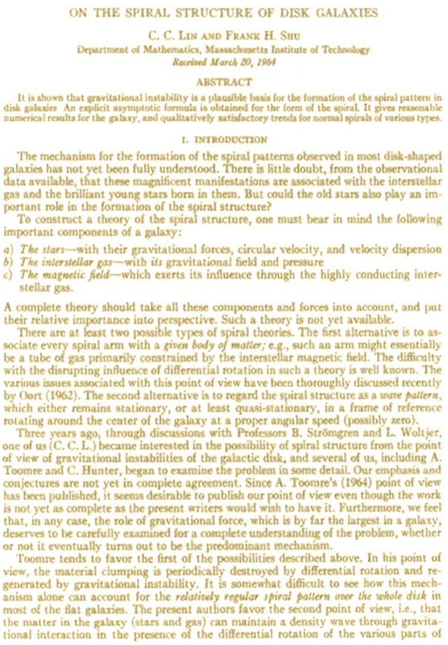

ON THE SPIRAL STRUCTURE OF DISK GALAXIES

C. C. LIN AND FRANK H. SHU
Department of Mathematics, Massachusetts Institute of Technology
Received March 20, 1964

ABSTRACT

It is shown that gravitational instability is a plausible basis for the formation of the spiral pattern in disk galaxies An explicit asymptotic formula is obtained for the form of the spiral. It gives reasonable numerical results for the galaxy, and qualitatively satisfactory trends for normal spirals of various types.

I. INTRODUCTION

The mechanism for the formation of the spiral patterns observed in most disk-shaped galaxies has not yet been fully understood. There is little doubt, from the observational data available, that these magnificent manifestations are associated with the interstellar gas and the brilliant young stars born in them. But could the old stars also play an important role in the formation of the spiral structure?

To construct a theory of the spiral structure, one must bear in mind the following important components of a galaxy:

a) *The stars*—with their gravitational forces, circular velocity, and velocity dispersion
b) *The interstellar gas*—with *its* gravitational field and pressure
c) *The magnetic field*—which exerts its influence through the highly conducting interstellar gas.

A complete theory should take all these components and forces into account, and put their relative importance into perspective. Such a theory is not yet available.

There are at least two possible types of spiral theories. The first alternative is to associate every spiral arm with a *given body of matter;* e.g., such an arm might essentially be a tube of gas primarily constrained by the interstellar magnetic field. The difficulty with the disrupting influence of differential rotation in such a theory is well known. The various issues associated with this point of view have been thoroughly discussed recently by Oort (1962). The second alternative is to regard the spiral structure as a *wave pattern*, which either remains stationary, or at least quasi-stationary, in a frame of reference rotating around the center of the galaxy at a proper angular speed (possibly zero).

Three years ago, through discussions with Professors B. Strömgren and L. Woltjer, one of us (C. C. L.) became interested in the possibility of spiral structure from the point of view of gravitational instabilities of the galactic disk, and several of us, including A. Toomre and C. Hunter, began to examine the problem in some detail. Our emphasis and conjectures are not yet in complete agreement. Since A. Toomre's (1964) point of view has been published, it seems desirable to publish our point of view even though the work is not yet as complete as the present writers would wish to have it. Furthermore, we feel that, in any case, the role of gravitational force, which is by far the largest in a galaxy, deserves to be carefully examined for a complete understanding of the problem, whether or not it eventually turns out to be the predominant mechanism.

Toomre tends to favor the first of the possibilities described above. In his point of view, the material clumping is periodically destroyed by differential rotation and regenerated by gravitational instability. It is somewhat difficult to see how this mechanism alone can account for the *relatively regular spiral pattern over the whole disk* in most of the flat galaxies. The present authors favor the second point of view, i.e., that the matter in the galaxy (stars and gas) can maintain a density wave through gravitational interaction in the presence of the differential rotation of the various parts of

图 4-11　林家翘、徐遐生发表“关于盘状星系的螺旋结构”（“On the spiral structure of disk galaxies”）**论文首页，1964 年**

文章一开始，作者就指出了问题的所在，那就是“在大多数盘状星系中观察到的形成螺旋图形的机理尚未被完全了解。”（“The mechanism for the formation of the spiral patterns observed in most disk-shapedgalaxies has not yet been fully understood.”）

---

[1] I. I. Pasha (И. И. П а ш а): “Density Wave Spiral Theories in the 1960s, I”, 俄罗斯天文网，2002，http://www.astronet.ru/db/msg/1183369/eindex.html。

[2] C.C.Lin and Frank H.Shu: “On the spiral structure of disk galaxies”, The Astrophysical Journal,Vol.140, pp. 646-655, Aug. 15, 1964.

然后，文章阐明要构建关于螺旋结构的理论，必须牢记星系的几个重要组成部分：

"（a）具有引力、圆周速度和速度弥散分布的恒星。

（b）具有引力场和压力的星际气体。

（c）通过高传导星际气体施加影响的磁场。"

("（a）The stars—with their gravitational forces, circular velocity, and velocity dispersion.

（b）The interstellar gas—with its gravitational field and pressure.

（c）The magnetic field—which exerts its influence through the highly conducting interstellar gas.")

文章写道，"一个完整的理论应该考虑所有这些组成部分和作用力，并将它们相关的重要性纳入考虑范围。这样的理论目前还没有看到。"("A complete theory should take all these components and forces into account, and put their relative importance into perspective. Such a theory is not yet available.")

作者指出，有关星系螺旋的理论至少有两种类型。第一种是将每个螺旋臂与给定的物质相关联。在这样的理论中，伴随较差转动的混乱影响所造成的困难是众所周知的。文章的作者主张另一种理论类型，那就是把螺旋结构视为一种波形。在以适当的角速度（可能为零）围绕星系中心旋转的参考系中，这种波形保持稳定或至少近似稳定。而其中，引力的作用是关键。作者认为，在盘状星系的各个部分存在较差转动的情况下，星系中的物质（恒星和气体）可以通过引力的相互作用保持密度波。该密度波提供了一个螺旋形的引力场（spiral gravitational field），这个引力场是观测年轻恒星及气体分布浓度的基础。这样，一个能观察到的螺旋图形就可以被保持在整个星系盘上。对此，作者在文章中给出了一个明确的可近似描述密度波的公式。

文章接着对盘状星系的稳定性问题进行了动力学的数学分析与推导，从而得出了密度波通常具有螺旋形式的结论。星系螺旋稳定性问题的分析与普通流体力学中的渐近解（asymptotic solution）问题相似。数学分析显示，密度波主要通过引力传播，并且通过较差转动来进行修正。研究表明，即使存在较差转动，非轴对称扰动可以在星盘周围传播而不会改变螺旋的形状，因此密度波基本上是稳定的。

作者在文章中提出了准稳态螺旋结构（quasi-stationary spiral structure，QSSS）的概念，并且大胆设想，具有不同速度色散（velocity dispersion）程度的总恒星群体在上述具有一般性质的空间中，形成了准稳态螺旋结构。这主要是源于引力不稳定性的影响，而这种不稳定性受到速度色散的限制（其次是气体和磁场的影响）。螺旋图形中密度变化的程度可能只是对称平均密度分布的一小部分。这说明，螺旋结构一旦形成就可能长期维持下去。

色散是指电磁波（包含可见光）的一种性质，是其相速度随着频率而改变的现象，广义上也适用于任何类型的波。任何物理量只要随频率（或波长）变化而变化，都可称为色散。

所谓准稳态螺旋结构（QSSS）的假设系依据经验得出，它假设全局性的（global）旋臂在许多星系旋转周期（"准平稳"）中几乎不会改变它们的形状。在这篇文章中，以及后来林家翘的许多著述中对此都曾予以反复强调。这一点相当于假设全局性的旋臂的旋转是具有特定角速度和俯仰角的刚体旋转。这个固定的角速度称为模式速度（pattern speed）。在星系内部，恒星和气体的旋转速度超过了模式速度，并超过了旋臂。在星系的外部，恒星和气体的旋转速度低于模式速度，旋臂超过了恒星和气体。

应该指出的是，多年之后徐遐生在回忆为建立密度波理论而进行的复杂计算时特别指出，"其中准稳态螺旋结构（QSSS）的假设起着核心作用"。（"in which the hypothesis of quasi-stationary spiral structure（QSSS）plays a central role" [1]）

文章得出的结论指明，由于普遍存在螺旋引力场，无论可能存在的其他次级过程如何，星系的所有组成部分，包括气体和年轻恒星，都应在盘半径范围内形成相似的螺旋形。从观察中可以知道，没有气体的星系并没有显示出明显的螺旋形。通常认为此类星系中的速度色散相对较大，由于缺乏气体

---

[1] Frank H. Shu: "Six Decades of Spiral Density Wave Theory", Annual Review of Astronomy and Astrophysics, Vol. 54:667-724, September 2016.

和因此产生的年轻恒星,所以这会严重损害螺旋结构的表现,以至于很难观察到它的螺旋形状。

这是林家翘发表的关于天体物理学研究的第一篇论文,也是他的星系密度波理论开宗明义的重要文章。论文用密度波理论描述了盘状星系中所观测到的螺旋模式,以恒星准稳螺旋结构(QSSS)假设为核心,阐述了密度波的基本理论,证明了密度波引力理论的合理性。文章提出希望解决的基本问题是"整个星系盘螺旋模式或整体图形的持续性"("the persistence of the spiral pattern or the grand design over the whole disk"[1])。后来,他把这篇文章称为密度波的基本理论。

事后,徐遐生在谈到这篇重要文章时说:"所有最初的想法都是林家翘的,我最初的贡献主要是检查他写下并提出问题的方程。""LS64(指上述文章——笔者注)附录中提供的最终推导是由于林。""然而,我在天文学方面读了很多书,并且有可能贡献了一些关于 OB 恒星如何在旋臂中形成和死亡的想法。(这是我一生对恒星形成兴趣的开始。)林确实非常大度地将我作为 LS64 文章的合著者,我将永远感激他对一名年轻(当时我 19 岁)本科生的指导和支持"。("All the original ideas were C.C. Lin's, and my original contributions were mainly to check the equations that he wrote down and posed as problems." "The final derivation presented in the appendix of LS64 is due to Lin." "I did considerable reading, however, on the astronomical side and may have contributed some ideas concerning how OB stars form and die in spiral arms. (This was the beginning of my lifelong interest in star formation.) Lin was indeed quite generous to include me as a coauthor on LS64, and I will always be grateful for his guidance and support of a young (I was 19 at the time) undergraduate student."[2]) 在另一次采访中,徐遐生认为这是他的诸多论文中"一篇有

---

[1] Frank H. Shu: "Six Decades of Spiral Density Wave Theory", Annual Review of Astronomy and Astrophysics, Vol. 54:667-724, September 2016.

[2] I. I. Pasha (И. И. Паша): "Density Wave Spiral Theories in the 1960s, I", 俄罗斯天文网, 2002, http://www.astronet.ru/db/msg/1183369/eindex.html。

最大贡献的文章"。他还开玩笑地说："我有一个好朋友林潮（加州大学 Santa Cruz 分校天文系系主任）就说我是第一篇论文就到达我事业上的顶峰（reached the peak of my career at my first paper），从那个时候一直走下坡（笑）。"[1]

1965年秋天，林家翘利用自己的学术假，再次到高等研究院工作了七个月，专门研究天体物理学。经过几年不断地努力，这个时候的他已经积蓄了大量的相关知识，并开始取得更多的研究成果。他不但走进了天体物理学的大门，而且成为了天文学的专家。

这一年的年底，林家翘和徐遐生完成了同名论文的第二部分"II. 密度波理论概要"（"II. Outline of a theory of density waves"[2]），并提交给美国国家科学院院刊（*Proceedings of the National Academy of Sciences*）。一个多月后的1966年2月15日，文章在此一刊物上发表。

这篇论文的目的是概述引力理论。这一理论为 QSSS 假设提供了完整的动力学基础，"以定量地确定气体和恒星在提供螺旋引力场上的相关重要性"（"to determine, quantitatively, the relative importance of the gas and the stars in providing the spiral gravitational field"[3]）。作者发现，对于这种螺旋结构的平滑效果，气体的螺旋引力场不能忽略，尽管恒星仍起着更重要的作用。考虑到恒星和气体的对称盘的偏差很小，文章试图证明螺旋结构的密度波将以较小但有限的幅度自我保持。因此，这里必须有一个通常呈螺旋形的相关引力场存在。作者用渐近理论对引力场进行了数学计算与分析，认为恒星所谓"有效"的质量密度必须比其实际值小适当的倍数。作者最后写道，对星系盘现象的观察表明，瞬态显示出似为准永久性的特征。在具有较差转动的系统中，考虑具有一般螺旋状外观的瞬态特征是不难的，但中心问题是要考虑更永久的特征，例如整个星系盘上的螺旋图形。文章根据准稳态自持密度波

---

[1] 管一政、陳若馨、劉祥麟、李盈瑩：（台湾）"清華大學徐遐生校長訪談"，《物理雙月刊》，廿五卷六期，2003年12月。
[2] C.C.Lin and Frank H.Shu: "On the spiral structure of disk galaxies, II. Outline of a theory of density waves", Proceedings of the National Academy of Sciences, Vol. 55, pp. 229-234, Feb. 1966.
[3] 同上。

概述了这种引力理论。[1]

从1964年到1969年的六年间,林家翘本人或与他的合作者共同发表了十三篇有关星系螺旋结构和密度波理论的重要论文,其中被选入《林家翘论文选》(Selected Papers of C. C. Lin [2])一书的有八篇。这标志着林家翘在密度波理论的研究上取得了一系列重大进展。这些论文包括1966年7月发表在《工业与应用数学学会杂志》(Society for Industrial and Applied Mathematics Journal)上的"关于星系的数学理论"("On the mathematical theory of a galaxy of stars"),和紧接着在当年八月与徐遐生一起在荷兰海滨小城诺德韦克(Noordwijk)举行的国际天文学联合会(IAU)的专题讨论会上发表的"盘状星系的密度波"("Density waves in disk galaxies")。这些论述的发表,深化了星系密度波理论,使之更为缜密、周详和完善。

林家翘认为,"工作中假设的结论不是证明或者推论,而是由理论分析和经验数据的积累支持的。采用这个工作假设是发展螺旋结构理论的一个非常重要的步骤。"("The conclusion in the working hypothesis is not proved or deuce, but supported by an accumulation of theoretical analysis and empirical data. The adoption of this working hypothesis is a very important step in the development of a theory of spiral structure." [3])这一点表明他致力于通过连续的预测与观察数据进行比较来支持自己的理论。这是林家翘一贯的考虑与分析问题的方法。

1969年3月,林家翘和徐遐生以及袁旗在《天文物理学杂志》上发表了"关于盘状星系的螺旋结构"一文的第三部分,其主要内容正如同它的标题,"Ⅲ.与观察结果的比较"("Ⅲ. Comparison with Observations" [4]),即

---

[1] C.C.Lin and Frank H.Shu: "On the spiral structure of disk galaxies, II. Outline of a theory of density waves", Proceedings of the National Academy of Sciences, Vol. 55, pp. 229-234, Feb. 1966.

[2] Selected Papers of C. C. Lin, Edited By D. J. Benney, F. H. Shu and C. Yuan, World Scientific Publishing Company, August 1, 1987.

[3] I. I. Pasha (И. И. Паша): "Density Wave Spiral Theories in the 1960s, I", 俄罗斯天文网, 2002, http://www.astronet.ru/db/msg/1183369/eindex.html。

[4] C.C.Lin, C. Yuan, Frank H.Shu: "On the spiral structure of disk galaxies, III. Comparison with observations", The Astrophysical Journal, Vol. 155, pp. 721-745, Mar. 1969.

对密度波理论的含义进行了总的和详细条件下的检验,并将这些结论与观察结果进行比较。文章继续了林家翘在密度波理论研究上的思路。在这当中,作者侧重于观测的结果,即考虑到了银河系中原子氢的分布、星际气体的系统运动、年轻恒星和其他发光物体的分布,以及年轻恒星的一般性迁移。文章还讨论了有关磁场的结构及其对气体系统运动的作用、密度波在恒星形成过程中的作用,以及无线电观测所揭示的 H_{II} 区域的分布。[1]

H_{II} 区域,即电离氢区域,是指被电离的星际原子氢区域。它通常是被部分电离的气体云,呈现出块状或丝状等各种不规则形状,在天文观测中可以看到这种美丽的蓝色云,其中产生的生命短暂的蓝色恒星会发出大量紫外线(图 4-12)。

图 4-12　大麦哲伦云中的 N159,大漩涡直径超过 150 光年,由气体和尘埃组成,H_{II} 电离氢区域发出蓝色的光芒(NASA Science 网)

关于论文第三部分的目的,作者写道,"在缺乏关于密度波机理的完整理论的情况下,迫切需要观测的支持。因此,本文的主要目的是描述该理论在我们的银河系中几个可观察特征上的应用,以使读者能够形成一个整体的印象,即理论所产生的结论与观察相一致。""其次的目的则是要以比前的介绍更一般的形式有序地介绍该理论。"("In the absence of a complete theory for the mechanism of density waves, the need for observational support is urgent. Accordingly, the main purpose of the present paper is to describe the applications of the theory to several observable features in our own Galaxy, in order to enable the reader to form an over-all picture of the extent to which the theory may yield results that agree with observations." "A secondary purpose of this paper is to give an orderly presentation of the theory in a form somewhat more general than that presented

---

[1] C.C.Lin, C. Yuan, Frank H.Shu: "On the spiral structure of disk galaxies, III. Comparison with observations", The Astrophysical Journal, Vol. 155, pp. 721-745, Mar. 1969.

before." [1] ）

文章指出，密度波理论是专为解决以下问题而发展起来的：其一，"面临较差转动的螺旋结构持久性"（"the persistence of the spiral structure in the face of differential rotation"）；其二，"此一现象的大规模性质，即跨越整个银盘的宏大图形的存在"（"the largescale nature of the phenomenon, i.e., the existence of a grand design over the whole galactic disk"）。"因此，我们从QSSS假设（具有准稳螺旋结构密度波存在的假设）开始，而并不是尝试研究螺旋结构的起源问题。"（"We therefore start out with the QSSS hypothesis (hypothesis of the existence of density waves with a quasi-stationary spiral structure), rather than attempt to study the problem of the origin of the spiral structure." [2] ）

作者建立密度波理论的"主要目的是试图解释整个星盘上的宏大图形，尤其是解释其持久性"（"the primary purpose of our theory is to attempt to explain the grand design over the whole disk, and in particular to explain its persistence." [3] ）。文章没有提出螺旋结构的起源问题，认为这个问题"在数学上更加困难，因为我们必须处理边界值和初始值的组合问题。这些仍然是未来研究的一项挑战。相反，要解释持久性，只需要提供代表自我维持波的解决方案即可。"（"is mathematically more difficult, since we have to deal with a combined boundary-value and initial-value problem. These studies remain a challenge for future investigations. In contrast, to explain persistence, one need only produce solutions representing self-sustained waves." [4] ）有所为，有所不为，将研究的重点首先放在密度波持久的问题上，而不是它的起源。这是在一项科学研究中做了通盘考虑后的决定。后来的事实证明，这样的布局是有

---

[1] C.C.Lin, C. Yuan, Frank H.Shu: "On the spiral structure of disk galaxies, III. Comparison with observations", The Astrophysical Journal, Vol. 155, pp. 721-745, Mar. 1969.
[2] 同上。
[3] C.C.Lin and Frank H.Shu: "On the spiral structure of disk galaxies, II. Outline of a theory of density waves", Proceedings of the National Academy of Sciences, Vol. 55, pp. 229-234, Feb. 1966.
[4] 同[1]。

战略眼光的，也是完全正确的。

作者强调，这项研究工作从一开始的详细计算就是"基于WKBJ型的渐近分析"（"based on an asymptotic analysis of the WKBJ type"）。文章展示了大量的数学推导与计算，包括星盘对螺旋引力场的反应（Response of a stellar disk to a spiral gravitational field）、对于密度反应和平均星速组成的计算（Calculation of responses in density and in components of mean stellar velocity），以及某个色散关系的替代形式（An alternative form of the dispersion relation[1]）等。

经过作者将理论结果与我们所在的银河系观察到的特征进行比较，得知"这样的一般性结论呈现出与观察的一致"（"Such general conclusions appear to be in agreement with observations"[2]）。这是从实际出发，将理论与实际观测结果进行比较后得出的一个重要结论。它使得密度波理论有了一个基于大量实际观测数据的坚实基础。

从以上这些论文可以看出，其数学分析和计算完全与观测数据紧密结合，这正是应用数学的一个特点，也是它的力量所在。WKBJ型的渐近分析则成为了密度波理论的数学基础。林家翘的密度波理论，后来常被称为林-徐理论（L-S Theory），是应用数学的一个典型案例。它所使用的方法始终遵循着应用数学的基本原则，即着眼于大的方面，从科学的实践出发，根据实验（观测数据）的结果，建立数学模型，进行理论上的研究和推导，得出新的结论，再把理论上的结论放到科学的实践中去验证。2002年4月，林家翘在谈到这一研究工作时说，"要把实验观测结果拿出来，根据实验结果用数学推导出另外一批结果，然后用观测去验证，两头儿验证。开始用实证的结果，最后还是实证结果，这是应用数学的方法，两头儿有实践。开始－数学模型－预测－实证，这是应用数学最要紧的。科学研究一定不能离开

---

[1] C.C.Lin, C. Yuan, Frank H.Shu: "On the spiral structure of disk galaxies, III. Comparison with observations", The Astrophysical Journal, Vol. 155, pp. 721-745, Mar. 1969.
[2] 同上。

实证。"[1]

1968年夏天，一个银河天文学（Galactic Astronomy）暑期讲座在纽约长岛的纽约州立大学石溪分校（The State University of New York at Stony Brook）举办。演讲者包括了 J. 奥尔特（J. Oort）、B. 斯特龙根（B. Stromgren）、B. 博克（B. Bok）和 L. 沃尔彻（L. Woltjer）等著名天文学家。林家翘应邀在讲座上进行了一系列演讲（图4-13）。荷兰裔美国天文学家加特·韦斯特豪特（Gart Westerhout，1927—2012年）在同一课程上发表了另外一系列演讲。巧的是，某天韦斯特豪特讲述银河系中无线电观测的数据，林家翘则讲述袁旗和他本人对这些数据的分析。两人一个上午讲、一个下午讲，好像事先安排好的一样。"这两个系列的讲座彼此完美契合，尽管它们并没有提前计划好。看到理论预测被观察证实，我感到非常满意。"[2][3] 林家翘平时在谈到理论与实际相结合时，每每乐于以此为例。他说，我们的理论在天文学界受到重视，和做观测的人员联系非常密切。他们要了解的问题，我们从理论上给予解释。这一点对观测的人影响很深。[4]

图4-13　林家翘讲解星系密度波理论

徐遐生说过，他"发现一位曾作为专业数学家培养的科学家，能够将经验事实置于优先于演绎推理之前非同寻常。"并且相信"这开阔的胸怀和清晰的眼光给予了林高于他当时许多竞争对手的极大优势。"（"found it remarkable that a scientist trained as a professional mathematician would place higher priority on empirical facts than deductive reasoning"，and believed that "it

---

[1] 林家翘采访录像或文字记录稿，2001年3月18日、4月1日，2002年4月4日、12日、19日、26日，2003年5月3日。

[2] 同上。

[3] C. C. Lin: "Recollections and Comments", *Selected Papers of C. C. Lin*, World Scientific Publishing Company, August 1, 1987.

[4] 同[1]。

was this broad-mindedness and clear vision that gave Lin a considerable advantage over his many competitors of the period." [1]）

的确是这样。在相关的计算机模拟没有开展之前，不像其他许多科学研究可以在实验室里或某个地方做实验，天文学家没有自己的实验室。如果说有，那他们的实验室就是茫茫宇宙，他们所能做的就是观测，以得到有关的数据来做分析研究。这是天文学研究的一个特点，也是一个难点。徐遐生曾写道："虽然我认为自己是一个理论家，但我从林教授的例子中学到，在一个无法在实验室进行实验的科目中，依靠经验数据来帮助区分可能和仅有的可能更为重要。"（"Although I thought of myself as a theorist, I learned from Professor Lin's example that it was even more important in a subject in which one cannot perform laboratory experiments to rely on the empirical data to help separate the probable from the merely possible."[2]）袁旗在回忆分析观测数据时说："林先生告诉我这个工作十分重要，因为密度波理论对天文观测的专家是有一些难处。如果要使密度波的理论在天文界能有影响力，一定要分析他们的观测结果，用理论做出可以与他们观测结果做一对一的比较，才能赢得他们的支持。但是，这个工作不很好做，星系螺旋密度波，不像水波，我们能看到它在水面上传播，螺旋密度波是绕着星系中央旋转，其转速非常之慢，以银河系为例，转一整圈需要 5 亿年，人生几何，再精确的望远镜也别指望能看到螺旋波的转动，所以一定要用旁证的方法，旁证就是要找出密度波可以产生，也可以观测到的一些现象，这就包括了光学、电磁波、红外线、磁场的各种观测。而其中一个最重要的数字，就是螺旋密度波的旋转角转速度，我们就以银河系为对象，去找这个螺旋式样的角转速度（又称型式速度 pattern speed）。我们用了各种方法进行探索"。[3]

在林家翘等人的这三篇奠定密度波理论的文章中，作者认为自己是发

---

[1] I. I. Pasha (И. И. Паша): "Density Wave Spiral Theories in the 1960s, I", 俄罗斯天文网，2002，http://www.astronet.ru/db/msg/1183369/eindex.html。

[2] Frank Hsia-San Shu (徐遐生): "Professor Chia-Chiao Lin (1916—2013)", Bulletin of American Astronomical Society, Vol. 45. Issue 1, Dec. 01, 2013.

[3] 袁旗：我认识的林家翘先生，《力学进展》，第 36 卷第 4 期，2006 年 11 月 25 日。

展和完善了瑞典著名天文学家贝蒂尔·林德布拉德（Bertil Lindblad，1895—1965 年）和其子、同为天文学家的 P.O. 林德布拉德（Per-Olof Lindblad）的密度波设想，使之成为严密的理论。B. 林德布拉德（图 4-14）在国际天文学界颇有影响，曾创建了斯德哥尔摩天文台并担任第一任台长，两次出任瑞典皇家科学院院长，并于 1948 年到 1952 年担任国际天文学联合会主席。B. 林德布拉德被认为是星系动力学的先驱者之一。他在 20 世纪 20 年代首次全面建立了银河系自转理论。1942 年，对于螺旋星系旋臂缠绕的"缠卷困境"现象，B. 林德布拉德提出了密度波的设想。据说，他在斯德哥尔摩的海滩上漫步时，受到了海面水波的启发，感觉到旋臂或许不是物质臂（material arm），而是一种波。

图 4-14　贝蒂尔·林德布拉德
（Bertil Lindblad，1895—1965 年）

虽然 B. 林德布拉德提出了"密度波"的设想，并发表了关于这一主题的一些论文，但是包括他本人在内的国际天文学界在二十年的时间里，无人能给予理论上的解释和证明，无法解决星系螺旋结构的本质问题。从客观上来说，当时的流体动力学和统计力学的分析方法还很初级，几乎不能为恒星动力学研究提供任何帮助。因此，B. 林德布拉德的密度波设想长期以来没有被天文学界所接受。

林家翘对 B. 林德布拉德始终怀着敬重之心，但敬重不等于盲从。1964 年，在文章"关于盘状星系的螺旋结构"的第一部分即基本理论中，林家翘和徐遐生就明确指出他们和两位林德布拉德所用的方法不同。文章写道："几乎可以肯定的是，这里提出的基本机制与 P.O. 林德布拉德（1960 年）和 B. 林德布拉德（1961 年）所讨论的'密度波'设想有关。总体而言，我们的分析倾向于支持其一般性结论。但是，由于所使用的方法彼此非常不同，因此很难在他们的与我们的想法之间进行详细比较。林德布拉德们的理论对个别恒星轨迹的关注更多,而在我们的工作中通过使用分布函数直接考虑了整个星盘上恒星的相互作用。这种方法将使我们能够从一般的动力学考虑中很容易地展示某些螺旋模式。……进一步澄清这两种方法之间的关系的研究,无疑将增进我们对整个问题的理解。"("It is almost certain that the basic mechanism to be proposed here is related to the idea of 'density waves' discussed by P. O. Lindblad (1960) and B. Lindblad (1961). Our analysis will, on the whole, tend to support their general conclusions. It is, however, somewhat difficult to make a detailed comparison between their ideas and ours, since the methods used are very different from each other. There is considerably more emphasis on individual stellar orbits in the Lindhlads' theory, while the interaction of the stars over the disk as a whole is directly considered in our work through the use of the distribution function. This approach will enable us to exhibit certain spiral patterns very easily from general dynamical considerations ... An investigation that further clarifies the relationship between these two approaches would no doubt enhance our understanding of the whole problem."[1])

1969 年,在论文的第三部分"与观察结果的比较"中,文章作者进一步指出了两位林德布拉德在密度波研究上久而不得其解的症结所在:"天文学家和天体物理学家们对林德布拉德的设想表示了保留的态度,这在很大程度上是因为他所采用的方法主要依赖于个别恒星轨迹的性质,而无法产生定量的预测以与观测结果进行比较。如果不利用恒星动力学的统计理论,他几乎无法定量地处置恒星群体模式的行为。然而,这些模式确实构成了密度波的本质。因此,他的讨论基本上是定性的,没有向读者表达足够的信念。"("Feelings of reservation were expressed by astronomers and astrophysicists about Lindblad's ideas, largely because the method adopted by him, which leans heavily on the properties of individual stellar orbits, cannot yield quantitative predictions for comparison with observations. Without making use of the statistical

---

[1] C.C.Lin and Frank H.Shu: "On the spiral structure of disk galaxies", The Astrophysical Journal,Vol.140, pp. 646-655,Aug. 15, 1964.

theory of stellar dynamics, he could hardly treat the behavior of stellar collective modes in a quantitative manner. Yet these modes indeed constitute the essence of the density waves. His discussions were therefore largely qualitative and did not convey sufficient conviction to the readers." [1])

对于 P.O. 林德布拉德（P. O. Lindblad）子承父志，继续进行的密度波研究，林家翘等在同一篇文章中指出："P.O. 林德布拉德（1960 年，1962 年）试图通过借助大型计算机对相当数量恒星的轨迹进行广泛的计算，来研究这些群体模式。他的模型由代表星群 II 恒星的光滑背景和代表星群 I 的 192 颗星组成。从这些计算中确实发现了螺旋形式的密度波，但是如同 B. 林德布拉德所示意的，它们是瞬态的而不是准稳态的。鉴于直接计算方法所固有的局限性，当尝试与观测值进行比较时，所得结果只可能被当作半定量的来描述。"（"P. O. Lindblad（1960，1962）attempted to study these collective modes by an extensive calculation of the orbits of a number of stars with the help of large computing machines.His model consists of a smooth background representing Population II stars, together with 192 stars representing Population I. Density waves of a spiral form were indeed found from these calculations, but they were rather transient and were not quasi-stationary, as suggested by B. Lindblad. In view of the limitations inherent in direct computational methods, the results obtained are perhaps to be described as semiquantitative, when comparison with observations is attempted." [2])

林家翘回忆说，"那时的计算机的功能小，他只用了 192 颗星在那儿转（计算），实际上可能有 19.2 billion（192 亿）颗星。现在计算机功能强了，做出来的结果和我们理论研究的结论完全一样。" [3]

袁旗认为，林家翘"一再把密度波的创始归功于 B. 林德布拉德"，而

---

[1] C.C.Lin, C. Yuan, Frank H.Shu: "On the spiral structure of disk galaxies, III. Comparison with observations", The Astrophysical Journal, Vol. 155, pp. 721-745, Mar. 1969.
[2] 同上。
[3] 林家翘采访录像或文字记录稿，2001 年 3 月 18 日、4 月 1 日，2002 年 4 月 4 日、12 日、19 日、26 日，2003 年 5 月 3 日。

林德布拉德"提出的密度波，其实是非常粗略、原始，决不是林先生精心构建、演绎出的理论。"[1]

林德布拉德父子都是天文学家，在天文学上的造诣不可谓不深。所谓的"上阵父子兵"，显然在阵前缺少正确的和强有力的数学方法，缺少恒星动力学的统计理论。至于计算个别的恒星轨道，即使再多，这种直接的计算办法也不可能解决密度波理论的本质问题。然而，当应用数学家介入天文学研究领域的时候，情况却发生了变化。应用数学家们可以解决纯天文学家所难以解决的某些天文学难题。问题的关键在于，他们是掌握了天文学的应用数学家，或者是掌握了应用数学的天文学家。总之，他们是跨界的科学家。

对于星系密度波理论，这里或许可以做一个较为通俗的解释。

星系一定是在旋转的，否则万有引力会把星球和星际物质都拉在一起。星系有一个核心，星系在靠近核心的部分比远离核心的部分旋转得快。林家翘和他的学生在60年代初所建立的密度波理论认为，星系在围绕中心自转时，旋转的速度和空间密度都是波动变化的。运动慢，则星系中的恒星较为密集；运动快，则恒星较为稀疏，这使得空间密度呈现波动变化。这种波既绕中心环行传播，又沿半径方向径向传播。因为密度极大的波峰呈旋涡状分布，从而形成了旋臂。旋臂实际上并不是物质臂，而是密度波的体现。当恒星在绕星系中心旋转运动并进入旋臂以后，因为这里的恒星密集和引力场加强而减慢了速度。同时，也因为这种运动速度的减慢而使恒星"拥挤"起来，造成密度增大，引力场增强，因而使这种状况得以自行维持。密度波的一个重要特点是，旋臂中的恒星并非永远停留在旋臂中不动，而是有进有出、川流不息的。套用一句俗语——铁打的旋臂，流水的星。如此，旋臂的图形可以相对地保持一定的稳定性不变，当然旋臂也就不会缠卷起来。

汽车在路上塞车其实也是一个波，它常常作为一个例子被用来解释密度波。高速公路上有很多条线道，有时候遇到发生车祸或工程维修等原因，线道减少，汽车通行速度变得缓慢，就会发生塞车。塞住的地方，车速慢，车

---

[1] 袁旗：我认识的林家翘先生，《力学进展》，第36卷第4期，2006年11月25日。

与车的间距变小，也就是汽车的密度高了，这可以看作是密度波的波峰。过了塞车的地方，汽车又可以恢复原来的较快速度。不过，车行的速度和密度波的速度是两回事。这两个速度，即车行的速度和塞车地方波峰的变化速度是不一样的。波峰的移动速度要比车行速度慢得多。如果通过这个路段的汽车足够多，不间断维持的时间足够长，那么，可以固定时间间隔从空中照相，从照片中就可看出公路上密度波波峰行进的速度了。甚至车祸处理完毕或工程维修结束之后很长一段时间，塞车现象还继续存在，也就是密度波继续在维持。汽车类似于星系里的一个个星球，而塞车的地方就是密度波波峰的地方，相当于星系里旋臂的所在。

密度波可以运用到任何一个螺旋星系上。以我们所在的银河系为例，根据密度波理论，可以推算出一个具有两个旋臂的波式（wave pattern），这个波式起始于 4000 秒差距（parsec，缩写 pc，宇宙距离尺度，用以测量太阳系外天体的长度单位。1 秒差距的距离约等于 3.26 光年）。密度波绕银河中心的角速度叫做式速或型速（pattern speed）。这种银河系的式速比银河系自转速度慢得多，只有它的一半（以太阳为例）。但旋臂的密度比银河系平均密度大十分之一，而这十分之一主要是由低速星球和星际气体所组成。因为低速星球大多是新生的恒星，所以旋臂的质量虽然不大，但光度却很强。当星际气体流入旋臂时，旋臂本身的引力场会使气流形成一个冲击波（stock wave）。这个冲击波使氢气云（H_1 clouds）周围压力陡增数倍，而这种压力使得很多本来无法凝聚成星的氢气云被挤压成星。所以，在强大的压力下，新生的恒星不断地在旋臂中产生出来。星体因其质量不同，演化（evolution）时程也不一样。O 型和 B 型新生星演化得很快，光度很强，但一亿年便寿终正寝了。一亿年的时间，这种星还跑不出旋臂的范围，而新的星在旋臂中又不断地产生。所以旋臂上众多新星闪烁，在深邃浩渺的宇宙空间里发着璀璨的光芒。影响星系螺旋结构形状的除了前面提到的较差转动以外，还有其他扰动，如一系列恒星的形成，与其他星系相遇而产生的潮汐作用，等等。当然，这些只会产生一些局部的影响。

林家翘等所建立的密度波理论数学模型，从星系的引力场方程和动力学方程中得出了准稳定的螺旋密度波解，揭示了螺旋结构的本质。这一理论指出螺旋星系的基态是稳恒和轴对称的，同时有一个旋涡式的摄动叠加在基态上。他从数学上证明了螺旋结构一旦形成，就会长期维持下去。林家翘和徐遐生以及袁旗从密度波的数学模型里得出了色散关系，并且解释了许多天文观测现象。在所解释的天文观测事实中，有两点很重要。一是用色散关系计算了许多河外星系的旋臂图形。这些计算最后被观测事实所证实。二是上面所提到的，数学模型与计算解释了恒星形成于星际气体冲击波，而这种冲击波是和密度波相伴随的，因此说明了年轻的亮星为什么集中于旋臂这一观测事实。同时，以银河系为例，数学计算指出由于银河系旋臂的冲击波超过一万二千毫秒就会失去力量，所以银河系的旋臂只能延伸到一万二千毫秒。这一计算与天文观测完全吻合。此外，根据密度波理论，螺旋星系至少具有两个主旋臂是不可避免的结果。这一点也与所有的观测结果相符合。密度波理论对星际磁场、宇宙线、星际尘等的合理分析都与观测的实际结果相一致。

三、争议

一鸣惊人。在林家翘之前，关于星系螺旋臂的缠卷问题就曾引起了天文学界的讨论，各种解释层出不穷。林家翘用密度波理论解释缠卷困境的论文一发表，立刻就在天文学界引起了极大的震动。一石激起轩然大波，争论随之而来。

1. 众说纷纭

事情好像可以很简单：如果追踪星系若干亿年，仅靠观测便可使真相大白于天下。然而，"仰观宇宙之大"，动辄以光年计；俯察岁月之长，动辄以亿年计。我们的地球不过是茫茫宇宙中的一粒微尘。人的一生，即使百岁，也仅仅是宇宙一瞬间的一瞬间。人生易老，"修短随化"，何以面对如此超乎想象的巨大空间和漫长时间？何以看到星系螺旋臂的缠卷变化？所以，人们只能用科学的方法，在观测的基础上，使用数学、天文学和物理学等方面的运动学、动力学、磁场、色谱、等离子体、数值分析、计算机模拟等等各种理论、知识和手段，来分析、判断、推测、探求和认识事情的真相，而其中就必然存在着各种各样的可能和分析判别，产生出对事情的不同看法。

在20世纪60年代初，当应用数学家林家翘带领他的学生徐遐生闯入国际天文学界的时候，没有人知道他们是谁，没有人听说过他们的名字。B.林德布拉德提出密度波假说二十年，天文学界无人能给予理论上的解释和证明。现在，两个"外行人"居然带着系统的密度波理论来了。一位是流体力学家林家翘，似乎和天文学没有关系。另一位是物理专业的徐遐生，一个不过二十岁出头的本科生，名不见经传，还只上过一门天文学课。这确实让那些天文学界德高望重的专家泰斗难以接受。在专业杂志中，在各种国际天文学的研讨会上，他们的理论遭到了许多人的质疑甚至反对。激烈的辩论是不可避免的。据徐遐生的回忆，林家翘和他在每一个研讨会上都和那些天文学专家们正面交锋。特别是年轻的徐遐生，他以初生牛犊不怕虎的劲头和专家们大吵。他说他也从中学到了很重要的一课，"专家不见得是对的"，如果你觉得自己是对的，就要坚定信心，要有这种心理准备。

1964年7月中旬，在林家翘和徐遐生第一篇关于星系螺旋结构论文发表前的一个月，英国剑桥大学（University of Cambridge）理论天体物理学家唐纳德·林登－贝尔（Donald Lynden-Bell，1935—2018年）收到了林家翘论文的预印本，而在那之前他根本不知道林家翘是谁，更不知道他的有关想法。"我对那篇论文的反应是，林和徐因为忽略了压力而错失了真实的问题。"（"My reaction to that paper was that Lin and Shu had missed out the real problem by leaving out the pressure."）林登－贝尔说，当我阅读那篇论文时，我的感觉是，如果我是论文评审人，那么，"我会拒绝它。"（"I would have rejected it."[1]）

1966年8月25日到9月1日，国际天文学联合会第31届研讨会（IAU Symposium No. 31）在荷兰西部的海滨小城诺德维克（Noordwijk）举行，

---

[1] I. I. Pasha (И. И. Паша): "Density Wave Spiral Theories in the 1960s, II", 2004, https://ned.ipac.caltech.edu/level5/Sept04/Pasha2/Pasha_contents.html.

林家翘和徐遐生出席了这次会议。会议的主题是"射电天文学和银河系"("Radio Astronomy and the Galactic System"),其中银河系结构是会议的两个议题之一。林家翘和徐遐生在1964年8月和本次研讨会之前两个月发表的关于盘状星系螺旋结构的两篇论文成为了会议的一个焦点。

前哈佛大学教授、时为亚利桑那大学天文系主任及斯特沃德天文台(Steward Observatory)主任的巴特·博克(Bart J.Bok,1906—1983年)在会上直截了当地接连对林家翘等人提出四个问题:最需要哪些观测数据来检查林家翘等人的理论?是否不应该考虑螺旋结构的磁场?引力理论中是否存在对沿螺旋臂定向的磁场的自然解释?引力理论中是否有对棒旋星系的自然解释?[1]

林家翘扼要地回答了博克的问题,并且说:"我们当然不应该忽视我们银河系中磁场的存在。然而,我们不需要考虑磁场的影响来讨论我们银河系质量更大部分中的螺旋模式,在那里恒星成分占统治地位。在气体成分占主导地位的外部,磁场当然会发挥越来越重要的作用。"("We should certainly not ignore the presence of a magnetic field in our Galaxy. However, we need not consider the effect of the magnetic field for the discussion of the spiral pattern in the more massive part of our Galaxy, where the stellar component is predominant. In the outer part, where the gaseous component is predominant, the magnetic field would of course play an increasingly important role." [2])

不知道苏联天体物理学家派克尔娜(S.B. Pikel'ner)是没有听懂,或者是有点明知故问,她对着林家翘说:"我想知道你是如何在你的图形中避免螺旋臂缠绕的。"("I should like to know how you avoid the winding of spiral arms in your picture.")她接着说:"如果考虑到旋臂内的气体密度高于外部,那么稀薄的臂间气体速度一定远高于气体与轮盘的速度差。这个理论和观察一致吗?"("If the gas density inside the arms is considerably higher than that outside, the velocity of the rarefied gas between arms must be much higher

---

[1] "Discussion on problems of spiral structure", IAU Symposium No. 31, 1966, Paper No. 55.
[2] 同上。

than the differential velocity of gas and wheel. Is this consistent with theory and observations?" [1])

林家翘耐心地回答道，螺旋星系中在垂直于臂的方向上所需的气流速度仅为几千米/秒。因此，"所需的径向速度约为圆周方向速度差的 1/10。根据对于密度对比的合理假设，对这些速度的详细估计并不表明与理论或观察有任何矛盾。"（"the required radial velocities are of the order of 1/10 of the velocity differences in the circular direction. Detailed estimation of these velocities, on the basis of reasonable assumptions for the density contrasts, does not indicate any contradiction with theory or observation."[2]）林家翘还指出，恒星以 250 千米/秒的圆周速度移动，而螺旋模式以 110 千米/秒的速度移动。这种速度差将导致气体浓度和 1000 万年恒星所描绘的旋臂之间仅 140 pc（在垂直于臂的方向，即几乎在径向方向）分离。

上面的问答是在林家翘的演讲之后随即发生的。面对众多的提问，他坚持着自己的学术观点。同时，他和徐遐生在这次会议上发表了一篇新的论文"盘状星系的密度波"（"Density waves in disk galaxies"[3]）。文章着重检验维持星系螺旋模式的机制，以及它对星系可观察特征的影响。文章指出，重要在于要注意这两个问题的区别：即整个星系盘面上螺旋图形组织，和单个旋臂伸展的详细结构。文章还明确提出："我们目前理论的主要目的确实是试图解释整个星盘的宏大图形。"（"The primary purpose of our present theory is indeed an attempt to explain the grand design over the whole disk."）并且指明，"引力占主导地位，而磁流体的力最多只能起次要作用。特别是，我们认为密度波形成了一个准稳的螺旋结构。"（"Gravitational forces are predominant, while hydromagnetic forces can at most play a secondary role. Specifically, we

---

[1] "Discussion on problems of spiral structure", IAU Symposium No. 31, 1966, Paper No. 55.
[2] 同上。
[3] C.C. Lin and Frank H. Shu: "Density waves in disk galaxies", IAU Symposium No. 31, 1966, Paper No. 52.

believe that the density waves form a quasi-stationary spiral structure."[1]）文章用相应的数学推导和曲线图论证了螺旋形式中密度波的自我支持，指出了密度波理论的重点，认为密度波主要是恒星系统中的集体模式，可以将其描述为"引力等离子体"（"gravitational plasma"）。

林家翘在文章中所涉及的等离子体（plasma）是除了固体、液体和气体以外的物质的第四形态。它是由阳离子、中性粒子、自由电子等多种不同性质的粒子所组成的电中性物质，其中阴离子（自由电子）和阳离子的电荷量相等，物理学上称之为"等离子"。但现实中一些不符合早先电中性定义的物质也被称为等离子体。等离子体有极高的导电性，能在磁场的作用下显现出三维结构，也可以被磁场捕捉、移动和加速。日常生活中所能见到的闪电、极光、电弧、霓虹灯及日光灯中的发光体等都属于等离子体。等离子体是宇宙物质存在的最主要形态，恒星（例如太阳）、星际物质以及在高空之上环绕地球的电离层等都是等离子体。

与会的哥伦比亚大学天文系教授凯文·普伦德加斯特（Kevin H. Prendergast，1929—2004 年）在其演讲的一开始就说，"这将是一次不寻常的介绍性演讲：我没有幻灯片，几乎没有方程式，而且我不会谈论我自己的工作。我要说说螺旋结构的理论"。（"This will be rather an unusual introductory talk: I have no slides, almost no equations, and I will not be talking about my own work. I am supposed to speak about the theories of spiral structure".[2]）然后，他说他不想解释什么是旋臂，但他直指那些所谓把"旋臂视为大型凝聚结构，几乎从核心延伸到银河系边缘"（"spiral arms as large-scale coherent structures, extending almost from the nucleus to the edge of the Galaxy"）的人说，"旋臂不会延伸到银河系半径的大部分"。（"do not extend over a considerable fraction of the radius of the Galaxy".）这显然是冲着林家翘等人来的。关于螺旋结构的缠绕问题，他又诘问，旋臂能持续多久？然后自己回答："银河系中的任

---

[1] C.C. Lin and Frank H. Shu: "Density waves in disk galaxies", IAU Symposium No. 31, 1966, Paper No. 52.

[2] K. H. Prendergast: "Theories of spiral structure", IAU Symposium No. 31, 1966, Paper No. 51.

何东西都以如此快的速度被剪切，可能在一两个旋转周期后，它会变得完全无法辨认。"（"anything in the Galaxy is sheared at such a rate that at the end of perhaps one or two rotation periods it will be quite unrecognizable."[1]）这确实是一次"不寻常"的演讲。在没有任何论证的情况下，他的这番话说得未免武断，其语气让人感到一股咄咄逼人之势。

旋臂能否保持稳定而长期存在，是关于星系螺旋结构问题争论的一个主要焦点。正如J. 奥尔特所说，"一个更严重的问题似乎是螺旋波的长期持久性。它们能否在不对其规律造成致命破坏的情况下继续旋转50圈？看看实际螺旋星系的不规则性，人们怀疑现在的螺旋是否能在如此大量的旋转中继续存在。"（"A more serious problem seems that of the long-term permanence of the spiral waves. Can they continue to run round during 50 revolutions without fatal damage to their regularity? Looking at the irregularities in the actual spiral galaxies one wonders whether the present spirals could continue to exist for such a large number of revolutions."[2]）

徐遐生在回忆这段经历时写道，"通过与观察者交谈，很明显，哈勃图表与盘状星系其他属性的相互关系，诸如凸出与盘的比值和局部气体含量，表明螺旋结构一定具有盘状星系的长期存在及内在动力学的特征。之所以引起争议，是因为当时理论家们的主要意见认为，螺旋结构是一种短暂的或外部驱动的现象。"（"It was obvious by talking with the observers that correlations of the Hubble diagram with other attributes of a disk galaxy, such as the bulge-to-disk ratio and the fractional gas content, that spiral structure must be a long-lived and an intrinsic dynamic feature of a disk galaxy. The controversy arose because the predominant attitude among theorists at the time was that spiral structure was a transitory or externally driven phenomenon."[3]）他还说，"当时其他著名理

---

[1] K. H. Prendergast: "Theories of spiral structure", IAU Symposium No. 31, 1966, Paper No. 51.
[2] J. H. Oort: "Survey of spiral structure problems", IAU Symposium No. 38, 1969, Paper No. 1.
[3] Frank Hsia-San Shu (徐遐生): "Professor Chia-Chiao Lin (1916—2013)", Bulletin of American Astronomical Society, Vol. 45. Issue 1, Dec. 01, 2013.

论家——包括阿拉尔·图莫瑞——的流行想法是，螺旋结构是一种纷乱和再生的现象——'剪切的碎片'，正如阿拉尔后来在他的一篇论文中所说的那样。"（"The prevalent thinking among the other prominent theorists of the time—and this included Alar Toomre—was that spiral structure was a chaotic and regenerative phenomenon—'shearing bits and pieces', as Alar later put it in one of his papers."[1]）

2. 阿拉尔·图莫瑞

在反对林家翘和徐遐生的密度波理论上，阿拉尔·图莫瑞是一员骁将。

阿拉尔·图莫瑞（Alar Toomre，1937年—）十二岁时随家人从爱沙尼亚来到美国，1957年在麻省理工学院完成了航空工程和物理学的本科学位。在获得马歇尔奖学金（Marshall Scholarship）后，他前往英国曼彻斯特大学（University of Manchester）学习并获得博士学位。

对于这位毕业于麻省理工学院本科，又在英国攻读流体力学并获得博士学位的年轻人，林家翘惜才爱才，支持系主任马丁把图莫瑞招聘到数学系工作。1960年秋天，二十三岁的图莫瑞以摩尔讲师的身份回到MIT，在数学系任教。两年期满之后，他很想留下来成为教授，于是去询问副系主任迪克·谢弗（Dick Schafer），但遭到了谢绝。因为根据数学系的规定，摩尔讲师不能直接转为系里的教授。他们必须离开一段时间，取得在其他地方的工作经验，然后才有回来的可能。可以理解，这通常是学校防止学术上"近亲繁殖"的一种做法。在此情况下，林家翘向本·斯特龙根（Bengt Georg Daniel Strömgren）推荐了图莫瑞。"我认为，他是非常真诚地把我推荐给斯特龙根。"（"He was, I think, very sincere in recommending me to Strömgren."[2]）图莫瑞说。于是他得到了去高等研究院进行研究的机会。从1962年到1963年，图莫瑞在那里工作了八个月，之后，他找到了一个普林斯顿大学的教

---

[1] I. I. Pasha (И. И. Паша): "Density Wave Spiral Theories in the 1960s, I", 俄罗斯天文网，2002，http://www.astronet.ru/db/msg/1183369/eindex.html。

[2] Joel Segel: *Recountings*: *Conversations with MIT Mathematicians*, A K Peters/CRC Press; 1st edition (Jan. 2009).

职，然后离开了高等研究院。但是，仅仅又过了大约一两个月，图莫瑞就接到了林家翘的电话，"你愿意回来担任助理教授吗？"（"Would you like to come back as an assistant professor?"[1]）这正是图莫瑞所十分期盼的。于是，他辞别了普林斯顿大学，再一次回到 MIT，成为了数学系的一名助理教授。"可真快。"（"It was pretty damn quick."[2]）图莫瑞在回忆这段经历时说。此时是 1963 年的春天，林家翘刚刚转向天体物理学不久，正在致力于密度波理论研究。

　　实际上，在这之前的两年，即 1961 年林家翘从高等研究院的会议回来之后，就不但自己努力学习天文学，而且积极热情地鼓励系里年轻的教师们学习天文学知识和理论，这些教师里就包括当时还是摩尔讲师的图莫瑞。徐遐生说，"林无疑鼓励了他的许多年轻同事——比如阿拉尔·图莫瑞——去思考螺旋结构的问题。我可以想象林对待比他年轻得多的人和他对待自己一样的宽厚。"（"Lin undoubtedly encouraged many of his younger colleagues—like Alar Toomre—to think about the problem of spiral structure. I can only imagine that Lin's treatment of people then much more junior than himself was equally as generous as his treatment of myself."[3]）林家翘把图莫瑞推荐到本·斯特龙根那里，也是期望图莫瑞能在高等研究院进一步提高自己的天文学水平。图莫瑞自己也承认："名义上我不在家翘的小组里；我只是那里的一名讲师。但有着极高声誉的家翘当时对我和克里斯·亨特以及周围其他一些年轻人非常慷慨，鼓励讲师们学习其他东西，做其他事情，而不是仅仅囿于他们的论文。通过他对这些事情的热忱让我意识到，'哦，对星系充满热情还是不错的！'"（"I wasn't C. C.'s group in a literal sense; I was just an instructor there. But C. C., to his great credit, was very generous toward me and Chris Hunter and some of the other youngsters around at that time, encouraging

---

[1] Joel Segel: *Recountings: Conversations with MIT Mathematicians*, A K Peters/CRC Press; 1st edition (Jan. 2009).
[2] 同上。
[3] I. I. Pasha (И. И. Паша): "Density Wave Spiral Theories in the 1960s, I", 俄罗斯天文网，2002，http://www.astronet.ru/db/msg/1183369/eindex.html。

instructors to learn other things and do other things than just their theses, and through his enthusiasm for this stuff made me realize, 'Oh, it's okay to enthuse about galaxies!'" [1]）"在这方面，家翘真是太棒了。作为一位资深人物，他去某地（学习），然后回来分享他的（学习）热情来激励大家。"（"In that respect C. C. was just wonderful, as a senior figure who stirred the pot by going someplace and then sharing his enthusiasms."[2]）他也承认，"家翘在鼓励我思考这些事情、送我去普林斯顿和招聘我回来等等方面非常有影响力。"（"C. C. was very influential in encouraging me to think about these things, sending me to Princeton, hiring me back, and so forth." [3]）

对于再次回到 MIT 的图莫瑞，林家翘一度抱有很大的希望。他期待着和这位年轻的助理教授合作，进行密度波理论的研究，并取得成果。在图莫瑞还是一个摩尔讲师的时候，林家翘曾就天体物理学特别是星系螺旋结构，和他有过许多交流和探讨。从他们两个人几年的交往来看，学术上的合作似乎是水到渠成的事。可是，林家翘后来说过，和图莫瑞有讨论，但是没有真正的合作。[4]

为什么呢？是因为学术观点的不同吗？

这的确是一个原因。据图莫瑞回忆，1963 年春天再次回到麻省理工学院时，他确实拒绝了林家翘与他联合撰写一些论文的建议，"因为他本人几乎没有对我的（有关）引力稳定性的见解做出具体贡献；而我同样觉得，对他所希望的螺旋波（理论）我也几乎增添不了什么东西。"（"since he himself had contributed almost nothing very concretely to my gravitational (in) stability insights, and yet also since I likewise felt I had added next to nothing to his own

---

[1] Joel Segel: *Recountings*: *Conversations with MIT Mathematicians*, A K Peters/CRC Press; 1st edition (Jan. 2009).
[2] 同上。
[3] 同上。
[4] I. I. Pasha (И. И. Паша): "Density Wave Spiral Theories in the 1960s, I", 俄罗斯天文网, 2002, http://www.astronet.ru/db/msg/1183369/eindex.html。

spiral-wave hopes"[1])

对于星系螺旋结构的问题,图莫瑞认为旋臂的存在是不稳定的和暂时的。1964年5月,图莫瑞在《天体物理学杂志》(*The Astrophysical Journal*)上发表了他的"关于星盘的引力稳定性"("On the gravitational stability of a disk of stars"[2])一文,第一次公开阐明了他的这个观点。在文章的一开始他就写道,在引力和离心力之间近似平衡的情况下,旋转的星系是不存在的。"结论是,没有这样的圆盘"("It is concluded that no such disk")!因为星系"系统必然易受许多不稳定扰动的影响"("the system must be vulnerable to numerous unstable disturbances")。他用麦克劳林椭球体(Maclaurin spheroids)的不稳定性来支持自己的论点。星系的形状通常被认为是引力场中一个很大的扁平盘。文章通过"简单的数量级论证"("simple order-of-magnitude arguments")指出,"任何旋转本身都无法确保一个引力薄板的完全稳定性"("no amount of rotation can by itself insure the complete stability of a thin, gravitating sheet")。在一系列数学推导和论证后,作者强调螺旋结构的不稳定性:"总而言之,这已经表明,任何相当薄的、光滑和旋转的星盘都应该容易受到各种非常广泛和剧烈的不稳定性的影响"("To sum up, it has been shown here that any reasonably thin, smooth, and rotating disk of stars should be vulnerable to a variety of remarkably extensive and violent instabilities"[3])。

请注意杂志标注此文的收到日期是1963年8月,修改日期是1964年1月,然后在5月发表。而作为林家翘和徐遐生密度波基础理论的首篇文章,杂志标注收到的日期是1964年3月,然后8月在同一杂志上发表,比图莫瑞文章的发表晚了三个月。

由于图莫瑞和林家翘早期曾在一起多次讨论星系螺旋结构的问题,双方对于彼此的观点实际上十分地了解。图莫瑞在他的这篇文章中也提到,林家

---

[1] I. I. Pasha (И. И. Паша): "Density Wave Spiral Theories in the 1960s, I", 俄罗斯天文网, 2002, http://www.astronet.ru/db/msg/1183369/eindex.html。

[2] Alar Toomre: "On the gravitational stability of a disk of stars", The Astrophysical Journal, Vol. 139, pp. 1217-1238, May 1964.

[3] 同上。

翘在和 L. 沃尔彻（L. Woltjer）的讨论中，曾询问星系需要什么样的环境才能在"所有的大规模扰动下保持引力稳定"（"to remain gravitationally stable against all large-scale disturbances"）。就在林家翘还在深入思考星系的稳定性问题时，图莫瑞抢先一步，率先发表了自己的论文，表明了螺旋结构是不可能稳定的观点。这篇文章"更引人注目的是，它还提到并已经讨论了林尚未发表的解释。"（"still more glaringly, it also mentioned and already discussed Lin's yet unpublished solutions."[1]）从某种意义上说，图莫瑞等于给林家翘将了一军。因此，林家翘认为已经到了必须亮明自己观点的时候了，也就是要在并没有完全准备好的情况下发表论文。正如他自己在文章中所写："由于 A. 图莫瑞（1964 年）的观点已经发表，虽然该工作还没有像目前作者所希望的那样完整，但发表我们的观点看起来是必要的。"（"Since A. Toomre's (1964) point of view has been published, it seems desirable to publish our point of view even though the work is not yet as complete as the present writers would wish to have it."[2]）

这就是林家翘和徐遐生所发表的关于星系螺旋结构的第一篇文章。如前所述，文章指出螺旋理论至少有两种类型。第一种是将每个螺旋臂与一定的物质相关联。比如，这种旋臂实质上可能是一个主要受星际磁场约束的气体隧道。在这样的理论中，伴随较差转动的混乱影响所造成的困境是众所周知的。文章明确反对图莫瑞的观点："图莫瑞倾向于上述第一种可能性。在他看来，物质材料的集结会因为较差转动而周期性地被破坏，然后由于引力的不稳定性而重新产生。很难看出，仅凭这种机制何以能单独解释大多数扁平星系的整个盘面相对规则的螺旋图形。"（"Toomre tends to favor the first of the possibilities described above. In his point of view, the material clumping is periodically destroyed by differential rotation and regenerated by gravitational

---

[1] I. I. Pasha（И. И. Паша）: "Density Wave Spiral Theories in the 1960s, I", 俄罗斯天文网, 2002, http://www.astronet.ru/db/msg/1183369/eindex.html。
[2] C.C.Lin and Frank H.Shu: "On the spiral structure of disk galaxies", The Astrophysical Journal, Vol.140, pp. 646-655, Aug. 15, 1964.

instability. It is somewhat difficult to see how this mechanism alone can account for the relatively regular spiral pattern over the whole disk in most of the flat galaxies."[1]）而林家翘和徐遐生主张另一种理论类型，即把螺旋结构视为一种波形。这种波形保持稳定或至少近似稳定。这样，作者在文章中明确表达了与图莫瑞完全不同的学术观点。

关于林家翘和徐遐生这篇论文发表的背景情况，徐遐生在2001年回忆道，"事后看来，由于林和徐（1964年）的论文对天文学家的思想有重要影响，遗憾在于林没有决定（无论是否有我）更早地发表，因为早在1964年之前，他当然已经具有了包含在我们论文中的所有物理学上的见解。"（"In hindsight, considering the crucial influence that the Lin & Shu（1964）paper had on the thinking of astronomers, it is only regretful that Lin did not decide（with or without me）to publish even earlier, because he certainly had all the physical ideas contained in our paper well before 1964."[2]）他还说，"在这里，我只能推测，因为当时我的眼光肯定没有林的那么敏锐。我也不知道他和阿拉尔·图莫瑞之间日益疏远。……自1961年普林斯顿会议以来，林就一直不停歇地在思考螺旋结构的问题。但他有世界知名的声誉要保护，因此在数学上解决他的想法而且令他满意之前，他不愿意仓促发表任何东西。"（"Here, I can only speculate, because certainly my foresight then was not as sharply developed as Lin's. Nor was I privy to the developing estrangement between him and Alar Toomre. ... Lin had been thinking about the problem of spiral structure nonstop since the Princeton conference in 1961. But he had a world-renowned reputation to protect and therefore was loathe to publish anything hasty before he had worked out his ideas mathematically to his satisfaction."[3]）徐遐生说，林家翘和他本人都非常相信螺旋结构本质上是一种正常的模式，但这与当时的标准相悖。

---

[1] C.C.Lin and Frank H.Shu: "On the spiral structure of disk galaxies", The Astrophysical Journal, Vol.140, pp. 646-655, Aug. 15, 1964.
[2] I. I. Pasha (И. И. Паша): "Density Wave Spiral Theories in the 1960s, I", 俄罗斯天文网, 2002, http://www.astronet.ru/db/msg/1183369/eindex.html。
[3] 同[2]。

"他可能想在发表任何东西之前找出原因。阿拉尔 1964 年的论文促使他过早地采取行动。"("And he probably wanted to discover the reason why before publishing anything. Alar's 1964 paper triggered him into premature action。"[1]）人们大概没有想到，这篇至今仍被广泛引用的关于密度波基础理论的重要文章，竟是在这样有些匆忙的情况下发表出来的。

林家翘对此说得很简短："我提交我们论文的紧迫性是表达一个不同的观点，而不是争取优先权"。("The urgency in my submittal of our paper was to present a different perspective, not to fight for priority"。[2]）在当时紧迫的情况下，林家翘认为他"再次审阅这篇论文后，我想我不可能做得更好，或者仅仅再好一点"。("After reviewing the paper again, I think I could not have done much better or even any better"。[3]）

俄罗斯天文学家帕沙（I.I. Pasha）在他的"20 世纪 60 年代的密度波螺旋理论 I"（"Density Wave Spiral Theories in the 1960s. I"[4]）一文中认为，林－徐论文中所说图莫瑞持有两种螺旋理论中的第一种是"令人困惑"（"This puzzles"）的，因为图莫瑞并没有在其文章中明确讨论这种观点，所以对图莫瑞观点的强调是"错误的引用"（"a mistaken reference"）。这似乎表明是林家翘误解了图莫瑞。不过，看来作者至少忽略了一个事实，即林家翘和图莫瑞早期曾在一起多次讨论密度波理论，双方对彼此的观点了然于心。正如徐遐生所说："当然，他一定已经与阿拉尔·图莫瑞……讨论了他对这个问题的想法。"("Certainly, he must have discussed with Alar Toomre ... his ideas about this problem。"[5]）图莫瑞在他的文章最后列出的参考文献中，有一项就是和林家翘的"private communication"（"私人交流"）。在 1964 年 3 月林家翘提交其论文时，离图莫瑞文章的公开发表还有两个月之久。林家翘应该是

---

[1] I. I. Pasha（И. И. Паша）: "Density Wave Spiral Theories in the 1960s, I", 俄罗斯天文网，2002，http://www.astronet.ru/db/msg/1183369/eindex.html。
[2] 同上。
[3] 同上。
[4] 同上。
[5] 同上。

提前看到了图莫瑞文章的预印本。总之，林家翘并没有误解图莫瑞。

双方的分歧由此公开化，其焦点就是星系螺旋结构的稳定性问题。图莫瑞认为螺旋结构极易受到外界干扰，只能维持一亿年到十亿年，所以说它是暂时的和不稳定的。上亿年还是暂时的吗？和宇宙迄今138亿年的寿命比起来，几亿年的时间的确可以说是短暂的。而林家翘认为螺旋结构是可以长期大体维持稳定的，称它是一个准稳态的结构。

科学的发展是一个不断地质疑，不断地被质疑，不断地探索、不断地纠错、不断地前进的过程。在任何新的领域，这种质疑恰恰是科学发展的正常道路。然而，事情的发展有时并不一定总是这样，而是混杂着一些什么别的东西。

2007年，图莫瑞在接受采访时说："1963年我刚从普林斯顿回来，开始我的助理教授职位，当时家翘表示，或许他和我应该一起写这个不稳定的事情。我想这在他来说有点强人之难，对我来说也不明智。如果我在林的大保护伞下拿出我的最好作品，那么这对我的名誉会有什么影响？它总是会被认为这是林，林，林。"（"I had just come back from Princeton in '63, beginning of my assistant professorship, when C. C. suggested that maybe he and I should write up this instability thing together. I thought this a little pushy on his part and also unwise for me. If I'm going to be giving my best work away under the general umbrella of Lin, then what will this do for my reputation? It will be thought of as Lin, Lin, Lin."[1]）

这显然是真情的流露。无论是主观的还是客观的实际效果，图莫瑞担心如果一直处在他所谓的林家翘的保护伞下，林家翘会夺人之美。这恐怕是图莫瑞要离开林家翘的另一个重要原因。它已经超出了学术的范围，而涉及到了图莫瑞对其个人名誉是否会受到影响的顾虑。"不，让我们把这事分开

---

[1] Joel Segel: *Recountings: Conversations with MIT Mathematicians*, A K Peters/CRC Press; 1st edition (Jan. 2009).

吧"。("No, let's keep the stories apart".[1]) 图莫瑞对林家翘说。

看到林家翘及其合作者热衷于星系螺旋结构的研究,图莫瑞在一旁揶揄:"请注意,他们只是热情;在那一点上,他们不过此。"("Mind you, they were only enthusiasms; they were not any more than that, at that point.[2]")

"家翘深深坠入到爱河之中去了,那是展示他完美的长寿结构想法的爱河。"("C. C. fell too much in love with the idea that one could demonstrate long lived perfect structures".[3])

"家翘追在那些银河系漩涡的后面。他希望——如果乐观些看,似乎颇有道理——他或他的团队努力的最终结果,无论如何是要表明那些螺旋是永远的,或者是长期持续的。而且,那些螺旋不仅仅是不稳定,不知道怎么,他一定怀有希望,那种不稳定会发展到一个有限的振幅,然后维持那种状态,还或多或少刚性地旋转。这就是他所谓的准稳态螺旋理论的基础。家翘在事情的早期就被这种希望所吸引,……"("C. C. went after the galactic whirlpools. He was hoping—quite plausibly, if somewhat optimistically—that the end result of his or his group's efforts would be to show that the spirals are everlasting, or long-lasting, at any rate. They're not just instabilities, he must have hoped, but instabilities which somehow develop to a finite amplitude and then stay that way and rotate rigidly more or less ever after. This was the basis of his so-called quasi-steady spiral theory. C. C. got sucked into this hope rather early in the game,…"[4])

按照图莫瑞的说法,林家翘对螺旋结构密度波理论着迷,是出于一种个人主观的偏好,而不是科学的严谨。不难看出,图莫瑞这种情绪化的语言,显然已经偏离了严肃的学术之争的轨道。也正因为如此,图莫瑞在采访中关于林家翘的一些溢美之词,听起来却像是用来掩饰其某种心理,或仅仅是用

---

[1] Joel Segel: *Recountings*: *Conversations with MIT Mathematicians*, A K Peters/CRC Press; 1st edition (Jan. 2009).
[2] 同上。
[3] 同上。
[4] 同上。

来表示其绅士风度而已。

与名人论战，不知是有心还是无意，二十七岁的图莫瑞很快就扩大了自己的影响，两人的分歧在业内尽人皆知。

而作为林家翘的学生和长期的合作者，徐遐生一步步成长起来。这其中有他个人的努力，也有林家翘的栽培。徐遐生在天文学界做出了卓越的贡献，取得了巨大的成功。他的贡献成就了他的世界声誉。徐遐生的才华并没有因为图莫瑞口中所谓林家翘的保护伞而被埋没。在这个问题上，图莫瑞未免多虑了。

时过境迁。四十多年之后提起往事，图莫瑞却将其淡化为"家族内部的争斗"（"a fight within the family"[1]），"友好的摩擦"（"friendly friction"[2]）。真的是这样吗？

对于图莫瑞的文章从来没有林家翘署名一事，徐遐生曾说："为什么那些早期的论文没有以林的名字作为合著者呢？我不知道，我也不敢探究（通过询问林或图莫瑞），因为害怕打开最好保持闭合的旧伤口。"（"Why then did those early papers not carry Lin's name as a coauthor? I do not know, nor would I dare to probe（by asking either Lin or Toomre）for fear of opening old wounds that are best left closed."[3]）

什么伤口？怎样的伤口？2013年底，徐遐生在一篇纪念林家翘的文章中写道："这场争论导致了对林教授的攻击，这超出了专业辩论的范围，有时几乎涉及人身攻击。对于他的崇拜者来说目睹这种攻击是令人不快的。"（"The controversy led to attacks against Professor Lin that went beyond professional debate and bordered sometimes on the personal. Such attacks were

---

[1] Joel Segel: *Recountings*: *Conversations with MIT Mathematicians*, A K Peters/CRC Press; 1st edition (Jan. 2009).

[2] 同上。

[3] I. I. Pasha (И. И. Паша): "Density Wave Spiral Theories in the 1960s, I", 俄罗斯天文网，2002，http://www.astronet.ru/db/msg/1183369/eindex.html。

unpleasant for his admirers to witness."[1])

话说得很重，内中似有隐情。我们不知其详，因为林家翘不说。他在采访中绝口不提图莫瑞，无论是与图莫瑞的学术分歧，还是涉及的所谓"人身攻击"。林家翘虽然不曾是图莫瑞直接的老师，但作为在数学系工作的前辈，却给予了他尽可能的提携与帮助。至于最终未能实现与图莫瑞学术上的合作，林家翘没有说什么。图莫瑞心里也明白："我认为，他对我没有更多地参与他的事业，或在实现他的希望方面没有立即帮助他而感到失望。"（"I think, a disappointment on his part that I wasn't pulled into his enterprise more or wasn't more immediately helpful to him in terms of fulfilling his hopes."[2]）

失望是可以理解的，但又岂止是失望。可以想象的是，那种超出学术范围的攻击，那种精神上的伤害，那种可能的偏见、误解、甚至中伤。对此，林家翘始终保持了宽容和大度。1969 年，图莫瑞要去加州理工学院休学术假（sabbatical leave），进行天文学研究。即使他们之间有着图莫瑞所说的"摩擦"（"friction"），林家翘仍然写信给古根海姆基金会（Guggenheim foundation），为他争取了一半的资助（另一半由 MIT 提供）。在图莫瑞面前，林家翘显示了一个大师与长者的胸襟与涵养。

图莫瑞曾说："几乎在 1960 年秋天我第一次见到他的那一刻，我就被他广泛的科学兴趣、他真正出色的英语口语、……以及他与他人相处的真诚亲切的方式所倾倒"。（"Almost at the moment I first met him in fall 1960 I was struck with his breadth of scientific interests, his really excellent spoken English, ... and his genuinely gracious manner of dealing with other people".[3]）听起来，这好像是一位仰慕者的语言。

很难想象，后来对林家翘施以人身攻击的竟是同一个人。

---

[1] Frank Hsia-San Shu (徐遐生): "Professor Chia-Chiao Lin (1916—2013)", Bulletin of American Astronomical Society, Vol. 45. Issue 1, Dec. 01, 2013.

[2] Joel Segel: *Recountings: Conversations with MIT Mathematicians*, A K Peters/CRC Press; 1st edition (Jan. 2009).

[3] I. I. Pasha (И. И. Паша): "Density Wave Spiral Theories in the 1960s, I", 俄罗斯天文网, 2002, http://www.astronet.ru/db/msg/1183369/eindex.html。

伤口真的是有。林家翘夫人梁守瀛曾留下一句话,"林先生的胃溃疡就是图莫瑞给闹出来的!"但他心中的呢?

虽然林夫人认为林家翘对图莫瑞过于"nice"("文雅"),但他在自己这一方却始终把争议保持在学术的范围内,因为他的力量在此。甚至在他后来发表的一些论文中,也并不避讳提及图莫瑞的学术研究和观点。自幼受到的中国传统儒家思想教育,让他知道应该如何规范自己的言行。他不愿意、不善于、也不能够把自己宝贵的时间和精力耗费在无谓的人事纠纷上。他有更重要的事情去做。多年后有人问起此事,林家翘只是半开玩笑地说了五个字:"好人不打架。"

林家翘依旧坚强。在争论最为集中的20世纪六七十年代,林家翘始终坚守着自己的基本观点,在学术上坚持真理,绝不退让,而且在论争中不断深化和完善着密度波理论。

3. 争议焦点何在?

星系螺旋结构是准稳态的长期结构还是寿命短暂的瞬态现象,涉及螺旋结构如何长期维持的问题,其争议焦点存在于多个不同的方面,包括潮汐力、旋臂问题、磁场影响和反螺旋定理,等等。

[注:为了方便一般读者顺畅阅读,此部分内容的叙述作为附录4置于书后,供有兴趣的读者参考。]

4. 巴塞尔研讨会

在1967年于布拉格举行的第十三届国际天文学联合会(IAU)大会上,有关密度波理论的讨论又成为了热点之一。以"星系结构与动力学"(Structure & Dynamics of the Galactic System)为名的第33委员会(Commission 33),收到了许多关于这一主题的论文,其中最为引人注目的是林家翘的"银河系螺旋的密度波理论"("The density wave theory of galactic spirals")、皮克尔纳(S. B. Pikelner)的"螺旋结构的磁性方法"("Magnetic approaches to spiral structure")和藤本(M. Fujimoto)的"星系的自引力螺旋模型"("Self-gravitating spiral models of the galaxy")。与会者都对星系螺旋结构的理论怀有极大的兴趣。芝加哥大学教授康托普洛斯(G.

Contopoulos）据此提议就有关问题举办一次特别的专题研讨会。这一提议得到了 IAU 的认可。在接下来的日子里，第 33 委员会主席向许多可能的与会者发送了一份和研讨会有关的特别 "问题清单"。将要召开研讨会的决定，激发了专家们对银河螺旋结构问题的兴趣，许多人集中精力进行这一主题的研究，并且实际上取得了一些成果。

这就是国际天文学联合会第 38 次研讨会（IAU Symposium No.38）的由来。1969 年夏秋之际的 8 月 29 日到 9 月 4 日，研讨会在欧洲星系研究中心瑞士的巴塞尔举行。会议的主题确定为 "我们星系的螺旋结构"（"The Spiral Structure of Our Galaxy"）。

巴塞尔（Basel）位于瑞士西北边境，处于与德国和法国的三国交界处。莱茵河穿过城市转弯向北流去，成为德法两国的界河。巴塞尔大学（University of Basel）建立于 1460 年，是瑞士最古老的大学（图 4-15）。巴塞尔拥有众多的博物馆，欧洲第一家公共当代艺术博物馆和 1661 年世界上第一个向公众开放的艺术收藏馆都在这里。巴塞尔是瑞士的文化之都，也是欧洲最大的文化中心之一。

图 4-15　瑞士巴塞尔大学

在巴塞尔大学校园举行的这次研讨会是一次有关星系螺旋结构的盛会。适逢 IAU 成立 50 周年，研讨会开幕式上还举行了一场特别的庆祝活动。这也是一次星系动力学家、射电天文学家和光学天文学家的国际聚会。出席会议的有来自 23 个国家的 145 位天文学家。研讨会主席 L. 沃尔彻（Lodewijk Woltjer）主持了会议。林家翘是会议的九名组委会成员之一。研讨会收到了 85 篇学术论文。[1] 论文和发言围绕着会议的主题，展示了各自的研究成果。此时距林家翘发表第一篇星系螺旋结构密度波理论的文章已经过去了五年。五年来，

---

[1] W. Becker & G. Contopoulos: "Introduction", IAU Symposium No. 38, 1969.

国际天文学界就这一专题展开了热烈的讨论，各种观点和看法层出不穷。经过几年不断地在理论和实际观测上的努力、探索与讨论，可以看到越来越多的天文学家逐渐接受了林家翘的密度波理论。与会者们所发表的研究成果和见解中，多处引用了他的论述，表达了人们对这一理论的重视与肯定，同时也提出了自己的疑问或者对研究方向的建议。下面的简短摘录来自此次研讨会上的一些论文：

"为了解释我们结论的某些方面，我们必须详细描述泊松方程的解。这种分析是林和徐（1964年）在他们的密度波线性理论中给出的泊松方程渐近解的概括。"（"In order to explain certain aspects of our results, we must describe our solution of Poisson's equation in some detail. This analysis is a generalization of the asymptotic solution of Poisson's equation given by Lin and Shu（1964）in their linear theory of density waves."）——芝加哥大学 C. 贝瑞（C. L. Berry），P. 范德沃特（P. O. Vandervoort）：《无压盘的非线性密度波》（"Non-linear density waves in pressureless disks"）

"大规模流动运动的存在，诸如与人马座旋臂相关的流动，使得对于银河系旋转方面的观测结果的解释并不能令人满意。这表明，林等人（1969年）构想的密度波理论的应用导致了更令人满意的解释。"（"The existence of large-scale streaming motions such as the streaming associated with the Sagittarius arm makes interpretation of the observations in terms of circular galactic rotation unsatisfactory. It is shown that application of the density-wave theory formulated by Lin et al.（1969）leads to a more satisfactory interpretation."）——荷兰莱顿大学天文台 W. 伯顿（W. B. Burton），W. 沙恩（W. W. Shane）：《人马座和盾牌座旋臂中的中性氢》（"Neutral hydrogen in the Sagittarius and Scutum spiral arms"）

"作为林和徐（1964年）所考虑的自持密度波的结果，我们已经对这些分布异常做出了解释。对于螺旋结构的参数，我们采用了林等人（1969年）给出的值"。（"We have worked out an explanation of these distribution anomalies as a result of the self-sustained density waves considered by Lin and

Shu (1964). We adopted, for the parameters of spiral structure, the values given by Lin et ah (1969).")——瑞士日内瓦天文台 M. 梅约（M. Mayor）：《银河系螺旋结构对恒星残留速度局部分布的可能影响》("Possible influence of the galactic spiral structure on the local distributions of stellar residual velocities")

"……林和徐在线性理论（1964年，1966年）中获得的自持密度波，可能会在非线性理论中发展成为对星盘上标准双臂宏大设计螺旋结构的大规模冲击。因此，重要的是要证明在整个银盘上两个周期性定位的大规模螺旋激波，与该星盘固定的非线性气体流的一般性质是兼容的。"("... the selfsustained density waves obtained by Lin and Shu in a linear theory (1964, 1966) might be expected in a nonlinear theory to develop into large-scale shocks with a regular two-armed grand design of spiral structure over the disk. Therefore, it is important to show that two periodically located spiral shock waves present on the large scale throughout the galactic disk are compatible with the general nature of a stationary nonlinear gas flow about the disk.")——弗吉尼亚大学 W. 小罗伯茨（W. W. Roberts, Jr）：《大规模银河系冲击现象及其对恒星形成的意义》("Large-scale galactic shock phenomena and the implications on star formation")

"一个星系的有限厚度结果已经被计算出来。这种星系处于林及其合作者所描述类型的密度波的传播之中。计算出的结果与以前所估计的归纳论据的基本原理没有什么不同。"("The effect of the finite thickness of a galaxy on the propagation of density waves of the type described by Lin and his collaborators has been calculated. The calculated effect does not differ appreciably from what has been estimated previously on the basis of heuristic arguments.")

"在螺旋结构问题的背景下研究星系的平衡和稳定性时，习惯上忽略星系的有限厚度。然而，在将这些理论发展应用于解释观察到的螺旋结构时，如林等人的工作（1969年），有限厚度的修正是显著有效的。"("In investigations of the equilibria and stability of galaxies in the context of the problem of spiral structure, it has been customary to neglect the finite thicknesses of galaxies. However, in the application of these theoretical developments to the interpretation of observed spiral structure, as in the work of Lin et al. (1969), corrections for finite thickness are significant.")——芝加哥大学 P. 范德沃特（P. O. Vandervoort）:《有限厚度星系中的密度波》（"Density waves in galaxies of finite thickness"）

"用斯特龙根开发的方法准确确定恒星的诞生地，无疑地能够获得旋臂动力学进一步的重要信息。林和袁在本次研讨会上描述的结果清楚地阐明了这一点的重要意义。"（"Important further information on the dynamics of spiral arms can undoubtedly be obtained from the accurate determination of the birth places of stars by the methods developed by Stromgren. The significance of this was clearly illustrated by the results described by Lin and Yuan during this Symposium."）——IAU 主席、荷兰天文学家 J·奥尔特（Jan Hendrik Oort）:《对未来工作的期望》（"Desiderata for future work"）

"因此，功劳归于林家翘。他不仅更加详细地发展了螺旋波理论，而且还以相对简单的形式予以展示，使其能被天文学界的其他人所接受。对林和他的同事工作的回应是这一领域不断增长的研究浪潮，并产生了许多重要的新成果。"（"Thus, the credit goes to C. C. Lin, who not only developed the theory of spiral waves in much more detail, but also presented it in a relatively simple form that made it acceptable to the rest of the astronomical world. The response to the work of Lin and his associates has been an ever-growing wave of research in this area, that has produced many important new results."）——芝加哥大学 G. 康托普洛斯（G. Contopoulos）:《螺旋结构的引力理论》（"Gravitational theories of spiral structure"）

简·奥尔特（J. Oort）在会上发表了题为《螺旋结构问题概览》（"Survey of spiral structure problems"）的文章。他指出，有关旋臂长时间维持的理论研究方面已经迈出了非常重要一步。"该理论解释了螺旋结构的维护而不是起源。我不认为这是一个重要的缺点，因为很容易设想螺旋结构开始的过程。"（"The theory explains the maintenance but not the origin of spiral structure. I do not think this is an important shortcoming, for it is easy to conceive of processes which would start a spiral structure."[1]）这说明，奥尔特实际上对于林家翘将研究重点放在螺旋结构的长期存在而不是它的起源表示了认同。

林家翘在这次会议上提交的论文是《大规模螺旋结构的解读》("Interpretation of large-scale spiral structure"[2]）。这篇文章中的某些论述，我们在前面有关密度波理论争议的介绍中已有所提及。这是一篇关于密度波理论的重要文章。

在文章的开头，林家翘回顾了自己的工作，"在过去的几年里，徐、袁和我本人一直试图根据已故 B. 林德布拉德的设想，通过计算密度波理论中的螺旋模式（林和徐，1964 年，1966 年，1967 年）来探索我们星系的宏大图形，并将理论的推论与观测数据进行比较（林等，1969 年；袁，1969 年）。"（"For the past few years, Shu, Yuan and I myself have been trying to ascertain the grand design of our galaxy by calculating a spiral pattern from the density wave theory（Lin and Shu, 1964, 1966, 1967）, in the spirit of the late B. Lindblad, and comparing the theoretical deductions with observational data（Lin et al., 1969; Yuan, 1969）."）这个研究分为两部分，一是在较差转动的情况下螺旋结构的持久性（或物质臂与密度波的问题），二是这种结构的起源。研究的重点是前者，而后者则是一个更为困难的问题，并且至今在很大程度上仍未解决。林家翘认为这样做是一个明智的选择。他强调，星系螺旋的密度波理论的研究采用一种半经验方法。在列出了"处理星系中的螺旋特征时必须考虑的十种一般观测特征"之后，他再次强调了准稳螺旋结构（QSSS）的有效性："事实上，基于这些特征，我们假设了 QSSS 假设（准稳螺旋结构的假设），这使我们能够解释大量的观测数据。"（"Indeed, based on these features, we postulated the QSSS hypothesis（hypothesis of quasi-stationary spiral structure）, which enabled us to explain a large body of observational data."）这一点和他几年前开始发展密度波理论时的观点是一致的。作者预期，"密度

---

[1] J. H. Oort: "Survey of spiral structure problems", IAU Symposium No. 38, 1969, Paper No. 1.
[2] C. C. Lin: "Interpretation of large-scale spiral structure", IAU Symposium No. 38, 1969, Paper No. 72.

波的存在也会对星际介质中的物理过程，尤其是新恒星的形成产生深远的影响。"（"the existence of density waves also to have deep implications on the physical processes in the interstellar medium, and in particular on the formation of new stars."）因此，他表示，"我们将密度波的存在，特别是 QSSS 假设作为我们的中心主题。"（"We therefore take the existence of density waves, and in particular, the QSSS hypothesis as our central theme."）

在文章的关于银河螺旋的起源与维持（On the Origin and the Maintenance of Galactic Spirals）部分，作者提出了"一种引发拖尾螺旋波，和以准静止方式维持双臂螺旋模式的机制"（"a mechanism for the initiation of trailing spiral waves and for the maintenance of a two-armed spiral pattern in a quasi-stationary manner."），并且写道"我们银河系中这种机制的预期模式速度……，与观测数据确定的速度一致。"（The pattern speed expected from this mechanism in our Galaxy is..., consistent with that determined from observational data."）

在文章的结尾，林家翘再次强调了"使用 QSSS 准稳螺旋结构假设作为我们理论发展的焦点"（"use the QSSS hypothesis as the focal point for our theoretical developments."），以及"螺旋结构的几个起源共存应该被强调。同时，存在几种螺旋结构共存的可能性"（"The coexistence of several origins for spiral structure should be stressed. Simultaneously, there is the possibility of the coexistence of several kinds of spiral structures"）。

除了上述提交的论文，林家翘还在研讨会上作了发言，"从理论的角度做三点简短的评论。"[1] 第一，关于密度波的机制和起源（Mechanism and the Origin of Density Waves）。他再次提到了他的文章中共存的概念："据推测，物质臂和密度波共存。可能存在多种波形共存。在不久的将来，我们的主要兴趣之一将是了解所涉及的机制，尤其是那些可能引起波浪模式的机制。"星系系统是巨大的等离子体，其不稳定性有多种机制，螺旋结构的

---

[1] "Desiderata for future work", IAU Symposium No. 38, 1969.

产生存在多种可能性。"不过，我们必须防止调用物理上不存在的成分作为（其）不稳定的原因。"("We must, however, guard against invoking physically non-existent components as a cause for instability."他强调说。第二，银河系之外的星系的适用性（Application to External Galaxies）。他提出，"我们现在应该将注意力转向外部星系"，并具体提出了正常螺旋、棒状螺旋和环结构。第三，有关星际介质中的物理过程（Physical Processes in the Interstellar Medium），林家翘说，"一般来说，一旦我们知道存在密度波，我们就可以更深入地了解星际介质中的物理过程。"他认为，由于相近的几个旋臂可能并非都具有相同的性质，因此对它们中的物理过程进行比较研究将对我们的理解非常有帮助。

巴特·博克（B.J. Bok）教授是这次研讨会的组委会成员之一。三年前，他曾在荷兰的诺德维克（Noordwijk）研讨会上，就密度波理论向林家翘发出令人印象深刻的诘问。但这一次，博克却一反往常，热情地在会上作了题为"总结与展望"（"Summary and Outlook"）[1] 的讲话。他说："五年多前当林和徐带着密度波理论进入这个领域时，理论有了新的转变。林德布拉德专注于恒星轨道和恒星系统中的波，而林则将重点放在了恒星的密度波上，尤其是在气体星际介质中。林－徐学说现在盛行，……"("Theory took a new turn about five years ago, when Lin and Shu entered the field with the density wave theory. Whereas Lindblad concentrated on the orbits of stars and on waves in systems of stars, Lin placed the emphasis on density waves of stars and especially in the gaseous interstellar medium. The Lin-Shu theory is now in full bloom, ...")他还说："以林家翘为首的麻省理工学院团队的出色工作，使得解释的钟摆向着贝蒂尔·林德布拉德的引力方法摆动，这确实很精彩。"("The magnificent work of the MIT group loosely headed by C. C. Lin has made the pendulum of interpretation swing toward Bertil Lindbiad's gravitational approach, and this is wonderful indeed.")

---

[1] B. J. Bok: "Summary and outlook", IAU Symposium No. 38, 1969, Paper No. 85.

他引用康托普洛斯（G. Contopoulos）教授的话说："康托普洛斯在讲话的一开始就强调，林和徐的基本贡献在于，他们显然解决了旋臂缠绕的困境。林、徐和袁引入并发展了潜在的螺旋波模式的概念，以低于奥尔特－林德布拉德旋转所给出的旋转速度在我们的银河系中移动。"（"At the start of his remarks, Contopoulos stressed that the basic contribution of Lin and Shu was that they apparently removed the dilemma of the winding up of spiral arms. Lin, Shu and Yuan introduced and developed the concept of a spiral wave pattern of potential, moving through our Galaxy at a rate of rotation less than that given by the Oort-Lindblad rotation."）

他并且承认，"两个拖曳臂的螺旋系统一旦建立，根据林和徐的说法，该系统显然将是一个引力自我永存的系统。"（"Once a spiral system of two trailing arms has been established, the system will according to Lin and Shu apparently be a gravitationally self-perpetuating one."）

他还谈到，"在我们研讨会的第四天，林和袁谈到了密度波理论的最新发展。观测天文学家特别高兴地看到了我们的理论同事对观测表现出的兴趣，……"（"On the fourth day of our Symposium Lin and Yuan spoke about recent developments in the density wave theory. The observational astronomer is especially pleased to learn about the interest our theoretical colleagues are showing in observations,"）对于射电天文观察的结果，博克承认："在所有观察到的无线电图中，猎户座特征看起来越来越像支线而不是主臂。"这一点和林家翘以前的见解相同。包括射电天文学在内的天文观测技术的发展，确实使得人们对星系的观察越来越清晰和易于辨析，这也消除了一些人对密度波理论的疑虑。

博克在讲话中还指出："另一个测试——我们此时应该参考——是由伯顿和沙恩的分析提供的。他们在三年前宣布的第一次观测分析已经为流动效应提供了证据，这与林－徐密度波理论所预期的非常一致。"

实事求是地说，关于密度波理论的争议还远没有结束，不同的意见仍然存在。一个正确理论或学说的形成、发展和完善，需要在不断地探索和讨论中进行，并且需要有事实根据的确认。

博克在总结中提到了那些不同的意见，"林登－贝尔（D. Lynden-Bell）指出，目前的林－徐理论没有考虑动量从星系的一个部分转移到另一个部分，他认为这是我们理解势能螺旋模式的开始和维持的基础。"博克本人也认为，"林－徐－袁螺旋结构理论表明，螺旋势场一旦形成，很可能会自动保持，但对于基本螺旋势场的原始形成，作者们还没有提出一个完善的机制。"

博克说，"正如预期的那样，人们对一些理论解释表示严重怀疑，并提出了不同的方法。"他提到了这些与林－徐大不相同的方法，例如藤本（M. Fujimoto）的流体动力学方法；卡尔纳斯（A. J. Kalnajs）在非常开放的螺旋系统上的工作，其模式速度远比林和袁的速度大；图莫瑞（A. Toomre）对林理论进行了修改，其中波浪显示向内运动；以及亨特（C. Hunter）关于星系大规模振荡的工作。阿尔普（H. C. Arp）甚至提出了完全不同的"旋臂起源的爆炸理论"（"explosive theory for the origins of spiral arms"），等等。

有争论是正常的。正如博克在总结中指出，虽然林－徐理论很是盛行，"但我们一定不能自欺欺人，以为除了扫地就万事大吉了。我们在这次座谈会上多次听到有人说，林－徐学说只是初步的理论，不能保证完成前就不需要大的修改。即使在麻省理工学院—哈佛大家庭内部也存在很多争议，这一切都是好事。观测者正在用心地关注理论的辩论，我们将能够越来越多地提供可以证明或反驳理论家信条的决定性观测数据。"

博克的总结发言令很多天文学家受到鼓舞（evoked in quite a few of the astronomers a sort of delight[1]）。加州理工学院教授彼得·戈尔德里奇（Peter Goldreich）虽然在60年代中期就离开了星系螺旋结构的研究主题，但他说自己"仍然是阿拉尔·图莫瑞和林家翘之间战斗的一个感兴趣的旁观者"（"remained an interested spectator to the battles between Alar Toomre and C. C. Lin"）。"虽然我曾一般地赞成前者的论点——他回忆说——但后者的行动更

---

[1] I. I. Pasha (И. И. Паша): "Density Wave Spiral Theories in the 1960s, II", 2004, https://ned.ipac.caltech.edu/level5/Sept04/Pasha2/Pasha_contents.html.

为成功。"("Although I generally favored the arguments of the former - he recalls - the latter's campaign was more successful."[1])这或许能代表当初一些林家翘密度波理论的怀疑者或反对者的心态。

博克的发言与其说是对研讨会的总结，不如说更像是对天文学界有关星系螺旋结构密度波几年来讨论的一个总结。对于密度波理论来说，这显然是一次重要的会议。这次会议的成功举行，标志着林家翘的密度波理论在国际天文学界已经正式确立了它的地位。后来数十年的事实也证明，凡是涉及星系螺旋结构密度波的论述与研究，林家翘的名字是绕不开的。他的理论确实已经被天文学界接受。

5. "天文学之光"

巴塞尔（Basel）研讨会一年之后，国际天文学联合会第十四届大会（International Astronomical Union 14th General Assembly）从1970年8月18日起，在英格兰东南部的海滨城市布莱顿（Brighton）的萨塞克斯大学（University of Sussex）举行了十天。会议的主题是"天文学之光"（"Highlights of Astronomy"）。大会邀请了四位嘉宾作"特邀演讲"（Invited Discourse）。其中两位的主题是关于脉冲星，另两位就是讲星系螺旋结构：巴特·博克（B. J. Bok）讲螺旋结构的天文观测；林家翘作为特邀主讲之一，演讲的题目是"螺旋结构的理论"（"Theory of spiral structure"[2]）。星系结构密度波理论显然是大会的一个重要"亮点"。

被称为"圆顶"（Dome）的大厦，是当年乔治四世国王夏宫的一部分，坐落于布莱顿市中心（图4-16）。8月24日晚上，林家翘走

图4-16　英国布莱顿圆顶（Brighton Dome）大厦

[1]　I. I. Pasha (И. И. Паша): "Density Wave Spiral Theories in the 1960s, II", 2004, https://ned.ipac.caltech.edu/level5/Sept04/Pasha2/Pasha_contents.html.

[2]　C. C. Lin: "Theory of spiral structure", IAU 14th General Assembly, Aug. 1970.

上了作为大会会场"圆顶"的讲台。

"由于我没有受过做一个天文学家的教育,我要感谢斯特龙根、沃尔彻和凯文·普伦德加斯特教授,在我开始工作时,我靠着他们获得了正确的天文学学识。没有他们的帮助,我今天不会站在这里。"("Since I was not educated as an astronomer, I owe my gratitude to Professors Stromgren, Woltjer, and Kevin Prendergast, on whom I depended for correct astronomical facts as I started my work. Without their help, I would not be standing here today.")面对着来自世界各国的天文学专业人士,林家翘这样开始了他的演讲。这并非客套,而是事实和由衷之言,因为他具体并简要地回顾了自1961年开始的天文学研究的经历,从一个初学者到世界著名的天文学家。此外,他铭记于心的还有林德布拉德。"我希望奉献我今晚的演讲以纪念国际天文学联合会的前任主席——他是斯特龙根教授和在座的许多人的好朋友——已故的贝蒂尔·林德布拉德。众所周知,他首先提出了密度波的概念,作为盘状星系螺旋结构的基础。"("I wish to dedicate my talk this evening to the memory of a former President of the IAU—who was a good friend of Professor Stromgren's and of many of you present here—the late Bertil Lindblad. As is well known, he first suggested the concept of density waves as a basis for the spiral structure in disk-shaped galaxies.")林家翘的声音回旋在大厅里。这就是林家翘,即使今天的他已经在密度波理论的研究上取得了令人瞩目的成绩,却不忘感恩于那些曾经帮助过他的天文学家们。而对于林德布拉德,虽然他"所使用的数学方法并没有使他能够方便地计算出恒星的共同行为,也无法得出必要的定量结论与观测进行比较以证实他的推理。因此,他的想法并没有被广泛接受。"[1]但是,林家翘却并没有忘记事情的缘起,始终认为自己是继承了前人的脚步。作为星系螺旋结构开路人的林德布拉德受到了应有的尊重。

林家翘的长篇报告以一年前在巴塞尔(Basel)研讨会上发表的论文为基础,进一步详细阐述了星系螺旋结构理论。他谈到了自己研究工作的思

---

[1] C. C. Lin: "Theory of spiral structure", IAU 14th General Assembly, Aug. 1970.

路。几年前他和徐遐生提出的准稳螺旋结构（QSSS）假设是为了与观测值进行比较。他说，"我们采用以下说法作为工作假设：螺旋形式的密度波模式，无论其起源如何，确实存在于星系中，仅仅因为它是可直接观察到的。然后我们从这个中心位置向两个不同的方向工作。一方面，我们检查结果并将其与观察数据进行比较。另一方面，我们检查基本的动态机制，以了解这类模式怎样能够以一个几乎永久的方式被启动和维持。"（"We adopt as a working hypothesis the statement that a density wave pattern of spiral form, however it was originated, does exist in a galaxy, simply because it is directly observable. We then work in two different directions from this central position. On the one hand, we examine its consequences and compare them with observational data. On the other hand, we examine the basic dynamical mechanisms to see how such patterns can be initiated and maintained in an almost permanent manner."）他提到了他的理论成果之一，指出"这是有史以来第一个在动力学原理基础之上创立的理论螺旋模式。"（"This is the first theoretical spiral pattern ever worked out on the basis of dynamical principles."）他相信这个模型在本质上仍然是正确的，尽管此后对模型次要的细微之处做了改进。他说，"到目前为止，许多其他理论预测已经得到解决，并发现与观察结果令人满意地一致……"。实际观测结果对于理论的确立是最有力的证据。

　　林家翘还说，"事实证明，如果我们采用密度波（或由磁流体改变的密度波）的概念，我们不仅可以解释刚才讨论过的"缠绕困境"，还可以解释许多其他观测特征。"（"As it turns out, if we adopt the concept of density waves (or density waves modified by hydromagnetic effects), we can explain not only the 'winding dilemma' just discussed, but also a number of other observational features."）关于这些螺旋特征，林家翘再次强调了"共存"的概念："在研究这些特征时，需要牢记一个重要主题：共存（coexistence）。"星系复杂的螺旋结构表明物质臂和密度波并存——实际上也表明几种波模式可能共存。这些特征相互影响，但不会相互破坏。当观察表明明显相互矛盾的结论时，真相可能确实存在于物质臂和几种波浪模式的共存中。他列出了十一种"突出的"螺旋特征,并且强调,"由于磁场的薄弱,我们必须向引力寻找螺旋结构的理论。"

关于螺旋图形的起源和持久性,林家翘说,"到目前为止,我们采用了半经验方法。准稳螺旋结构(QSSS)假设导致了许多与在银河系螺旋中观察到的主要特征相一致的推论。观察到的螺旋图形是如何起源的,目前还没有完全解释。它们可能由多种机制同时引起,可能存在星系外部的激发和系统内部的不稳定性。然而,从附近没有伴星的螺旋星系的普遍性来看,似乎星系本身必定有一种固有的机制(there must be a mechanism inherent to the galactic system itself)。"他也再次强调,"引发和维持密度波的机制之一是星系外部区域的金斯不稳定性(Jeans instability)","这些椭圆形结构的引力影响与起始的外环波同步,从而构成了有效的反馈机制(effective feedback mechanism),保持了波图形的永久性。"

至于研究我们所在的银河系螺旋结构,林家翘认为这"本质上是一项非常艰巨的任务"。因为观测者在地球上,"处于系统内部的观测者很容易被当地的特征分散注意力。"("The observer, being inside of the system, can be easily distracted by local features.")对于今天的人类来说,银河系还有太多的未解之谜。例如,限于当今的科技水平,我们对银河系盘的另外一侧知之更少,正所谓"不识庐山真面目,只缘身在此山中"。因此,他"介绍的内容基于一个前后一致的自洽动力学模型(self-consistent dynamical model),该模型与各种不同的观察结果相吻合。"他提出"我们可以通过使用不同的方法——光学、无线电、红外线等——以及对各种成分的研究——年轻恒星、老恒星、中性氢、电离氢、磁场和各种分子——来检查每个旋臂的详细结构。 各种臂具有不同特征的事实将使我们能够更多地了解星系中的物理过程。"

林家翘希望他的话能够让听众信服密度波理论:"我已经对观测特征与密度波理论的推论进行了广泛的比较,包括银河系和一些外部星系。我希望这能让大家信服林德布拉德所提出的密度波概念,包括气体和恒星的物质浓度是盘状星系螺旋结构的必要基础。"

在演讲的最后,他对今后研究工作的方向提出了自己的见解,即去了解动态的机制（Understanding the dynamical mechanism），"进一步的工作显现出的是根本性的并且具有挑战性。应该研究激发不同波的多种可能机制。"（"Further work appears to be essential and challenging. Various possible mechanisms for exciting the waves should be studied."）关于银河系本身，他认为，"由于螺旋引力场的存在，星际介质在旋臂之间的规模上是极其不均匀的。"而这方面的讨论还很少（There has as yet been very little discussion）。至于河外星系，他强调说，目前根据密度波理论只分析了三个这样星系的螺旋模式，"这项工作显然应该扩展。"（"This work should obviously be extended."）

这是一种向前看的工作态度。不论已经取得了怎样的成绩，他的目光总是在看着前方，看着那些尚未解决的问题和研究工作的挑战性。

多年后，林家翘回顾他在星系密度波理论上的工作时，认为他在这次大会上的演讲"螺旋结构的理论"（"Theory of spiral structure"[1]），以及之前一年他在巴塞尔研讨会上发表的论文"大规模螺旋结构的解读"（"Interpretation of large-scale spiral structure"[2]），是"总结了这种半经验方法的理论发展的早期阶段",[3] 而1978年发表的"关于恒星流运动和星系结构常数的观测判定"（"On the Stellar Streaming Motions and the Observational Determination of the Structural Constants of the Galaxy"[4]）一文则是"描述了这项工作的延续"。[5]

布莱顿大会之后，林家翘很快就转向了对激发和维持螺旋结构的机制的研究。1976年，他发表了论文"盘状星系中不稳定的螺旋模式"（"Unstable

---

[1] C. C. Lin: "Theory of spiral structure", IAU 14th General Assembly, Aug. 1970.

[2] C. C. Lin: "Interpretation of large-scale spiral structure", IAU Symposium No. 38, 1969, Paper No. 72.

[3] C. C. Lin: "Recollections and Comments", *Selected Papers of C. C. Lin*, World Scientific Publishing Company, August 1, 1987.

[4] C C Lin, C. Yuan and W. W. Roberts Jr.: "On the Stellar Streaming Motions and the Observational Determination of the Structural Constants of the Galaxy", Astronomy and Astrophysics, 69, Jan. 1978.

[5] 同 [3]。

spiral modes in disk-shaped galaxies"[1]）。这是对"螺旋模式的第一次计算"[2]，它描述的是一种渐近理论。这之后的数年，林家翘通过一系列文章，发表了他在螺旋结构机制研究方面的新成果，包括他在1984年开发的适用于棒形螺旋星系的开放模式（open modes）理论"关于螺旋模式的形态学"（"On the Morphology of Spiral Modes"[3]）。

四、探索前行

从20世纪60年代初直到80年代中退休前的二十几年当中，林家翘的研究工作重心始终放在天体物理学上。他在这一时期公开发表的论文共29篇，其中有关螺旋结构密度波理论研究的有24篇，其他则是关于流体力学和应用数学的文章和专著。林家翘自己曾经说过，他从事密度波理论研究几十年，是他一生科学事业中花费时间最长也是最重要的部分。[4]密度波理论涉及范围之广，问题之复杂超出想象。只有"锲而不舍"，才能"金石可镂"。他沿着这条探索真理的道路不断前行。

如前所述，博克1969年在巴塞尔会议的总结中曾经提到，"一些天文学家认为林－徐学说只是初步的理论，不能保证完成前就不需要大的修改。"[5]这一点实际上也得到了林家翘的认同。他后来在一篇回忆文章中写道，在关于密度波理论的三篇系列文章发表以后，"螺旋结构的密度波理论已经发展到可以自信地与观测进行比较的程度"（"the density wave theory for spiral structure has been developed to a point where comparison with observations can be

---

[1] Y. Y. Lau, C. C. Lin, JAMES W.-K. MARK: "Unstable spiral modes in disk-shaped galaxies", Proceeding of National Academy of Science, Vol.73, No. 5, May 1976.
[2] C. C. Lin: "Recollections and Comments", *Selected Papers of C. C. Lin*, World Scientific Publishing Company, August 1, 1987.
[3] G. Bertin, C. C. Lin, S. A. Lowe: "On the Morphology of Spiral Modes", Proceedings of a Course and Workshop on Plasma and Astrophysics, Varenna, Italy. Aug. 28-Sept. 7, 1984.
[4] 林家翘采访录像或文字记录稿，2001年3月18日、4月1日，2002年4月4日、12日、19日、26日，2003年5月3日。
[5] B. J. Bok: "Summary and outlook", IAU Symposium No. 38, 1969, Paper No. 85.

made with confidence"[1]），但这只是"初步成功"（"initial success"）。他认为，"这是通过采用以准稳螺旋结构假设为中心的半经验方法而不是强调机制的演绎方法来实现的。"（"This is made possible by adopting a semi-empirical approach centered around the hypothesis of quasi-stationary spiral structure rather than a deductive approach with emphasis on mechanisms."[2]）他在这里所说的"强调机制的演绎方法"，即是指星系螺旋结构的动力学问题（dynamical issues）研究，"包括这种准稳螺旋结构的形成和维持的基本过程，以及这种螺旋结构可能存在的条件"。"这样的研究被留到第二阶段"（"Such studies were left to a second stage"[3]）。也就是说，在林家翘所说的"初步成功"的第一阶段，其理论带有半经验性质，那么在第二阶段，研究重点则是螺旋结构的全局性的动力学机制，包括其形成和维持的基本过程。

1. 坚持基本的研究方法

纵观林家翘20世纪70年代及以后的研究，采用准稳螺旋结构假设（QSSS hypothesis）、渐近理论和流体力学原理等仍然是他进行星系螺旋结构研究的基本理念和有力工具。

1）准稳螺旋结构假设

1982年，他提交给国际天文学联合会（IAU）第100次研讨会的论文以"星系准稳螺旋结构"（"Quasi-Stationary Spiral Structure in Galaxies"[4]）为题。文中指出，他和他的同行提出的这一假设，"主张在螺旋星系中观察到的宏大设计可以通过少量螺旋模式的叠加（和相互作用）来描述"。对于60年代初所提出的假设，他做了肯定并"重申这一假设的正确性"（"to re-affirm the correctness of this hypothesis"）。

"星系中螺旋结构的形成和维持是从螺旋模式的角度讨论的，一般

---

[1] C. C. Lin: "Recollections and Comments", *Selected Papers of C. C. Lin*, World Scientific Publishing Company, August 1, 1987.
[2] 同上。
[3] 同上。
[4] C. C. Lin: "Quasi-Stationary Spiral Structure in galaxies", IAU Symposium No. 100, Aug. 1982.

的看法与准稳螺旋结构的假设一致。"[1] 但是，QSSS 假设引起了一些"不必要的争议"（"unnecessary controversy"[2]）。在 1983 年的 IAU 第 106 次研讨会上（图 4-17），林家翘的文章"星系螺旋结构的形成与维持"（"Formation and maintenance of spiral structure in galaxies"[3]）阐明

图 4-17　参加国际天文学联合会第 106 次研讨会（IAU Symposium No. 106），左起：徐遐生、G. Bertin、林家翘、袁旗，1983（引自会议简报）

这些争议至少有两个原因：一是这个假设被误解了，并且"被赋予超出工作假设的作用"（"given a role beyond that of a working hypothesis"）。作者认为可以通过参考原始文献"轻松消除这种混淆"（"confusion can be easily cleared away"）。二是已经有相关的动力机制的研究，表明螺旋模式可能相当快速地演化，而不是准稳结构。林家翘在文中对此进行了讨论和处理。

林家翘在同一篇文章中还指出，"准稳螺旋结构假设得到了近年来发展相当成功的线性螺旋模式理论的支持"。采用准稳螺旋结构的假设，可以将理论分析与观测联系起来，并且可能是研究星系宏观设计结构的关键步骤。他在文章中写道，"在星系研究中，准稳螺旋结构假设的采用使我们能够继续研究许多天体物理现象和天体物理过程。"[4] 他并且举出了一系列实例作为佐证。

2）渐近理论

林家翘当年在湍流研究中，特别是在解决海森堡的流体力学问题时，曾成功地发展了常微分方程的渐近理论。在天体物理学的研究中，他强调并继续借鉴了这一方法。

曾与林家翘合作过的北京大学地球物理系教授岳曾元在介绍密度波理

---

[1] C. C. Lin, G. Bertin: "Formation and maintenance of spiral structure in galaxies", IAU Symposium No. 106, May - June, 1983.
[2] 同上。
[3] 同上。
[4] 同上。

论时写道,"用 Poisson(泊松)方程的适当渐近近似关系式来代替精确的 Poisson 方程,这就是所谓 WKB 近似。我们将发现,这种渐近理论的确能从分析上得出密度波的本质特点。林家翘本人的工作主要是在这一方面进行的。""……将 Poisson 方程简化成适当的密度——引力势渐近关系,就成了很重要的一步。这也是密度波理论在数学上的难点之一。"[1]

当小星系靠近巨星系时,在强大的引力潮汐作用下,小星系会逐渐地被扭曲、瓦解,拉成纤细而壮观的星流,称为恒星流。星流会被巨星系逐渐吸收,最终化为无形。它是了解银河系的过去、现在和未来的窗口,并且还有可能是证明暗物质存在的证据。奥尔特常数 A 和 B 是经验参数,可以据此确定太阳的轨道特性,例如轨道的速度和周期,并推断出银河系盘的局部特性。林家翘在进行恒星流运行与星系结构常数的观测确定的时候,为了"更好地利用观测数据来更准确地确定银河系的结构参数",采用了渐近的方法。他认为,"唯一方便的途径是连续逼近的过程。我们接受奥尔特常数的常规确定作为第一近似值,并应用修正来认定螺旋场的影响。"("the only convenient approach appears to be a procedure of successive approximations. We accept the conventional determination of the Oort constants as a first approximation and apply corrections to account for the influence of the spiral field."[2])"尽管存在各种复杂情况,奥尔特常数 A 的观察确定准确率可能高达 10%。"这一例证显示了渐近方法的有效作用。

1981 年,林家翘在螺旋星系的动力学分类研究中,对离散螺旋模式理论(Theory of Discrete Spiral Modes)进行了分析和阐述,并且强调指出,"上述结果是利用渐近分析的方法,结合更一般的流体动力学理论得到的。"("The above results were obtained by using the method of asymptotic

---

[1] 岳曾元:旋涡星系密度波理论简介,《力学进展》,第 12 卷第 1 期,1982。
[2] C. C. Lin, C. Yuan, W. W. Roberts Jr.: "On the Stellar Streaming Motions and the Observational Determination of the Structural Constants of the Galaxy", Astronomy and Astrophysics, 69, Jan. 1978.

analysis, combined with a more general fluid dynamical theory."[1]）在另一篇文章"星系螺旋结构的密度波理论"（"Density Wave Theory of Spiral Structure of Galaxies"[2]）中，他曾详细介绍了紧密缠绕螺旋的渐近理论，并使该问题以更一般的形式表达出来，以能够为未来其他方向的研究工作开辟道路。

3）流体力学方法

作为一位应用数学家，同时也是一位流体力学家，林家翘总是很自然地利用流体力学与天体物理学的某些相似性来进行星系螺旋结构的研究。这是他的研究工作中的一个特点。林家翘认为，"将星系盘中的动力学过程与经典剪切流研究中的动力学过程进行比较是很有趣的。"他把"银河动力学中的'共转带'和剪切流中的'临界层'"[3]进行类比。在这当中，应用数学显示了它的力量，特别是在建立气体动力学模型方面。

由于在准稳螺旋结构（QSSS）假设的动态基础方面有人继续提出问题，林家翘明确地说："显然的回答是模型方法，以及相关动力学机制的研究。"[4]

1973年，林家翘与合作者共同发表的论文"星系螺旋密度波的强迫机制"（"A Forcing Mechanism for Spiral Density Waves in Galaxies"[5]），标志着他的工作转向了动力学机制的研究。作者"考虑了螺旋星系的气体动力学模型，其中在中心区域有一个刚性旋转的弱棒状结构。发现在共转圆附近，这种棒状结构逼迫一个拖尾的螺旋波。然后，这种驱动波可以向内传播到棒并完成反馈回路以保持螺旋结构。"而且，他据此对星系典型的基本分布进行分析的结果，表明"与观测数据一致"（"in agreement with observational data"）。

---

[1] C. C. Lin, G. Bertin: "Galactic dynamics and gravitational plasmas", Proceeding of the International School of Plasma Physics, Plasma Astrophysics Course and Workshop, Varenna, Italy, Aug. – Sept. 1981.

[2] C. C. Lin, Y. Y. Lau: "Density Wave Theory of Spiral Structure of Galaxies", Studies in Applied Mathematics, Vol. 60, April 1979.

[3] C. C. Lin: "Recollections and Comments", *Selected Papers of C. C. Lin*, World Scientific Publishing Company, August 1, 1987.

[4] 同上。

[5] S. I. Feldman, C. C. Lin: "A Forcing Mechanism for Spiral Density Waves in Galaxies", Studies in Applied Mathematics, Vol. 52, Issue 1, March 1973.

林家翘利用气体动力学方法（gas dynamic approach）研究星系螺旋波，通过建立气体动力学模型（gas dynamical model）来检查对星系盘中拖尾螺旋波的维持所必不可少的反馈机制（feedback mechanism），因为通常预期共转共振附近的动力学机制在恒星系统和气体系统中（in stellar systems and in gaseous systems）非常相似。[1] 他认为，"气体动力学模型具有简单的优点。""仔细比较表明，至少对于所考虑的模型类型、基于气体动力学的模型和基于恒星动力学的模型的结果之间没有质的差异。"[2]

1979 年，作为纪念亚太裔美国人传统周计划的一部分，林家翘应邀在美国国家标准局发表演讲。他在演讲中说，湍流、等离子体遏制和星系（turbulence，Plasma Containment，and Galaxies）看起来是互不相干的领域，但是它们具有"相似的共同基本机制，可以用相同的数学原理、概念和方法来描述。"比照湍流研究中的波的概念，"我们正在将这些众所周知的永久结构的波的概念应用到一个微分运动（剪切）系统中来研究星系。"[3] 可以看到，他是用数学的方法将这三者的研究联系在了一起。

关于螺旋结构的形成和维持问题，林家翘也用流体力学的理论加以阐述："流体动力学研究的经验表明，观察到的非线性状态与缓慢演化的线性模式在性质上相似，通常也缓慢演化。因此，线性模式的研究提供了一种强大的方法，也许是最方便的方法，可以在全局范围内解决螺旋结构的形成和维持问题，因为它们确实代表了动力系统的内在特征。""正如在流体动力学稳定性和湍流研究中众所周知的那样，线性模式的计算'仅仅标志着动力学研究的开始'，同样的解释也适用于银河螺旋的研究。"[4]

2. 理论在发展中

林家翘回顾自己在密度波理论的研究工作时还写道，"螺旋模式的第一

---

[1] C. C. Lin, Y. Y. Lou: "On spiral waves in galaxies—A gas dynamic approach", J. SIAM Applied Mathematics, Vol. 29, No. 2, Sept. 1975.

[2] C. C. Lin: "Turbulence, Plasma Containment, and Galaxies", Journal of Research of the National Bureau of Standards, Vol. 86, No.6, Nov. – Dec. 1981.

[3] 同上。

[4] C. C. Lin, G. Bertin: "Formation and maintenance of spiral structure in galaxies", IAU Symposium No. 106, May – June, 1983.

次计算发表在 1976 年的论文中"。[1] 这是指论文"盘状星系中不稳定的螺旋模式"("Unstable spiral modes in disk-shaped galaxies")[2],"它是一种渐近理论,允许通过使用二阶常微分方程清楚地描述激发和维持螺旋结构的机制"。[3] 在开始的时候,这个理论仅限于紧密缠绕的正常螺旋。经过几年不断地研究,其详细发展可以在数篇有关论文中看到。到 80 年代初,这种方法已经发展到了适用于"棒形螺旋的开模理论"[4]。

1976 年,林家翘和中国科学家李启斌、韩念国合作研究,共同发表了"螺旋星系密度波的振幅与长期维持机理"一文,探讨密度波的起源和长期维持的机理。在许多盘状星系中观察到的螺旋结构已经可以成功地用密度波理论解释的情况下,作者认为"解决长期维持问题的时机已较成熟"。文章作者"将盘状星系气体动力学方程推进到下一级渐近近似",并且求出一致有效解,得出气体盘上密度波幅度分布的公式,从而建立起一个密度波的模式,提供了长期维持的一种机理。因此,作者认为,"现在可以说,至少存在一种机理可以使整个星系盘上密度波图案长期维持下去。"[5]

进入 1980 年代,密度波理论发展得更为成熟,已经形成了一个比较完整的形式。林家翘以两个螺旋星系,即编号为 M51 和编号为 M81 的星系为例(图 4-18,图 4-19),指出来自观察的这两组星系的数据"支持密度波理论"("supporting the density wave theory"),并且"有许多观察到的其他现象都与基于密度波理论的预测一致。"("There are many other phenomena which have been observed to agree with the predictions based on the density wave

---

[1] C. C. Lin: "Recollections and Comments", *Selected Papers of C. C. Lin*, World Scientific Publishing Company, August 1, 1987.

[2] Y. Y. Lau, C. C. Lin, JAMES W.-K. MARK: "Unstable spiral modes in disk-shaped galaxies", Proceeding of National Academy of Science, Vol.73, No. 5, May 1976.

[3] C. C. Lin: "Recollections and Comments", *Selected Papers of C. C. Lin*, World Scientific Publishing Company, August 1, 1987.

[4] 同上。

[5] 李启斌、韩念国、林家翘:星系密度波的幅度与长期维持机理,《中国科学》1976 年第 4 期,1976 年 7 月。

theory." [1]）"这些数据的平滑性和规律性表明，密度波动力学的线性分析可能足以涵盖大多数观察到的情况。"（"The smoothness and regularity of these data indicate that a linear analysis for the dynamics of density wave is probably adequate to cover most observed situations." [2]）

图 4-18　螺旋星系 M51 具有典型旋臂，位于猎犬座，距地球 3100 万光年（图片来源：维基百科）

图 4-19　螺旋星系 M81，位于大熊星座，距地球 1200 万光年（哈勃太空望远镜拍摄，图片来源：维基百科）

密度波理论除了得到观察数据的支持，理论本身也有新的发展。根据林家翘的阐述，星系"模式可以是不稳定的或者稳定的（Modes can be unstable or stable），它们可以是正常螺旋模式或者棒状螺旋模式，具体取决于平衡模型的属性"。[3] 这种模式"是解释螺旋结构的宏大设计和解决缠卷困境的理想选择"。而且，"近年来，星系盘已被证明能够支持离散的不稳定螺旋模式。"（"In recent years, galactic disks have been shown to be able to support discrete unstable spiral modes." [4]）当然，问题是复杂的。林家翘在 1982 年曾指出，强大的"摆动"放大过程表明，"螺旋结构可能在周转周期的时间尺度上快速变化，而不是准稳的"（"the spiral structure might be rapidly varying,

---

[1]　C. C. Lin: "Turbulence, Plasma Containment, and Galaxies", Journal of Research of the National Bureau of Standards, Vol. 86, No.6, Nov. – Dec. 1981.

[2]　C. C. Lin, G Bertin: "Galactic dynamics and gravitational plasmas", Proceeding of the International School of Plasma Physics, Plasma Astrophysics Course and Workshop, Varenna, Italy, Aug. – Sept. 1981.

[3]　同上。

[4]　同上。

on the time scale of an epicyclic period and not quasi-stationary"[1]）。实际上，"这种对摆动放大的看法只适用于波包。"[2]

1983年，林家翘提出"螺旋模式是根据三类传播波来描述的"。除了带有前导（leading）和拖尾（trailing）构造的长波（long waves）和短波（short waves）[3]之外，他根据色散关系的研究认识到第三类波即开放波（open waves），同样可能具有前导和拖尾构造。[4]

在星系全局理论中，边界条件的确定是另一个难点，因为巨大的星系并没有一个很确定的边界。岳曾元在1982年撰文指出，林家翘很巧妙地"用辐射条件来解决这一困难"。也就是说，"当 $\gamma \to \infty$ 时，波把能量向外传递。这一条件的物理根据是在星系很靠外处，有一所谓外共振环，在那里波的能量要被吸收而转移给星的弥散运动，在星系靠外部气体和湍流又在不断地耗散能量。另一方面，又没有从星系外部的能量输入（这里暂不谈有伴星系的少数情形）。因此，只能从星系靠内部分不断有波能向外传出。这就是辐射条件。辐射条件在数学上的表现为：共转圈外应为曳式短波。""星系密度波在辐射条件下的确存在着自激放大机制，而这种放大机制在数量级上可以补偿耗散，从而使波得以长期维持。"[5]

3. 螺旋星系的动力学分类

从20世纪60年代到80年代初，经过二十年的探索，"密度波理论已经形成了一个相对完整的形式"。因此，林家翘认为可以重点讨论并且"尝试制定螺旋星系的动力学分类"（"to formulate a dynamical classification of spiral galaxies"）。无论螺旋形态是稳定的或不稳定的，"它们可以是正常螺旋模式或棒状螺旋形态，具体取决于平衡模型的属性。"这些形态应该是对应于正

---

[1] C. C. Lin: "Quasi-Stationary Spiral Structure in galaxies", IAU Symposium No. 100, Aug. 1982.
[2] 同上。
[3] C. C. Lin: "Turbulence, Plasma Containment, and Galaxies", Journal of Research of the National Bureau of Standards, Vol. 86, No.6, Nov. – Dec. 1981.
[4] C. C. Lin, G. Bertin: "Formation and maintenance of spiral structure in galaxies", IAU Symposium No. 106, May – June, 1983.
[5] 岳曾元：旋涡星系密度波理论简介，《力学进展》，第12卷第1期，1982。

常螺旋星系、过渡棒旋星系和一些棒旋星系。[1]

天文学界对星系有几种不同的分类方法，比较广泛使用的是由著名美国天文学家哈勃（Edwin Hubble，1889—1953年）所建立的哈勃星系分类法（图4-20）。这种分类方法按形态即星系的几何形状将其分为椭圆星系、透镜星系、螺旋星系（包括棒旋星系）和不规则星系等。在哈勃星系分类图的右侧可以看到，螺旋星系被分为了平行的两部分，成为音叉的形状，即螺旋结构（以 s 系列为代表）和棒旋结构（以 sB 系列为代表），"其性质与许多看来独立的物理参数相关"（"the properties of which correlate with a number of apparently independent physical parameters"[2]）。

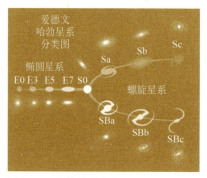

图 4-20　哈勃星系分类图

从1982年开始，林家翘本人或者与他人合作通过发表一系列论文，展开了对螺旋模式的探讨。他"通过对相关物理机制的研究和对一大类星系平衡中主要模式特性的广泛数值研究，依赖于平衡模型的性质""展示了螺旋结构如何被不同形态的特性所激发"（"show how spiral structures are excited with different morphological features"[3]），从而"确定了基本的动力学参数和机制，并将由此产生的螺旋模式形态与星系的实际分类进行了比较。"这一类研究"为正常和棒旋星系的各种类型和亚类型之间的过渡提供了动力学基础。"（"suggests a dynamical basis for the transition among various types and subclasses of normal and barred spiral galaxies."[4]）这是"通过模型的途径

---

[1]　C. C. Lin, G. Bertin: Galactic dynamics and gravitational plasmas, Proceeding of the International School of Plasma Physics, Plasma Astrophysics Course and Workshop, Varenna, Italy, Aug. – Sept. 1981.
[2]　J. Haass, G. Bertin, C. C. Lin: On the dynamical basis of the classification of normal galaxies, Proceedings of the National Academy of Sciences, Vol. 79, June 1982.
[3]　同上。
[4]　同上。

对螺旋星系进行分类的动力学方法的尝试",[1] 表明螺旋模式理论已经"从准稳螺旋模式的最初假设发展为更完整的动力学形式"("From the original hypothesis of quasi-stationary spiral patterns the theory has recently developed to a more complete dynamical form"[2])。

哈勃星系形态分类的动力学的基础,是将现有的由两个拖尾波组成的正常螺旋理论,和由一个前导波与一个拖尾波组成的开放螺旋的类似理论相结合而给出的。林家翘进一步对螺旋模式的形态学提出了自己的见解。在与其他人合作的研究中,他"确定了两类螺旋模式,它们构成了哈勃分类中音叉两个叉的原型"。同时,他还指出存在着过渡螺旋和棒驱动螺旋,以及动态参数的有关物理状态与准稳螺旋结构的假设相一致的情况。[3] 在1982年到1984年的两年当中,林家翘一共发表了六篇相关文章。他在总结这段时间对螺旋模式的探讨时写道,"通过本征函数的计算和对其激发和维持的动力学机制的研究""已成功尝试涵盖哈勃分类中的所有形态类型。动力学机制可以用波列的传播来描述"("successfully, to cover all morphological types in the Hubble classification.The dynamical mechanisms can be described in terms of the propagation of wave trains"[4])。

4. 实至名归

林家翘在科学事业上的不懈努力和所取得的成绩有目共睹。

美国工业与应用数学协会(Society for Industrial and Applied Mathematics, SIAM)是一个致力于数学在工业中应用的学术协会,也是世界最大的应用数学的专业协会。林家翘被选为1973年至1974年一届的主席(President)。他也是该会首位华人主席。

---

[1] J. Haass, G. Bertin and C. C. Lin: "On the dynamical basis of the classification of normal galaxies", Proceedings of the National Academy of Sciences, Vol. 79, June 1982.
[2] C. C. Lin, G. Bertin: "Galactic dynamics and gravitational plasmas", Proceeding of the International School of Plasma Physics, Plasma Astrophysics Course and Workshop, Varenna, Italy, Aug. – Sept. 1981.
[3] G. Bertin, C. C. Lin, S. A. Lowe: "On the Morphology of Spiral Modes", Proceedings of a Course and Workshop on Plasma and Astrophysics, Varenna, Italy. Aug. 28 – Sept. 7, 1984.
[4] C. C. Lin: "Recollections and Comments", *Selected Papers of C. C. Lin*, World Scientific Publishing Company, August 1, 1987.

1973年,林家翘成为美国物理学会(The American Physical Society)流体力学分会(Division of Fluid Dynamics)拉波特纪念讲座(Otto Laporte Memorial Lectureship)的主讲人,并获颁奥托·拉波特奖(Otto Laporte Award)。这一奖项旨在表彰他对流体力学发展的杰出贡献。

铁木辛柯(Timoshenko)奖章,被广泛认为是应用力学领域的最高国际奖项。它是美国机械工程师协会(American Society of Mechanical Engineers,ASME)每年颁发给个人的奖项,以表彰获奖人在应用力学领域的杰出贡献。冯·卡门和G.泰勒都曾是获奖者。1975年的铁木辛柯奖第一次颁发给了华人应用力学家林家翘。

图4-21 美国科学院奖(NAS Award)获奖人合影,前排中为林家翘

美国科学院应用数学和数值分析奖(NAS Award in Applied Mathematics and Numerical Analysis)是用以表彰在北美机构开展研究的科学家在应用数学和数值分析方面的杰出工作。1976年的获奖人是林家翘,以"表彰他对流体力学的基础性贡献,特别是他在流体流动稳定性方面的开创性工作"("For his fundamental contributions to fluid mechanics, especially for his path-breaking work on stability of fluid flows")。(图4-21)

1979年,美国物理学会(American Physical Society,APS)开始设立流体力学奖(The Fluid Dynamics Prize),每年一人,以表彰"流体动力学研究方面的杰出成就"。林家翘是这一奖项的首位获奖人。

基里安专业人员成就奖(James R. Killian, Jr. Faculty Achievement Award)是以麻省理工学院第十任校长、曾经的艾森豪威尔总统科学顾问委员会主席小杰姆斯·莱恩·基里安(James Rhyne Killian Jr.,1904—1988年)的名字命名的奖项。该奖项的目的是表彰麻省理工学院教师的非凡专业成就。它由评选委员会每学年从全校教师及专业人员中选出一位获奖者,并将获奖者的

成就在学院内发扬光大。得奖人将获得基里安奖教师称号,为期一学年,并在这一年期间在麻省理工学院举办一次或多次关于本人专业活动的讲座。1981年4月15日,约有七十位教师和专业人员参加的会议宣布选举结果,授予林家翘1981—1982年度基里安专业人员成就奖,并在1982年担任MIT的基里安讲座教师(图4-22)。评选委员会认为林家翘

图4-22 林家翘获麻省理工学院基里安专业人员成就奖,1982年

"无论是风格还是成就……都体现了专业人员的最高理想。"("both by style and achievement. ...embodies the highest ideals of the faculty."[1])

林家翘的母校加州理工学院一直在关注着自己校友的发展和所取得的成就。1992年,在毕业四十八年之后,林家翘获得了加州理工学院的杰出校友奖(The Caltech Distinguished Alumni Award)。这是学院授予毕业生的最高荣誉,用以表彰那些取得"显著价值的特殊成就、一系列此类成绩或者具有功勋卓著的职业生涯"的校友。

5. 退而不休

1987年,七十一岁的林家翘从麻省理工学院教授的职位上退休,继而成为学院的荣誉教授(Institute Professor Emeritus)。与此同时,林家翘的学生和长期合作者麻省理工学院的本尼(D. J. Benney,1930—2015年)、加州大学伯克利分校的徐遐生(F. H. Shu)和纽约城市大学的袁旗(Chi Yuan)共同编辑的《林家翘论文选》(*Selected Papers of C. C. Lin*[2])两卷集由世界科学出版公司(World Scientific Publishing Company)出版(图4-23)。这部书从林家翘四十多年的学术生涯中所公开发表的113篇论文里选取了

---

[1] "Fitzgerald speaks to faculty",《The Tech》, MIT campus newspaper, Vol. 101, No. 19, April 17, 1981.

[2] *Selected Papers of C. C. Lin*, Edited By D. J. Benney, F. H. Shu and C. Yuan, World Scientific Publishing Company, August 1, 1987.

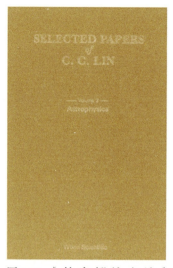

图 4-23 《林家翘论文选》（*Selected Papers of C. C. Lin*）第 2 卷 "天体物理学" 封面

51 篇，共计一千余页。第一卷《流体力学与应用数学》（*Fluid Mechanics and Applied Mathematics*）包括了稳定性理论、湍流、一般流体动力学与空气动力学、数学物理和应用数学等五个部分共 31 篇。第二卷《天体物理学》（*Astrophysics*）包括了林家翘在天体物理学方面的文章共 20 篇。在书的扉页上有这样的文字："来自朋友、同事和学生们为庆祝林家翘七十岁生日的礼物"（"A gift to C. C. Lin in celebration of his seventieth birthday from Friends, Colleagues, and Students"）。三位编者在前言中写道，本书代表了我们对他漫长而富有成效的科学生涯的崇高致敬。书中刊载的林家翘本人所写的"回顾与说明"（"Recollections and Comments"[1]）一文，梳理了他从事不同领域科学研究的内容和心路历程。正如出版者在介绍本书时所述，"作为 20 世纪中叶最多产的应用数学家之一，林教授是麻省理工学院倍受尊敬的教授。"（"One of the most prolific applied mathematicians of the mid-twentieth century, Prof Lin is a highly respected professor at MIT."）这些论文试图展示对平行流的稳定性、湍流以及星系螺旋结构"研究领域思想发展的历史看法"。G. 泰勒的学生、英国数学家和国际知名流体力学家菲利普·德拉辛（Philip Gerald Drazin，1934—2002 年）在为剑桥大学出版社所写的评论中，称林家翘是"一位完美的应用数学家，是广泛的经典技术大师和新技术的发明者"（"consummate applied mathematician, a master of a wide range of classical techniques and an inventor of new ones"），其精选论文的发表使人们"恰逢其时地认识到他的伟大贡献"（"makes it opportune to recognize

---

[1] C. C. Lin: "Recollections and Comments", *Selected Papers of C. C. Lin*, World Scientific Publishing Company, August 1, 1987.

his great contribution"[1]）。

接踵而来的荣誉，从一个侧面显示了林家翘多年来在科学研究上所取得的成就。但是对于一位勤勉的科学家来说，林家翘更看重的是他的事业。他的思绪一直遨游在科学探索的星辰大海之中。全身心的投入和对追寻科学真谛的痴迷，使得他的一篇篇专业论文如同一个个清晰的脚印，踏实地步步迈向科学的顶峰。那是他数十年心血的结晶，是他生命的意义所在，也是他情感的寄托。并非长于表达自己情感的林家翘，却每每在工作里表现出他的陶醉与欣喜：

他觉得"共转圆的径向位置和附近密度分布的出现引起了人们的极大兴趣"。[2]

对于奥尔特常数 A 的观察分析所取得的成果，他称之为"这个愉快的结论取决于幸运的情况组合"。[3]

他把湍流、等离子体约束和星系（Turbulence, Plasma Containment, and Galaxies）叫做"三个令人兴奋的研究领域"。[4]

"这一阶段的密度波理论工作的完成自然是最令人兴奋的。"[5]

"每当我的讨论得到 J. 奥尔特、B. 斯特龙根、B. 博克和 L. 沃尔彻等著名天文学家的认可时，我都会非常兴奋。"[6]

---

[1] Philip Gerald Drazin: "Review", Journal of Fluid Mechanics, Published by Cambridge University Press, Vol. 201, 1989.

[2] G. Bertin, Y. Y. Lau, C. C. Lin, et al.: "Discrete spiral modes in disk galaxies: Some numerical examples based on density wave theory", Proceeding of the National Academy of Sciences, Nov. 1977.

[3] C. C. Lin, C. Yuan and W. W. Roberts Jr.: "On the Stellar Streaming Motions and the Observational Determination of the Structural Constants of the Galaxy", Astronomy and Astrophysics, 69, Jan. 1978.

[4] C. C. Lin: "Turbulence, Plasma Containment, and Galaxies", Journal of Research of the National Bureau of Standards, Vol. 86, No.6, Nov.–Dec. 1981.

[5] C. C. Lin: "Recollections and Comments", *Selected Papers of C. C. Lin*, World Scientific Publishing Company, August 1, 1987.

[6] 同上。

"看到理论预测被观察证实,我感到非常满意。"[1]

"将星系盘的动力学过程与经典剪切流研究中的动力学过程进行比较是很有趣的。"[2]

……

忙了大半辈子,退休了,享受岁月静好,过一种闲适的悠哉怡然的生活,完全理所应当。但那不是林家翘想要的。脚步停不下来,林家翘真的停不下来。退而不休,在科学工作上,他从来没有真的退休。他还在带博士生,甚至直到20世纪90年代初的那几年,他还在给一、二年级的本科生上基础课(图4-24)。他始终认为,基础教育对于一个科学工作者一生的研究工作都起着至关重要的作用。他的研究工

图4-24 林家翘在麻省理工学院给学生上课

作也并未因退休而停止。从学校退休后的那些年,林家翘又在模态方法上做了许多工作。在退休两年之后的1989年,林家翘和几位合作者一起发表了同一主题的两篇文章,探讨螺旋星系的模态方法(Modal Approach to the Morphology of Spiral Galaxies)。

林家翘曾经说过,"事实上,在流体动力学稳定性的经典理论中,罗利勋爵采用模态方法,而开尔文勋爵在临界层附近采用波包方法。"[3] 罗利勋爵(Lord Raleigh)是指英国物理学家约翰·威廉·斯特拉特,第三代罗利男爵(John William Strutt, 3rd Baron Rayleigh, 1842—1919年)。他是1904年诺贝尔物理学奖获得者,曾任英国皇家学会会长和剑桥大学校长,在物理学的诸多方面包括流体稳定性上都做了大量的开创性工作。开尔文勋爵是

---

[1] C. C. Lin: "Recollections and Comments", *Selected Papers of C. C. Lin*, World Scientific Publishing Company, August 1, 1987.

[2] 同上。

[3] 同上。

指英国数学家、数学物理学家和工程师威廉·汤姆森，第一代开尔文男爵（William Thomson，1st Baron Kelvin，1824—1907年）。他在英国格拉斯哥大学（University of Glasgow）担任自然哲学教授53年，也曾任英国皇家学会会长。他在热力学理论、电和磁的理论、地球年龄的物理测定、大西洋海底电缆的理论和工程工作以及流体动力学的基础工作等方面，都有许多重要贡献。热力学温度的单位即以他的名字开尔文（K）表示。林家翘认为开尔文的波包方法"缺乏引力能量"，所以更倾向于采用模态方法来分析螺旋星系。这里显然是借鉴了流体力学的稳定性理论，而将其推向了星系螺旋结构的研究。

林家翘的两篇文章中的第一篇讨论基本结构和天体物理的可行性，其目的是"证明模态方法对所有哈勃形态类型星系中全局螺旋结构的可行性"（"the demonstration of the viability of the modal approach to global spiral structures in galaxies of all Hubble morphological types"）。文章分别从动力学角度和物理学角度来识别星系模型的基本状态和它们与观测的兼容性，并且提出"对于这种正常螺旋，气体成分在不稳定螺旋模式的激发和最终螺旋结构的稳定维持中起着至关重要的作用"。[1] 第二篇文章则讨论螺旋星系的动力学机制。文章"通过使用先前开发的三次色散关系，对螺旋模式进行了统一处理"，以能够区分正常螺旋模式（normal spiral modes）和开放螺旋模式（open spiral modes）的维持和激发过程。这种分析方法使得观察螺旋结构基本状态的过程变得更为便捷。[2]

林家翘对于螺旋结构的模态方法的研究持续到1990年。这一年，他以"星系模型-模态法"（"Models of Galaxies-The Modal Approach"[3]）为题发表文章，"讨论了对于正常的螺旋结构和某些近棒螺旋的螺旋结构的模态方

---

[1] G. Bertin, C. C. Lin, S. A. Lowe, et al.: "Modal Approach to the Morphology of Spiral Galaxies. I. Basic Structure and Astrophysical Viability", Astrophysical Journal, Vol. 338, March 1989.

[2] G. Bertin, C. C. Lin, S. A. Lowe, et al.: "Modal Approach to the Morphology of Spiral Galaxies. II. Dynamical Mechanisms", Astrophysical Journal, Vol. 338, March 1989.

[3] C. C. Lin, S. A. Lowe: "Models of Galaxies—The Modal Approach", Annals of the New York Academy of Sciences, Vol. 596, Issue 1 June 1990.

法的一般可行性。检验了这些星系模型结构中模态方法的实用性，强调对一个星系螺旋结构的观测数据及其基本质量分布上模态方法的采用。"[1]

90年代，虽然林家翘的目光开始转向生物学领域，但他对星系螺旋结构密度波理论的研究工作却仍在继续深入。1995年，他和G.贝尔廷（Giuseppe Bertin）在《纽约科学院年鉴》（*Annals of the New York Academy of Sciences*）上发文，探讨全局性波模式（Global Wave Patterns）的产生和维持（Generation and Maintenance）。几年后的1998年，他继续发表论文，探讨全局性螺旋模式（Global Spiral Patterns）的复杂性和简单性（Complexity and Simplicity）。此时的林家翘，已经年过八旬。什么叫锲而不舍，什么叫老骥伏枥，我们在这里看到了最好的答案。

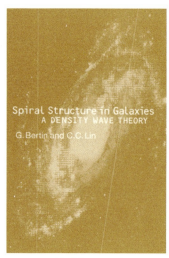

图4-25　林家翘、贝尔廷合著《星系的螺旋结构：密度波理论》（*Spiral Structure in Galaries: A Density Wave Throry*）封面，1996年

约瑟夫·贝尔廷（Giuseppe Bertin，1952—）是意大利米兰大学（Universitàdegli Studi di Milano）理论天体物理学教授，研究领域涵盖星系、恒星系统动力学、天体物理学等离子体和等离子物理学等，并取得了重要成就。林家翘曾和贝尔廷合作多年。1996年3月，麻省理工学院出版了林家翘与贝尔廷合作的《星系的螺旋结构：密度波理论》（*Spiral Structure in Galaxies: A Density Wave Theory*[2]）一书（图4-25）。这本书分为物理原理、观察研究和动力学机制三个部分，可以看作是林家翘在星系螺旋结构密度波理论研究领域多年辛勤耕耘的成果和总结。出版社在介绍这本书时写道，作者"与许多观察家

---

[1] C. C. Lin, S. A. Lowe: "Models of Galaxies—The Modal Approach", Annals of the New York Academy of Sciences, Vol. 596, Issue 1 June 1990.

[2] G. Bertin and C. C. Lin: *Spiral Structure in Galaxies: A Density Wave Theory*, The MIT Press, Mar. 1996.

和其他理论家密切合作，共同为过去几十年螺旋结构的激动人心的发展做出了贡献。"有读者在评论中以"优雅"（"elegance"）来形容密度波理论，称"这是对物理学和思想力量的致敬，人类可以构想出模型来试图解释螺旋星系的巨大变化。"

6. 异于密度波理论的其他理论或观点

从 1845 年第一次看到螺旋星系算起，人类观测螺旋星系已经有近一百八十年的历史。宇宙中大约 70% 的星系都属于螺旋星系。螺旋星系的存在是所有天文学家都承认的观测事实，问题在于如何科学地解释这一天文现象。

如前所述，B. 林德布拉德（Bertil Lindblad）在 1942 年提出的星系螺旋结构密度波设想，虽然很长时间都没有被天文学界所接受，但也并没有引起很大的关注和广泛的讨论。情况的变化发生在 1964 年，因为林家翘和徐遐生在这一年发表了论文《关于盘状星系的螺旋结构》（"On the spiral structure of disk galaxies"[1]）。国际天文学界以星系螺旋结构为题的热烈讨论由此开始。特别是 70 年代以来，"关于静止与瞬态螺旋的争论一直在继续。除了理论论证之外，数值模拟在检验螺旋结构理论方面变得更加普遍，观测也开始提供一些关于螺旋星系动力学的信息。"[2] 旋臂的寿命对人类来说显然是不可直接观测的，因而天文学家更多地依靠理论分析和计算机模拟来预测不同情况下螺旋臂的寿命。

那些有别于准稳密度波理论的各种不同的看法，一直都企图解释产生和维持星系螺旋结构的机制。到了 21 世纪初，这些不同的看法大体上可以归纳出如下几种：

一种理论可以称之为循环瞬态螺旋不稳定性，或动态螺旋（Dynamic spirals）。这种理论通过 N 体模拟表明，旋臂是瞬态的循环结构。它们在视

---

[1] C.C.Lin and Frank H.Shu: "On the spiral structure of disk galaxies", The Astrophysical Journal, Vol.140, pp. 646-655, Aug. 15, 1964.

[2] Clare Dobbs and Junichi Baba: "Dawes Review 4: Spiral Structures in Disc Galaxies", In Publications of the Astronomical Society of Australia, Volume 31, 2014, Published by Cambridge University Press.

觉上似乎是长寿的，但实际上它们"是分段的集合，这些分段会断裂，然后与其他旋臂分段重新连接。"因此，"螺旋臂处于剪切和自引力之间的'动态平衡'，而不是准平稳密度波理论中假设的中性稳定波。"这说明，除了棒状星系之外，旋臂是短暂的、反复出现的，并且由星盘中摆动放大的不稳定性引发。不过，持有这种观点的天文学家，包括美国亚利桑那大学斯特沃德天文台（Steward Observatory，University of Arizona）的 J. 塞尔伍德（Jerry A. Sellwood）也承认，"旋臂复发的机制尚不清楚"。[1]

另一种理论叫做"棒驱动螺旋"。宇宙中大约有三分之二的螺旋星系属于棒旋星系，其中也包括地球所在的银河系。双臂螺旋占棒旋星系的多数。不过，棒与螺旋形之间的关系仍然不是很清楚。"螺旋臂似乎与棒的末端相连。这表明观察到的棒形和螺旋形之间的相关性可能只是一种错觉。"对棒状星系的 N 体/流体动力学模拟的结果表明，"棒星系中的旋臂既不是准稳密度波理论预测的刚体旋转模式，也不是独立特征，而是棒增强的瞬态特征。"[2]

第三种机制是关于潮汐的相互作用。几乎与林家翘－徐遐生密度波理论诞生的同时，星系潮汐作用诱导物质旋臂的观点就被提出了，其代表人物是图莫瑞兄弟（Alar Toomre、Juri Toomre）。星系之间相互作用的数值计算和粒子模拟表明，他们主要关注的是旋臂尾部和臂间所谓"桥"的起源，"而不是旋臂本身"。至于潮汐诱导的旋臂是否为物质臂或是密度波，"使用数值模拟证明了潮汐诱导的旋臂是密度波而不是物质臂，而观测表明相互作用星系的速度场与物质臂不对应"。研究表明，"潮汐相互作用星系中旋臂的性质可能代表了星盘底部的行为"。星盘的"自引力是否足以使螺旋模式完全自我运动，并发展成准稳的密度波，目前尚无定论。"[3]

第四种观点认为旋臂是通过随机自传播恒星形成（Stochastic Self-

---

[1] Clare Dobbs and Junichi Baba: "Dawes Review 4: Spiral Structures in Disc Galaxies", In Publications of the Astronomical Society of Australia, Volume 31, 2014, Published by Cambridge University Press.

[2] 同上。

[3] 同上。

Propagating Star Formation，SSPSF）而产生的。一些恒星演化的末期会发生剧烈爆炸。根据模型推测，这种剧烈的冲击会在邻近地区引发新的恒星形成。"然后，由于较差转动，新形成的恒星被剪切成物质旋臂。"相关机制不能解释星系的宏大图形。"随机的恒星形成不会产生全局的螺旋结构，而是与其他机制相结合，例如密度波，以给星系添加不规则的结构。"并且，"几乎没有证据表明 SSPSF 是螺旋臂的全局驱动因素。"[1]

第五种想法是关于暗物质的影响，即暗物质分布的不对称性产生螺旋臂。这种不对称性可能会引起引力的不稳定性，或暗物质晕的潮汐扰动。但目前有关暗物质的影响"完全是推测性的"。[2]

此外，还有的看法提出用"旋转双侧喷洒发射模型来描述星系旋臂形成的机制和各种类型的螺旋图案。"这种看法认为，一个旋转的黑洞位于星系的中心，在其内部"物质转化为具有反引力的新型物质，由黑洞通过类似灯塔光束的星系旋转平面向两个相反方向发射"。但是，黑洞内部的物质如何转化为反引力的新物质并且喷射出来，是一个未解的问题。这个模型只能算是一个"新的假设"，具有"高度的推测性"，没有经过任何验证。[3]

对于学术争论，林家翘说，"理科各学派并存，不会长久，最后就可以看出对错。"[4]

7. 对密度波理论的某些疑义

尽管林家翘-徐遐生所提出的密度波理论是相对成熟和系统的理论，也是第一个被天文学界所广泛接受的螺旋臂结构理论，但它并非完美无缺。

密度波理论在近似和假设下推导出流体和星盘的色散关系，这些近似和假设包括线性扰动（linear perturbations）、紧缠绕近似（tight-winding

---

[1] Clare Dobbs and Junichi Baba: "Dawes Review 4: Spiral Structures in Disc Galaxies", In Publications of the Astronomical Society of Australia, Volume 31, 2014, Published by Cambridge University Press.
[2] 同上。
[3] Hongjun Pan: "New Formulas and Mechanism for the Spiral Arm Formation of Galaxies", International Journal of Physics, Vol. 7, 2019 - Issue 3.
[4] 林家翘采访录像或文字记录稿，2001年3月18日、4月1日、2002年4月4日、12日、19日、26日，2003年5月3日。

approximation）和准稳螺旋结构（QSSS）假设。所以，这一理论通常被称为线性紧缠绕理论或准稳密度波理论。

2014 年，英国天文物理学家 C. 多勃斯（Clare Dobbs）和日本天文学家马场淳一（Junichi Baba）发表文章，总结了多年来密度波理论研究中的一些不同意见，认为"尽管线性密度波理论成功地证明了紧缠绕螺旋波的存在"，但对它也仍存有疑义和批评。首先是因为使用了 WKB 近似，所以"该理论不能严格应用于非常长的波（或开放的旋臂）"。其次，中性螺旋密度波在理论上的问题是，"密度波在几个星系旋转中径向传播通过星系盘，并最终通过内/外林德布拉德共振（ILR/OLR）的吸收而消失。因此，不能确保'准平稳性'的假设"。最后，这一理论"无法预测螺旋臂 m 的数量和波数量 k 的迹象（即拖尾或超前）"。也就是说，"该理论无法解释为什么实际的螺旋星系更喜欢拖尾的双臂螺旋（$k > 0$ 和 $m = 2$）以及是什么决定了螺旋密度波的角频率"。[1]

针对这些异议，紧缠绕密度波理论发展成为了全局模式理论（global mode theory）。"全局模式分析基于这样一种观点，即旋臂是盘状星系引力'不稳定'的全局本征振荡的表现。"星系盘的振荡除了横波还有纵波，"要解决星系盘的本征振荡问题，应该考虑振荡引起的引力变化。这使得问题变得非常复杂。"对全局模态理论持不同意见的人认为，首先，全局不稳定模式分析假设了螺旋模式作为刚体旋转，不改变其形状。其次，"由于全局螺旋模式随时间呈指数增长，全局模式理论需要自我调节机制。"最后，"目前尚不清楚全局模式是否真正实现了中性稳定状态"。虽然各种研究都试图使用数值模拟来重现非禁止准稳密度波，但目前还没有产生令人信服的孤立的和长寿的宏大图形螺旋。当然，也有的模拟显示出了寿命更长的模式存在，"因此更类似于密度波理论"，虽然这些模拟中的旋臂仍然随时间波动，与准平稳密度波并不完全一致。[2]

---

[1] Clare Dobbs and Junichi Baba: "Dawes Review 4: Spiral Structures in Disc Galaxies", In Publications of the Astronomical Society of Australia, Volume 31, 2014, Published by Cambridge University Press.

[2] 同上。

实际上，"气体的响应对于考虑螺旋结构很重要。气体中的速度弥散小于恒星的速度弥散，因此气体对星盘中任何扰动的响应都被高度放大。"这一点"在准平稳螺旋密度波的背景下被考虑得最多。"许多研究都强调了气体对螺旋密度波的复杂响应。沿旋臂的气体结构是通过共振、螺旋激波的不稳定性，以及其他物理过程（如自引力、云碰撞等）产生的。气体对旋臂有很大的影响，它会冲击旋臂的结构和稳定性。[1]

准稳密度波理论提出了旋臂诱导恒星形成的可能性。这是有证据支持的。但是，也有研究表明，"宏大图形的星系和絮状星系之间的恒星形成率没有差异"。虽然如此，在有旋臂的情况下，在旋臂中有形成更大质量和更稳定的气体云的趋势，这很可能导致更强的旋臂中更高的恒星形成率。

不可否认，模拟与实际的螺旋星系在条件上是否完全一致也是一个问题。作者"注意到这些模型在再现密度波理论方面的成功在某种程度上取决于对准平稳性的解释，以及当前的模拟是否满足准平稳性。然而，对于那些具有更长寿命的螺旋的模拟，尚未表明螺旋满足全局模式理论，并且在它们的生命周期中没有表现出稳定的形状。在观察上，我们不容易区分非常短暂的旋臂和最终仍然是瞬态的旋臂，（这种旋臂）在多个旋转周期中幸存下来。"[2]

除此之外，在 20 世纪 80 年代前后，国内也有学者曾对密度波理论提出了不同观点。这些观点认为，密度波的线性理论只能描述初始的不稳定性发展阶段，只能说明初始扰动的发展趋势，因此应该研究其非线性不稳定性问题，并需要进一步考虑星系密度波理论的准稳螺旋结构（QSSS）假设。[3]

探索正未有穷期。星系螺旋结构仍然有太多的谜团有待人们去探寻、去

---

[1] Clare Dobbs and Junichi Baba: "Dawes Review 4: Spiral Structures in Disc Galaxies", In Publications of the Astronomical Society of Australia, Volume 31, 2014, Published by Cambridge University Press.

[2] 同上。

[3] 刘尊全、秦元勋、胡文瑞：自引力场中非定态二维流体力学方程组的数值解，《数学物理学报》，Vol. 1, No. 1, 1981；秦元勋、王联、王慕秋、胡文瑞：星系密度波的非线性稳性分析，《全国天体物理学术会文集》，北京，科学出版社，1978；秦元勋、刘尊全、胡文瑞：星系密度波的非线性增长，《北京天文台台刊》，1979 年第 2 期。

揭秘。国际天文学界对于螺旋星系结构的热烈讨论与进展主要集中在 20 世纪 60 年代和 70 年代。不过事实上，这一天文学专题的研究与探索至今都没有停止。1982 年，岳曾元教授在一篇介绍螺旋星系密度波理论的文章中写道："正如在等离子体中存在各种不同的不稳定性一样，在星系中我们也不应要求密度波的形成机制是唯一的。外部的伴星系的扰动或内部的中心区域的棒形畸变驱动都会倾向于在盘上产生某种螺旋形密度扰动，局部不稳定性在较差旋转影响下也会有产生片段物质臂的趋势。但林家翘所找到的自激放大机制不依赖于外界和中心区域的扰动，因而应认为具有较大的普遍性。这种机制在实际情形下，也会与其他机制共存。此外，在同一星系中，也会有不同模式共存。这些不同模式对应于不同量子数，因而具有不同角速度，于是又会使图案随时间发生演化。所有上述原因，都会使实际星系中的旋涡图案未必像一个单一个模式那样单纯。但无论如何，许多盘状星系确实存在着相当规则的大尺度模样（Grand design），这一事实则的确由林家翘的理论给予了比较满意的解释。"[1]

五、有关密度波理论的某些实例

1. 土星环的密度波

土星，按照太阳系八大行星中与太阳的距离，排在第六的位置。按体积，它仅次于木星，是太阳系行星中的老二，质量是地球的 95 倍，体积硕大。西方人称这颗星为 Saturn，意为农业之神。肉眼观察，它发出淡黄色的光，中国古人按金木水火土五行之说，称它作土星。这一点，倒是和西方的名称有所契合。

土星最引人注目的莫过于它的美丽星环（图 4-26）。虽然土星在史前时代已经被人类所关注，但直到 17 世纪初望远镜发明之后，人们才注意到它的环。1609 年 6 月，著名的意大利科学家伽利略（Galileo Galilei, 1564—

---

[1] 岳曾元：旋涡星系密度波理论简介，《力学进展》，第 12 卷第 1 期，1982。

1642年）开始用一台自制的望远镜观测天体，并且在当年7月发现了土星环。但是，因为当时的望远镜成像不好，他并没有意识到那是一个环，而认为土星是由三个部分组成的，并且彼此几乎互相接触，没有相对运动。他描述土星是有

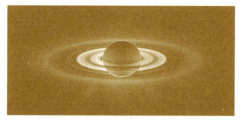

图4-26　土星环全貌（卡西尼号航天器（Cassini Spacecraft）拍摄，2006年9月15日，图片来源：维基百科）

"耳朵"的。两年后，因为土星的运行而以其侧面朝向地球，土星环于是几无踪迹。伽利略为此大惑不解，以为如希腊神话里农神的故事所说，是土星"吞掉了它的孩子"。实际上，这是由于土星的轴向倾斜，在它的运行中会周期性地改变其相对于地球的倾斜度，所以每过十五年，在地球上就会发现土星环几乎消失不见。虽然由于条件所限，伽利略并没有弄清楚土星环实质，但他还是被尊为观察土星环的第一人。

随着科技的进步，今天的人类对土星和土星环有了更多的了解。从1979年9月起，先后有空间探测器先驱者11号（Pioneer 11）、旅行者（Voyager）1号和2号，以及卡西尼号航天器（Cassini Spacecraft）飞越土星。惠更斯着陆器（Huygens Probe）更是在2005年1月在土星众多卫星中最大的土卫六（Titan）上着陆，向地球发回了大量有价值的数据。如果站在土星上，可以看到天空中有一个巨大的闪亮的环，还有82个"月亮"（卫星）轮番升起落下。那该是一番怎样热闹的景象！不过，事实上由于土星大气的云层和高空雾霾层，那番情景怕是难以看到的。

土星环以土星为核心，被六个宽窄不一的明显的环缝分为七个环群，环环相套，像是一张巨大的密纹胶木唱片。最内侧的D环内缘距土星中心约7万千米，而最外侧的E环外缘则有约48万千米之遥。地球的平均直径约为12 700千米，算起来在土星环上并排放三十多个地球应该绰绰有余。土星环虽然巨大，相对来说却非常薄。根据卡西尼号传回的数据，研究人员认为土星环的厚度只有区区10米。虽然如此，它也并非铁板一块，即它不是刚体结构。以前认为环的主要成分是破碎的水冰、岩石和尘埃等，后来卡西尼号

发现环中还有硅、甲烷、一氧化碳、氮气和有机物质等。

从旅行者1号、2号和卡西尼号探测器发回的资料中可以知道，在土星环中存在着诸多的波结构，其中很多是螺旋密度波。与环的质量相比，土星环的中心质量（土星本身）非常大，因此土星环中的螺旋波缠绕得更为紧密（最多仅延伸数百千米）。科学家一般认为土星环特别是最亮的A环与土星卫星引力共振引起了密度波，它的主要的物理机制与星系相同，并造成了环缝。

1978年，美国天体物理学家彼得·戈尔德里奇（Peter Goldreich）和加拿大天体物理学家斯科特·特雷梅因（Scott Duncan Tremaine）撰文，探讨"土星环中卡西尼缝的形成"。[1] 卡西尼缝（Cassini Division）处在土星最大的两个环A环和B环之间，宽约5000千米，是土星环中最大的缝。文章认为，卡西尼环缝内缘的颗粒轨道和卫星土卫一的轨道成2∶1的共振，意味着这些颗粒公转两周，土卫一正好公转一周。"土卫一在土星环中2∶1的共振位置激发了一个尾随的螺旋密度波。密度波携带负角动量并向外传播。波受到非线性和黏性效应的组合阻尼，其负角动量被转移到环形粒子上。"也就是土卫一不断从同一方向对卡西尼环缝的颗粒施加拉力，迫使这些颗粒进入环缝外层的新轨道。"因此，刚好在2∶1共振之外的粒子向内盘旋，打开一个间隙。间隙的内缘靠近共振位置，与卡西尼缝内缘的位置一致。"文章还"估计了土星卫星打开环中其他间隙的能力"。这就向我们揭示了土星环众多的环缝很可能是与其共存的八十多颗卫星的"杰作"。

徐遐生也认为土星环中存在密度波。他写道，"旅行者号航天器揭示了土星环具有意想不到的丰富结构。许多观察到的特征现在已被确定为由环材料的自引力引起的集体效应。这些效应包括螺旋密度波和螺旋弯曲波"。他并且指出"这两种波首先在天文文献中与螺旋星系的动力学和结构有关"。他还在自己文章中"对比了星系盘和行星环之间的异同"。[2]

---

[1] Peter Goldreich, Scott Tremaine: "The formation of the Cassini division in Saturn's rings", Icarus, Vol. 34, Issue 2, May 1978.

[2] F. H. Shu: "Waves in planetary rings", in: Planetary rings (A85-34401 15-88). Tucson, AZ, University of Arizona Press, 1984, pp. 513-561.

目前所知，虽然土星环中大部分的密度波和弯曲波是由土星系统中的卫星引力扰动所激发的，但也有不同的情况。20 世纪 90 年代初期，亚利桑那大学（University of Arizona）的天文学家马克·马利（Mark Marley）通过理论计算预测到，由于土星内部的震动，在土星环中通过林德布拉德共振（Lindblad resonance）和垂直共振（vertical resonance）分别激发出密度波和弯曲波。这一点得到了康奈尔大学（Cornell University）的天文学家马修·海德曼（Matthew McKay Hedman）和菲利普·尼科尔森（Philip D. Nicholson）的赞同。2013 年，他们利用卡西尼号飞船上的视觉和红外测绘光谱仪所获得的数据，调查了 C 环上的六个未识别的波的起源。"通过测量不同掩星中波的相位的差异，我们能够确定每个螺旋模式中的臂数以及这些模式围绕行星旋转的速度。""发现所有这六个波都有两到四个臂"，但因为模式速度太大，"无法归因于任何卫星共振"。这些密度波的特征与马克·马利预测的密度波特征高度一致。此外，他们还"识别出具有相同数量的臂和非常相似的模式速度的多个波"。[1] 由此看来，土星环相当于一个天然的星震仪，可以用来探测土星内部的结构与动力学性质（图 4-27）。

图 4-27　土星环密度波（卡西尼号航天器拍摄，NASA）

2. 地质灾变与密度波理论的关系

古生物化石是研究古代生物进化和地质地层情况的重要证据。距今大约 5.4 亿年前的地球，是地质年代寒武纪的开始。从地层中发现的大量生物化石中可以得知，寒武纪的地球生命经历了一次快速的演化。在以后的两千万年到两千五百万年里，地球上涌现出了节肢、腕足、蠕形、脊索等各种各样的动物，形成了多种门类动物同时存在的繁荣景象。这是一个短时期的进化事件，古生物学称之为"寒武纪生命大爆发"。这段时间，生命演化并没有

---

[1] M. M. Hedman, P. D. Nicholson: "Kronoseismology: Using density waves in Saturn's C ring to probe the planet's interior", The Astronomical Journal, Vol. 146, No 1, June 2013.

遵循逐步发展的过程，而是出现了突然加速。这一变化甚至让达尔文困惑不已，认为或许有些人刚好就可以用这个案例来反驳他提出的物种演化观点。

关于此一事件的原因，众说纷纭。有的科学家认为，地球在到了寒武纪后才出现足以保存化石的稳定岩层，而在那之前由于地热和压力，动物沉积物无法形成化石。另一种观点认为，动物到了寒武纪才演化出能够形成化石的坚硬躯体，在这之前不可能形成化石。还有的人认为，因为大气中积累了足够的氧气，因而促使大量动物快速演化。此外，还有动物由于捕食－被捕食的竞争关系，促进大量物种歧异度增加和演化的说法，以及生命大爆发假象之说，等等，不一而足。

寒武纪生命大爆发之谜已经成为世界一大科学难题，促使科学家们不断探索和研究，以求得答案。作为宇宙大家庭一员的地球，其地质和生物的发展变化，是否与地球周围的空间环境变化有关呢？与其俯首观大地，不如举头问苍天。一些专家学者循此思路进行了探讨。

北京大学地球物理系教授罗先汉指出，"通过对银河系旋涡结构和地史资料的研究表明，距今大约 6 亿年以来，地球上曾先后四次重复发生的各类全球巨变事件——大冰期、生物大量灭绝和地磁倒转等，同日地系统相继穿越银河系四条主旋臂的运动有较好的相关性：当地球跟随太阳绕银心运行到旋臂内部时，生物灭绝百分率、地磁转向速率和全球平均温度等均普遍增高；而当它们穿出旋臂后，生物灭绝百分率和地磁转向速率则明显降低，地球也随之进入大冰期。"他认为，"旋臂内较为密集的众多的小行星、彗星、星际气体和尘埃等天体对地球的直接撞击或间接影响是产生上述全球巨变的重要原因。"[1] 这一说法，把地球的灾变和地球随太阳系绕银河中心运转而进出旋臂联系了起来。

历史上地球曾发生过几次大的灾变。23 亿年前（23.3 亿～22.88 亿年）的层侵纪到造山纪之间，"地质环境（沉积圈、生物圈、水圈、大气圈）发生了由地外因素引起的灾变。灾变后，火山活动明显减弱，富氧大气圈形

---

[1] 罗先汉：论全球巨变的银河旋臂成因，《北京大学学报》（自然科学版），1992 年 29 卷 3 期。

成，生物演化出现飞跃，叠层石开始广泛发育，碳酸盐岩在各大陆大量沉积，第一次全球性磷矿期开始发育。根据几处 23 亿年左右陨落的大量消溶型铁质宇宙尘的发现，推论该灾变的起因是与陨击作用有关的宇宙事件"。从当年地表的泛火山运动、月岩年龄分布（23 亿～25 亿年）以及月表陨石坑构造等分析，23 亿年前的"地外物体对地球的冲击作用非常强烈"。[1]

在这次宇宙陨击事件发生五六亿年以后，即距今约 17 亿～18 亿年前的古元古代，又一次大的陨石撞击事件发生在加拿大安大略省地区，造成了萨德伯里（Sadbury）陨击坑。科学分析表明，它是由一个直径 10～15 千米的小行星或彗星撞击造成，估计当时形成了一个直径 250 千米的圆形撞击坑。现在这里的一部分已经变成了萨德伯里盆地（Sudbury Basin），其长度大约是 62 千米，宽 30 千米，深 15 千米，已经比当年的撞击坑浅了许多。这是迄今已经确认的第二大地球陨击坑。已确认的第一大陨击坑是位于南非的弗里德堡陨石坑（Vredefort Crater）（图 4-28），距今

图 4-28　南非弗里德堡陨石坑（Vredefort Crater）（图片来源：维基百科）

约 20 亿年，作为自然遗产已被列入《世界遗产名录》。

发生在约 6500 万年前墨西哥尤卡坦半岛上的陨石撞击事件形成了希克苏鲁伯陨击坑（Chicxulub Crater）。有科学家认为这次巨大的陨石撞击造成了地球上恐龙的灭绝。由此倒推 5.4 亿年，正是寒武纪前夕的埃迪卡拉纪。北京大学物理系张维加等人发表的论文指出，前寒武纪晚期，也就是埃迪卡拉纪，"存在大型的陨击事件。碰撞的高温结束了大冰期，使生物信息得以交流。"这个撞击启动了基因调控机制，也释放了被称为 HSP90 的热休克蛋白 90 的变异。HSP90 是一种在热应激环境下合成并被激活的一组特殊蛋白质。"一方面，调控基因决定了其他基因的表达，最早的调控基因发现于布

---

[1] 张维加，Daniel P. Connelly，俞杭杰：前寒武纪 - 寒武纪界线附近的撞击假说及其对生物圈的影响，《地质调查与研究》，2010 年 03 期。

尔吉斯页岩中（5.35亿年）。另一方面，HSP90原本是积累突变的蛋白，一旦环境突然发生变化，所有DNA突变将得以表达，在短时间内新的生命形式得以进化，并且这种变化是可以遗传的。然后，在新生臭氧层保护与有氧呼吸能量供应下，地球另一端幸存地下生命爆发，产生硬壳及复杂的新陈代谢以适应高温高压。"这被用来解释寒武纪生命大爆发的原因。作者在文章中写道："现代的银河系天文理论，即密度波理论，在本文中被应用以试图解释这种撞击背后的天文学诱因。"在回顾了上述三次大型陨石撞击事件之后，作者写道，"在已经得到广泛承认的和存在争议但有事实支持的地外灾变事件中规模最为巨大的三次撞击事件符合5亿~6亿年这一大周期。5亿~6亿年正是太阳系扫过银河系四条主旋臂一次所用的时间：太阳绕银河一周的时间大约是290个百万年。而由于在太阳绕银河转的时候，银河系的四条大旋臂同样旋转，并且其螺旋势场的角速度约是太阳系的一半，最终叠加的结果就是这样的一个大周期。密度波理论表明，旋臂处质量密度非常大，并且形成旋臂的螺旋引力场将对太阳系产生影响，诱发撞击事件。"也就是说，当地球绕银河系旋转运行到它的旋臂里的时候，各种天体及空间物质密集，引力陡然增大，其他天体与地球碰撞的机会大大增加。事实也是如此。作者根据前人的证据和亲自考察的结果表明，"上述假说与当时的绝大多数重要天文事件和地质发现相吻合，广泛的铱异常与位于澳大利亚的大型陨击坑均有发现。对澳大利亚的Acraman陨击坑和MAPCIS陨击坑的基底构造实地分析也表明了前寒武纪末曾经存在过陨击事件。"作者还利用计算机模拟了大气圈的变化。"数据结果表明撞击区域的大气温度在4 000 K左右，压强为5 600 Bar（1Bar=0.1兆帕）。撞击增加了大气中二氧化碳和氧气的含量，并强化了臭氧层。这些含量的变化与地质上的记录一致。"[1]

在另外的论文中，张维加等人还指出，"计算表明：旋臂的引力场将对地球与太阳系产生影响，在天文学角度看并不大，但对于生物圈的影响已经足够达到所谓灾变。同时，来自化石记录和地质考察的证据对这一机理提供

---

[1] 张维加，Daniel P. Connelly，俞杭杰：前寒武纪-寒武纪界线附近的撞击假说及其对生物圈的影响，《地质调查与研究》，2010年03期。

了有力的支持,当太阳系穿越英仙座旋臂和半人马座旋臂时发生的异常事件都得到了支持。"并且表示,"在引力场与地球、太阳系之间会发生机械能的转移与角动量的转移,从而试图解释古生物钟的纪录。"

3. 大气环流与星系密度波

行星波,又称罗斯比波(Rossby Wave),是一种自然发生在旋转流体中的惯性波,以首先发现它的瑞典裔美国气象学家罗斯比(Carl-Gustaf Arvid Rossby,1898—1957年)的名字命名。由于行星的自转,行星波可以在行星的大气和海洋中被观察到。地球大气中所谓的行星波,是指波长为3000~10 000千米的长波。它是高空风中的巨大曲折,对天气有重大影响(图4-29)。地球大气行星波具有螺旋结构。螺旋状的行星波在整个大气三度空间中都存在。

图4-29 北极环流与行星波相互作用影响天气(NASA)

中山大学气象学家吕建华教授曾写道,"星系螺旋臂的产生是来自于星系的较差转动,而地球(以及其他行星)大气的运动由于行星的球状,本身也是有较差旋转特征的(也就是一般所谓的beta效应),而在观测到的大气行星波动中,也确实存在螺旋状的特点,即所谓导波和曳波;而在台风中,则有螺旋状的云带和雨带分布。虽然问题不同,但其背后可能有共同性的原理,因此可以应用林家翘的数学方法,结合地球大气运动方程,研究大气中螺旋行星波的形成"。[1]

著名气象学家、罗斯比曾经的学生叶笃正院士(1916—2013年)和他的学生巢纪平院士(1932—),曾对螺旋行星波进行研究,并共同发表了《正压大气中的螺旋行星波》一文。作者"采用比较简单的正压模式,把大气运动方程写到柱坐标系中,得到了线性波动的等位相线表达式和对应的波作用量方程,能够较好地解释大气中行星波呈螺旋状(靠近极地为导波,中

---

[1] 吕建华:从星系密度波到螺旋行星波,吕建华科学网博客,2020-9-5,https://blog.sciencenet.cn/blog-3360191-1249412.html。

纬度为曳波）的原因。"[1] 他们还在此基础上探讨了大气环流维持的机制。在进行了一系列数学推导之后，作者写道，"从观测看，旋转银河系中有螺旋状的星系臂，旋转地球大气中有螺旋状的行星波，旋转的台风中也有螺旋状的雨带。这三者的空间和时间尺度相差非常大，其中运动的动力学也有巨大的区别。但三者有一共同特点，即其基本流场都是围绕一点旋转的，其角速度 Ω 又是 γ 的函数（较差转动），这就使得它们都有螺旋状的扰动。由此推理，其他旋转的系统（如中纬度的气旋和雷暴以及龙卷等）中，也将存在螺旋状扰动，……"[2]

吕建华认为这是学科交叉在科学发展中重要作用的例证。"事实上虽然林家翘先生并没有研究过气象问题，他对流体运动不稳定的研究（Orr-Sommerfeld 方程的渐近解）对研究大气和海洋运动的不稳定问题有直接影响"。[3]

在茫茫宇宙之中，地球不过是一粒微尘，但它也有约 45 亿年的历史。如果把这 45 亿年压缩为一年，人类历史迄今不过是半小时而已。这显然是一个强烈的对比！无论在空间上和时间上，人类似乎都是微不足道的。但就是这一粒微尘，就凭这半小时，人类勇敢地迈出了探索宇宙的脚步，以深邃的目光穿越亿万光年，企望穷极宇宙的所有奥秘。在这一场关于星系螺旋结构密度波理论的科学研究与探索中，林家翘倾尽心力数十载，做出了他所能做的贡献，取得了开拓性的成果。徐遐生在一篇纪念林家翘的文章中写道，"我对他过早去世的遗憾之一是，我曾希望 2013 年 6 月在北京为他做一个回顾。即使在一些方面，基础理论的某些细节仍模糊不清，但他关于密度波理论的几乎所有想法今天都已经被观测证明是正确的。"（"One of the

---

[1] 吕建华：从星系密度波到螺旋行星波，吕建华科学网博客，2020-9-5，https://blog.sciencenet.cn/blog-3360191-1249412.html。
[2] 巢纪平、叶笃正：正压大气中的螺旋行星波，《大气科学》，1977 年第 2 期。
[3] 同 [1]。

regrets that I have concerning his too early passing is that I had hoped to review for him in Beijing in June 2013 that almost all of his ideas about density-wave theory have today been proven by observations to be correct, even if the details of the underlying theory still remain murky on some points." [1])

如果说流体力学和湍流理论的研究是林家翘科学工作的第一个高峰，那么星系结构的研究则是他的科学工作的第二个高峰。林家翘在螺旋星系密度波理论上所取得的杰出成就，对星系动力演化及恒星形成方面的天文学思想有革命性的影响，是天文学重要领域的一个重大突破。他的工作不仅为天体物理学、气象学、海洋学和古生物学等提供了新的工具，而且成为建立数学模型，用应用数学来解决科学问题的一个成功典范，丰富了这些科学领域的研究内容。

---

[1] Frank Hsia-San Shu（徐遐生）: "Professor Chia-Chiao Lin (1916–2013)", Bulletin of American Astronomical Society, Vol. 45. Issue 1, Dec. 01, 2013。

第五章
心系故土

从 1940 年林家翘离开中国赴美留学算起，转瞬间离开故土已经有几十年了。作为一位科学家，林家翘的学术生涯取得了巨大成功。但作为一个华人，他的内心深处却始终有着割舍不断的浓浓乡情。故土，毕竟是他出生和长大的地方。那里，有他的亲人、他的师长、他的朋友。

一、乡情难却

连年的战争曾迟滞了许多人回国的脚步。1945 年，中国的抗日战争胜利结束，1949 年，中华人民共和国成立。这一政治环境的变化，几乎让每一个滞留海外的中国留学生，无论是已经毕业的还是尚未毕业的，都在扪心自问，自己以后该何去何从？林家翘说，那时候几个人见了面就谈回国的事情，这是一个最主要的话题。他和同学之间从加州理工学院谈到了布朗大学，又从布朗大学谈到了 MIT。[1] 回国，已经成了魂牵梦绕而绕不过的思绪与话题。

那个时候的海外留学生大体上有三个去向。第一是返回祖国大陆，参加新中国的建设。"家依楚水岸，身寄洋州馆。"（唐·窦裕《洋州思乡》）虽然身处海外，但学子们却无不对生于斯长于斯的故乡山水怀着深深的眷恋。留学生中涌动着一股回家的热流。

1949 年 5 月 14 日在纽约出版的《留美学生通讯》，刊登了已于前一年从法国留学回国的钱三强（1913—1992 年）致编辑部的信，谈新政府对留

---

[1] 林家翘采访录像或文字记录稿，2001 年 3 月 18 日、4 月 1 日，2002 年 4 月 4 日、12 日、19 日、26 日，2003 年 5 月 3 日。

美学生的政策,回答"几个留美同学所关心的问题"。

"一、……并无一特别对留美学生的政策。凡是本身有用的人才,不是自私自利者,都欢迎回国,参加建设工作。但并不像从前,只认头衔不认本领及工作经验。所以留学投机者,可以不必打算像从前那样的得到社会上的推崇。相反的,凡是真埋头苦干,不骄不躁的专家都受到尊重。更谈不到有什么对美国留学生特别实施的政治训练。主要应该想到自己是人民中享受过特别待遇的人。现在既然学有所成,应该从'为人民服务'着想。现在解放后的城市,并无任何特别政治训练,只有自动的学习及看有关书报。请留美同学不要以为回国后,应该受一次类似他们某一时期出国的'特别训练……'"[1]

1949年秋,朱光亚(1924—2011年)在美国密执安大学(University of Michigan)物理系原子核物理专业毕业,获博士学位。回国前夕,他牵头与51名留美同学联名撰写的《给留美同学的一封公开信》,刊登在1950年3月18日的《留美学生通讯》上。信中激情满怀地写道:

"中国需要社会建设的干部,中国需要了解中国实情的社会学家。回国之后,有的是学习机会。不少回国的同学,自动地去华北大学学习三个月,再出来工作。早一天回去,早一天了解中国的实际政治经济情况,早一天了解人民政府的政策,早一天参加实际的工作,多一天为人民服务的机会。现在祖国各方面都需要人才,我们不能彷徨了!……同学们,听吧!祖国在向我们召唤,四万万五千万的父老兄弟在向我们召唤,五千年的光辉在向我们召唤,我们的人民政府在向我们召唤!回去吧!让我们回去把我们的血汗洒在祖国的土地上灌溉出灿烂的花朵。"[2]

林家翘说,那个时代出来的留学生,绝大多数都是抱着学成回国的信念出来的,没有人想留下来,也留不下来,因为美国也要保护自己本国的就业

---

[1] 王丹红:李佩的"特殊使命"(二):冯·卡门的中国弟子,知识分子网,2017/4/2, http://www.zhishifenzi.com/column/depthview/1593?category=depth。

[2] 唐伟杰:重读朱光亚1950年《给留美同学的一封公开信》,中国侨网,2006/2/13, http://www.chinaqw.com/news/2006/0213/68/16230.shtml。

市场。这和现在的情形完全不同。[1] 回国是理所当然的，回国不需要理由。留学美国的学子们在第二次世界大战后，特别是在20世纪50年代初掀起了一股回归祖国的热潮。据中国科学院建立以后的估算，当时侨居海外的中国科学家，大约有五千人，大部分在美国。到1956年底，近两千名科学家回到祖国大陆。[2]

第二个去向是留在美国。第二次世界大战没有在美国本土进行，它没有遭受战争的破坏。相反，得益于战争需要的刺激，美国在"二战"中不仅军事工业和军事科学，而且作为军事工业支撑的各个工业领域和科学技术都得到了极大的提高，成为美国科技发展的黄金时代。大批为躲避战争而来的欧洲科学家为美国的科技发展做出了突出贡献。全国失业率大幅下降，战后国内生产总值（GDP）是战争初期的两倍。当遍及欧洲、亚洲以至非洲的许多国家被残酷的战火摧残得满目疮痍、民不聊生的时候，美国却成了这场战争的最大受益者。它摆脱了30年代的经济大衰退，发了战争财，一跃成为世界第一强国。美国经济的发展和相对完善的科研条件，与战后满目疮痍、百废待兴的中国形成强烈反差。很多留学生由于对新政府缺乏了解和认识，对回国持观望和犹豫的态度。在这种情况下，不能不说美国对年轻的学子们确实有很大的吸引力。1950年朝鲜战争爆发以后，新中国和美国的关系日益恶化。美国政府把部分援助国民党政权的资金用来资助中国留学生完成学业，解决了许多留学生的财政困难问题，并且改变政策，允许中国留学生毕业后在美就业。这为学生们留在美国提供了可能。当然，每个人的具体情况不同。

第三个去向是台湾地区，但很少有人做此选择。爆炸力学专家郑哲敏院士（1924—2021年）当年在加州理工学院师从钱学森，1950年获得博士学位后回国。他在回忆当年的情况时说："在我们圈子里面，人们要么回大陆，

---

[1] 林家翘采访录像或文字记录稿，2001年3月18日、4月1日，2002年4月4日、12日、19日、26日，2003年5月3日。
[2] 陈中：我不后悔 钱学森以及50年前"回家"的科学家们，《瞭望东方周刊》，2006年2月15日。

要么留在西方,没听说谁要去台湾(地区)的。因为都怕蒋介石,他在知识分子中名声已经臭了。像我这种并不积极参与学生运动的中间派,后期也认为国民政府贪污得太厉害,腐败已经是体制的一部分,不可能靠蒋介石来清理,原来曾经对他抱有的希望全都放弃了。"[1]

1940年,当"俄国皇后号"邮轮载着林家翘等一行二十多人破浪驶向北美的那一刻,正是神州大地烽火连天之时。和林家翘一样,许多青年学子都怀揣科学救国的志向踏上了征程。当年和林家翘一同出国学习,并朝夕相处的朋友是钱伟长和郭永怀,第二年到了加州还要加上钱学森。他们都是冯·卡门的同门弟子。几年之后,当师出同门的四个人学业有成,先后取得博士学位的时候,"二战"结束,时局发生了变化,各人的处境和想法也都有了不同的改变。21世纪初,林家翘在清华接受采访时回忆说,在20世纪40年代和几个相近的朋友一起谈论以后的去向时,就已经看出各自的想法和志向。这当然也就涉及了后来他们真正背起行囊返回家乡的不同缘由和时间。

四个人中第一个回国的是钱伟长(1912—2010年)。钱伟长是林家翘在清华物理系的学长,比他大四岁,也比他早两年毕业。据钱伟长本人晚年的回忆,他在1931年以出色的文史成绩考入清华大学,本来是要进入中文系的。但他入学三天后便发生了震惊中外的"九一八"事变,日本军队大举侵略东北,抗日战争爆发。钱伟长"认定'科学救国',决意改读物理,但数理成绩甚差,经物理系主任吴有训教授特准试读一年,因此倍加努力。"第二年,他"通过物理成绩标准,成为正式学生"。1935年,钱伟长"参加一二·九、一二一六示威游行。组织清华大学南下抗日宣传自行车队,任队长,于12月15日由清华园出发,骑自行车沿津浦线南下,赴南京,沿途与当地学生联系,积极宣传抗日。"1936年1月13日,"到南京宣传(北京)一二·九运动情况,受到军警拘禁。1月16日被押解到郑州后放逐返北平。""3月,自行车宣传队队员和支持者组成车社,车社全体成员参加民族

---

[1] 熊卫民:"郑哲敏:加州理工学院的中国留学生",《科学文化评论》,2012年第6期。

解放先锋队，继续进行各种抗日宣传活动。"也就是在这一年，钱伟长"在学生运动中认识了中文系二年级女同学孔祥瑛。"三年后的1939年8月1日，钱伟长和刚毕业的孔祥瑛在西南联大结婚，"登报启事，无婚礼，仅备喜筵数桌，由吴有训教授证婚（在婚书上盖章）"。新婚三个星期之后，第七届庚款留英公费生考试发榜，钱伟长得知自己已被录取。一年之后的1940年8月，他和林家翘、郭永怀及其他被录取的二十几名学生一起启程赴北美留学。当9月8日孔祥瑛诞下一个男婴时，钱伟长已经在加拿大的土地上了。后来他才知道儿子已经出世，并"由四叔和岳丈决定取名元凯"。[1] 他的四叔即著名史学家钱穆。

两年之后的1942年10月，钱伟长在多伦多大学通过了博士论文答辩。年底，他离开了加拿大远赴美国的加州理工学院，跟随冯·卡门教授从事研究工作。第二年六月，他被正式授予博士学位。

时间又过去了三年。1945年夏，"二战"结束，钱伟长立刻提出要回国，虽然冯·卡门一再挽留，但离乡五年、思家心切的钱伟长去意已决。回家探亲的理由是任何人无法拒绝的。1946年5月6日，钱伟长终于登上了从洛杉矶启程的轮船，回归祖国。

在四个人当中，钱伟长并不是年龄最大的，却是结婚最早的。他结婚刚刚一年就别妻离子、出国深造，一去五年多，甚至连自己的亲生儿子都还没有见过。妻子孔祥瑛只身一人哺育孩子，在大后方的四川度过了抗战的艰苦岁月，盼夫归来。此情此景，于情于理，都会使每一个有责任的父亲从内心感到由衷的不安与牵挂。而且，从钱伟长在清华改换专业，参加学生抗日爱国运动等出国前的经历就可以看出，他忧国忧民，实乃性情中人。因此，当战争结束，本人也已功成名就之时，归乡心切就是再自然不过的事情了。

和钱伟长相比，钱学森（1911—2009年）的归国之路要曲折和复杂得多。在四个人当中，钱学森出国最早。当他在1939年获得加州理工学院博士学位的时候，林家翘等人甚至都还没有走出国门。整个40年代，钱学森

---

[1] 钱伟长：重要活动记事，中国科学院院士文库网，杭州，浙江科学技术出版社，1992年8月。

在工作上一路顺利，高歌奋进。他在科研和教学上的卓越成绩与突出才干得到了导师冯·卡门的极大赞赏。后来他不但成为加州理工学院的助理教授，而且成为了冯·卡门得力的研究助手。

"二战"结束前夕的1945年4月，钱学森以美军陆军上校身份跟随冯·卡门到欧洲多地考察，参加对德国科学家的审讯，以获得德国的军事技术情报；他在五角大楼担任科学顾问，并被授予金质徽章，获准参加最高国防机密。[1]他独立完成了给军方报告中的六个专题，被冯·卡门称赞为"一个无可争议的天才"，并受到美国陆军航空军嘉奖。

1946年，钱学森出版了厚达八百页的专著《喷气推进》（*Jet Propulsion*），以及其他许多研究论文和报告。秋天，他重返麻省理工学院，应聘担任副教授。林家翘对此评论说，"钱学森很有远见，他明白，要想在火箭领域有所建树，他必须掌握一些加州理工学院之外的东西。当时，加州理工学院与麻省理工学院是一种竞争关系。加州理工学院长于结构和空气动力学，但在麻省理工学院，钱学森却能学到更多的关于仪表设备和控制系统方面的知识。"[2] 与此同时，钱学森还得到了最高等级的保密许可证，以能接触或参加军方的各种研究计划，包括研制原子弹的曼哈顿计划。1947年5月，钱学森被提升为正教授。同一年，他向美国移民局提出申请美国绿卡，即永久居留身份。

同年夏天，三十六岁的钱学森回国与蒋英结婚，并应邀在多所大学演讲，受到热烈欢迎。在回美后的空暇时间里，他和妻子一起听音乐会，逛画廊，与朋友聚会。1948年10月，他们迎来了自己的第一个孩子钱永刚的出生。日子过得充实而惬意。

1949年6月，钱学森回到母校加州理工学院，应邀担任古根海姆喷气推进中心（Daniel and Florence Guggenheim Jet Propulsion Center at Caltech）主任，同时他还是科学家和教授，担负着管理、科研和教学的任务。

那些年是钱学森在美国的高光时刻。他不但家庭美满，而且职业生涯顺

---

[1] Iris Chang (张纯如): *Thread of the Silkworm*（《蚕丝：钱学森传》），Basic Books，1996。
[2] 同上。

风顺水，成就斐然。他在加州理工学院的名誉和地位堪比当年风靡业界的冯·卡门。早已不是三十年代的留学岁月了，三十八岁的钱学森事业如日中天，俨然是个大人物，人生坦途似乎就此展现，前景一片美好。1949 年 4 月，钱学森提出申请加入美国籍。[1] 钱学森后来的律师格兰特·库珀（Grant B. Cooper，1903—1990 年）在一次电视访谈节目中也曾提到，钱学森曾经申请成为美国公民。[2]

然而，天有不测风云。一年之后，在 1950 年 6 月 6 日的阴雨之中，两位美国联邦调查局的官员登门造访。这一天使钱学森的荣誉、地位和正在努力的一切戛然而止：他被官方怀疑是美国共产党员。这件事情的政治大背景是美国自 1950 年 2 月开始而后又甚嚣尘上的麦卡锡主义（McCarthyism），而同年 6 月爆发的朝鲜战争更使反共气氛笼罩全美。中美两国之间的关系日益恶化。

钱学森断然否认他是美国共产党党员，而当局也拿不出任何站得住脚的证据。虽然如此，钱学森的保密许可证还是被收回，他不再被允许参与军事机密项目，正在从事的与军方有关的工作也无法继续。失去保密许可证意味着钱学森将与这些项目无缘。

一向心高气傲的钱学森震怒了。他在反法西斯战争中和战后为这个国家贡献了自己大量的心力，到头来却被这个国家怀疑和抛弃。这深深地刺伤了他。很快，他发表声明，将要从加州理工学院辞职，返回中国。既然事实上已经不被允许工作，为什么还要留在此地？他在回答联邦调查局的电话询问时认为"除此以外，他已别无选择"。[3]

但是，钱学森购买回国船票被拒绝，准备托运回国的行李被海关查扣。三个月后的 9 月 7 日，钱学森被移民局官员逮捕，受到审讯，并且被送进位

---

[1] Declaration of intention to become a U.S. citizen (no. 329866 at U.S. District Court in Boston), April 5, 1949, National Archives, New England Regional Branch. ［成为美国公民的意向声明（波士顿美国地方法院编号 329866），1949 年 4 月 5 日，国家档案馆，新英格兰地区分部］，引自王丹红：李佩的"特殊使命"（二）：冯·卡门的中国弟子，知识分子网，2017/4/2, http://www.zhishifenzi.com/column/depthview/1593?category=depth。

[2] Iris Chang（张纯如）：Thread of the Silkworm（《蚕丝：钱学森传》），Basic Books，1996。

[3] 同上。

于终端岛（Terminal Island）的移民局遣送中心关押。监狱里的钱学森身心受到的虐待和屈辱是他一生里从来没有经历过的。身陷囹圄，身心俱疲，这位著名科学家一下子从天上跌落到了地下。他的失落感无法用语言形容。两个星期后，他才被同事和朋友们想方设法筹措资金保释出狱。

很快，"美国移民局决定根据1950年出台的《颠覆活动管制法》（*Subversive Control Act*）将钱学森驱逐出境。"[1]

接着，令人烦恼的听证会、判决、上诉等，没完没了，反复进行，一直持续了两年。1952年11月，钱学森最后的上诉被驳回，驱逐令无可挽回地生效了。然而，美国政府却又不准他离境，因为案情分别符合两个不同的法律。这真是奇怪而又矛盾的判决！其深层次的原因在于钱学森在航空与喷气技术方面的资历。美国当然不能放逐这样一位有尖端技术背景的人才回到敌对的中国。钱学森被监视居住，信件被检查，电话被窃听，还被要求不得离开洛杉矶地区，每个月都必须向移民局签字报到。自尊心极强的"钱变得很沮丧，无法集中精力考虑技术问题。"[2]

钱学森在令人窒息的气氛中熬过一年又一年，直到1955年，他的秘密求助信被辗转呈递给了周恩来总理（图5-1），并由中国政府出面在日内瓦中美大使级会谈中要求美国释放钱学森，事情因此才有了转机。1955年9月17日，历经五年磨难的钱学森携蒋英和一对儿女终于登上了回国的轮船。

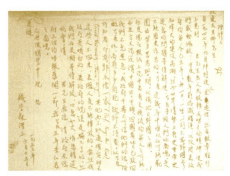

图5-1　钱学森给陈叔通的求助信，1955年6月15日

钱学森的回国应该被看作是一系列事情发生发展的必然结果。

---

[1] Iris Chang（张纯如）：*Thread of the Silkworm*（《蚕丝：钱学森传》），Basic Books，1996。
[2] Theodore von Karman with Lee Edson: *THE WIND AND BEYOND: THEODORE VON KARMAN—Pioneer in Aviation & Pathfinder in Space*, LITTLE, BROWN AND COMPANY, 1st Edition, January 1967.

首先是来自祖国的召唤。抱着救国之心赴美留学的钱学森身上流淌的是中国人的血脉。这是他最终得以回归祖国的思想和情感基础。事实上，他也曾多次表示过要回国工作的意愿。早在1938年，清华大学就催促他回国工作。由于冯·卡门出面极力挽留，钱学森得以继续他的博士学位学习。[1] 第二年，在他获得博士学位后，清华立即聘请他为航空研究所副教授。[2] 之后，周培源在帕萨迪纳访问时也曾和钱学森面谈希望他回国工作一事。抗战胜利后的1946年，清华回到北平复校，聘请钱学森为航空系教授。与此同时，北京大学拟聘钱学森任工学院院长。[3] 凡此种种，钱学森以工作繁忙、"不克分身"为由，均未应允。"至今清华档案馆仍保存了梅校长当年发给钱的聘书。"[4] 1947年，国民政府曾拟请他担任交通大学校长，但后来又作罢。[5] 钱学森在短期回国结婚省亲中，看到的是国内战乱不断、官场腐败和民生凋敝。他在给冯·卡门的信中描述了当时中国的种种黑暗和苦难，还劝过朋友，"既不要留在中国，也别回到中国"。[6] 在此情况下，他没有留下来是可以理解的。

1949年5月，革故鼎新之际，中国共产党对钱学森发出了回国工作的召唤。这包括清华校友、时在芝加哥大学工作的金属物理学家葛庭燧转来的时在香港大学任教的清华校友、中共党员曹日昌给他的劝归信，[7] 以及周培源介绍北京西郊解放时的良好境况的信函等。钱学森对此没有回复。国内衰微破败的状况和美国一流的科研环境与条件相比，有着巨大的落差。很自然地，钱学森对回归祖国一度表现出犹豫和彷徨。

---

[1] 魏宏森：钱学森与清华大学之情缘，《清华校友总会》网，2011/08/03，https://www.tsinghua.org.cn/info/1952/17552.htm。
[2] 同上。
[3] 吕成冬：1946年钱学森为何没能就任北大工学院院长，《档案春秋》，2016第3期，https://www.thepaper.cn/newsDetail_forward_1452917。
[4] 同[1]。
[5] 同[1]。
[6] Iris Chang（张纯如）：*Thread of the Silkworm*（《蚕丝：钱学森传》），Basic Books，1996。
[7] 王丹红：李佩的"特殊使命"（一）：她和钱学森回国有什么关系？，《知识分子》网，2017/3/31，https://zhuanlan.zhihu.com/p/26130219。

其次，与大多数在美的中国学者不同，钱学森对共产主义早有所了解并且同情。这不只是1930年夏秋，因病休学在家的钱学森读到了一些马克思主义书籍，而且还有1935年初到加州理工学院时，他曾和一些左派的教授和学生交往，并参加了美国共产党。但因为他不是美国籍，后来又退出了。[1] 罗沛霖是钱学森在交通大学读书时的朋友，1948年受中共资助和安排到加州理工学院学习电子工程。那段时间，罗沛霖几乎每个周末都到钱学森家共度他们的闲暇时光，并且时常会通报国内的一些新闻动态。罗沛霖还介绍钱学森参加有中共背景的留美中国科学工作者协会的活动，两人过从甚密。可以想到的是，钱学森在这些接触和活动中自然会受到一定的影响。

第三，钱学森的父亲钱均夫（1880—1969年）盼儿回归也是一个重要因素。钱学森的母亲于1947年去逝，年近古稀的老父亲尚未见到过孙辈。他从1949年10月起就开始不断地给钱学森写信，介绍新中国的新气象，催促他早日回国工作。这使钱学森一度为此苦恼。他"曾与加州理工学院院长Lee DuBridge（李·杜布里奇）谈到在事业、家庭和对父亲孝心的矛盾处境，也谈到父亲是否是受到当局压力给他写信。他曾想将父亲从大陆接到香港，但没有成功。"[2]

物理学上有个名词叫合力。作用在质点上的几个力共同作用时产生的效果如果与某一个力的效果相同，那么这个力就叫做这几个力的合力（resultant force）。力是矢量。矢量是有大小和方向性的量。合力指的是作用于同一物体上多个力加在一起的矢量和。各种作用力所产生的合力效果，促成了钱学森的归国。其中让他最后下定决心采取行动回到中国的当数美国政府。从1935年出国留学，到1955年最后回到中国，钱学森在美国学习、工作和生活了整整二十年。他有值得骄傲的学术生涯、成就和荣誉，他对美国航空科学的发展作出了巨大贡献，然而最后他得到的却是屈辱、虐待和被驱逐。这

---

[1] 熊卫民："李毓昌：中科院力学所早年的人与事"，澎湃网，2017/02/13，原载《史林》2016增刊，https://www.thepaper.cn/newsDetail_forward_1613708。

[2] 王丹红：李佩的"特殊使命"（二）：冯·卡门的中国弟子，知识分子网，2017/4/2, http://www.zhishifenzi.com/column/depthview/1593?category=depth。

是一种刻骨铭心的痛。如同当年纳粹德国迫使冯·卡门等一大批犹太科学家离开德国一样，美国也驱逐了中国科学家钱学森。正如这件事的麻烦制造者（troublemaker）美国海军部副部长丹·金博尔多年后所说："这是美国做过的最愚蠢的事情了。与其说钱学森是个共产党员，还不如说我是共产党员，我们竟把他给逼走了。"[1] 美国在钱学森回国的方向上加了一把力，使得矢量和的方向更大大地指向了中国。钱学森对美国彻底失望了。他的绝不低头、绝不屈服的高傲性格决定了他与美国的彻底决裂。虽然多年后他不止一次收到美国有关学术部门的访问邀请，但他终生却再也没有踏上美国的土地。

冯·卡门的四位来自中国的同门弟子中，年龄最大的是郭永怀（1909—1968年）。1940年郭永怀与林家翘同船赴加拿大留学，两人同时进入多伦多大学，师从约翰·辛格教授，又都在1941年获得硕士学位，并在同年到加州理工学院成为冯·卡门的博士研究生。他们刚开始的留学轨迹高度重合。1945年，郭永怀获博士学位。第二年，应师出同门的好友西尔斯（William Rees Sears）邀请，郭永怀到康奈尔大学（CornellUniversity）任助理教授，参与创立航空工程研究生院（Graduate School of Aeronautical Engineering）。

郭永怀为人寡言，做事低调，在科学研究上却有着超人的毅力和实干精神。从1946年到1956年，是郭永怀在康奈尔大学工作和生活相对稳定的十年。与钱学森不同，他没有直接受到麦卡锡主义的干扰和迫害，一路从助理教授升为副教授和教授。在潜心研究工作的十年里，郭永怀取得了令人瞩目的成就。他陆续发表了一系列有关跨声速理论和黏性流动研究的论文，为解决跨声速流动和突破音障的重要理论作出了重大贡献，并以此在业界闻名。

然而，那个时代萦绕在每一个海外学子心中挥之不去的思绪是返回祖国的问题。在这件事情上对郭永怀影响最大的是钱学森。

钱学森可谓是郭永怀的挚友。他们不但共同合作研究，而且私交甚笃。钱学森在1982年出版的《郭永怀文集》后面写道："我第一次与他相识是在1941年底，在美国加州理工学院。当时在航空系的有林家翘先生，有钱伟

---

[1] Iris Chang（张纯如）：*Thread of the Silkworm*（《蚕丝：钱学森传》），Basic Books，1996。

长同志，还有郭永怀同志和我，在地球物理系的有傅承义。林先生是一位应用数学家，傅承义同志专的是另外一行，钱伟长同志是个多才多艺的人。所以，虽然我们经常在一起讨论问题，但和我最相知的只有郭永怀一人。他具备应用力学工作所需求的严谨与胆识。"[1]

钱学森和郭永怀在交往中不断加深友谊。钱学森回忆道，"1946 年秋，郭永怀同志任教于由西尔斯主持的美国康奈尔大学航空学院，我也去美国麻省理工学院，两校都在美国东部，而加州理工学院在西部，相隔近三千公里，他和我就驾车旅行，有这样知己的同游是难得的，所以当他到了康奈尔而留下来，而我还要一个人驾车继续东行到麻省理工学院时，我感到有点孤单。"[2] 1947 年，钱学森和林家翘到康奈尔大学开会，不忘看望老朋友。当时还是郭永怀女友的李佩（1917—2017 年）回忆说，"那是在 1947 年，我和老郭认识不久，一天，他告诉我，'我有两个最好的朋友到康奈尔大学来参加学术会议，明天我要请他们到家吃饭，我买了一只鸡，你帮我把鸡汤烧好'，后来我一看，进来的一个是钱学森，一个是林家翘。这也是我第一次见到他们两人，那天他们聊得很高兴。"[3] 这是李佩结识钱、林二人的开始。1949 年，钱学森重返加州理工学院，开车路过伊萨卡，又再次访问郭永怀夫妇。

从 1950 年开始，钱学森受到美国政府的迫害，无法回国。这引起了郭永怀极大的关心和同情。"当时中国学生、学者对美方对待钱学森的事非常气愤，这事促成了很多人回国。"李佩认为，这件事在留学生中起到了"适得其反"的效果。[4] 三年之后，被钱学森称为"知己"的郭永怀利用学术假的时间再访加州理工学院，与钱学森重逢。钱学森写道："我以后再见到永怀同志是 1953 年冬，他和李佩同志到加州理工学院。他讲学，我也有机会向他学习奇异摄动法。我当时的心情是很坏的，美国政府因不许我归回祖国

---

[1] 钱学森：写在《郭永怀文集》的后面，《郭永怀文集》，北京，科学出版社，1982。
[2] 同上。
[3] 王丹红：李佩：98 岁的郭永怀夫人和她的国（一），知识分子网，2015/9/28。
[4] 刘志峰、张苏：美丽人生—李佩先生专访，中国科学技术大学校友总会网。

而限制我的人身自由，我满腔怒火，向我多年的知己倾诉。他的心情其实也是一样的，但他克制地劝我说，不能性急，也许要到1960年美国总统选举后，形势才能转化，我们才能回国。"李佩说，"这时跟钱家来往很多，大家老在一起议论回国的事情，经常讨论新中国需要什么？回国之后做些什么？"[1] 性格沉稳的郭永怀和钱学森一样，也在期盼着回到祖国。

李佩走入郭永怀的生活是在1947年。当年二月，李佩作为康奈尔大学新成立的工业与劳工关系学院的留学生，来到伊萨卡学习工商管理。同为西南联大的校友，两人在交往中熟识，进而在一年后举行了婚礼。

李佩在赴美留学前曾在中国劳动协会工作多年，与国共两党的一些著名人物都有许多交往。李佩在一次采访中说，"回国的想法老早就有了，我在国内就有很多进步的朋友，共产党的一些朋友中也有两三个在美国读书，我们也有来往。我们都很关注国内战局的发展。"[2] 1949年3月，李佩以探亲为名经香港回到已经解放了的北平。九月，她经朱学范介绍到华北人民革命大学政治研究院学习，成为第二期学员，参加了10月1日天安门广场的开国大典。在结束学习之后，李佩转道香港又回到了美国。中国形势的发展也关系着海外知识分子的命运。所以，李佩在那个时候回到国内一年多，不能排除是为了从长计议而来观察国内形势的。

不能说那时的李佩就有共产党的背景（李佩入党日期是1981年），也没有确凿证据证明李佩负有动员郭永怀回国的使命，她本人也从没有明确谈过这个问题。但是，从李佩的经历来看，她对于郭永怀回归祖国的影响应该是正面的和积极的。

1955年9月，钱学森登上回国的轮船，这在作为知己的郭永怀心中激起波澜。李佩说，"钱学森1955年回国前，写信问老郭说，我们准备走了，你怎么样？是不是可以一块走？老郭有一个研究项目，答允是1956年完成，所以我们晚一年回国。"[3] 但是从那时起，按李佩的说法，老郭就坐不住了，

---

[1] 刘志峰、张苏：美丽人生——李佩先生专访，《中国科学技术大学校友总会》网。
[2] 同上。
[3] 同上。

整天盘算着回国的事。思维缜密的郭永怀为回国作了一系列准备，当然不仅仅是打点行囊而已。"就在回国前夕，郭永怀在他的房后园中烧掉了十多年来积累的一大批科研资料和讲义文稿。李佩教授回忆说：'老郭的所有文稿，都十分规范，这是他多年心血的结晶啊！当我发现他在含泪焚稿时，急了，大声制止他，没想到他竟平静地说，这些东西是带不走的。烧了，省得麻烦。其实也都早就在我脑子里了！第二天，康奈尔大学航空工程研究生院的院长为我们饯行，是一个大型野餐会，老郭又当众烧毁了他的一部即将完成的书稿……'[1] 此一举动对于避免离开美国时可能遇到的麻烦，颇有必要，同时也显示了郭永怀一定要回国的决心。

1956 年 6 月，已经回到国内并担任科学院力学所所长的钱学森给郭永怀写信："我们现在为力学忙，已经把你的大名向科学院管理处'挂了号'，自然是到力学研究所来，快来，快来！请兄多带几个人回来！"[2] 兴奋与急切之情跃然纸上。三个月后，郭永怀和李佩携女郭芹（图 5-2）启程回国，开始了他生命中新的航程。

图 5-2　郭永怀、李佩和女儿郭芹在美国

那时候的林家翘并不在留学人员的回国热潮之列。

林家翘在出国前没有在国内参加学生运动和政治活动的经历，他的精力集中在读书和做学问上，对政治不敏感，也没有什么兴趣。抗战胜利后，他在美国结婚成家。

那时候，共产党对他而言是陌生的，他更不知道国内政权变更后会发生什么。林家翘出国第二年，父亲就去世了，国内只有继母尚在。随着 50 年代儿子林声涛（Edward Lin）和女儿林声溶（Lillian Lin）的相继出生，他的

---

[1] 金志涛，等：为"两弹一星"殉职的郭永怀，炎黄春秋网，http://www.yhcqw.com/35/324.html。

[2] 同上。

家庭重心实际上已经在国外。

在回国的问题上,林家翘并没有对他施以积极和有力影响的知己好友或者至亲。这种影响有时可以起到至关重要的作用。

与此同时,无论是在加州理工学院、布朗大学、还是在麻省理工学院,他的研究不断取得突破,他的工作也不断得到学校和同行的肯定和赞扬。他一路从助理教授升到副教授,又升到终身教授和正教授。林家翘说,他是当时麻省理工学院最年轻的正教授,时年三十七岁。工作风生水起,升迁顺利。而回国,则意味着放弃美国一流的科研环境和科研团队。国内的科研状况落后,专业发展前途未卜。作为一个从事基础理论研究的应用数学家,回到国内是否有用武之地,他不知道。想到这些,视科研事业为生命的林家翘犹豫了。在回国的事情上,这确实代表了当时一些海外学子的纠结与迷茫的心态。

即使如此,林家翘对中国始终有一种归属感,对自己的同胞有一种天然的亲近感。他不仅在加州理工学院时有一个中国同学及访问学者的社交圈,与他们来往密切,而且在后来的工作中也尽心尽力帮助和培养华人才俊。在布朗大学时,他是流体力学博士生易家训的老师,教书之外,还和易家训建立起了长期的友谊。二十多年后,他们一起参加了首个华人学者参观团回国访问。当易家训的学生袁旗毕业求职时,林家翘欣然接受,并且培养袁旗成长为一位天文学家。林家翘和清华大学的老同学、后来同在布朗大学的徐贤修一直是好友。他几乎是看着徐贤修的儿子徐遐生长大。他引导和着力培养年轻的徐遐生走上了研究天文学的道路。徐遐生逐渐成长为国际著名的天文物理学家,也成为了林家翘学术研究上的亲密合作者。从20世纪40年代起,林家翘和海外许多华人学者进行过学术研究上的合作。在他公开发表过的一百一十多篇研究论文中,有华人学者参与合作的就有二十余篇。那时的林家翘,人虽然没有回国,心却时时与华人同胞同在。

春去秋来,林家翘在回国一事上举棋不定的心绪中度过了一年又一年,直到1950年获得终身教职(tenure),1953年升为正教授,1955年第一本专著《流体动力学稳定性理论》(*The Theory of Hydrodynamic Stability*)出版。到了这时候，他的心才慢慢安定下来。林家翘说，"1956 年才开始盖自己的房子，以前不敢盖房子，本以为不会长待，不要盖房。"[1] 在林家翘身上，回国的动力不足，多个力加在一起的矢量和并没有指向回国，而是指向了留下。

林家翘终于没有在那时回国。这在当时与他相识的某些回国人员中引起了不满和非议，认为他不爱国。甚至到了 70 年代初，林家翘开始频繁回国进行学术交流，甚至到了 21 世纪初他返回清华定居之后，这样的不满情绪仍然存在，有的人甚至不愿与他交往。诚然，林家翘没有在 20 世纪中期回国，确是事实，但我们不应脱离当时的历史环境及当事人的思想状态和具体处境来看待其回国的问题，我们也应该对暂时没有回国的人员持一种客观与包容的心态。在这件事情上，我们没有听到林家翘本人有什么表示。或许他不好说什么，也不便说什么，也或许倒是他对他们有着一种宽容的心态吧。

1957 年，林家翘夫妇第一次有了自己的新房子。他们搬进了法兰西路 8 号（8 French Road）的新居（图 5-3）。这座独栋房屋坐落在占地一英亩的绿树丛中，位于波士顿近郊的小镇维斯顿（Weston），东距麻省理工学院只有二十多分钟车程。此时林夫人梁守瀛已经是哈佛大学的中文教师。她自己编写教材，用生动幽默的语言教美国年轻人学

图 5-3　林家翘夫妇在家中，1948 年

习中文。她编写的教材《大学中文：第一年教科书；大学中文手册》（*College Chinese: A First Year Textbook; Companion Book to College Chinese*），署名 Shou-Ying Lin（林守瀛），由哈佛大学出版社出版，曾被学生们使用多年。林家翘夫妇二人一个在 MIT 工作，一个在哈佛大学上班，带着一儿一女住在这栋有三个卧室的房子里，生活平静而温馨。在这栋房子里他们一住几十

---

[1] 林家翘采访录像或文字记录稿，2001 年 3 月 18 日、4 月 1 日，2002 年 4 月 4 日、12 日、19 日、26 日，2003 年 5 月 3 日。

年，直到退休。

人是留下来了，心却并非那么坦然。忙碌工作之余，夜深人静之时，故国山河的一切仍时时在心头萦绕。毕竟是炎黄子孙，毕竟是中华文化的根基。"何人不起故园情"（李白·《春夜洛城闻笛》），林家翘渴望知道家乡的一切。

20世纪五六十年代，中美关系持续紧张并且越来越恶化。在美人员与国内亲友的通信常常受到检查，收到的信有时竟是开封的，甚至只有空信封，而信纸则不翼而飞。因此，写信双方都不敢在信中涉及任何政治或社会情况，只写一些有关家人身体和生活小事等，以免惹出麻烦。即使如此，相互通信也是越来越少。特别是到了中国的"文革"时期，通信几乎停止，两国处于隔绝状态。林家翘的夫人说，那时美国政府规定，禁止持有美国护照者去中国、朝鲜、阿尔巴尼亚等国旅行，中美人员的往来停顿，两国关系不仅是隔离，更是处于对立状态。美国媒体很少报道中国的情况，即使有，也是报忧不报喜，真真假假，看上去国内是一片黑暗。所以，"我们关于中国的真实情况一点儿都不知道，甚至连一张相片都看不着。"林夫人说，"太闭塞了！"[1]

也正因为如此，但凡得到一点点中国的消息，印象就十分深刻。林家翘记得，他在荷兰和奥地利访问的时候，听说有个叫埃德加·斯诺的美国记者写过一本介绍中国的书。还有一次在学术会议间隙，有位去过中国的天文学家在一个天文馆里放幻灯片。林家翘看到，其中有陕西华清池的镜头，还有一位老人抱着石头盖房子的情景。那位天文学家介绍说，全中国都在搞建设，有多好多好，相当赞赏。[2] 林家翘所住的维斯顿北面不远处是小镇列克星敦（Lexington, MA）。林家翘说，"有一次，大概是在1971年前后，有个叫Joan Hinton的农业专家在一所中学里做关于中国的演讲。那天，学校的大礼堂挤得满满的，人多得不得了。这个美国人去中国时第二次世界大战

---

[1] 林家翘采访录像或文字记录稿，2001年3月18日、4月1日，2002年4月4日、12日、19日、26日，2003年5月3日。

[2] 同上。

刚结束,她在中国生活了很多年。她讲了中国的'文化大革命',并且认为很好。她有个在中国出生的女儿,也是一名红卫兵。她为此很是得意。"[1]美国人 Joan Hinton(1921—2020年)的中文名字叫寒春,是一位核物理学家,曾参加过美国研制原子弹的曼哈顿计划。寒春后来到了中国,在中国工作生活了六十多年,从事奶牛改良工作。林家翘说,海外的人们对中国的事真是见仁见智。在1972年以前他在国外所听到的关于中国的消息,大多是破碎的和扭曲的。[2]

"我在日内瓦见到了杨振宁,也见到了杨振宁的父亲杨武之。"[3]林家翘说。那是在20世纪60年代,林家翘在日内瓦的访问中遇到了他当年清华的老师杨武之。杨武之(1896—1973年)是中国早期的数学家和教育家,也是一位坚定的爱国者,盼望祖国富强。20世纪五六十年代,他曾在海外几次与杨振宁见面,每次都劝自己的儿子回国参加建设,而且对杨振宁入了美国籍一事耿耿于怀。杨振宁认为,父亲对此终生都没有宽恕他。杨武之向林家翘介绍了国内的建设情况,还告诉林家翘,他现在复旦大学工作,正是最忙的几年。"他提出了让我们回去看看",林家翘说,虽然限于当时的各种情况一时还无法回去,但这使得我们想回国去看看的愿望越发强烈。[4]1971年7月20日,杨振宁在中国驻法国大使馆取得签证之后,几十年来第一次踏上了新中国的土地,探望重病的父亲,成为1949年后第一位访华的知名美籍华人科学家。这次为期四周的访问在美国特别是华人学者当中引起了巨大反响。两个月后,访华归来的杨振宁在他任教的纽约大学石溪分校作了演讲,介绍访华经历和感想。大约一千四百人出席了报告会。除了本校师生外,来自附近其他地方的华人和美国人蜂拥而来,以极大的兴趣参会。正如杨振宁在会上所说,这"显示了两国人民之间有一种真诚的希望,和需要彼此互相了解。"他在给父亲杨武之的信中还写道:"此间各界对新中国的兴

---

[1] 林家翘采访录像或文字记录稿,2001年3月18日、4月1日,2002年4月4日、12日、19日、26日,2003年5月3日。
[2] 同上。
[3] 同上。
[4] 同上。

趣简直大到无法形容"。[1] "南人上来歌一曲，北人莫上动乡情。"（唐·刘禹锡《竹枝词九首》）远在波士顿的林家翘听闻杨振宁访华和演讲的事情，立刻打电话给杨振宁，怀着极大的兴趣了解他访华的情况。"想回国看看，实在是在心里想了很久，也憋了很久的一个愿望。时间越久，这个愿望就越强烈。"[2] "故乡篱下菊，今日几花开。"（南朝·江总《于长安归还扬州九月九日行薇山亭赋韵》）故国的一切都在惦念之中，林家翘说，"从1940年到1972年，三十二年音讯全无。真是十分怀念！"[3]

二、圆梦

回国是一个梦。林家翘的这个梦整整做了三十二年。

"蝴蝶效应"是指在一个动态系统中，初始条件的微小变化，进而能带动整个系统长期且巨大的连锁反应。谁也没有想到，1971年的春天，有一个影响世界的"蝴蝶效应"在日本名古屋的世界乒乓球锦标赛中发生了。中美两位乒乓球运动员的偶然交往，居然促成了两国关系的破冰。这是在一个中美领导人都有意改善两国关系的大背景下发生的。而这，也给了林家翘圆梦的机会。

1971年的春天，美国乒乓球队在世乒赛后应邀访问中国，受到周恩来总理的接见。两国之间的坚冰开始融化。3月15日，美国国务院取消了持美国护照访问中国的限制。7月，时任美国总统国家安全事务助理的亨利·基辛格（Henry Alfred Kissinger，1923—2023年），为实现尼克松（Richard Milhous Nixon，1913—1994年）总统访华和中美关系正常化对中国进行了秘密访问。同年10月25日，恢复中华人民共和国在联合国的合法权利问题

---

[1] 姚蜀平：冲破历史的坚冰：中美建交前后华裔美籍学者的特殊贡献，摘编自姚蜀平《回首百年路遥——伴随中国现代化的十次留学潮》，上海，上海教育出版社，2017。https://baike.baidu.com/tashuo/browse/content?id=edc68a0a68c61311fa86a19d。

[2] 林家翘采访录像或文字记录稿，2001年3月18日、4月1日，2002年4月4日、12日、19日、26日，2003年5月3日。

[3] 同上。

的决议获得通过。1972年2月，美国尼克松总统应邀对中国进行了历史性的访问。他在人民大会堂宴会上的讲话中引用了毛泽东主席的诗词："一万年太久，只争朝夕。"尼克松访华震惊了世界，从此中美关系开启了新的篇章。

中美关系发生的巨大变化，使林家翘兴奋异常。家里从来没有电视，因为工作繁忙，他们从来就不看电视。这次不一样了。"一听说尼克松要访华，第一件事情就是去买了个彩电，要看看尼克松如何下飞机。"林夫人高兴地说。[1]

眼看回国的事情有可能变为现实，殷殷的思乡之情让一些华裔科学家开始兴奋不已，跃跃欲试！说干就干，林家翘很快就和在约翰·霍普金斯大学（John Hopkins University）任教的任之恭联系，问他是否有回国去看看的愿望。任之恭也正有此意，两人一拍即合。任之恭（1906—1995年）是林家翘在清华大学物理系的教授，后来又曾一起在西南联大的清华无线电研究所工作。两人既是师生又是同事，私交甚笃。当时还有其他一些华人学者也找林家翘和任之恭商议回国的事。任之恭在回忆这段经历时写道，因为对国内情况一无所知，为了慎重，"我的头一步试探，就是写一封信给周培源先生，问他像我们想象的一个相当大的华裔学者团体，回中国探亲、参观与访问，中国政府是否认为合适；同时我请他透露一点消息，表示我们想念祖国，帮我们说些好话""培源的回信说他完全赞成我们团体参观访问的事"。[2] 尼克松访华后，任之恭还收到了夫人陶葆柽的兄长、毕业于哈佛大学且时任清华大学土木建筑系教授兼系主任的陶葆楷（1906—1992年）的来信，热情建议他带一些专家学者回国访问。这些迹象都表明，国内是欢迎在美华人学者归国访问的。"我和老师任之恭同时想到，可以组团回国看看！"林家翘说。[3] 任之恭所在的巴尔的摩离首都华盛顿近，便于联络，而且他也特别热心这件事情。林家翘协助老师，主要联系了麻省理工学院、普林斯顿大学和

---

[1] 林家翘采访录像或文字记录稿，2001年3月18日、4月1日，2002年4月4日、12日、19日、26日，2003年5月3日。

[2] "任之恭回忆周培源"，节选自《祝贺周培源先生九十高寿》，中国科学报，2016/9/5，转自《清华校友总会》网，https://www.tsinghua.org.cn/info/1951/20667.htm。

[3] 同[1]。

密执安大学等几所大学的华人朋友。与此同时，他们也在考虑和询问签证办理问题。因为中美之间没有外交关系，不知道如何得到去中国的签证。林家翘回忆，经过一番努力，通过在纽约的中国驻联合国代表团，得知可以在中国驻加拿大大使馆办理签证。[1]

他们的心里踏实了，联系朋友的组团酝酿和具体组织工作也很快展开。因为多数人在不同的城市工作，所以一系列的联系和商讨主要通过电话和信件进行。事无巨细，都要考虑周全，有些事情是很琐碎的。不过这是商量要去中国，每个人都非常兴奋。最后，一共有十二位专家学者确定要参加这个团体，利用当年暑假一起回国访问。他们中除了任之恭和林家翘，还包括电磁与天线理论科学家、密执安大学（University of Michigan）教授戴振铎（1915—2004年），大气物理学家和社会活动家张捷迁（1908—2004年），流体力学家、密执安大学教授易家训（1918—1997年），光物理学家、加州大学伯克利分校（University of California, Berkeley）教授沈元壤（1935—），生殖生物学家、伍斯特实验生物学基金会（The Worcester Foundation for Experimental Biology）首席科学家、口服避孕药发明人张民觉（1908—1991年），数理逻辑学家、洛克菲勒大学（Rockefeller University）逻辑学教授王浩（1921—1995年），数学家、康奈尔大学（Cornell University）教授王宪钟（1918—1978年），宋史专家、普林斯顿大学（Princeton University）教授刘子键（1919—1993年），原西南联大电机工程系教授叶楷和李祖安等。他们的平均年龄五十五岁，功成名就且年富力强。除此以外，加上随行的家属，一共有二十七人参团。大家想的就是回国去探亲访友，看看国内现在的情况。这个团体后来取名"美籍华人学者参观团"。

当时美国的反华势力不但存在，而且还相当活跃强。林家翘说，考虑到当时的形势，我们虽然心里很高兴，但都尽量保持低调和警觉，绝不对外人说我们要去中国了，总觉得这里有敌对势力存在。但即使如此，消息还是

---

[1] 林家翘采访录像或文字记录稿，2001年3月18日、4月1日，2002年4月4日、12日、19日、26日，2003年5月3日。

传了出去。有的好心的朋友对他们能否回来表示担心。当林家翘问要不要给这位朋友带点中国字画回来时,他马上说,不要不要,只要你能平安回来就好。还有的人收到了不同的劝阻信件。"有人写信给我们 warning(警告),说你们回去就回不来了。"林夫人说,恫吓信、匿名信都来了。还有从中国寄来的信,模仿那时大陆人的口吻,说你们不要来,来了就打你们,砸烂你们的狗头!可仔细一看那信封,是用 IBM 打字机打的。那时的中国普通人家里哪有什么 IBM 打字机啊!邮戳也不对,和我们以前收到的国内亲友的信封一比对,就看出邮戳不一样,是假的。"那时两岸关系紧张,台湾有些人在美国做地下工作,企图阻止在美华人和祖国大陆的联系。现在当然不一样了。现在我们可以随便和人说我们要去中国。但那时候不行。中国好像更代表共产主义思想,一般美国人还不能接受。这种情绪现在是淡了。美国人现在认为虽然中国政治上是共产主义,但生意还是可以做的,当然困难也很多。"林家翘说。[1] 航空公司在得知有一个二十七人的团要飞中国以后,提出可以给机票打折优惠。但渥太华的中国大使馆建议我们不要所有人乘同一架飞机,而采取分散乘机的办法,以策安全。"形势就是这么紧张,但我们不害怕,也不觉得有那么大危险。"林家翘说。作为尼克松访华后的第一个从美国去中国的华裔学者团体,每个人都很兴奋和期待。[2]

安排好一切之后,因为有计划要去荷兰作三个月的学术访问,所以林家翘夫妇带上女儿溶溶提前在四月份就出发了。到了六月下旬,一行三人乘法国航空公司的班机从荷兰启程,经巴黎转机直飞上海。"我记得飞机还经过印度,还飞过了昆明。"林家翘好像仍处在当年的兴奋之中。[3] 经过长途飞行,他们终于踏上了故国的土地,受到五位接机人员的热情欢迎。

林夫人回忆:"五个人里两个是陪同,一人代表科学院,一人代表市政府,还有一个翻译。下机一见面,家翘说国语,我说上海话,吓了他们一

---

[1] 林家翘采访录像或文字记录稿,2001 年 3 月 18 日、4 月 1 日,2002 年 4 月 4 日、12 日、19 日、26 日,2003 年 5 月 3 日。
[2] 同上。
[3] 同上。

跳！"林家翘也笑了。真是"少小离家老大回，乡音无改鬓毛衰。"他感慨道，居然还派来了翻译，真是隔阂得太久了！不过翻译还是有用的，因为他们带来了不会说中文的女儿。[1] 由于其他人还没有到齐，所以林家翘一家暂时被安排下榻在市中心茂名南路的锦江饭店。这是上海一家著名的饭店，原为英国犹太富商维克多·沙逊（Sir Ellice Victor Sassoon）的产业华懋公寓和峻岭寄庐，1951 年改为饭店。就在四个月前，这里接待了随尼克松总统访华的美国代表团，并且在锦江饭店的小礼堂签订了中美《上海公报》。曾在上海度过自己中学和大学时代的林夫人说，这个饭店一如既往，还和以前一样。我们被安排在带套间的房间里，女儿单独一间，房间很大，一切都很讲究。我和家翘说，这么讲究，怕我们付不起旅馆钱。结果第二天一问接待的人，得到的回答是，没关系，以后再算。后来才知道，所有国内的交通食宿都是由国家招待的，只有入境前的花费自理。[2] 有人以为他们当年是国家邀请来的，其实不然。这些美籍华人学者是自己主动要回来访问的，而国家则给予了他们热情的接待。

到了上海以后，陪同人员问他们有什么要求。林家翘夫妇提出一是希望找到守瀛的表姐，二是希望看看上海的市容。林家翘说，结果第二天守瀛的表姐就被找到了。我们感到当时人口不大流动，中国的户籍制度还是很有效的。不过，我们没有能够到表姐家去作客，而是表姐到旅馆来看望我们。后来在北京也是守瀛的哥哥（梁守槃）来旅馆看我们，而我们没有到哥哥家去。因为那时有规定，不允许我们到亲友家作客，只允许亲友到旅馆来探望国外来人。所以，1972 年那次回国，林家翘哪个亲友家也没去，都是亲友们来旅馆探望。后来到了 1976 年再次回国，政策就宽松了一些，允许他们到亲友家去作客了。[3]

去国多年，林家翘夫妇迫切地想看看这片令他们魂牵梦绕的故土。他们

---

[1] 林家翘采访录像或文字记录稿，2001 年 3 月 18 日、4 月 1 日，2002 年 4 月 4 日、12 日、19 日、26 日，2003 年 5 月 3 日。。
[2] 同上。
[3] 同上。

又看到了外滩,又看到了黄浦江,感到市容并没有很大的变化,仍然可以看出往昔上海的样貌。林夫人对一些马路和店铺都还记得很清楚,只不过有许多路名都改了。原来的山东路,改叫常熟路,霞飞路改叫淮海路。第一天游览市容时,这些路名弄得她有点莫名其妙。陪同人员问林夫人,你真的记得上海?背井离乡二十余载的林夫人回答说记得。陪同人员说,那好,考考你!汽车开到一个路口停了下来,他们问道,这是什么地方?她一下子就认出来了,说这是山东路霞飞路口。果然不错![1] 真乃"我虽失乡去,我无失乡情"(唐•元稹《思归乐》)!

参观团的成员陆续抵达上海。其中相当一部分人分组从不同航线飞抵香港,在九龙金门饭店集合后一起入境,旅游局专门派人到深圳迎接,然后大家乘火车经广州和杭州,最后抵达上海。几十年没有回国了,如今真的回到了家乡!任之恭说:"我们当时兴高采烈的情绪,不可言喻。"全团到齐后,集体入住和平饭店。和平饭店的前身是民国时期的华懋饭店和汇中饭店,位于南京东路外滩,正对黄浦江,是上海的标志性建筑。林家翘说,这对于我们来说也是一种新鲜的经历。这种地方从前是洋人住的,我们从来不去住。林夫人还沉浸在当时的情景之中,说:"那天晚上住在和平饭店,听着黄浦江上轮船的汽笛和海关的钟声,真真切切地感到我们又回到了祖国。百感交集,夜不能寐,觉得好开心!"[2]

全团在上海进行了短暂的参观。几十年没有回国,对国内的情况一点都不了解,陪同人员问大家想到哪里参观,想看些什么,却没有人能回答上来。林家翘说,我们提不出来要看什么,甚至无从问起,反正是什么都想看,什么都想知道。那天大家一起参观上海工业展览馆,看到中国能做机床了,能做工作母机了,也听说了"蚂蚁啃骨头"的方法,这在以前是绝对不可想象的!展品中有个肩膀那么高的大轮胎,大家一见高兴得不得了,"咱们会做这个了!"林夫人感慨道。她于是和任之恭赶快跑过去,和大轮胎一

---

[1] 林家翘采访录像或文字记录稿,2001年3月18日、4月1日,2002年4月4日、12日、19日、26日,2003年5月3日。
[2] 同上。

起照了个像。林家翘笑着说,其实那时候咱们中国能做的东西多了,可脑子里的中国还是三四十年代我们出国时的样子。旧中国给我们留下的印象实在是太深了![1] 林家翘后来在一篇回忆文章中写道:"国内发生了极大的变化,楼房多了,柏油路多了,百货公司的国货多了。这几句话,恐怕现在年轻一辈的人是无法体会的。"[2] 确实,所见所闻,事事处处,都让每个从旧时代走过来的人很自然地做今昔对比,从而发出由衷的慨叹。

结束了在上海的参观访问以后,访问团一行乘飞机前往北京。林家翘记得,那时的民航属于空军管理,飞机是苏联造的。到了北京机场一看,好长的一大队人来迎接,大概有一百多人。参观团的二十七个人,来自九个家庭。林家翘回忆说,来接机的大多是参观团成员的亲戚或老朋友。守瀛的哥哥和嫂子也来了。林夫人说,有一位八十多岁的白发老人一把抓住我的手,急着问:"张捷迁来了没有?哎,有个叫张捷迁的来了没有啊?"看到他那种殷切期盼的神情,真让人心酸!张捷迁是东北人,他也来了,就在我们团里。他曾听说父亲已经去世,其实是误传。这次他终于见到了思念了几十年的老父。[3]

带头来机场欢迎的是林家翘当年的老师周培源。任之恭写道:"周夫人王蒂澂(及周家大小)和我、我的老伴陶葆柽一一亲切拥抱,表示25年阔别的热情,情景十分感人。"[4] 林家翘终于又见到了自己的恩师,千言万语都在那长时间紧握的双手之中。停机坪上,归来的人群和迎接的人群拥在一起,场面一片欢腾!握手、拥抱、问候,欢声笑语伴随着激动的泪水,亲切之情宛如水乳交融。这是梦吗?仰望明媚的阳光,几十年的梦境忽然变成了现实!

---

[1] 林家翘采访录像或文字记录稿,2001年3月18日、4月1日,2002年4月4日、12日、19日、26日,2003年5月3日。

[2] 林家翘:一代宗师,载《科学巨匠师表流芳》,北京,中国科学技术出版社,1992年5月。

[3] 同[1]。

[4] "任之恭回忆周培源",节选自《祝贺周培源先生九十高寿》,中国科学报,2016/9/5,转自《清华校友总会》网,https://www.tsinghua.org.cn/info/1951/20667.htm。

在迎接的人群当中，还有林家翘早就熟识的当年清华物理系教授、后来的中国科学院副院长吴有训。全团入住北京饭店并安顿下来以后，吴有训主持了欢迎宴会。宴会在人民大会堂举行，这么雄伟壮丽的大厦是林家翘当年在北京时所不可想象的。宴会上，林家翘见到了多年不曾晤面的师长、亲戚和老友，大家有说不完的话。这当中甚至有几位他在师大附中时的校友，如多年不见的钱学森，童年私塾同窗、林夫人的哥哥、著名火箭专家梁守槃，师大附中校友、林家翘的表哥、北京大学中文系教授林庚等。林家翘回忆说，欢迎宴会的场面很大，吴有训的热情讲话也讲得很好，这一切使得他感到非常的亲切。这种充满亲情的聚会在以后的回国中还有多次。林家翘感慨地说，真是没有想到！我在美国的岳母老是说我们和国内的亲友是阴阳两界人，是不可能再见到了。时隔三十多年，我们回国了，而且见到了那么多的亲朋好友，真简直像做梦一样！[1]

谈到这里，林家翘还说了一个小插曲。刚到北京，陪同人员就问他们谁是团长，谁是副团长。当初组团，他们并没有什么团长、副团长等，只是任之恭从一开始就是主要召集人，为大家服务。林家翘和戴振铎都是任之恭的学生，协助老师办事自然是理所应当。所以任之恭就回答说，他自己是团长，林家翘是副团长，戴振铎是干事。没想到第二天，来了三辆小汽车，团长、副团长和干事各一辆，其余的人坐面包车。在旅馆里，团长和副团长分配住套间，其余人住单间。林家翘说，这件事弄得我们非常不好意思，好像我们是为了享受这些背着大家私下商量好的。这真是一场误会！所以，国内有些事情的做法和我们想的不一样，这也是一种观念上的不同。[2]

7月14日是林家翘难忘的一天。那天晚上，参观团一行受到了周恩来总理的接见。

林家翘和夫人回忆，那天傍晚，陪同人员问大家当天晚上有没有什么事情。在知道了大家晚上都没有安排之后，陪同人员说，那么请大家晚上不要

---

[1] 林家翘采访录像或文字记录稿，2001年3月18日、4月1日，2002年4月4日、12日、19日、26日，2003年5月3日。

[2] 同上。

外出，在家等着，可能有件重要事情给你们安排。到了九点多钟，开来了一辆大轿车，请大家上车。上车之后，陪同人员才宣布：今天晚上到人民大会堂，周恩来总理要接见参观团全体人员。林家翘说，这是一个意外的惊喜！我们事先没有这样的要求，更没有想过能见到周总理。[1]

事隔三十年之后，回忆起这次接见，林家翘和夫人觉得仍然像发生在昨天一样清晰。在人民大会堂，周总理一出来林家翘就觉得挺眼熟，好像见过似的。是的，他说，我在电视上看见过尼克松访华，看见过周总理。[2]

周总理谈话很幽默风趣。他一开始就挨个问参观团成员的情况。参观团一行二十多人中有一半都和清华大学有关。总理就问道，你们回清华了没有？大家回答说还没有。周总理马上对身边的工作人员说，那应该让他们回清华看看呀！[3]"周总理谈笑风生，要听取海外学人以及青年（提起"长发"青年，引起大家笑声）的意见。同时，他向我们说明祖国的各种政策，并且还亲切地指示我们，应该如何促进、推动和改善中美两国间的学术关系。"[4]总理欢迎和赞扬大家能够勇敢地回到祖国来看看解放二十多年来的巨大变化。总理在谈话中特别强调加强国内自然科学基础理论研究工作，嘱咐参加陪见的周培源回去要把北大理科办好，提高基础理论水平。

在四个多小时的谈话中，周总理主要讲了关于林彪的事情。这件事当时尚未对外公开，林家翘一行人也是第一次听到。任之恭坐在周总理旁边，一起来的还有夫人陶葆柽、女儿小斐（任峻斐）和小瑞（任峻瑞）。照相的时候，周总理把孩子拉到身边一起照，还开玩笑地问小瑞，你们都听说林彪跑了，你说他往哪里跑呀？小瑞说他往北边跑。总理说，是呀，列宁就觉得他的方向不对，在天上用手一指，飞机就掉下来了。总理还特意过来和小瑞握手，夸小瑞说得对。虽然这件事关系重大，但总理却谈得很轻松。接见从九

---

[1]　林家翘采访录像或文字记录稿，2001 年 3 月 18 日、4 月 1 日，2002 年 4 月 4 日、12 日、19 日、26 日，2003 年 5 月 3 日。

[2]　同上。

[3]　同上。

[4]　"任之恭回忆周培源"，节选自《祝贺周培源先生九十高寿》，中国科学报，2016/9/5，转自《清华校友总会》网，https://www.tsinghua.org.cn/info/1951/20667.htm。

点三刻开始,到凌晨两点一刻才结束。谈话中间,总理还和大家一起吃了夜宵。林家翘说,虽然时间很长,但整个接见过程让我们感到很亲切。[1]

第二天报纸上就登出来了。林家翘和夫人的亲戚见了他们就问,听说你们见到周总理了?于是,他们就把前一天接见的情况讲给亲戚们听。亲戚们说,那么,林彪的事情以后我们就可以和你们说了。林家翘说他深感那时候消息对外封锁得相当紧。[2]

陪同人员曾经问任之恭,你们要不要把林彪的事情对外说出去,发一条新闻。林家翘说,我们大家为此曾做了一次很认真的讨论,最后决定不对外讲,也就是不对外国人讲。我们来中国以前对林彪事件一点都不知道。我们觉得这件事情太大,责任太重。我们不敢对外宣布。而且,作为第一个美籍华人学者参观团,我们这次组团来中国已经很引人注目了,我们在美国和台湾的朋友都觉得我们是发了疯了。如果林彪事件经由我们对外公布,那这个团的曝光度就更大了。其实周总理就是想通过我们把这件事说出去,但我们没敢做。一个星期后,周总理又接见了一个法国的代表团,才把这件事对外公布出去。这也是官方第一次对外宣布林彪事件。[3]

林家翘说,在四月份申请中国签证的时候,参观团里绝对没有一个人想到这次访问会和政治有关系,也绝对没有想到会受到周总理的接见。从那天开始,周总理同意参观团可以看《参考消息》报。林家翘说,我们在报上看到一条消息:"中央研究院院士游大陆"。任之恭和我都是台湾"中央研究院"院士。台湾那边讨论要把我们两个开除出"中研院"。任之恭说,我压根儿就没让他们选我,开除就开除吧!林家翘笑了:"结果此事不了了之,他们也没有开除我们。"[4]

总理接见的第二天,一行人就接到了参观清华大学的邀请。林家翘把那称为"最精彩的一次参观"。旧地重游,多少感慨!他们在清华参观了科学

---

[1] 林家翘采访录像或文字记录稿,2001年3月18日、4月1日,2002年4月4日、12日、19日、26日,2003年5月3日。
[2] 同上。
[3] 同上。
[4] 同上。

馆,那是当年林家翘在物理系当学生时的教学楼,他们还看了新的主楼和大礼堂等。林家翘离开清华园是在1937年"七七"事变之后,这次是时隔三十五年后的旧地重游。他说,参观的时候"文化大革命"还没有结束。接待人员介绍了清华在"文革"中的情况。我们第一次听到了"武斗"这个词,还听到了"蒯大富"的名字,也看到了墙上"武斗"留下的弹孔,由此可以想象清华两派在"文革"中斗争之激烈。[1]

参观团一行二十七人在北京集中参观访问两个星期以后就开始分散活动。林家翘说,他当时也不知道去哪里参观好,反正哪里都不知道,去哪里都好。任之恭的老家是山西省沁源县。林家翘夫妇于是就跟随一部分人参加了到山西大寨的访问活动。林家翘说,当时的一些口号喊得震天响,比如"工业学大庆""农业学大寨""敢教日月换新天",都给他留下了很深的印象。他说,虽然他不很理解这些口号,但至少知道了什么叫"三自一包"。谈起对大寨的访问,他回忆道,大寨的窑洞和窗户都很漂亮,我们还参观了他们的实验区、样板田。我还记得有位妇女主任叫宋立英,口才真好。她给我们大家滔滔不绝地讲了两个多小时,介绍大寨的情况。我们还见到了陈永贵,他也讲了话。然后,我们和他一块儿吃了一顿他们的农家饭。据介绍,大寨的粮食亩产很高。他们在石头山上修流水的涵洞,工程确实很了不起。当时我就想,他们能做得这么好,真是厉害!但他们的资金是从哪里来的呢?他们怎么能维持这样的生产水平呢?后来才知道,大寨是一个样板,他们得到了很多的支持。[2]

在回国访问的二十多天里,团里的每一个人都处于非常兴奋的状态。去国数十年,按他们自己的话说,他们现在是到了一个既熟悉又陌生的地方,到处都是新鲜事。1972年,中国的国内生产总值(GDP)约为1 136亿美元,是1949年的九倍,虽然如此,却仍然仅仅是美国的十一分之一。上海郊区的一些富裕农民的家庭年平均收入有900元人民币,约合当时的350美

---

[1] 林家翘采访录像或文字记录稿,2001年3月18日、4月1日,2002年4月4日、12日、19日、26日,2003年5月3日。

[2] 同上。

元,这在旧中国是不可能的。北京的四合院里仍然显得贫穷和杂乱,许多当年的大宅门变成了大杂院,但是人人都有房子住。没有奢侈品,但也不会挨饿。没有权贵存在,人人都平等。人们看上去是坦然的,既不焦虑,也不忧愁。街上满是自行车,那是人们出行的主要交通工具。拉货的马车和卡车在长安街上并行。街边的院门口堆着砖石沙灰,听说是为在院子里挖防空洞准备的,因为苏联在边界陈兵百万。北京的城墙几乎拆光,城门也所剩无几。那些是林家翘青年时代对古都的印象,现在却只能在记忆中找寻。在国内的日子里,每天都有新鲜的感受。对比之下,林家翘很为感慨,他用几句话总结说,国内的人情味很重,但经济很落后,东西很便宜,但物资很匮乏。林夫人说,我们随便带了几块手表回去,还有一些小五金,如土豆削皮器等,分赠给亲友,竟都成了受欢迎的好东西。那时候自行车、缝纫机等都是要凭票供应的。社会上时兴"一转二响三咯哒",还有什么"三十二条腿"等,给我们的印象深极了。亲友托我们到北京的友谊商店帮他们买"飞鸽"牌自行车,还有缝纫机等。友谊商店只允许华侨和外国人进去,不对国内的人开放,警卫森严。林夫人说,有一次我穿了国内普通人的衣服去友谊商店,在门口差点被拦下来。那时候的管理水平也很有限。我们住的北京饭店是当时国内最好的旅馆之一,服务员至少都是中学毕业。但好好的旅馆,地毯上尽是水印,门后全是灰尘。饭店的卫生和维修很差,服务很差,服务员态度也差,他们不懂得管理。相比之下,上海锦江饭店的管理就好得多,够国际标准。总之,如果不是亲身经历,很难想象当时的经济有多落后。[1]

  尽管如此,林家翘仍然强烈感受到中国确实是一个大国,几十年来发生了翻天覆地的变化。他参观了许多名胜古迹,看到了长城,看到了出土文物金缕玉衣。林家翘为自己的祖籍国感到骄傲。他说,不能不说中国是一个历史悠久的大国。1972 年以前,我们出国旅行都是去欧洲,意大利、荷兰、英国等。1972 年以后,我们就哪儿也不想去了,一有机会就去中国。中国实在

---

[1] 林家翘采访录像或文字记录稿,2001 年 3 月 18 日、4 月 1 日,2002 年 4 月 4 日、12 日、19 日、26 日,2003 年 5 月 3 日。

是看不完，也看不够。[1]

经历了二十多年的隔绝，中国在许多美国人的眼睛里几乎像是一个远在月球上的国家，一个谜一样的地方。1972年，美国掀起了访问中国的热潮。据说当年有五万人申请访华，但估计只有约三千人实现了愿望。访问者中有美国参众两院两党领袖和议员、科学界的专家学者、主要媒体的代表人物以及极个别的普通旅游者，但其中最引人注意的当数各个不同专业领域的美籍华人学者的访问。在林家翘的首个美籍华人学者参观团之后的那几年，回国访问的华人专家学者络绎不绝。这当中有在同一年访华的诺贝尔物理学奖获得者李政道和著名数学家陈省身，第二年访华的著名物理学家吴健雄和袁家骝，1975年访华的著名实验物理学家丁肇中等。在来访的各类美籍华裔学者代表团当中，有老一辈的、台湾地区留美的，还有一些美国土生土长的年轻一代华人学者，诸如1973年5月杜文荣等人率领的"美籍中国学者观光团"；同年6月冯元桢、田长霖率领的"加州中国科学工作者回国访问团"；曾安生、谭占英率领的"美国旧金山美洲工程学会参观团"；同年7月由高逢川、陈有平率领的"美籍中国医生访问团"；1974年周培基等人率领的"旅美台湾同胞及美籍华人回国访问团"和黄添富率领的"美洲华侨工程学会旅行团"。以后接二连三来访的还有"旅美东部地区爱国青年代表团""旅美统运积极分子国庆参观团""美国华裔青年团""旅美爱国青年和学者参观团""南加州中华科学工学会参观团"，等等。[2]

林家翘这一代美籍华人都有着大体相似的人生经历。他们生在中国，长在中国，自幼受到了中华民族传统文化的熏陶。当他们在大洋彼岸学业有成之时，因为战争和政治环境的变化，迟滞了回国的脚步，又因为中美两国在20世纪五六十年代的严重对立，而与故国处于长期隔离的状态。但是，他们对中国始终怀有深厚的情感，对中国的发展与前途由衷地关切。华人学者

---

[1] 林家翘采访录像或文字记录稿，2001年3月18日、4月1日，2002年4月4日、12日、19日、26日，2003年5月3日。

[2] 姚蜀平：冲破历史的坚冰：中美建交前后华裔美籍学者的特殊贡献，摘编自姚蜀平《回首百年路遥——伴随中国现代化的十次留学潮》，上海，上海教育出版社，2017。

姚蜀平在分析这一现象时写道:"当他们加入美籍成了一个美国人,他们骨子里还是个中国人,不管他们为此感到骄傲还是烦恼,一根精神上的、感情里的、看不见却又剪不断的联系,把他们与那片赋予他们躯体与灵魂的土地和人民暗暗相连;一种内在的沟通愿望本能地潜伏在每个人的心中。""时间越久,潜伏的本能也越强烈。"当中美之间的坚冰开始融化,"这股潜能就势不可挡地冲决了出来,为悠久的中华民族古老文化而来,也为十亿勤劳善良却又屡遭劫难的人民而来。他们是当代中美科技文化交流最早的使者,在中国科学研究遭干扰、被延误的困难时期,及时提供的帮助功德无量;对增进两国人民了解与友好,同样卓有贡献。"[1] 美国是一个由移民组成的国家,各族裔来自世界各地。但是,除了犹太人与以色列的关系可以类比之外,只有华裔才会"被他们故国牵动得如此深沉,对为自己同胞服务又如此醉心和尽力"。"我们很想探讨,是什么力量使得这些仁人志士,为一个遥远而落后的国家不辞辛劳地奔波,""希望有生之年为曾经养育过他们的这片土地做些贡献。"[2]

在林家翘的谈话中常常可以听到他引用中华古代先贤对做人、修身、处事、济世的论述,听到他讲解修身齐家治国平天下的道理。即使到了耄耋之年,住在清华园里,林家翘还请人买来不同版本、英汉两种语言的《论语》,对照阅读,潜心研究。这些他从小就学习的内容,早已沁入心田。即使去国数十载,长期生活在完全不同种族的文化环境里,甚至平时的科研工作以至日常生活中的相当一部分语言都在使用英语,但他的家国情怀却仍然铭刻于心,张嘴还是一口"京片子"。少小离家,乡音无改。他是那一代知识分子的典型,他们自觉或不自觉地总是把自己和故国联系在一起。在这里我们似乎找到了问题的答案:这种不竭力量的来源只有一个,那就是中国数千年的传统文化。所谓炎黄子孙的血脉,本质上是中华民族内部彼此认同的传统文脉和共同的心理素质。文化是民族生存发展的基础,是一个国家一个民族的

---

[1] 姚蜀平:冲破历史的坚冰:中美建交前后华裔美籍学者的特殊贡献,摘编自姚蜀平《回首百年路遥——伴随中国现代化的十次留学潮》,上海,上海教育出版社,2017。
[2] 同上。

魂与根。根在，即使枝叶备受摧残，待到春风化雨，仍可发芽重生而枝繁叶茂。根死，民族便彻底消亡。古往今来，不知世界上有多少民族犹如昙花一现，而后便消亡殆尽。因此，人们不得不惊叹博大精深的中华文化的强大生命力和凝聚力，惊叹它是世界各民族文化百花园中的一朵瑰丽奇葩。人是文化的载体，对人的教育是中华文化千年传承绵延不绝的根本所在。从林家翘和他同时代的许许多多华人知识分子身上，我们看到了中国传统文化教育的深刻印痕。

三、"做事的重点都变了！"

三十二年来的第一次回国，给林家翘留下了极为深刻的印象。事情已经过去了几十年，他却仍能记得当时的许多场景，许多细节。故国的一切让他感到亲切，故国的变化让他惊讶，故国的落后也让他感慨万千。林家翘说，回到美国以后，经常有人请我去演讲，介绍中国。我在剑桥（麻省理工学院和哈佛大学所在地）讲了很多次，守瀛也讲了几次，其他回过中国的人也讲。大家都希望了解中国的情况。我们在各种场合都尽量把中国的真实情况讲解给美国人听。每次演讲，海报一贴出去，就会来很多人，也有许多台湾（地区）的留学生，那时还没有大陆的留学生，屋子里济济一堂，挤得不得了，听众都抱着极大的兴趣。1972年正值中美关系刚刚开始解冻。美国各种各样的人都有，对中国的态度也大不相同。对于中国，华侨是关心，美国人是好奇。林家翘的一个美国朋友曾对他说，下次你再去，我真想钻进你的箱子，让你把我带到中国！还有人对中国表示疑虑甚至有敌对情绪。有位华人教授回国访问归来，他的朋友在路上看到他，都绕路走开，不愿意见面。对于回国访问，那时要承受一种无形的压力。林夫人还说，她有一次演讲，谈到在中国出席了几次宴会，当场就有人站起来："请问，你所说的宴席，吃的是什么？"我就回答："鱼翅、海参、……"提问的人立刻不说话了。敌视中国、反对中美改善关系和建交的大有人在。有位从中国访问回来的教授结束演讲后走出会场，发现车胎被人割破了。林家翘的车胎也有几次在停车场被人放了气。林家翘说,我们不怕这些,因为我们说的都是事实。[1]

1973年,林家翘前往香港,接受香港中文大学授予他名誉博士学位,顺便又一次回到祖国大陆观光。接着,1976年、1978年、1979年、1983年,……从70年代到90年代,林家翘回国探亲访友,观光讲学十几次。就如同他所说的,哪儿也不想去了,一有机会就去中国。[2]

那时,两国的关系刚刚开始缓和,而美国的情况是复杂的。中美建交时,林家翘应邀去白宫玫瑰园参加庆祝会。离白宫半英里之外有一些台湾(地区)来的人打着大幅标语抗议中美建交,字写得很大。他们用很响的广播喇叭大声干扰这边的庆典。面对这种情况,卡特总统就提高讲话声音,压倒那边的广播。这件事给林家翘印象很深。他还说,中美建交以后,有一次,我和MIT的boss(上司)及一位物理系教授一块儿去华盛顿参加中国大使馆的一个宴会,当天往返。宴会结束从使馆出来的时候,人很多,大家都在排队等出租车。忽然一辆出租车径直开到我们面前,请我们上车。在车上,那个司机问了我们许多中美建交的问题。下车以后,我的boss就说,这是个CIA(中央情报局)的人。我问为什么,boss说,因为他说的话不是CIA的人说不出来。林家翘告诉我们,在美国,左中右派各种人都有。1978年,中国开始实行改革开放的新经济政策,这件事受到一些美国所谓"左派"人士的反对。有一次,中国首任驻美大使柴泽民到波士顿图书馆演讲,图书馆很大,听众也很多。在演讲中,有个美国人从听众席中站起来,指着柴大使大喊:"Traitor(叛徒)! Traitor!"这个人当场就被保安人员拉了出去。还有的美国人很理想化,认为中国原来很好,为什么改变了呢?林家翘说,中国的事真是见仁见智。这些人就和有的美国人认为"文化大革命"是一场真正的革命一样糊涂。我们忙着做了不少工作,给他们解释,让他们能看到一个真正的中国。他们说得不对的地方,我们也很认真地听,不动肝火,耐心地向他们讲解中国的情况,尽量让他们能了解到一个真正的变化中的中

---

[1] 林家翘采访录像或文字记录稿,2001年3月18日、4月1日、2002年4月4日、12日、19日、26日,2003年5月3日。

[2] 同上。

国。[1] 林家翘夫妇踏踏实实地做了许多实际工作，对外保持低调，绝不大叫大嚷。这也符合当时的外部形势和他们的处境。

林家翘说，由于中美相互隔绝几十年，双方人员联系渠道不畅。特别是两国建交前，很多亲友多年不联系，断了音讯。那边的想过来，这边的想过去，这些人都想通过我们互相查找。国内有的人不知道确切地址，就在信封上写几个字：Harvard University, Cambridge（哈佛大学，剑桥），居然也寄到了。不过，那些信都送到校长办公室了。工作人员打开一看，全是中文，不认识。守瀛那时是哈佛的中文教授，一天到晚接到校长办公室的电话，让她过去给翻译。还有许多人直接就请我们帮助他们查找在美国的亲人和朋友的地址。后来，想到美国留学的人慢慢多起来，让我们帮助他们联系入学。中美双方有隔阂，开始，校方还不太相信中国寄来的成绩单。有很多人是"文革"前念的书，年纪太大了。对这些人来说，也真是难哪！我后来就建议美国的教授自己到中国去招学生。再后来，就开始有中国学生来了。我们就忙着到机场去接机，安排住处，请他们吃饭。有人下飞机还带着铺盖卷儿呢，还有枕头什么的！可见两国之间在观念上有多么的不同！此外，我们也接待中国来的代表团，协助全美华协、中美友协等组织的工作和安排各种活动，等等。[2]

以前并不经常参加社会活动的林家翘，从中国回来后开始热心于华人的活动。中国驻美使馆的招待会和庆祝国庆的活动等，他都去参加了。1976年，波士顿地区清华大学校友会成立，林家翘在忙碌的研究工作中抽出自己宝贵的时间，担任了一个时期的会长，为联系和组织清华校友的活动出力。80年代初，章文晋接任柴泽民任中国驻美大使并访问麻省理工学院。林家翘带领自己的学生参加接待工作，和学校领导联系，安排会议大厅及安保事项等。他还和台湾地区的清华校友一起，设宴欢迎大使的到访。常有来自中国的代表团或知名专家学者到麻省理工学院访问，林家翘总是热情接待，此

---

[1] 林家翘采访录像或文字记录稿，2001年3月18日、4月1日，2002年4月4日、12日、19日、26日，2003年5月3日。

[2] 同上。

外还有美中友协的事情等，琐琐碎碎，事情很多，很忙，但他说忙得很开心！[1]1980年，在一些美籍华人学者的倡议下，《科技导报》在美国创刊，旨在为促进中外科技交流打开一扇窗口。林家翘作为刊物的顾问编委，对刊物的成长十分关心，经常亲自撰稿或推荐文章。这一刊物后来转为在国内发行，成为中国科协学术会刊。1986年，林家翘和数学家陈省身一起获得全美华人协会颁发的华人杰出成就奖。此一奖项"是专门颁发给在科学技术上成就卓著，同时又特别热心于在美华人社会事务的华裔学者、专家的。"确实，如他所说，"有件事要做好，就是推动中美交流。"也如他所说，"从中国回来以后，我做事的重点都变了。"而林夫人则说，从中国回来以后，"觉得自己人都变了！"[2]

在对中国的发展变化感到兴奋之余，在海外生活了几十年的林家翘仍然对国内的一些事情感到困惑和不解，也常常感到两国间的不同与隔阂。他说，每次回去都有新的感受。头一次回去很多亲戚都没有露面，他们的情况也不能都让我们知道。1976年以后，我们再回去就被允许到亲戚朋友家拜访了。我母亲的房子给重新安排了，一些亲戚的房子也都换了，或者是重新粉刷过了，家具也换了。国内对我们的接待很热情周到，每次访问都是按我们的要求安排的。我们去了东北的大庆油田，还到了西北、西南的不少地方参观访问，广州、上海也都去了。林家翘说，因为离开了中国几十年，对于当时国内的很多事情，特别是政治方面的事情，我还是根本不能理解。1976年春天，林家翘应中国科学院的邀请回国讲学，一共在国内待了三个月，是回去时间最长的一次。那年他们得到了三个月的签证，两个人也都不必上课，有空闲时间。

谈起中美两国在历史和文化上的差异，林家翘有切身的体会。中美建交后的1980年，麻省理工学院董事会去中国访问，请林家翘陪同一起前往。那一次，董事主席和校长都去了，住在北京饭店。有一天，一位董事要橘子

---

[1] 林家翘采访录像或文字记录稿，2001年3月18日、4月1日，2002年4月4日、12日、19日、26日，2003年5月3日。

[2] 同上。

水（orange juice），服务员不懂，给她拿了一瓶橘子汽水（orange soda）。这位董事对此大为不满，第二天竟中断旅行回美国去了。林家翘陪同他们参观西安、秦俑博物馆等地。每到一个地方，都可以看到围墙。围墙到处都是，这和美国完全不一样。于是美国人就主观地认为，这些围墙都是共产党搞的。他们说，中国真是奇怪，什么都保密，什么都不 Open（开放）。林家翘说，他们哪里懂得，这是中国的传统，中国几千年都是这样，并不是共产党搞的。两国之不同和误解，由此可见一斑。[1]

　　隔阂，长时间的隔阂，不仅仅使得中国与世界缺乏相互了解，也使得海峡两岸的人民不通往来。林夫人梁守瀛的父亲梁敬錞曾为南京国民政府做事，后来去了台湾，退休后到美国定居。林家翘说，1972 年我们准备去北京的时候，他正巧在台湾。对于是否把这件事告诉他，我们曾犹豫不决。不告诉他，有隐瞒之嫌；如果告诉他，又怕台湾方面指责他事先就知道女儿女婿要去大陆，于他不利。斟酌再三，我们决定先不告诉他。我们当时也五十多岁了，自己愿意走还是可以走的。从大陆回来见到他，他就说，你们回去得对！还问："你们什么时候再去？"其实，他自己也非常想回去。1978 年 7 月 28 日，邓小平在北京会见并设宴招待林家翘和夫人梁守瀛，和他们进行了亲切的谈话。席间，邓小平对梁守瀛说，让你父亲回来吧！"可是我父亲不敢。"林夫人回忆说。那时候，两岸还敌对得还很厉害。老人在 1984 年去世，终于再也没有回到祖国大陆，想来真是一件憾事！她接着说，不过，我母亲后来却回到了北京。1987 年，我母亲已经九十多岁了，患有老年痴呆症，在台湾卧床不起。我哥哥打听到了大陆允许把老太太接回来，于是就想方设法，几经周折，从华航到民航，从台北到香港，再到北京，用轮椅和担架，终于把母亲接到了北京，安顿到医院。北京和台湾气候差别太大，老人一到北京就感冒了。过了一段时间以后老人脑子清楚了，知道自己到了北京，就提出要见儿子。我哥哥说，我就是您的儿子。老人看着他的满头白发，说："不是，你不是我的儿子，我儿子没有这么老。"当时母子分隔

---

[1] 林家翘采访录像或文字记录稿，2001 年 3 月 18 日、4 月 1 日，2002 年 4 月 4 日、12 日、19 日、26 日，2003 年 5 月 3 日。

两岸,已经有四十年没见面了。后来又找来了儿子的儿子,老人说,这才是我的儿子。一年多以后,老人就去世了。林夫人说,这些事想起来真让人心酸![1]

林家翘在1972年以后的多次回国,大多是恩师周培源帮助联系和安排的,而且也不仅仅是参观游览。作为一个应用数学专家,林家翘花了很多时间用于学术交流。举目望去,经历了"文革"的冲击与磨难,20世纪70年代初的中国科学界,学术上与国外隔阂太久,高等院校的教学与研究工作几乎停止,许多学术领域大大落后于世界科学的前沿,百业凋敝。除了"两弹一星"激荡人心以外,基础科学研究乏善可陈。1972年那次回国,林家翘去参观了北京天文台密云观测站。这个观测站1966年建成,是中国早期射电天文的主要观测基地。林家翘认为,这个站的"观测水平和观测结果跟国外比差很多,基本做不出什么事情来。"还说,"这就是落后国家的苦处,就是落后,尽管努力还是落后。"问到是人才落后还是设备落后时,他回答道:"都有啊!"林家翘十分感慨地说,理科落后太多了。现在的中坚分子是"文化大革命"中的学生,出来的学生水平太差。清华的物理系都停步了,学生们不知道自己的水平在世界上有多落后,把生物、物理和数学结合在一起,赶这个时髦还差一大截,可他们还很得意。[2]

1976年,林家翘回国三个月,举办了一个星系学习班,为参加学习班的二十多位国内中青年科学家讲述密度波理论。除了讲学和讨论以外,林家翘还提出要与国内的科学家合作进行科学研究。这个善意的提议却使科学院的领导有些为难。当时"文革"已经进行了十年,许多科学家被下放"五七干校",科研工作处于停顿状态,整体科研情况与世界先进水平相比已不可同日而语。到哪里去找既有一定科研水平,又通晓当时世界有关科研发展现状的科学家进行国际合作呢?不过,茫茫人海中,例外总是有。一位是1957年毕业于南京大学天文系的北京天文台青年科学家李启斌,当时担任

---

[1] 林家翘采访录像或文字记录稿,2001年3月18日、4月1日,2002年4月4日、12日、19日、26日,2003年5月3日。

[2] 同上。

林家翘学习班的班长。李启斌曾为北京天文台的选址和建设立下了汗马功劳。在"文革"的困难时期，他没有浪费时间和荒废自己的专业，而是如饥似渴地研读了所能找到的各种专业书籍，涉及量子电动力学、数理统计、信息学、广义相对论等大学没有学过的内容，不断提高自己的知识水平和专业能力。另一位是天文台的韩念国，他成绩优秀，却因为家庭出身问题未能上成大学。凭借自己的毅力与天赋，韩念国刻苦自学大学数学课程，终于在1963年考入北京大学，成为数学力学系研究生。"文革"中他受到冲击，但在数学和天文学上的努力钻研却没有因此停止。他尤其注意学习星系动力学的有关知识和发展现状，并已经有了一些研究成果。能与林家翘进行专业对话的两位青年科学家终于脱颖而出，得以参加共同合作研究。林家翘出题目并作指导，李启斌和韩念国参与讨论和具体计算。合作取得了成果，论文在1976年9/10月份的《中国科学》杂志上发表，题为"螺旋星系的密度波振幅与长期维持机理"("Density wave amplitude and the mechanism of long-term maintenance in spiral galaxies")。这是"文革"后中国天文学家在这一权威的科学期刊上以中英文发表的第一篇学术论文。后来，韩念国还参与翻译了林家翘的两个演讲，并集成《星系螺旋结构理论》一书出版。1978年，林家翘再次回国讲学，运用奇异摄动理论的数学方法讲述星云发展学说，并且鼓励钱伟长在国内推广奇异摄动理论。钱伟长写道："为此，我自1979年9月起就在清华大学开设了这一公开讲座，共有50讲，写了讲义约50万字"。[1]

20世纪70年代末的一个圣诞节假期，徐遐生和夫人从加州来到波士顿探望自己的导师林家翘。他注意到墙上冯·卡门照片下面的书架上，摆放着冯·诺依曼（von Neumann）和德裔美国经济学家摩根斯坦（Oskar Morgenstern）的著作《博弈论与经济行为》（*Theory of Games and Economic Behavior*）。这是一本博弈论学科的奠基性著作，它第一次系统地将博弈论引入经济学中。自那以后的20世纪80年代开始，博弈论逐渐成为主流经济学的一部分。那天晚上的谈话就涉及了经济学的问题。林家翘说，"从现在开始，一切都将与经济有关。"（"from now on, it would all be about

---

[1] 钱伟长：《八十自述》，深圳，海天出版社，1998。

economics.")这让徐遐生感到很有趣,因为作为应用数学家的林家翘从来没有表达过对经济学的兴趣。徐遐生说,"我应该知道林的观察是一个数学的表达——他以一位学术兴趣广泛的专业数学家的眼光来看待经济学领域。"("I should have known that Lin's remark was a mathematical one—that he saw the field of economics through the eyes of a professional mathematician with broad academic interests."[1])林家翘的眼光是敏锐的。从那以后就是所谓亚洲四小虎在世界经济体中的迅速崛起,特别是中国开始了彻底改变国家命运的经济改革开放。林家翘在70年代的多次回国越发使他感到经济问题的重要,而开始关注应用数学在经济学研究中的作用。他后来最常引用的例子就是应用数学家纳什因为在经济学研究中的重大贡献而获得了诺贝尔经济学奖。

1979年,林家翘在北京应邀参加国庆三十周年招待会,再次见到了邓小平。他向邓小平建言,希望中国能够多多选派留学生到美国学习世界先进的科学技术。他自己也身体力行,积极推荐和接待中国的访问学者到麻省理工学院学习进修。北京大学天文学家岳增元教授在麻省理工学院进修时,与林家翘合作进行螺旋星系密度波理论的研究,取得了积极成果。1978年底,流体力学家黄永念在周培源的推荐下,作为首批公派访问学者到麻省理工学院进修,在林家翘的指导下学习工作了两年之久。他写道:"这段留学生活为我在以后的科学研究工作起到了非常关键的作用。恰好我在麻省理工学院的第二年,周老也被该院院长邀请到麻省理工学院作两个月的访问教授(图5-4)。在这短短的两个月里,我们三代师生在一起共同讨论了我们的湍流研究工作,并把我们的研究成果在当年的第15届国际理论与应用力学大会上作了报告,引起国际上的关注和重视。"[2]曾得到林家翘的推荐而到校学习,并参与NASA(美国国家航空航天局)研究的蒋永宁在纪念林家翘的文章中写道:"林先生对中国一往情深,用极大的热情与精力帮助提高学校的教学和研究水平。我经常看到他给我展示的国内来信、出版的专著,以及

---

[1] Frank Hsia San Shu: Chia-Chiao Lin (1916—2013), The American Astronomical Society (AAS) Web site, 2013.
[2] 黄永念:深切缅怀敬爱的周培源老师,《神州学人》,1994年第2期。

图 5-4 林家翘（左）和来访的周培源在麻省理工学院，1980 年（引自"林家翘先生学术暨座谈会"展览，清华大学周培源应用数学研究中心、清华大学图书馆主办，2013年 6 月）

发表的论文，喜形于色。当他得知我爱好一点集邮，便把来自世界各地的信邮邮票剪下来给我，以及每到圣诞节时，总邀请我到家去聚聚，他的夫人梁守瀛女士是哈佛大学著名的华语教授，也很关心我们，他们的教诲尤言在耳，毕生难忘。"他填词"曲玉管"描述林家翘之为人："……素志惜时光，常事容情度量，从善如流，求实担当，传续开创。"[1]

随着对国内情况特别是科学教育界情况的逐渐了解，林家翘时时注意美国对一些相关问题的思考和做法，并介绍到国内作参考。1984 年秋，美国的一个与科学、技术、工程和医学相关的讨论公共政策的期刊《科学技术议题》(Issues in Science and Technology) 发表了时任亚利桑那州州长的布鲁斯·巴比特（Bruce Babbitt）的文章"美国的现状和再工业化"。林家翘看到这篇文章后很快就给中国的《大自然探索》杂志写信推荐。他在信中写道："此文所讨论的是美国的问题，但是恰巧与中国现在正在争执的问题有密切关系，我希望你们能把它译成中文发表，这要比我替你们写的文章强过百倍。"他在信中指出，在麻省理工学院，教授对教研（本校工作）和对社会服务（并另有报酬）精力时间的分配，是一个极难处理的问题，有专任委员会管理，报告给学校当局（校长及董事长），由当局执行，任何过分简化的办法都行不通。他最后在信中说："我很希望国内的科学家、行政领导，对于科学院及大学的研究与实际建设工作结合，作一个公开的（如在贵刊发表不同意见）详尽的讨论，因为这个问题牵涉全国前途，实在太重要！"[2] 其牵挂国内科研事业的拳拳之心，

---

[1] 蒋永宁：纪念林家翘先生仙逝一周年，清华校友总会网，2014/8/25，https://www.tsinghua.org.cn/info/1954/16025.htm。

[2] "美国的现状和再工业化"编者按，《大自然探索》，1985 年第 2 期。

溢于纸上。

1987年4月适逢清华大学76周年校庆。26日，清华园里隆重集会，举行了授予林家翘清华大学名誉博士学位的仪式。

1990年11月，经过五年的筹备，中国工业与应用数学学会第一次大会在清华大学召开，并且宣布了学会的成立。大力提倡应用数学并曾任美国工业与应用数学学会会长的林家翘听闻此讯，对中国的工业与应用数学的结合和发展，感到十分欣慰，专门给大会发电表示热烈祝贺。1992年6月，"国际流体力学与理论物理学术讨论会暨祝贺周培源先生诞辰90周年"召开，林家翘特地从波士顿飞回国内参加这次为期三天的盛会，并担任会议的顾问委员会委员。他与海内外三百多位当代最杰出的华人物理学家和知名学者相聚北京，交流科研成果，畅叙友情，并共庆自己的恩师华诞。

有人统计，以中国科学院为例，仅在1979年后中美建交的最初四年，科学院和下属的各研究所邀请回国讲学或探亲顺访的外籍华人共计约五百余人。[1] 这些外籍华人专家学者以其独特而优越的学术地位，把现代科学从世界的最前沿迅速地带到了此前封闭的祖国，极大地助力中国科学事业的发展，不啻为雪中送炭之举，可以说林家翘便是其中的一个代表。

1994年6月8日，在北京京西宾馆举行的中国科学院第七次院士大会上，林家翘和其他十三位著名科学家一起，当选为中国科学院首批外籍院士。

| 四、温暖的佛罗里达 |

波士顿位于美国的东北部，冬季冰天雪地，朔风怒号。这给年届七旬的林家翘夫妇的生活和出行带来许多不便。林家翘一直想寻找一个温暖的地方过冬。在知道了这个愿望之后，他的一位气象系的朋友便脱口而出："Tallahassee！"

---

[1] 姚蜀平：冲破历史的坚冰：中美建交前后华裔美籍学者的特殊贡献，摘编自姚蜀平《回首百年路遥——伴随中国现代化的十次留学潮》，上海，上海教育出版社，2017。

也许这真的是个不错的主意！林家翘对小城 Tallahassee（塔拉哈西）并不陌生。1961 年，他曾应佛罗里达州立大学之邀来此讲述流体力学和应用数学，几年后又来讲过一次，对这座城市印象颇佳。塔拉哈西是美国东南部佛罗里达州的首府，州政府所在地。它位于佛罗里达州的北部，南距墨西哥湾二十英里，长年温暖湿润，植被繁茂。佛罗里达在美国被誉为"Sunshine State"（阳光州），无冰无雪，即使在冬季也常常是阳光灿烂。这和波士顿阴云密布的冰雪冬天大不相同。这座典型的美国南方小城，一年四季绿树环绕，繁花似锦，草坪处处。高大的棕榈树在空中摇曳，一些道路两侧的橡树相接成拱，Spanish moss（西班牙苔藓）从橡树上垂下，在微风中飘荡，被人们戏称为"爷爷的胡子"。小城人口仅十几万，佛罗里达州立大学（Florida State University）和佛罗里达农工大学（Florida A&M University）及一所社区大学的师生，就占去了人口的三分之一。充满文化气息的城市，大体上跟随着学校师生的生活节奏。在这个被称为"College Town"（大学城）的地方，每到圣诞假期和暑假，学生离去，城市安静而恬淡。假期结束，学生返校，城市又恢复了青春和朝气。林家翘决定以后到塔拉哈西过冬。

1991 年秋末，七十五岁的林家翘和夫人从遥远的北方飞来，搬进了维拉斯巷 183 号（183 NE Villas Court）。房子不大，两间卧室，布置得简单而温馨。门口的花坛种植着长青的植物，即使冬天，也是绿意盎然。花坛外面则是一片草坪。从这条安静的小街走出去转个弯，就有超市，生活极为方便。林家翘夫妇在这里度过了一个温暖的冬天，直到第二年春暖花开才返回波士顿。从此，他们就开始了长达十年的秋来春往的候鸟式生活，每年有近一半的时间住在塔拉哈西。

离不开研究的林家翘在塔拉哈西找到了熟悉的工作环境。他的早年在麻省理工学院数学系的学生和同事克里斯·亨特（Christopher Hunter），如今在佛罗里达州立大学主持应用数学项目的教学和研究。林家翘在这里不但和老友重逢，还结交了一些新的朋友，既有教授也有学生。虽然已经退休，但他还常常到数学系去走走，和朋友们探讨一些科学和数学的问题。只有不离开科学研究工作，他才会感到自在和充实。

城小，华人也少，大约只有几百人。这里的华人群体多是大学里的教授和留学生，以及州政府的工作人员，主要来自中国大陆、台湾和香港。林家翘很快就在华人圈里成为受大家欢迎的新朋友。他参加了当地的华人协会，热心于协会的活动。无论是协会组织的春节联欢晚会，还是周末几个华人家庭的小范围聚会，都可以看到林家翘夫妇的身影。但凡应邀出席聚会，即使是在人数不多的朋友家里，林家翘也每每是领带西装齐整，一丝不苟。对于朋友们的家庭聚会邀请，林家翘夫妇总是尽量出席，与大家交谈甚欢。因此，他们到过很多人的家里。大家都知道他的习惯，不吃油炸的东西，因为对胃不好，而且一天只参加一场活动，以免劳累。大家喜欢这位老人，不仅是因为他在学术界的名望，更因为他的为人。谦虚儒雅，平易近人，是大家对他的一致评价。有的聚会或者活动在晚上进行，因为林家翘的眼睛有点白内障，天黑出行开车不便，每到这时候，许多人就争着开车到他家去接送。

不过，有次林家翘在参加了一个华人家庭聚会回来，却面带愠色。原来，某人在聚会上罔顾事实，放肆攻击中国，说了许多很难听的话，这使林家翘感到十分不快。尽管中国确实存在这样那样的许多问题，在许多方面还很落后，但林家翘多次回国走遍南北，广泛接触了从平民百姓到高层领导的许多人士，切身体会到了国家在新旧时代的巨大进步和变化，一切都是他亲眼所见。作为一个严谨的科学工作者，他知道分辨什么是主流和支流，全局和局部，本质与表象，他必须也只能根据客观事实来加以判断，并得出自己的结论，而不愿听那些带有明显政治偏见的蛊惑之言。他说，今后再也不去这家参加聚会了。

林家翘在塔拉哈西结识了密歇根州立大学（Michigan State University）经济学教授顾应昌和夫人韦澄芬。顾应昌（1918—2011年）是经济学家，80年代曾几次回国访问，会见过国家领导人，对中国的经济改革提出过许多有益的建议。1989年顾应昌退休以后，应他的学生、佛罗里达州立大学校长斯莱格（Bernard F. Sliger）之邀，到这里开设了一门"中国经济改革"课程。因为不耐佛罗里达的炎热夏季，所以课程只在冬季开设。每当春天课程结束之后，顾应昌夫妇便返回北方。

两对夫妻年龄相仿，经历类似，又都是候鸟式地往返南北，很快便成了好友。顾应昌精力充沛，七八十岁年纪，每次还自己开车十几个小时来往密歇根和佛罗里达两地。1945 年，他曾作为中国代表团工作人员，在旧金山参加过联合国成立的工作。他的三叔顾维钧（1888—1985 年）则是中国代表团代理团长，曾代表中国第一个在"联合国宪章"上签字。即使是普通的家庭聚会，顾应昌也总是打着老派的 bowtie（蝶形领结）正装出席。他非常健谈，往往成为聊天的中心。他喜欢边做手势，边用浓重的江苏嘉定口音讲述联合国成立大会的轶闻趣事。这个时候，林家翘便微笑着，坐在旁边静静地听，虽然他已经听过很多次了。聊天中有人谈到国内建设存在的贪污腐化问题，顾应昌便反问道，"那么大楼建起来了吗？"然后又说，如果大楼建起来了，那么你只要把贪污腐化的钱打到成本里就好了，关键在于大楼建起来了，那才是主要的。这也许是一个经济学家从纯粹经济学的角度看待问题。有时，顾应昌还指着林家翘笑对大家："他是国宝，是国宝！和我们不一样！"林家翘则摆摆手，说："哪里，哪里！"林家翘喜欢打麻将。闲暇时光，他会把顾应昌夫妇请到家里来，边聊天边打上几圈麻将。他觉得打麻将可以活动脑筋，对预防老年痴呆有好处。

90 年代末，年届八十正在塔拉哈西过冬的林夫人忽然发现有头痛和语言障碍等症状，被医生诊断为脑水肿，需立即入院进行脑部手术治疗。林家翘夫妇二人相濡以沫、心心相印，已经共同度过了半个世纪的悠长岁月。他们互相为生活中绝对不可或缺的一部分。林家翘因妻子的突然患病而非常焦虑和紧张。华人朋友们得知消息后，立刻伸出援手，帮助他安排各种急需处理的事情。有的朋友很快就把林家翘接到自己家里居住，安慰他的情绪，照顾他的饮食起居。林家翘需要每天到医院去探望夫人，但因为心情紧张和白内障的问题，自己不便开车。有的朋友就联系城市的老人服务中心，专门安排接送专车，可以随叫随到，解决了他的交通问题。因为救治及时，经过手术和一段时间的休养，林夫人得到了完全的康复，林家翘这才放下心来。

1996 年 12 月 21 日，林家翘夫妇在塔拉哈西的竹园中餐馆邀请朋友们聚会，庆祝他们的金婚纪念日。结婚五十年，悠然一瞬间。来客六十多人，绝大部分是华人华侨，热闹非常。林家翘的女儿溶溶也从外地赶来参加。大家举杯，纷纷祝贺这对恩爱夫妻携手走过半个世纪的漫漫路程。林家翘在会上讲话，感谢大家的出席。他特别有感于塔拉哈西华人朋友的热情和友谊，处处让他感到了同胞的温暖。2003 年春天，已经在一年前回国定居的林家翘夫妇飞到美国处理房产等私事。3 月 15 日，他们从波士顿飞到亚特兰大参加了女儿的婚礼。然后，夫妇二人最后一次来到塔拉哈西，向朋友们告别。4 月 25 日，林家翘夫妇在告别塔拉哈西华人朋友的聚会上，再次畅谈在这个小城度过了十二个冬天的感受，感谢华人朋友对他们的温馨友情。甚至多年后，有塔拉哈西华人朋友来清华园探望时，他也总是提到这种同胞的亲情让他们难以忘怀，正如林夫人的一句话："塔拉哈西的人真好！"

林家翘在塔拉哈西的退休生活看起来恬适而悠然。临近世纪之末的一个秋天，有朋友去拜访刚刚南来的林家翘，问起他在波士顿的生活。

"我在上课。"林家翘笑答。

朋友不解："您都退休了，还在给学生上课？"

"不是，是我在 MIT 听课当学生，上生物学的课。"林家翘说着，从书房里拿出两本书给朋友看。那是生物学的大学本科生教科书，书上用黄色的笔勾勾画画，还夹着一些小纸条。"教室里都是年轻人，就他一个白头发的。"林夫人在旁插话。

事实上，林家翘并没有沉浸到闲适的退休生活中去，他正在考虑的是把应用数学用在生物学研究上。他认为，过去的一个多世纪，应用数学被广泛地用在了物理学上，并且取得了很大的成功。但是，在生物学研究领域，多年来一直在沿用经验的方法，几乎没有用到数学。生物学发展得很快，应该重视基因组研究，重视遗传学的问题，等等。物理的世纪过去了，21 世纪将是生物学的世纪。正是转变之际，所以，必须现在就做好准备，把数学用在生物学上。[1] 看着年过八十满头白发的老人，你不能想象在他那清瘦的身躯里蕴育着怎样不竭的能量。又想起了他的话，在科研上一定要"赶时髦"，一定要"做第一等的题目"。他在身体力行，而全然不顾自己的年龄。他说过，"年龄只是个数字"。他只想着做自己应该做的事，准备向一个对于他来说全新的研究领域进发。

---

[1] 林家翘采访录像或文字记录稿，2001年3月18日、4月1日，2002年4月4日、12日、19日、26日，2003年5月3日。

第六章
重返清华园

在 20 世纪 90 年代，林家翘几乎每两年就回国一次，主要是回母校清华大学进行学术交流。在 1997 年 6 月清华大学高等研究中心（高等研究院前身）成立之后，林家翘应邀担任顾问。应该说，晚年的林家翘主要有两件事放心不下。一是用应用数学进行生物学的研究，二是帮助母校清华大学提高应用数学水平。他把这两件事当作自己的责任。世纪之交，林家翘的这种想法越发强烈。与此同时，时任清华大学校长的王大中在和林家翘会面时，殷切邀请林家翘重返清华园。林家翘说：王大中校长和我谈过，想要我们这些人回来，帮助清华走向世界一流大学。母校的召唤触动了林家翘，这也正是他心中长期所念。"现在为母校、同胞做点事，是应该的，要做好。"[1] 他说。林家翘最终决定返回清华园定居，实现自己晚年的抱负。耄耋之年尚有抱负，这是林家翘与常人的大不同之处。林家翘重返清华园的决定理所当然地得到了夫人梁守瀛的支持。这不但因为北京也是她从小生长的地方，不但因为她的至亲兄长梁守槃还生活在那里，更因为她一生都在眷恋着祖国，一生都在支持自己丈夫的科学事业。正如梁守瀛的侄子梁珪宣所说，林家翘频繁回国进行学术交流，最后决定回清华定居，显然是水到渠成之事。[2]

一、林家翘的应用数学理念与清华大学

林家翘一向认为自己的应用数学理念是遵循牛顿的应用数学思想，也是

---

[1] 林家翘采访录像或文字记录稿：2001 年 3 月 18 日、4 月 1 日，2002 年 4 月 4 日、12 日、19 日、26 日，2003 年 5 月 3 日。

[2] 梁珪宣电话采访记录稿，2014 年 1 月 26 日。

秉承 G.I. 泰勒、冯·卡门和冯·诺依曼等应用数学大师的传统。在数十年的科学研究和教学的实践中，他的应用数学理念日臻完善和成熟。

1. 应用数学的基本理念

如前所述，在 20 世纪四五十年代麻省理工学院的数学教学中，面对理工科学生的实际需求，林家翘摒弃了纯数学的教学模式，自己编写教材，开设"应用数学导论"（"Introduction of Applied Mathematics"）课程，把数学与科学和工程的实践结合起来，大受学生们的欢迎。1974 年，在这一自编课程教材的基础上，他和自己的学生 L. 西格尔（Lee A. Segel）合作，编辑出版了《自然科学中确定性问题的应用数学》（Mathematics Applied to Deterministic Problems in the Natural Sciences）一书。全书分三部分共 16 章，全面阐述了应用数学的理论与实践。第一章的标题就开宗明义地提出了"什么是应用数学"（"What is Applied Mathematics"）的问题，并举出星系螺旋结构和变形虫（细胞黏液霉菌）聚集的示例，说明了建立数学模型，用数学解决科学问题的巨大潜能，并形象地展现出应用数学在科学实践中的广泛适用性。

除了出书，林家翘还发表演讲和文章，努力宣传应用数学。

1975 年 12 月，美国工业与应用数学协会（SIAM）大会在旧金山举行。林家翘作为卸任主席，依惯例在会上发表演讲。他再次提出"什么是应用数学"的问题，揭示应用数学的真谛。在演讲中，他引用了一个圆形图，形象地说明了数学、应用数学和其他学科之间的关系（图 6-1）。这个同心圆图形分为三层。其中心是核心数学（Core Mathematics）。它的外层被应用数学（Applied Mathematics）所环绕。最外层则标注为一些科学学科，诸如物理学、生物学、医学、工程学、社会科学管理和其他学科等。

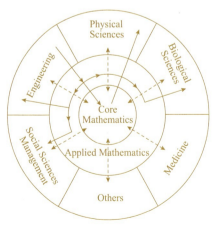

图 6-1　数学、应用数学和其他学科的关系图（林家翘提供）

在核心数学和其他学科之间有一些单向或双向的箭头相互所指，但它们都分别穿过了处于内外圈之间的应用数学一层。这个关系图来自于一位数学工程师。它在应用数学的层面上有不同的分支，把傅里叶分析应用于各个学科领域，也可深入核心。选择何种方向取决于所研究的专题。"傅里叶分析是反映应用数学特点的最佳例子之一。它来自于对热传导问题的研究，反过来又推动了调和分析和泛函分析这些纯数学分支的发展。"[1]

在会上，林家翘着重讲到了应用数学家的培养，甚至开列出了一个应用数学本科生所应该学习的具体课程。除了进行应用数学方法、纯数学知识和至少一个科学分支的深度培养等教育以外，他特别指出对应用数学家的培养应该从他们的大学阶段，即他们的青年形成时期就开始，以使他们在早期就接受正确的应用数学观念。这一演讲后来在1978年10月的学会专业杂志《SIAM评论》(*SIAM Review*)上发表，题为"应用数学家的教育"("Education of Applied Mathematicians"[2])。

1976年，林家翘为祝贺他的好友、著名应用数学家和核物理学家S. 乌拉姆（Stanislaw Marcin Ulam）65岁寿辰，在《数学进展》(*Advances in Mathematics*)上撰文，再一次阐明应用数学的理念。这篇题为"应用数学的作用"(On the Role of Applied Mathematics[3])的文章指出，应用数学介于实验科学和纯数学之间，它"主要的专题是数学和科学之间的相互依赖。"("The principal theme is the interdependence of mathematics and the sciences.")作者认为可以借用爱因斯坦对物理学的定义来描述应用数学："它的范围可定义为我们全部知识中能够用数学语言表达的那个部分。"("Its realm is accordingly defined as that part of the sum total of our knowledge which is capable of being expressed in mathematical terms.")正是由于应用数学介于实验科学和纯数学之间，所以"以数学为工具来打破传统科学学科界限的

---

[1] 丁玖：数坛风流，百年翘楚——纪念林家翘先生，《美国华裔教授专家》网，2016/12/7。
[2] C. C. Lin: Education of Applied Mathematicians, SIAM Review, Volume 20, Issue 4, October 1978, 中译本"应用数学教育"，科技导报，马希文译。
[3] C. C. Lin: On the Role of Applied Mathematics, Advances in Mathematics, Volume 19, 1976, 中译本"谈谈应用数学的作用"，《自然杂志》，第1卷第2期，1978，陈以鸿译。

愿望和能力，或许是应用数学家独具的特征。"（"The desire and ability to cut across traditional scientific disciplines, through the medium of mathematics, are perhaps the unique characteristics of an applied mathematician."）事实上，一个应用数学家必须在数学方面和科学基础方面都具备一定广度的知识。作者在文章中呼吁，"我认为，现在是应该承认应用数学是一门独立的、并且是与纯粹数学截然不同的学科的时候了。"（"I think it is time that we should recognize applied mathematics as an independent discipline, fairly distinct from pure mathematics."）

21世纪初，在返回清华园的前夕，林家翘在美国数次接受采访，畅谈他的应用数学观点。他结合当时应用数学和生物学的发展情况，进一步强调把数学用于生物学研究的必要性和前景，并谈到了他对当时清华大学应用数学状况的看法。因为长期在美国工作和生活，他的谈话常常夹带着英文。

林家翘在回顾应用数学的历史时说，"应用数学历史性发展中的代表性事件是牛顿发现万有引力定律和 John von Neumann（约翰·冯·诺依曼）发展 Theory of Games（博弈理论）。冯·诺依曼把应用数学应用于经济学，对经济学有推动。最近的（例子）就是 John Nash（约翰·纳什）。他因此获得了诺贝尔经济学奖，不是数学奖。""von Neumann（冯·诺依曼）的主要目标是用数学解决科学问题。"[1]1928年，冯·诺依曼发表了关于战略博弈理论的论文，奠定了博弈理论的基础，博弈论从此作为一个独特的领域存在。1950年，约翰·纳什（John Nash，1928—2015年）制定了一个标准，用于衡量参与者策略的相互一致性，称为纳什均衡。它适用于比冯·诺依曼提出的标准更广泛的博弈。这是非合作博弈中的一个重要概念，在经济学中被广泛使用。这也是数学理论用于经验科学而带动纯数学发展的典型实例。约翰·纳什因此获得了1994年诺贝尔经济学奖。

这次谈话几个月后的2002年8月，约翰·纳什应邀访问清华园（图6-2）。27日下午，纳什在高等研究中心和清华学子会面交流。在回答"什么是数

---

[1] 林家翘采访录像或文字记录稿：2001年3月18日、4月1日，2002年4月4日、12日、19日、26日，2003年5月3日。

学的美"的问题时，纳什说："有的东西很美，但未必实用，而有的东西实用，但未必很美。数学之美体现在它的实用性上。感谢数学吧，它的应用多么宽广啊！"这时，坐在旁边的林家翘饶有兴趣地插话："纳什的理论既是美的又是实用的。"这引起了同学们会意的笑声。[1] 纳什的故事被好莱坞拍成

图 6-2　约翰·纳什在清华大学（2002 年 8 月 27 日）（清华大学新闻网，2002 年 8 月 28 日）

电影《美丽心灵》（*A Beautiful Mind*）。这部电影在他访问清华的这一年获得了第 74 届奥斯卡最佳影片奖和最佳导演奖。

　　作为一个有着严密思维的应用数学家，林家翘在采访中指出，很多科学领域，包括物理学、化学、生物学、医学、天文学等，都是经验科学。这些学科的理论发展依赖于实际的观察、经验的积累和大量的实验及其数据的分析，但是缺乏数学的严密性。应用数学家的工作，就是要把数学的严密和精确引入经验学科，把这些学科中的经验问题归结或表示为能够用运算手段处理的数学问题，从而促进经验科学的发展。同时，用数学来发展经验科学往往又会向数学提出新的问题，对纯数学的研究和发展启示新的方向。林家翘在采访中多次强调应用数学的基本概念，"应用数学是用数学来解决科学问题，不是解决数学问题，而且可以由此引导数学的发展。几何是从量地发展来的，抽象后成为多少维的微分几何，促使纯数学的发展。（这一事情的）发生是从实证发展来的。"他还说："（对于应用数学理论有）许多人不接受这个看法。如果不接受，数学将只能是支离破碎的。"[2]

　　林家翘仍然清楚记得 1975 年他在 SIAM 大会上的那次演讲时所引用的有关纯数学、应用数学和科学三者关系的同心圆图。他说，"应用数学是

---

[1]　天才数学家约翰·纳什向清华学子敞开心扉，清华大学新闻中心，2002/8/28。
[2]　林家翘采访录像或文字记录稿：2001 年 3 月 18 日、4 月 1 日，2002 年 4 月 4 日、12 日、19 日、26 日，2003 年 5 月 3 日。

数学与科学（之间）的一个联系。这是几十年前的图。"那次演讲，"我就是讲这个图——什么是应用数学。我在 MIT 发展应用数学就是根据这个原则。""那时很多学校要发展应用数学，但不知道什么是应用数学，找我去讲。我就去给他们讲这个图。应用数学不是 service mathematics（服务数学），不是单纯解决数学问题。"应用数学"往里面是与数学的关系，往外是与科学的关系，一定是两面的。""从图中可以看出应用数学占有多么重要的位置。一边是科学，一边是数学，绝不是仅靠近数学这边。一定要把应用数学的方向摆对。"[1]

他强调："应用数学的主要目的，它的主题在于对科学的推进。这当中有用数学方法解决应用问题，但不能说那个（数学方法）就是应用数学。"[2]

他重申应用数学的主要步骤，并亲自写在一张纸上（图 6-3）：

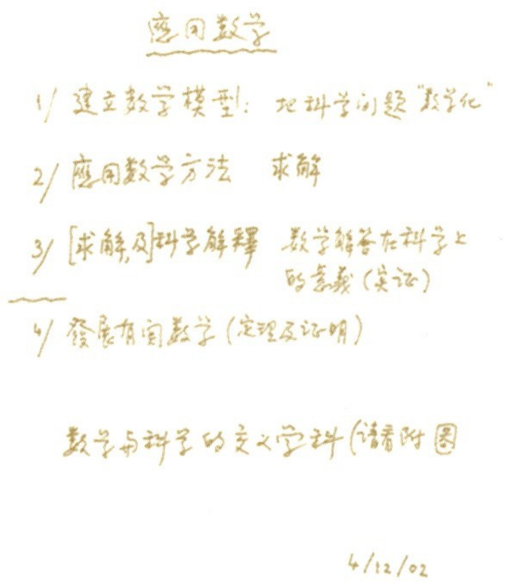

"应用数学的四步是：

1. 建立数学模型：把科学问题数学化

2. 应用数学方法，求解

3. [求解,及]科学解释，数学解答在科学上的意义（实证）

4. 发展有关数学（定理及证明）"

他说，"所有的（应用数学用于）理论科学都是这种方法。物理、化学、生物都一样，不论用在哪儿，这部分都是一样的。"[3]

他接着说："（做）应用数学要把眼光放远，不仅看小的方法。理论分析要有一个强的数学系统和理论系统。因为情况复杂，一定对的做法不只是一个，只是着重点不一样。一定不只一个

图 6-3　林家翘中文手书应用数学研究的主要步骤，2002/4/12（林家翘提供）

---

[1] 林家翘采访录像或文字记录稿：2001 年 3 月 18 日、4 月 1 日，2002 年 4 月 4 日、12 日、19 日、26 日，2003 年 5 月 3 日。
[2] 同上。
[3] 同上。

数学模型，一定不会只有一个数学模型描述整个现象。有不同的数学模型就有不同的描述，很容易发生争论。每个人的着重点不同，所以最后一定要用实验验证，谁的模型更 close to（接近）事实。”[1]

做事极为认真的林家翘告诉我们：“Applied mathematics theory（应用数学理论），这个 theory（理论）我查了 Webster Dictionary（韦伯字典）。这种理论叫做半经验的。一部分根据事实，一部分是 theory analysis 理论分析。”“所有的分析是自己想的，部分可能对，但整个理论可能不对，也就是数学与科学的配合可能不对，其模型就不对，或者是在实际应用中不对。实践是检验真理的主要标准。同时我们的理论分析也要对。实践对了，理论还有可能不对。”[2]

林家翘着重谈到了应用数学的发展和它的广泛适用性。他说：“John von Neumann（约翰 • 冯 • 诺依曼）应用数学的研究范围非常之广。他写过一本书叫 *Mathematical Foundations of Quantum Mechanics*《量子力学的数学基础》。（他很）注意应用方面，比如经济、天气等，博大精深。”所以，“这是应用数学的观点。”“得有个‘博’才行。看得远大，算得精密，博大精深。”“应用数学不能只做力学，要向外发展，所以我就做星系结构，（再）发展到生物学。”他认为，“应用数学用在生物学上是顺理成章的事情。”（图 6-4）[3]

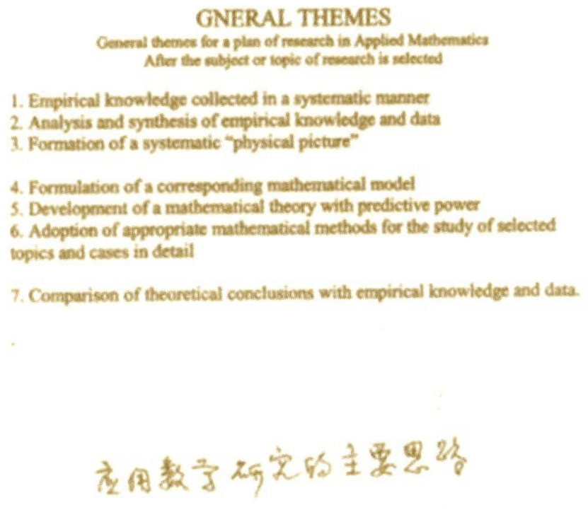

GNERAL THEMES

General themes for a plan of research in Applied Mathematics
After the subject or topic of research is selected

1. Empirical knowledge collected in a systematic manner
2. Analysis and synthesis of empirical knowledge and data
3. Formation of a systematic “physical picture”

4. Formulation of a corresponding mathematical model
5. Development of a mathematical theory with predictive power
6. Adoption of appropriate mathematical methods for the study of selected topics and cases in detail

7. Comparison of theoretical conclusions with empirical knowledge and data.

应用数学研究的主要思路

图 6-4　林家翘的笔迹“应用数学研究的主要思路”（洪柳提供）

林家翘指出：“人类在进步。比如物理学，二三百年来进展很多。我提

[1] 林家翘采访录像或文字记录稿：2001 年 3 月 18 日、4 月 1 日，2002 年 4 月 4 日、12 日、19 日、26 日，2003 年 5 月 3 日。

[2] 同上。

[3] 同上。

倡的力学做到今天这个地步，不值得再做了。（但是）生物学要有个发展。"至于为什么不再做星系结构研究，林家翘说，"现在星系结构不做了，因为基本清楚了，如同高能物理加速器现在不做了一样，不值得了，费很多钱很多劲，未必能得到相应的成果。是否应当继续鼓励那么多人去研究呢？为什么？这是历史性的决定。哪些做，哪些不做，做了有什么目的、重要性，大家可以讨论。"[1]

2. 探索数学在生物学上的应用

对未知世界的探索是人类永恒的主题。20世纪后半期，科学界的目光又开始转向了生物学。林家翘注意到了生物学研究方面的发展变化非常之快，他说："应用数学在生物学上的应用是刚刚发展起来的。"他举例说，"此地（指佛罗里达州立大学）新任命了两个assistant professor（助理教授），生物学经验非常好，数学经验也非常好，这样的人才非常难找。"人才确实太重要了，各大学都在挖墙脚，抢人才。他还说，"学无止境。一定要继续学新的东西，才能知道怎么干。这是做学问一成不变的道理。大家都在研究生物学。从报纸上看，一流大学都在建大实验室。这是一个潮流。"[2]

林家翘特别就数学用于生物学研究，谈了自己的看法："现在研究生物学，从应用数学的观念讲，（在）学习生物学的东西（方面）应用数学原则不变，道理没有改变。从观测实验结果，找出问题，用应用数学方法解决。科学问题数学化，建模求解，从issues（问题）到analysis（分析），找到mathematical form（数学形式），才能把数学方法用上去。这是一个logic structure（逻辑结构）。"[3]

"应用数学在生物学上的应用类似于星系结构研究，可以借鉴，但绝不是一样的。星在空中运动，类似湍流。molecular（分子）在生物学中的运动也有类似情况，similar molecular（相似于分子），可以类比，但并不

---

[1] 林家翘采访录像或文字记录稿：2001年3月18日、4月1日，2002年4月4日、12日、19日、26日，2003年5月3日。

[2] 同上。

[3] 同上。

完全一样，如同流体力学和固体力学有些地方有相似之处。"[1]

"一个新的科目，比如在生物学上，不要怕，要把实验观测结果拿出来。仍旧是根据实验观测结果，用数学推导出另外一批实验结果，然后用观测的方法去验证，两头儿。开始用实验结果，最后还是实验结果。这是应用数学的方法，两头儿有实践。开始、数学模型、预测、实证，这是应用数学最要紧的。研究科学一定不能离开实证。"[2]

"生物学最重要的是实验结果。把人的基因组整理出来，要治遗传病。这个使用数学的方式和以前用于物理学上的不完全一样。但仔细想来并非不一样，这只是应用数学用在生物学上的第一步，和用在物理学上的第一步一样，也就是把实验结果用数学方法分析之后，再归纳成系统的定理、定律，如同物理学的运动三定律一样。"[3]

"生物学发展比物理学发展迟。生物现象的确比物理现象复杂，自然不能从简单实验中得出规律。少数的定律是有的，如孟德尔遗传定律，讲显性和隐性遗传。这比牛顿的物理学定律晚了一百多年，但也有百年历史了，不过至今发展不上去。因为生物学太复杂了，实验得出了许多数据，数目太大，无法整理，不容易得出规律，因此也比较难整理出定律。"林家翘强调，生物学研究的发展"和计算机有关。这么多数据无法整理，数目太大，这和 technology（技术）的发展有关。以前只能做到达尔文的水平，大体归类，现在发展到分子生物学的水平。将来会发展到什么样子，很难估计到。但前途一定是光明的。从学术上讲，wide open（完全开放）。就如同牛顿所说，他像是在大海边捡石子的小孩。……"[4] 据传，牛顿曾说过，"我好像是一个在海边玩耍的孩子，不时为拾到比通常更光滑的石子或更美丽的贝壳而欢欣鼓舞，而展现在我面前的是完全未探明的真理之海。"林家翘补充道："面对科学的大海，我们只有锲而不舍，才能走向真理的目标。就是如此努力，一

---

[1] 林家翘采访录像或文字记录稿：2001年3月18日、4月1日，2002年4月4日、12日、19日、26日，2003年5月3日。
[2] 同上。
[3] 同上。
[4] 同上。

个人的成就也还是有限的。"[1]

林家翘十分赞许在生物学研究上使用计算机整理数据。"现在生物学研究人的基因以 billion（十亿）计，有很大的争议，幸亏有 computer（计算机），可以整理数据库。没有 computer（计算机）不可能做。以前研究太阳系的行星只有五颗，而现在研究人的基因（DNA 碱基对）以亿计，有人说有十亿，有人说有三亿，总之是更复杂了。生物最主要的是遗传，遗传最主要的是基因。基因中包含的信息可以导致遗传，一代一代地传下去。这类的新学问叫作 bioinformation（生物信息），讲的就是生物信息。其中许多奥秘还不为人们所知，如同汪洋大海一样，十分复杂，值得研究的问题很多。生物学家总是说物理学的世纪过去了，现在是生物学的世纪。……（现在）正是从物理学世纪转到生物学世纪上来的时候，应该共同努力。"[2]

他认为现实是，"学数学的人不懂生物学，学生物学的不懂数学，所以结合一定不好。"从应用数学的角度来说，"生物学一向两边结合不好，因为性质很不一样。它的理论还比较缺乏，估计五十年以后可以用数学来解决，像物理学一样。现在做也许是走错路，因为不清楚。实验结果每年一变，尚无定论。"[3]

林家翘称赞当时中国和其他国家合作进行的水稻基因组研究所取得的成绩，认为挑对题目，可以做出成绩。所以选题是科学研究的第一关，然后第二关是建立数学模型。眼光要放大，动手要从小处着手。我常同时做几个项目。眼光要放大，不要窄。判断什么题目要做，什么题目要放一放，这些题目有什么影响，方向对不对。选题，这是长期经验的结果。"[4] 早在 1965 年，林家翘在会见自己的老校友何炳棣时就说，"要紧的是不管搞哪一行，千万不要做第二等的题目。"在他的晚年，他仍然谆谆告诫清华的学子们，"做科

---

[1] 林家翘采访录像或文字记录稿：2001 年 3 月 18 日、4 月 1 日，2002 年 4 月 4 日、12 日、19 日、26 日，2003 年 5 月 3 日。
[2] 同上。
[3] 同上。
[4] 同上。

研始终要'赶时髦'"。[1] 走在科研的前沿，关注热点问题，永远做第一等的题目，是他一贯的思想和选题的指南。

他略微提到了自己目前的研究工作："生物学的研究方向很多，可以用数学方法来研究的也不少。"林家翘提出了两个具体的研究方向，认为值得注意：一个是脑神经的功能，一个是蛋白质的结构。"我现在写一篇文章，是个大题目。有经验的科学家不做小题目，没意思。物理的湍流理论可以用在生物学上，与现在一般看法在理论上和实践上很不同。"他还认为，与文科不同，"理科各学派并存，不会长久，最后就可以看出对错。"[2]

3. 澄清应用数学理念

已经多次回国的林家翘，对国内的应用数学状况有一定的了解，也不忘在各种场合反复阐述自己的应用数学理念。"这次回去专门讲了什么是应用数学，这是一个根本问题。应用数学是做科学问题的，是数学的应用，是用数学解决科学问题。"他重复强调，"应用数学和应用数学方法是不同的。牛顿发展微积分是因为他在研究行星时需要数学，才逼迫他去发展微积分。应用数学是为科学发展而发展的。"接着，他又感慨道：有的人"把应用数学完全归到数学里去了。就那个关系图来说，只有里面的一半，没有外面的一半。建数学模型，寻找数学与科学的关系，他们觉得不是他们的事儿。我们总强调第一件事是建立数学模型，这就是决定发展方向。这是冯·诺依曼特别讲到的。做应用数学如果只专门做纯数学的话，就脱离了科学的根源。首先是科学问题，找到根源。科学问题是根，没有根，就没有发展。离科学越远就是离根越远。离根远了，就和植物一样，最后就发展不起来了。起初研究数学方法是为了解决科学问题，如果从那一点（开始）就不断追求改善数学方法，变成只求数学方法，不管应用，（那就）跟原来的科学问题脱离。[3]

"应用数学原理绝不是我一个人的主意，这是大家的看法。""他们把

---

[1] 戴世强：向林家翘先生学习什么？，戴世强科学网博客，2013/1/26，https://blog.sciencenet.cn/blog-330732-656659.html。
[2] 林家翘采访录像或文字记录稿：2001年3月18日、4月1日，2002年4月4日、12日、19日、26日，2003年5月3日。
[3] 同上。

名词误解了，他们把应用数学看成仅是一个方法，为了求解，变成 service（服务），如同 von Neumann（冯·诺依曼）说的，只讲方法，目的就不明确了。"[1]

有的人"只在数学方法上发展，证明定理、解出方程，等等，与实际科学问题脱离，实际上一点问题都解决不了，走到死路上去了。没有目的的数学，至多是算得更准一点，但这不是一个重要的事情。有些方法是可以研究的和发展的，但总得说出个目的。任何事情都得有目的。"[2] 这就是说，做事情不单单是怎样做，在此之前先要弄明白为什么要做。

谈到这里，林家翘举了一个例子。有一次，他陪麻省理工学院校长到中国访问，给校长做翻译。在参观某个项目的时候，校长问："C.C., Ask them why they are doing it?"（"家翘，问问他们为什么做这个？"）得到的回答是，因为德国人在做这个，所以我们也做。林家翘说："校长很不满意这种回答。因为这是毫无目标的研究。做学问一定要有 issues and answers（问题和答案），这是基本的看法。如果只是看到别人做什么，自己就做什么，就变成小工了，（也就是）supporting staff（辅助人员）。有人从上海来（美国）这里做实验，实验做得很漂亮，有技巧，但目的不清，说不出所以然来。"[3]

实际上，早在 20 世纪七八十年代，在林家翘回国进行学术交流的时候，就曾针对国内当时的情况提出了告诫。曾在那时接待过林家翘的戴世强教授写道："林先生在清华大学讲学过程中，对他的这些思路做了详尽描述，并谆谆告诫年轻学子，对任何问题都要做好观察分析，千万不要 garbage in, garbage out 地死算、瞎算。希望年轻人牢牢记住这一点。"[4]

据戴世强记述，"有一位青年学者提问：'你的结果是否表明，现在我们有了先进的计算技术，凭它就可以轻而易举地解决一切难题。'林先生立即

---

[1] 林家翘采访录像或文字记录稿：2001 年 3 月 18 日、4 月 1 日，2002 年 4 月 4 日、12 日、19 日、26 日，2003 年 5 月 3 日。
[2] 同上。
[3] 同上。
[4] 戴世强：向林家翘先生学习什么？，戴世强科学网博客，2013/1/26，https://blog.sciencenet.cn/blog-330732-656659.html。

回答：'你的看法是片面的，甚至是要不得的！单凭先进的高速计算机而没有足够的科学分析，不可能解决任何问题。如果你对问题不进行科学的预处理，那么必然的结果是 garbage in, garbage out！也就是说，你往计算机输入一堆垃圾，输出的一定是一堆垃圾数据！'他接着说，'进行理论研究的正确做法是，首先对所研究的物理或工程问题进行深入细致的考察，通过观察、实验和通读文献，掌握足够的原始资料，洞察问题的内在本质和症结所在；然后，抓住主要因素，建立正确的、能反映事物本质的数学模型，并对其中出现的参数进行标定；接着对简化的数学问题进行初步的解析处理，了解其中的关键难点；最后进行数值模拟，归纳整理所得的结果，加以分析和演示，并与观察结果或实验结果进行比照验证。一般来说，这样的过程要循环往复多次。只有这样做，才可以在数值模拟中不至于 garbage in, garbage out。'[1]

所谓"garbage in, garbage out"，也叫作"垃圾进，垃圾出"。在计算机科学中，garbage in, garbage out（GIGO）是指有缺陷的或无意义的输入（垃圾）数据，就会产生无意义的输出。这个原则适用于所有逻辑论证：如果前提有缺陷，即使合理的论点也可能会导致不合理的结论。因此，输入的质量将会决定输出的质量。

谈到学习和科研的关系，林家翘批评说："教学时只知道 know how, don't know why and what（知道怎么做，不知道为什么和是什么）。"照别人的脚印走，学别人，不会创新，是科学研究中的一大弊病。"这里（指美国）的教育（重点）是在'懂'，而'会'是以后到实践中再去学的。国内的教学正好相反，学生会做而不懂。""很多人在工作中边做边学，在实践中学习具体方法。所以这样教出来的学生可以适应做各种工作。但反过来，我们就可以想象了，做不了的原因是因为他们不懂。""'懂'这个字非常重要。"[2]

"要对全局有个理解，（对于）project proposal（研究课题提案），任何

---

[1] 戴世强：向林家翘先生学习什么？，戴世强科学网博客，2013/1/26，https://blog.sciencenet.cn/blog-330732-656659.html。

[2] 林家翘采访录像或文字记录稿：2001年3月18日、4月1日、2002年4月4日、12日、19日、26日、2003年5月3日。

行业道理一样，对目标要理解清楚。国内欠缺这个，很多人只是做，技巧地做，但这个题目的目标是什么，影响是什么，不清楚。有人认为他有一个聪明的办法。可是聪明的办法 so what（又怎么样）？目的清楚了，算法可以不同。要看结果，看影响，看对整个科学的影响。做题目不一定要做难题，难题不一定有用。选题很重要。"[1]

他甚至在后来的电视采访中也极力强调基础科学研究及科研选题的重要。他认为："一定要选择知识的前沿，科学的前沿，否则你的工作无论做多好，影响不大。选择一定要选真正的学术前沿。"[2] 这也是他所一贯强调的。

谈到这里，林家翘情绪有些激动："我说应用数学不是数学，这还不是白马非马，根本是性质不同。马是大的系统，（说）白马非马，但白马是马的一部分。如果说（应用数学是）白马非马，好像应用数学是数学的一部分。但应用数学不是数学的一部分。应用数学是某些数学加上科学。我当时一讲，引起轩然大波，他们说不对，认为这样应用数学就超出数学范围了。在应用数学中，数学是被动的，要按科学的需要来找。我举电影 John Nash（约翰·纳什）的 theory of games（博弈理论）的例子，把数学用于经济学，证明重要定理，得了诺贝尔奖。他得的是经济学奖，不是数学奖。这样他们就没话说了。"[3]

"因为'文革'（的影响），（还有）院校调整，理科都搬到北大去了。"[4] 谈起这些往事，出身清华物理系的林家翘有些黯然。这不仅仅是感情的问题，更是实际的问题。对于这一点，林家翘和他的老师任之恭教授有相同的观点。早在 1980 年，任之恭在致信时任清华大学校长的刘达时写道："自从 1952 年院系调整之后，清华大学成为一个纯粹的工程大学……在短期内，

---

[1] 林家翘采访录像或文字记录稿：2001 年 3 月 18 日、4 月 1 日、2002 年 4 月 4 日、12 日、19 日、26 日，2003 年 5 月 3 日。

[2] 曲向东采访林家翘，中央电视台 CCTV《大家》节目，2005，https://www.youtube.com/watch?v=nFo6jSh3cKs。

[3] 同 [1]。

[4] 同上。

清华若继续集中注重工程，对国家可有很大贡献，但在短期的后一阶段即长期部分，清华倘只搞工程而无理科与工科的并行发展，工科就缺乏理科的基础与启发，工程自己也难搞上去，尤其不能寻求创造与革新的途径，对国家不能发挥最大的作用。而这种基础，需要长期循序渐进的建立，决不能等到急需的时候，一挥手就可招来的。所以清华应该稳稳地站在工程上面，从现在起就迈一步开始铺垫理科的基础，以期达到理工并行和结合的地步。"[1]

林家翘提出："建一个应用数学中心。""我提到基因组，这是应用数学用的一种，并非以前我们用过的应用数学。有了方程式我们就可以用传统数学的方法来做。这方面在美国很有发展，不仅是脑神经，还有其他神经系统。佛罗里达州立大学应用数学系在做有关大脑的mapping（映象），而问题是生物学系提出来的。MIT新设了一个系，叫neuroscience & phycology（神经科学与心理学），有两三年了。我刚和清华校长通了电话，说明我要去做这些方面的应用数学，绝不是做数学方法（的研究）。正如 von Neumann（冯·诺依曼）说的，你离开科学远了，你的应用数学意义也就小了。"[2]

林家翘一再强调应用数学的正确理念，一再强调它与科学的结合，强调它在科学领域的应用。按他的说法，就是"要有用"！这个"用"，就是要把数学用在不同科学领域的研究发展上。

"一定要把应用数学的位置摆正。如果你们做的方向不是应用数学，那你们把我搁在那儿没有用呀！我是搞应用数学的！"[3]他说。

林家翘对国内有些数学系用"数学科学"来命名，相当困惑，甚至反感。他认为，数学就是数学，科学就是科学。广义地说科学涵盖了物理学、化学、生物学、天文学、逻辑学、经济学等。数学与科学二者并列，并不相互包容。美国有少数大学也有"数学科学"系，但那一般就是用数学研究科学，是做应用数学的。他认为不应该把数学和科学相互混淆。

---

[1] 钱炜：百年清华殊途同归 建设中国任重道远，清华校友总会网，2011/4/14，https://www.tsinghua.org.cn/info/1952/17565.htm。

[2] 林家翘采访录像或文字记录稿：2001年3月18日、4月1日，2002年4月4日、12日、19日、26日，2003年5月3日。

[3] 同上。

林家翘说他已经为清华选了生物学研究的题目，他"认为可以发展，与以前的应用数学相近。"对于返回清华，他觉得是自己的一种责任："自己同胞做，我们年纪大的应当去帮忙。"他很有信心地说："挑好一个题目可以做十年二十年。"[1]

谈到学风和做学问，林家翘说，当年他在麻省理工学院办应用数学，别的学校也效仿，到处有人请他去作他们的 visiting committee member（访问委员会成员）。"中国没有建立 visiting committee 制度是一大缺点。一定要办这个，让外面的人可以来交流，提出意见。"他补充说，"（国内）还有一个问题是不敢互相批评。这里（指美国）都是一流大学，可以互相批评。中国不行，清华北大坐在那儿，谁敢批评？这个不行！""在中国办事不易。学校制度得改，绝对得改！""做教授要有学术自由，才能做到大处着眼。"[2]

善于表达也是做学问不可或缺的。表达能力的基础是个人的文化修养。林家翘强调科学研究中无论是发表论文、会议演讲甚或是与同行进行学术交流，其文字或语言的表达都应该力求准确和简洁，只有这样，才能正确无误地展示自己研究工作的内容或者成果。徐遐生在一次采访中说："我第一次和林家翘合作写文章，花最多时间的不是在计算而是写作和资料的考据，思量如何才能表达得很清楚。因为研究再好，你写文章或是演讲时不能清楚表达出去，一切白费。"[3] 林家翘不仅这样要求他的学生，自己也身体力行。这一点，戴世强教授深有体会："听林先生讲课、作报告，读林先生的专著、论文是一种享受，因为他特别重视和擅长表述。……林先生的口头表述普通话纯正，用词精当，可以说没有一个'废字'（当然更无废话）；他的学术论文多为英文的，不仅流畅易读，而且用词严谨。我熟悉的力学大师钱、钱、郭、林（指钱学森、钱伟长、郭永怀、林家翘——作者注）的英语表述能力

---

[1] 林家翘采访录像或文字记录稿：2001 年 3 月 18 日、4 月 1 日，2002 年 4 月 4 日、12 日、19 日、26 日，2003 年 5 月 3 日。
[2] 同上。
[3] 刘恺俐、蔡和熹：典范的追寻，（台湾）《天文馆期刊》，第四十七期，2010/02。

都堪称一流,而其中的'冠军'则非林先生莫属。"[1]

对于有的人取得了一些成绩,成为专家,就止步不前了,林家翘说,"学无止境是中国的老话。有的人有这个毛病——give up(放弃)。学会了这个,其他不管,新的东西不接受,因为不合我当初的目标。学无止境,不应当划一个道,别的不管,自己把自己限制住了。"林家翘还举出孔子的弟子冉求的例子,说:"孔子的一个学生说我不是不想学你的道理,我是能力不够好,学不会。孔子说,力不足者,中道而废,今汝画。(《论语·雍也·第六》)韩愈说,业精于勤,荒于嬉。(《进学解》)"[2]

老师是很重要的。林家翘引用韩愈的话"古之学者必有师。师者,所以传道授业解惑也。(《师说》)[3] 他并且以自己为例,说:"研究跟老师很有关系。老师的眼光很重要。老师告诉哪些是重要题目。我一生中遇到了很好的老师。周培源、冯·卡门、冯·诺依曼……"[4] 但是,事情不是绝对的。"个人是历史大浪中的一粒小砂。""实际上并不一定经验越多的人就越好。选择努力的方向和目的极为重要。新上来的人可能会有好的新的 idea(想法)。"[5] 这不禁让人想起,当年在面对海森堡的湍流问题时,他还是一位年轻的博士生。在闯入星系螺旋结构研究领域时,他也不过是天文学界的一位新人。

林家翘所引用的韩愈的同一篇文章中还有:"孔子曰:'三人行,则必有我师'。是故弟子不必不如师,师不必贤于弟子。闻道有先后,术业有专攻,如是而已。"(《师说》)林家翘在自己长期的研究工作中实践着古人的教诲。在他发表的论文里,可以看到他与许多不同的学者进行过成功的合作,即使是对于年轻的合作者,他也非常重视他们的意见。

在应用数学领域辛勤耕耘了一辈子的林家翘对科学研究深有体会。集一

---

[1] 戴世强:向林家翘先生学习什么?,戴世强科学网博客,2013/1/26, https://blog.sciencenet.cn/blog-330732-656659.html。
[2] 林家翘采访录像或文字记录稿:2001年3月18日、4月1日,2002年4月4日、12日、19日、26日,2003年5月3日。
[3] 同上。
[4] 同上。
[5] 同上。

生工作之经验，他多次重复地说："大学之道，在明明德，在亲民，在止于至善。(《礼记·大学》)做科学，套古人的话，科学之道，在明明智，在新学，在止于至真。"[1]

二、周培源应用数学研究中心

1. 成立

2001年11月23日下午，在清华大学理学院报告厅，王大中校长向林家翘颁发聘书，正式聘请林家翘为清华大学教授。顾秉林副校长主持聘任仪式，杨振宁也出席了仪式。林家翘在讲话时表示，将尽自己所能为母校贡献力量。

在接受清华聘请的同时，林家翘即开始着手清华大学的应用数学研究中心成立的筹备工作。从当年十一月到第二年的一月，林家翘亲自和清华大学的数学、生物、生物医学、物理、信息和力学等学科的多名教授进行了深入探讨，然后在2002年1月下旬正式向清华大学顾秉林、龚克两位副校长提出倡议：成立清华大学"周培源应用数学研究中心"。同年5月23日，清华大学2001—2002年度第十五次校务委员会讨论通过了关于成立"周培源应用数学研究中心"的决定。

2002年夏天，林家翘告别了他生活了六十余年的国家，回归故土了。除了曾在2003年春季短暂地回了一趟波士顿和塔拉哈西处理私人事务之外，他再也没有踏上美国的土地。

这一年，林家翘八十六岁。

林家翘满怀希望地回到了清华园。在他回去以前，清华大学并没有真正意义上的应用数学学科，而国外的一流大学都有应用数学专业。林家翘认为，当时清华的应用数学状况类似于20世纪40年代他初到麻省理工学院时的情况。清华大学建立应用数学研究中心是学校发展的需要，目的就是要提

---

[1] 林家翘采访录像或文字记录稿：2001年3月18日、4月1日、2002年4月4日、12日、19日、26日、2003年5月3日。

高中国应用数学的水平。对于中国来说，发展应用数学是使中国科技有可能跻身世界一流水平的一条重要"通道"。

在筹备阶段，曾有人提议用林家翘的名字给应用数学中心冠名，被他谢绝了。林家翘希望用周培源的名字给新成立的应用数学研究中心冠名，以表达对这位中国应用数学开拓者治学态度的继承和纪念，以及对恩师的崇高敬意。为此事，他特意征求了周培源的小女儿周如苹的意见，在得到同意后才正式为中心冠名。据周如苹回忆，林家翘给周培源写信，每次落款都是恭恭敬敬地写上"受业家翘"，几十年来均是如此。1987年，周如苹曾陪同父亲周培源到麻省理工学院参加林家翘70寿辰学术研讨会。十年之后的1997年，周如苹和三姐周如玲访美时，特意到波士顿看望林家翘叔叔，并在林家小住。林家翘亲自开车带她们游览市容，到饭店吃饭，拜访任之恭夫人陶葆楷。周如苹在访美期间意外生病，进行了手术。其间，林家翘多次打电话询问病情及治疗和恢复的情况，十分关心。林家翘和周培源一家两代人都有着深厚的情谊。

2002年8月30日，应用数学前沿问题国际研讨会暨清华大学周培源应用数学研究中心成立典礼在主楼报告厅隆重举行。清华大学周培源应用数学研究中心（Zhou Pei-Yuan Center for Applied Mathematics，Tsinghua University）正式宣告成立。王大中校长在典礼上致辞。清华大学对研究中心提出，以"创新、交叉、综合"为研究活动的主导思想，倡导开拓性与科学首创精神，遵循"精干、择优、流动"的原则，积极与海内外相关研究机构开展学术交流合作，努力营造有利于杰出人才成长的环境，逐步将研究中心建设成为具有国际先进水平的、在国内外有重要影响的国家级基础研究基地，最终成为世界性的学术研究中心。来自国内外的许多著名专家学者、各级领导和清华大学的有关师生二百多人出席大会。典礼结束后举行了应用数学前沿问题国际研讨会，十一位著名科学家在研讨会上作了学术报告，他们当中包括林家翘的朋友、学生或曾经的合作者冯元桢、Nancy Kopell、欧阳钟灿、徐遐生、袁旗、Lee A. Segel、David Benny、吴耀祖、张恭庆、郑哲敏、周恒等。学术报告涉及数学在生物学中的应用、非线性波动问题、天体物理的新发展、神经科学等议题。[1]

图 6-5　林家翘（左）和谢定裕在清华大学（引自"林家翘先生学术暨座谈会"展览，清华大学周培源应用数学研究中心、清华大学图书馆主办，2013 年 6 月）

林家翘被聘请担任中心的名誉主任，在他的提议下，谢定裕教授被聘请担任中心的主任（图 6-5）。

谢定裕（1933 年—），江苏南京人，知名应用数学家。他曾长期担任美国布朗大学（Brown University）教授，从事应用数学的教学和研究，在非线性波动、范德华流体相变和气泡动力学等研究领域取得了杰出成就。谢定裕和林家翘是加州理工学院的先后校友，但他们的相互熟识还是在 1967 年。那一年，尚在加州理工学院任教的谢定裕前往麻省理工学院，跟随林家翘学习天文物理和星云结构。谢定裕认为在他和林家翘的共同研究工作中，自己获益匪浅。他在一篇纪念林家翘的文章中写道："我在林先生那访问七个半月，这不但使我在学问、治学态度及方法上得到裨益与启发，而且使我有机会在康桥这一人文荟萃的环境中耳濡目染，深受熏陶。真是十分感谢林先生。"[2]

关于受聘担任研究中心的主任，谢定裕写道："2002 年春天，林先生已回到母校清华大学，在高等研究中心担任教授。（林先生）想在清华成立应用数学研究中心，并希望我能去清华协助。我那时已快七十岁，且自香港科技大学和布朗大学二度退休两年，本只预备在美国南加州悠闲，可是想到林先生年近九十，还不懈有此宏图，我就不好拒绝。"[3] 实际上，林家翘与谢定裕在应用数学的基本理念上有着一致的见解，这是两人学术合作的基础。谢定裕认为，"林先生是美国应用数学的泰斗，一生为应用数学的发展而努力。

---

[1] 冬梅：我校举行首届应用数学前沿问题国际研讨会暨清华大学周培源应用数学研究中心成立典礼，清华大学新闻中心，2002/8/31，https://www.tsinghua.edu.cn/info/2013/78197.htm。
[2] 谢定裕：我所认识和知道的林家翘先生，《力学与实践》，2016 第 38 卷。
[3] 同上。

无论是布朗大学的应用数学,还是麻省理工学院的应用数学,都继承了英国应用数学的传统,也就是以科学为主体,而用数学来探讨解决科学问题;是超越数学的。这是牛顿以来一贯的传统。"[1]

早在回国以前,林家翘就和国外一些权威专家就生物学今后的发展进行了深入探讨,并经过了深思熟虑,确认生物学在新的世纪将有一个大发展的战略性判断是正确的。现在生物学和数学的关系远不够密切,所应该做的就是推动数学应用到生物学领域。为此,林家翘在清华大学为数学用于生物学的研究发展而大声疾呼。

2001年4月,适逢清华大学九十周年校庆。27日上午,作为校庆活动的一部分,几位著名科学家分别就自己的专业领域发表演讲,其中林家翘应邀就数学发展的新趋势作了报告。报告会受到了年轻学子们极大的关注,早上五点钟就已经有人在理学院报告厅门口排队等候了。报告会举行中,学生和老师们把有数百座位的大厅挤得水泄不通,许多人站在走道上甚至窗台上,还有近百位同学冒雨打着伞围在门外和窗下听完了报告。

"生物学一向是缺乏理论根据的。"面对着一张张充满朝气渴望知识的年轻面庞,林家翘精神矍铄,声音洪亮,一针见血地指出了生物学研究中的问题。他介绍了美国当下以数学为工具开展生物学研究的蓬勃情况,具体地指出数学家与生物学家的合作,"首先是拓扑问题,主要是 theory of knots(纽结理论)。因为蛋白质分子长链中一部分是 DNA,一部分是基因。如果有一个 biochemical reaction(生化反应),拿一个 enzyme(酶)一碰,两个结的地方就会 reconnection(重新链接)。这样一改,整个链的性质就改了。所以一个微细的改动,可以有一个重要的结果。"林家翘再一次用牛顿发现万有引力的例子,阐述应用数学的方法和它在科学研究中的重要意义。他还指出,"生物学有许多经验性的资料,第一步,数学和生物学发生关系就是处理数据,把它弄得最简单。然后,对这些简单的整理过的数据进行数学处理,归纳成大的原则,叫做后基因信息学(post-genome informatics)。"他用

---

[1] 谢定裕:我所认识和知道的林家翘先生,《力学与实践》,2016 第 38 卷。

星系研究的经历说明,"我们用分析方法的人总觉得计算方法不是最好的方法,因为计算方法是用个别的数据,不能说明最后可以成为一个一般的原则。这两个做法相辅相成,可以共用。"他提出,比照哈勃的星系分类系统(Hubble classification of galaxies),生物学研究"要做出一个 classification system(分类系统)"。"在物理、化学和生物学三个 science(科学)方面,只有生物学还缺乏数学分析,没有一个演绎系统。最热门的事情是如何发展出来一个演绎系统。这个演绎系统就叫做 bioinformatics(生物信息学)。"他满怀希望地说,"这是一个新的发展方向,是很有前途的发展。大家都在起步,中国人可以做得更好。有了这方面的发展,就可以了解生命的来源,就可以发展医药,就可以用来治病,……"[1] 林家翘还回答了同学们的问题。这种漫谈式的讲话,大受年轻人的欢迎。

一年多以后的 2002 年 8 月 27 日,在周培源应用数学研究中心成立典礼的三天前,初回清华的林家翘作了关于应用数学拓展到生物学研究,特别是蛋白质结构研究的学术报告。经过整理和充实,这篇报告在第二年五月一期的《力学进展》上发表,题为"应用数学的拓展——用一篇关于蛋白质分子的结构和功能的动理论发展的论文来说明"(图 6-6)。文章系统地阐述了他的应用数学理念及其用于生物学研究的观点,阐述了蛋白质结构折叠的数理基础,强调如何将耗散系统中的动力学原理用于

图 6-6　林家翘发表的关于蛋白质结构的论文(中文版)首页,2003 年

研究蛋白质分子的结构和功能。在这些研究中,传统统计物理学的概念和方

---

[1] 林家翘:数学的几种新发展(在清华大学 90 周年校庆活动时的讲演),清华大学理学院报告厅,2001/4/27。

法可以用来成功地建立与经验数据相对应的假设及理论。[1] 后来他在清华进行蛋白质折叠研究及指导研究生的工作思路，皆肇始于此。这也是林家翘回到清华后唯一正式发表的论文。

蛋白质是一切生命活动的物质基础。蛋白质的功能取决于其立体的三维结构。蛋白质获得其功能性结构和构象的物理过程称为蛋白质折叠。但如何确定蛋白质的空间结构却是生物学中的巨大挑战。1972年，诺贝尔化学奖得主、美国生物化学家克里斯蒂安·安芬森（Christian Boehmer Anfinsen，1916—1995年）猜测，蛋白质的氨基酸序列应该可以完全决定其空间结构。但是，现在地球上已知的蛋白质大约有两亿种，每一种蛋白质都有独特的空间结构。一个典型的蛋白质或许有 10^{300} 种可能的构型。如果直接计算蛋白质所有可能的结构，其所需的时间可能比宇宙形成的时间都要长。蛋白质折叠不仅是一个热力学的过程，同时也是一个动力学问题。这个问题一直困扰着科学家们。确定蛋白质的空间结构是生物学中的巨大挑战。蛋白质折叠问题被列为"21世纪的生物物理学"的重要课题，是分子生物学中心法则长期没有解决的重大生物学问题。实际上，许多疾病都涉及到蛋白质折叠问题，如阿尔兹海默症（Alzheimer's）、疯牛病（Mad Cow，BSE）、肌萎缩性脊髓侧索硬化症（ALS）、帕金森氏症（Parkinson's）等。它们正是由于一些细胞内的重要蛋白质发生突变，导致蛋白质聚沉或错误折叠而造成的。因此，深入了解蛋白质折叠与错误折叠的关系，对于这些疾病的致病机制的阐明以及寻找相应的治疗方法将大有帮助。探索蛋白质结构折叠的奥秘是二十一世纪世界生命科学领域的重大研究课题。

蛋白质结构和神经科学是林家翘为清华大学的应用数学研究所确定的具体方向（图6-7）。"他说，这两方面的理论还很粗糙，正待发展。国外的研究也还在起步阶段，我们应现在就开始投入其中。否则十年十五年以后，又只有跟在人家后面，做一些枝节的问题。"[2] 林家翘设想，如果国内一些条件

---

[1] 林家翘：应用数学的拓展—用一篇关于蛋白质分子的结构和功能的动理论发展的论文来说明，《力学进展》，第33卷第2期，2003/5/25。

[2] 谢定裕：我所认识和知道的林家翘先生，《力学与实践》，2016第38卷。

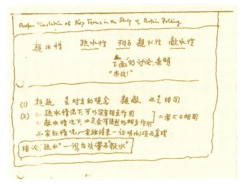

图6-7 林家翘有关蛋白质研究的笔记（洪柳提供）

比较好的大学都发展应用数学，学校增加到十所左右，就能形成一个比较好的研究环境。林家翘希望的是，要让中国的生物学研究走在世界的前列。

2004年，清华大学物理系组织"与大师面对面"系列活动。9月23日下午，"著名数学家林家翘先生谈为人为学"报告会在主楼接待厅举行。林家翘在报告会上与二百多位同学漫谈自己的个人经历和在学术研究、教育和学习等方面的感悟。如同以往一样，他再一次澄清应用数学与纯数学的不同概念和它们之间的关系，也再一次阐述数学用于生物学研究的大好前程。他勉励同学们，"入清华不易，出清华更难。"要利用在清华学习的这些年做出成绩，不论是做什么学问。科学家们之成功，不仅缘于渊博的学识，也缘于坚毅的品格。

2. 人才难得

林家翘回归清华园和周培源应用数学研究中心的成立，曾受到许多人的关注，热闹一时。牌子挂出去了，架子搭起来了，具体的研究工作当然需要认真和踏实的努力。他发现，现实中遇到的种种问题是他在回国前根本没有想到的，而首先的难题就是人才。

"我找不到人！""人才难得！""找合适的人太难了！"这是回到清华以后的林家翘常常说的话。即使是在公开的电视采访中，他也直言不讳："很难找到合适的学生做应用数学。这么多学生所受的教育与应用数学不合。关键是学的不够广啊！"[1]

确实，在科学研究中，相应的专业人才是极为重要的，甚至是头等重要的。应用数学中心需要的是跨界的人才。具体来说，就是既要懂生物学，也

---

[1] 曲向东采访林家翘，中央电视台CCTV《大家》节目，2005，https://www.youtube.com/watch?v=nFo6jSh3cKs。

要懂数学，而这样的人才却非常难得。从国外引进很困难，人家也在抢人才。短期和兼职的学者前来讲学并不能解决长期研究的根本问题。因此，必须靠自己来培养年轻学者，以解决人才短缺的问题。另一方面，林家翘对人才的选择非常严格。他要求研究人员不仅要在生物学和数学上都有一定的造诣，而且需要有比较广博的科学知识，对所研究的领域有全面的了解，能承担一个系统完整的工作，还要具有足够的英文水平，在用英文撰写论文和口语上可以与国外同行进行无障碍交流。

人才难得，在国外如此，在国内更是如此。除了由于林家翘遴选人才标准很高之外，他也一再提到了国内大学培养人才的跨学科教育问题。"清华的课程设置是每一个系决定（学生）要学什么，而国外不是（这样）的。MIT 一年级和二年级有全校必修课，四门基础课，数、理、化、生，每样学一年。""国内学生有好的，但要赶上这个时代，他所受的教育就不够了。专业活动性太小，专业空间小，每个专业分得太细，结果一个很窄的东西，他知道的比国外也许还多，但他对学问的整个了解就不够了。"[1]林家翘在美国时就听说当年苏联光是工程类就分为 404 科，他觉得很奇怪，认为工程类分 40 个专业就足够了。中国的大学分科太细，与 20 世纪 50 年代学习苏联不无关系。中国科学院院士朱邦芬教授对这种情况也有反思："它虽然缓解了当时的技术人才短缺，但这种高度一统化的教育模式有明显的缺点，把培养人才当作流水线上的生产产品，用技能训练替代现代教育模式，使高校的专业变得相当狭窄，学生的知识结构单一，影响了学科间的交叉，也阻断了培养大师级人才的可能性，对 20 世纪后半期中国的高等教育和社会进步产生了不利影响。"[2]

著名历史学家、清华大学教授李学勤曾经指出，"学科不断分细已经达到条分缕析的程度"，"实际上，所有大大小小的领域，都是从人类认识世

---

[1] 曲向东采访林家翘，中央电视台 CCTV《大家》节目，2005，https://www.youtube.com/watch?v=nFo6jSh3cKs。

[2] 钱炜：百年清华殊途同归 建设中国任重道远，《清华校友总会》网，2011/4/14，https://www.tsinghua.org.cn/info/1952/17565.htm。

界的知识整体中划分出来的，因而互相之间必然存在种种关系。有的相关领域，彼此的边界是重叠的；有的相关领域边界之间还留有'隙地'。学科分得越细，学科领域间的关系便越复杂，就会有更多的疑难需要不同的学科领域来协同解决。而这种协同，有时会造成新的学科领域，交叉学科就这样构成了。"[1]

林家翘说，分科太细，并不利于人才的培养。他比较中美两国的教育，认为美国的教育重视博大，而中国的教育注重精深，不够博大。[2] 林家翘一贯主张对学生进行通才教育或称通识教育，这是他青年时代在清华大学和西南联大学习和工作时就接受了的教育理念。这种理念使得他在自己一生的科学实践中获益匪浅。因此，他始终认为应该鼓励学生拓宽知识面，博大精深，融会贯通。只有学得"博大"，有了较为宽泛的基础，才有可能做好"精深"。

在当年清华大学周培源应用数学研究中心的官网上，人们可以看到这样的话语："我们热烈欢迎数学系、生物系、化学系的毕业生来我中心攻读博士学位。""希望有生物学和化学知识背景的人加入我们中心的研究工作中来。"但是，许多人在看到应用数学这块牌子和这样的欢迎与希望的词语后，却走开了。的确，一个挂着数学牌子的单位，却希望生物或化学背景的人来加入，这不是很奇怪吗？按林家翘的说法，原因在于有些人"认为这是教计算方法的，成不了科学家，认为这不是方向。"[3] 这显然又涉及了应用数学的理念问题。林家翘说，"国内对应用数学根本就看歪了，觉得这是一个服务性的学问。上月球算轨道，是实用数学问题，不是应用数学问题。这是观念的错误，观念的误解。我在国内发现的一个最大障碍就是这个。"[4] 已经多次了，林家翘不得不在不同场合一再纠正把应用数学等同于实用数学的错误观念。显然，人才难得的原因，不仅仅是大学分科过细所引起的学生专业空间

---

[1] 李学勤：交叉学科与文科的发展，载《科学中国人》。
[2] 林家翘在中国科技馆的演讲，2007/9/10，中央电视台《大家》节目。
[3] 曲向东采访林家翘，中央电视台CCTV《大家》节目，2005，https://www.youtube.com/watch?v=nFo6jSh3cKs。
[4] 同上。

太小且知识面太窄，还有的原因是普遍存在的对应用数学基本概念的误解。

回想在 1960 年，当林家翘在麻省理工学院开始他的星系结构研究时，他也有难以找到同时具有数学和天体物理学背景的跨学科人才的苦恼，甚至当时他本人也只是一位天文物理的初学者。但是，他并没有因此知难而退。除了自己努力学习天文学知识以外，他还挑选了一些有应用数学和流体力学背景的年轻人进行培养，在工作的实践中缔造出了一支研究星系结构的队伍，而且在事实上造就了多位卓有成就的天体物理学家。这个成功的经验给了林家翘莫大的启发。他希望能够比照四十多年前在麻省理工学院的做法，在清华的研究实践中培养应用数学与生物学的跨界人才。林家翘再一次开始了他寻找和培养人才的历程。

洪柳是 2004 年到周培源应用数学研究中心攻读博士学位的年轻学生。2000 年，洪柳入学北京大学，四年后获得计算机科学与技术及数学与应用数学双学位。同时，他在北大还选修了生物学课程。正是这样的教育背景，使他得以进入应用数学研究中心，在林家翘的指导下攻读博士学位。与中心的研究方向一致，洪柳学习和研究的领域是蛋白质折叠机理，以及错误折叠所引起的蛋白质淀粉样纤维聚集过程。此外还有与重要生命现象相关的复杂化学反应网络的数学分析和简化，以及基于非平衡态物理学的复杂流体的数学建模等。

对于跟随名师学习和工作的感受，洪柳用四个字来形容："诚惶诚恐"。在他的眼里，林家翘是一位严师。"他要求我每个星期都要写报告，报告我的学习和工作情况。这对我是个很大的负担，几年里写了几百个报告。"[1] 林家翘认为，从这些报告里可以看到研究的进展，是不是做了东西。在开始的那几年，每星期二、四，林家翘都要亲自到研究中心参加会议，了解课题研究进展，和大家探讨并提出意见。遇到一些感兴趣的学术问题，他会神采奕奕，兴趣盎然，声音也会提高，就像年轻人一样。有人建议为照顾林家翘的身体，研究人员可以到他的家里去讨论学术问题。但林家翘婉拒了，认为还

---

[1] 洪柳采访文字记录稿，2014/1/18，清华大学科学馆。

图6-8 林家翘在清华讲授蛋白质折叠，2004年10月21日（（引自"林家翘先生学术暨座谈会"展览，清华大学周培源应用数学研究中心、清华大学图书馆主办，2013年6月）

是自己到中心来好，这样可以节省大家的时间。后来因年事已高，特别是2006年发现患有疝气后，医生建议他少走路，遂改为至少每周一次到中心工作。2007年，应用数学研究中心从生物馆旁的荷二楼搬到了科学馆，林家翘从家里去中心就更近了一些。无论刮风下雨，人们常常能看到林家翘坐在他的轮椅上，准时出现在科学馆的走廊里（图6-8）。

仿照美国大学里的做法，研究中心定期举办 lab meeting（实验讨论会），中心的所有师生都要参加。在会上，研究人员包括研究生在内轮流报告自己最新的研究进展情况，进行讨论交流。洪柳记得，有一次他在会上报告自己的工作，把蛋白质折叠的问题和高分子研究进行类比，认为可以采用高分子类型的研究，平行地移过来。洪柳自认为这很新颖，不料他还没有讲完，就被林家翘打断了。"没有新意！这些我都完全听过。这是在浪费我的时间！""Totally nonsense（完全是废话）！"他当时很生气，毫不留情地提出了批评。生活中温文尔雅的林家翘，在学术问题上却毫无通融的余地。他要求在所涉及的研究领域中，必须有创新，有自己新的想法和进展，而不是重复以前讲过的，也不能跟在别人后面人云亦云。这个所谓别人包括国内的和国外的。这就对研究者提出了很高的要求。洪柳说，在学术讨论中，所引用的论点论据，都要列明出处，马虎不得。空口说白话在他那里是通不过的。不论是对学生还是教授，林先生总是直截了当地表达他的意见，坚持他的观点，毫不客气。[1] 这使人想起林家翘的另一位学生徐遐生的回忆。当年他在麻省理工学院的时候，遇到什么问题，林家翘不会让他随便马马虎虎就混过去。林家翘会盯着他在黑板上写下来，清楚说明理由。写文章也不能随便乱写。那时没有电脑，林家翘要求每一个论文的引述，一定要到图书馆里去查

[1] 洪柳采访文字记录稿，2014/1/18，清华大学科学馆。

清楚，甚至要查清引述的页数是不是对的。徐遐生说林家翘对什么都要求完美，诚信的标准很高。

林家翘重视论文的质量，认为论文不能轻易发表，事先可以让自己的同事先看看，甚至进行讨论，力求避免所有可能的错误。"Quality is above quantity"（质量重于数量）。洪柳说他有好几篇论文是在林先生指导下完成的，其中有的文章林先生的贡献占到三分之一。甚至林先生还帮他修改论文，改英文。但林先生并不在论文上署名，因为他认为自己在其中的贡献没有达到合作者的程度。林家翘把指导学生当作是他那时的主要工作，他后来再没有自己独立完成的项目。

对于林家翘帮助学生修改论文，想必研究中心的其他学生也有类似的回忆。在清华大学建校110周年的纪念展览上，有一篇林家翘帮助修改过的博士后出站论文。除了在文章上留下修改的字句之外，林家翘还另外贴了一张纸条，亲笔写道："标点符号，是否有法改善？改后或可便于阅读？"在纸条的最后，他补充写道："恐怕以上建议尚有不足之处"（图6-9）。作为一位九十高龄享誉世界的大师，不辞辛苦字斟句酌地帮助一位晚辈修改文章，还写下了这样的文字，岂非令人发出由衷的感叹！

图6-9　林家翘批改学生论文后留下的便条（引自清华大学110周年校庆展览：清华映像，2021年4月15日）

2009年，洪柳的博士论文"水溶液中球状蛋白质折叠的统计模型"通过了答辩。获得博士学位以后，他在清华生物系做了两年博士后。在攻读博士和博士后期间，洪柳在复杂流体数学建模、蛋白质聚集及抑制、蛋白质结构及动力学方面发表了多篇学术论文。这期间，在林家翘的鼓励和支持下，洪柳到美国密歇根大学安阿堡分校（University of Michigan，Ann Arbor）计算医学与生物信息学中心做了一年的访问学者。返回清华后，他成为了应用数学研究中心的副研究员。

比洪柳晚一年，孙卫涛在 2005 年 7 月作为助理研究员来到应用数学研究中心。他的主要学术背景是工程力学，此外还曾在清华大学的高性能计算研究所做了两年博士后。孙卫涛的力学背景和对探寻蛋白质世界力学奥妙的强烈兴趣使得他得以加入中心的研究工作，并且在蛋白质结构动力学研究领域收获了一系列研究成果，展示出交叉学科研究的生命力与前景。并无生物学背景的孙卫涛用"谦谦君子，温润如玉"来形容自己的导师。他写道，那时候自己面前的"生物学简直就是一座笼罩在浓雾之中的大山，然而林先生提出的蛋白质折叠随机过程和统计热力学方法，让我眼前一亮，仿佛透过迷雾看到了一条蜿蜒崎岖的小径，通向遥远的山顶。我下决心从头学起，通过数学、物理和力学理论方法探寻蛋白质折叠这个自然问题的解答。"[1] 这种跨学科的结合也正是应用数学的魔力所在。他还写道，林家翘"认为蛋白质具有不同尺度的结构，能量在不同尺度之间传递分布的规律与湍流涡旋的'能量级串'（energy cascade）有异曲同工之妙，更为重要的是，蛋白质折叠和湍流现象都是随机过程。自然界不同现象背后往往受相同规律支配，发现这个统一的规律，这是科学家梦寐以求的目标。"[2]（图 6-10）孙卫涛回忆起林家翘对研究工作的严谨与认真："我们跟林先生一起讨论蛋白质结构的基础文献，他把自己的文稿发给大家，共同逐段阅读文献，讨论细节。他的那本文献上写满了英文笔记，重要段落下面都用记号笔画上下划线，并在重要页面贴着粘贴笔记纸。我最感慨的是每次讨论他都直接要大家打开某一页，阅读某一段的某一句，他甚至知道这句话在这一页的哪个位置。讲到精妙之处，林先生总会引经据典、旁征博引，引导我们窥得科学的精髓。"要知道，这是一位九十岁的老人在指导大家的研究。"林先生常常会参加中心学生的学术报告，常年坚持不懈，即使是他后来行动不便时，依然经常坐着轮椅来中心小会议室参加报告会。跟林先生一起听报告会最大的好处就是你不用担心听不懂报告内容。一般人的经验是，学术水平越高的报告越听不懂，甚至

---

[1] 孙卫涛：谦谦君子，温润如玉——追忆在林家翘先生身边的日子，孙卫涛科学网博客，2013/1/14, https://blog.sciencenet.cn/blog-95086-653075.html。
[2] 同上。

有部分报告人以内容艰深晦涩为水平高的象征。但是跟林先生听报告却让我了解到了什么是真正学术大师的交流风格,那就是我们常说的'深入浅出',甚至是入门学者都可以毫不费力的听懂。"[1]对于学生们的学术报告,林家翘听得十分仔细。"如果报告过程中存在疑点和疏漏,林先生就会马上说:'那里不太清楚,你可不可以再解释一下?'在林先生看来,报告的逻辑和条理是十分重要的,过于注重细节就会陷于混乱不清的'困局'。在我跟随林先生参加多次报告后,我暗暗检讨自己的学术报告,许多以往被掩盖的缺点或问题跃然纸上,我既感到惭愧,也为自己在无形之中提高了学术素养而欣喜。"[2]对于孙卫涛撰写的学术论文,林家翘会认真仔细地和他讨论,甚至亲自动笔修改论文段落,还要求他认真修改英文摘要。这种几乎是手把手地引导,使得他"从一个懵懂无知的门外汉,一步一步接近了蛋白质结构折叠理论的殿堂。"[3]孙卫涛写道,他逐渐悟到了一个道理,即"必须对自己诚实,不能欺骗自己"的诚实精神,在科学研究上要做到严谨负责。他坦承,能在林先生身边和研究,令他少走了很多弯路。

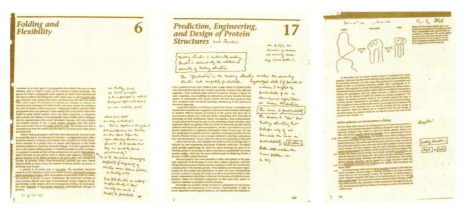

图 6-10　耄耋之年的林家翘在 Carl Branden 和 John Tooze 所著《蛋白质结构导论》(*Introduction to Protein Structure*)一书上所做的部分批注,2007 年(洪柳提供)

应用数学研究中心成立后,曾在北京航空航天大学先后获得应用数学硕

---

[1] 孙卫涛:谦谦君子,温润如玉——追忆在林家翘先生身边的日子,孙卫涛科学网博客,2013/1/14, https://blog.sciencenet.cn/blog-95086-653075.html。

[2] 同上。

[3] 同上。

士和力学博士学位的雷锦志,是最早到来的研究人员之一。他在大学时代就曾读过林家翘的专著《自然科学中确定性问题的应用数学》,令他"耳目一新",第一次从书上认识了林先生,"认定了这本书上所倡导的应用数学正是自己所喜欢和希望从事的研究工作"。[1] 后来,他在清华听到了林家翘关于生物学将是 21 世纪应用数学的重要研究领域的学术报告,受到很大的影响,对生物学开始感兴趣。2003 年,雷锦志已经在清华大学数学科学院做了两年博士后,适逢周培源应用数学研究中心成立不久并招聘研究人员,雷锦志决心走应用数学和生物学相结合的道路。通过面试,他应聘到中心担任助理研究员。雷锦志回忆,"在和林先生讨论的过程中,我总喜欢从方程入手介绍问题。林先生对此很不满意。他不喜欢在讨论问题的时候一开始就写一些方程和数学公式。相反,每次他都要求先把所研究问题的物理图景(physical picture)介绍清楚,然后才讲和该物理问题相关的数学问题。如果写出了数学的方程,则需要对方程中每一项的物理含义有清楚的认识,有如青葱拌豆腐。因为受此影响,我每次和林先生讨论问题之前,都需要把相关问题的物理背景了解清楚,这样也就强迫我深入学习相关的背景知识。林先生强调做应用数学研究要有渗透精神,要渗透到自己所研究具体问题中,深入了解该问题的实质内容,绝对不能在自己不甚了解的情况下去研究所谓的数学模型。"[2] 林家翘严谨的治学态度给雷锦志留下深刻印象,认为影响他的一生

图6-11　95 岁的林家翘在办公室,2011 年 6 月 28 日(引自"林家翘先生学术暨座谈会"展览,清华大学周培源应用数学研究中心、清华大学图书馆主办,2013 年 6 月)

---

[1] 雷锦志:追忆林家翘先生:纯粹的科学家,雷锦志科学网博客,2013/1/22,http://blog.sciencenet.cn/home.php?mod=space&uid=267716&do=blog&id=655483。
[2] 同上。

（图 6-11）。他说，林家翘的"办公室里有一本很厚的朗文英文字典，在交谈的过程中他经常为了弄清楚一个词的确切含义而翻起字典来。他为了向我解释科学的含义，特意让我从字典找出 science 这个词，然后逐一细读其解释，还给我解释'科学'与'技术'的区别。"[1]雷锦志称他的科研分为两个阶段，进入中心以前是数学，进入中心后是生物学。因为种种原因，雷锦志的研究工作"慢慢转向了计算系统生物学方面的研究方向，对蛋白质折叠问题虽不敢放弃，但是时间和精力却逐渐减少了。"他对此感到"很惭愧"。[2]

九十四岁那年，林家翘给青年学生们题词："研究自然科学是没有终点的，可以作为一生的目标，及一生的业事。"[3]业事（《国语·鲁语上》）就是事业的意思。林家翘以此来鼓励年轻的科学工作者们为科学事业作终生的努力。

那些年，陆陆续续有几位富有朝气的学生和研究人员进入研究中心学习和工作。虽然如此，林家翘却一直认为不够，人太少。缺少足够合适人才的问题始终没有得到令人满意的解决。

除了不断地寻找合适的人才以外，研究中心也时常邀请有关专家学者前来访问，进行学术交流。例如，清华大学校友、麻省理工学院应用数学博士杨建科在担任美国佛蒙特大学（University of Vermont）应用数学教授期间，作为讲席教授组的成员应邀到中心作了半年的研究访问。湍流与复杂系统国家重点实验室主任、北京大学教授佘振苏在应用数学、流体力学和生物信息学等领域均有很高的造诣。他曾担任周培源应用数学研究中心学术委员会主任，以己之长助力中心的研究工作。统计物理学家、美国麻省理工学院物理系教授黄克孙（Kerson Huang）曾多次应邀到中心访问和讲学。他与研究人员和学生密切合作，在蛋白质折叠的统计力学原理研究方面取得了可喜的成绩。黄克孙从统计物理的角度给大家讲授蛋白质结构理论，其讲稿"统计物

---

[1] 雷锦志：追忆林家翘先生：纯粹的科学家，雷锦志科学网博客，2013/1/22，http://blog.sciencenet.cn/home.php?mod=space&uid=267716&do=blog&id=655483。
[2] 同上。
[3] 戴世强：向林家翘先生学习什么？，戴世强科学网博客，2013/1/26，https://blog.sciencenet.cn/blog-330732-656659.html。

理与蛋白质折叠讲座"（"Lectures on Statistical Physics and Protein Folding"）后来出版，成为这一领域的重要教材。

甫回清华的林家翘，似有些"水土不服"。他长期在国外工作生活，面对国内的一些行事方法以及东方式的思维与交流方式，他一时也难以适应。

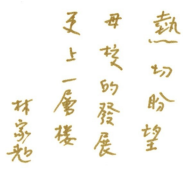

图6-12　林家翘手迹（引自"林家翘先生学术暨座谈会"展览，清华大学周培源应用数学研究中心、清华大学图书馆主办，2013年6月）

林夫人梁守瀛的侄子梁珪宣回忆，林家翘初回国内定居时，对听到和看到的一些事情难于理解，感到困惑，诸如当时的教育改革问题，科研中存在的某些论文抄袭或作假、拜金主义、学位造假，等等。他非常赞同把清华建成一流大学（图6-12），但他认为自己并非校长出身，没有管理学校的经验，出不了什么主意。即使出了什么主意，也不一定有用，对帮助建成一流大学未见得有所帮助。作为一个埋头做学问的应用数学家，此事确实非他所长，但却使他一度感到为难。[1]

林家翘认为大学的主要职责是培养人才，从事教学和科学研究。诚然，大学也要帮助政府和社会完成一些重要的和急需的项目，但那不应该是大学的主要工作。他说，麻省理工学院也有这样的工作，比如他们有个林肯实验室（MIT Lincoln Laboratory），和政府有项目合同，也有教授作为顾问在内工作，每星期不多于一天。但那并非学校的主要部门和主要工作，并且和学校的教学与科研分开。他觉得学校还是应该以教学和科研为主。[2]

作为中心的名誉主任，林家翘把精力和时间集中于学术研究。诸如把握学术研究的方向、具体科研内容的讨论、招聘人员的专业面试、博士生的辅导等，他都尽量亲力亲为。作为研究中心的主任，谢定裕主要负责行政管理

---

[1]　梁珪宣电话采访记录稿，2014年1月26日。
[2]　林家翘采访录像或文字记录稿：2001年3月18日、4月1日，2002年4月4日、12日、19日、26日，2003年5月3日。

方面的工作。[1]

数学用于生物学属于基础科学研究，不能指望出了成果立刻就可以有实际的应用并产生价值。应用数学研究中心并无正规的经费支持。林家翘把自己每年一百万的年薪全部捐出来，用于中心的运转。2007年，他和夫人把在美国数十年的个人积蓄近六十万美元，悉数捐给清华大学教育基金会，设立了"林家翘、梁守瀛学术研究基金"。

三、清华园生活

1. 恬淡家居

为了迎接林家翘归来定居，清华大学郑燕康副校长和高等研究中心的廖沐真教授等花费了不少时间和精力，做了许多具体的安排，使得林家翘能够顺利回到清华生活并开展工作。

2003年夏天"非典"过后，回国一年的林家翘夫妇从临时居所九公寓搬入了清华园的胜因院新居。

胜因院位于清华大学校园的西南区域，熙春路的南端。这里原是清华大学教职员集中居住的几个住宅区之一。抗战结束后，清华师生自昆明回迁返校，教师队伍扩大，安排教授的居所成为问题。于是校方自1946年开始在清华园中择地建造教授新居，并于1947年9月完工，共建砖木结构房屋四十套。这之后在胜因院又陆续增建住宅十四套，称"十四所"。取名"胜因院"源于中文系教授朱自清的提议，一因清华在西南联大期间曾租用昆明胜因寺的房舍，二因房屋系抗战胜利后不久所建，故以纪念而名。先后在胜因院居住的清华教授有一系列闪光的名字，如刘仙洲、费孝通、金岳霖、陶葆楷、张维和陆士嘉、梁思成和林徽因、段学复、施嘉炀，等等。

2002年春夏开始，学校在胜因院东侧陆续建造了三栋专家公寓，均为二层小楼。杨振宁在2002年6月首先入住其中之一，后来迁入的分别是林

---

[1] 蒲以康采访或电话采访记录稿，2014年1月18日、1月26日、1月27日、2020年1月14日、3月28日、2021年9月24日，清华大学科学馆、清华大学工程物理系。

家翘和图灵奖获得者、美国归来的计算机专家姚期智。

绿树掩映中的三栋乳白色住宅毗邻而居，各自绕以同样色调的围墙。房子线条平直简单，外立面几无任何额外装饰，简约、朴素、低调，透着几分幽静。走进林家翘家的小院，几丛修竹倚墙而立，竹影婆娑。进得室内，首先是客厅。靠墙是一套淡米色的沙发，配以茶几和台灯。墙上挂着艾拉湖（lake Ella）早春的照片，那是当年林家翘的塔拉哈西寓所附近的景色。客厅往里是一张圆桌，四把椅子，可供待客或餐食，旁边则是一个玻璃柜，摆放了一些传统小工艺品。除此而外，几乎没有什么多余的家具和物件。客厅一侧的落地大玻璃窗惹人注目，这使得室内采光极佳，通体透亮。客厅的另一侧是走廊，向左转便是书房。书房里倒是很"热闹"，桌子上满是书报资料文件，此外还有台灯、计算机、打印机、文件柜等等。可以看得出，这里住着一位勤奋的主人。二楼是卧室，有电梯相通，方便老人上下楼。电梯大约是这栋房子里唯一与普通住宅的不同之处。此外，林家翘还受到了副部级的待遇，学校为他安排秘书，还配备了专车。

图6-13　林家翘和夫人梁守瀛在清华园家中（原周培源应用数学研究中心提供）

"一切景语皆情语"（王国维《人间词话删稿》）。有人把这三栋专家公寓叫做"大师别墅"。林家翘对此也有所耳闻。他说，在国内，"到哪儿去，都招待得很好。所谓大师别墅，对我们是很大的压力。"他觉得，清华给他这么好的房子住，不做出点事情来，对不起学校的照顾（图6-13）。[1]

林家翘的儿子不幸早夭，女儿远在美国工作和生活，一般情况下只有趁假期到北京看望二老。他们夫妇在清华的生活中最为倚重的亲属是蒲以康。林夫人梁守瀛的母亲和蒲以康的祖母是亲姊妹，一位行七，一位行五，年龄

---

[1] 林家翘采访录像或文字记录稿：2001年3月18日、4月1日，2002年4月4日、12日、19日、26日，2003年5月3日。

差两三岁。因为这一层关系，作为晚辈，蒲以康对林家翘夫妇照顾有加。其实早在20世纪80年代蒲以康在美国留学时，他就常常到林家翘家看望老人，帮助照顾他们的日常生活。蒲以康从中国科技大学毕业后，参加李政道组织的中美联合培养物理类研究生计划（China-U.S. Physics Examination and Application，CUSPEA），于1989年获得麻省理工学院博士学位。林家翘积极鼓励他学成之后回国发展，并主动为他写推荐信。蒲以康在1994年回国后，在北京理工大学应用物理系任教授。时任清华大学副校长的梁尤能力主把蒲以康调到清华任教。1999年，蒲以康调到清华大学工作。他从2002年9月起任工程物理系教授、博士生导师，致力于低温等离子体与材料表面相互作用与应用、放电参数调节和控制、半导体芯片加工工艺和设备等的研究工作。廖沐真认为，蒲以康回国就如同是林家翘的先遣队。同在清华园，蒲以康经常来看望两位老人，而林家翘夫妇也非常信赖蒲以康，把他当作自己的亲儿子看待，日常生活的许多事情都和他商量，托付他办理。这种亲情给林家翘夫妇的晚年生活带来了莫大的愉悦和慰藉。

林家翘回到清华园定居后，校方考虑到他们夫妇年事已高，特地请了两位保姆来照顾二老的生活，却一度遭到了林家翘的拒绝。这也难怪，他在美国生活了几十年，直到八十六岁回国前，家里从来都没有请过保姆。日常生活琐事，从做饭到打扫到外出购物，都是亲自动手。当然，夫人承担了其中的大部分。请保姆来家里照顾，他确实一时难以适应。不过后来的事实证明，这还是很有必要的。家凤和小周两位，一个人负责做饭，一个人负责家中的环境卫生等杂事，工作认真。老人饮食尚清淡，保姆做的家常饭菜使他十分满意。林家翘回到清华的时候，走路已经不能大步迈开双腿，只能以小碎步前行。他在2006年九十岁患有疝气以后，由于行动不便，就开始使用轮椅代步了。林夫人的情况类似，腿脚不便，也是使用轮椅进出。幸亏有保姆的照顾，使得他们平时的饮食起居都能够保持正常。

林家翘的家里接待过不少前来探访的亲朋故旧。他们当中既有在京的亲属，也有远近的专家学者，既有各级领导，也有研究中心的老师和学生。林夫人的兄长梁守槃院士多次到访，家中每每充满着浓浓的亲情。郭永怀夫人

图 6-14 郭永怀夫人李佩（中）在清华园探望林家翘夫妇

李佩往往在春节时到清华园登门看望林家翘夫妇，和老友叙旧（图 6-14）。清华校友总会的老师们曾不只一次前来探望林家翘老学长。林家翘对当年在清华的学习和生活记忆犹新，有一次甚至还情不自禁地吟诵起老清华校歌："西山苍苍，东海茫茫，吾校庄严，巍然中央。东西文化，荟萃一堂，大同爱济，祖国以光。……"1923 年，清华高等科国文教员汪鸾翔先生写下了这首让一代又一代清华学子难以忘怀的校歌。

图 6-15 徐遐生授予林家翘新竹清华大学名誉博士学位，2005 年（清华大学新闻中心）

2005 年，台湾新竹清华大学授予林家翘名誉博士学位的仪式在清华园举行。时任台湾清华大学校长的徐遐生将证书双手奉献给自己的导师（图 6-15）。正如他当时所说，很难得有机会让学生给自己的导师颁发学位。

2006 年 4 月 29 日，清华物理系在大礼堂前举行了建系八十周年庆典。暮春时节，花开艳丽。物理系师生和各界人士千余人参加了盛会。林家翘和其他嘉宾在主席台上就座。八十年来，清华物理系走过了曲折的道路，人才辈出，成绩骄人。作为物理系的老系友，林家翘见证了初创时期的物理系，如今，又亲眼看到了它的巨大进步和变化。

2010 年 4 月 25 日，林家翘在工字厅东厅参加了 1937 届九级老校友的聚会。时光荏苒，七十三年过去，来聚会的老校友均已届鲐背之年，除了林家翘，还有生物化学家、核医学家王世真院士和航空材料专家彭德一教授。三人相聚，情深谊长。当年莘莘学子，如今白发苍苍。谈起清华园里那渐行渐远的点点滴滴，老同学们仍记忆犹新，感慨良多，每个人都沉浸在兴奋和激动的情绪之中。

更多的时候，林家翘在家里接待的是研究中心的师生们。他和来访的研究人员与学生们讨论工作中的各种问题。随着岁月的流逝，年事已高的林家翘去中心的次数在逐渐减少，从每周两次改为每周一次，如雷锦志所说，他"经常会叫我和同事到他家里讨论问题。因此林家的书房也就成为了我们见面最多的地方。"[1] 实际上，林家翘并没有什么特殊的业余爱好。对他来说，研究就是爱好，爱好就是研究。他的脑子围着科学研究转了几十年，从来没有停止过。

林家翘常常坐在书房里阅读各种资料，或静静地思考，或在计算机上工作。他手写的草稿，有时交给秘书录入计算机。他对于草稿的电子文档反复核对，要求字母的大小写以至标点符号都不能出错，即使文稿是为自己留存而并非给别人看。如同他的思维清晰有序一样，他总是亲自把文件资料分门别类地整理得整整齐齐，放在各种不同的文件夹里，做好标注或笔记，再放进文件柜，丝毫不乱。这是他自年轻时候起就养成的做研究工作的习惯，几十年不变。所以，他也总是需要很多文件夹。这一点，曾经让尚不了解他工作习惯的秘书和学生感到惊讶。

访客有时会在他的茶几上看到 *Newsweek*（《新闻周刊》）或 *The New York Times*（《纽约时报》）。阅读是林家翘的爱好。他不仅读专业的学术文章，也看美国的报纸杂志，还花许多时间阅读中文报刊，如《环球时报》《参考消息》《海峡评论》等。有时在报上读到他认为有用或有启发的文章，就会剪下来放进文件夹收好，常常还做好笔记，以备日后查阅。他爱读古典文学名著《三国演义》《西游记》《水浒传》等，也喜欢读人物传记。他细读《论语》一类的古文，甚至让秘书找来英文版的《论语》，逐字逐句对照，以查验翻译的准确性。他一生中多次反复研读过《论语》，认为《论语》在人的一生不同的年龄段阅读，会有不同的体验和收获。他让秘书买来中小学的数学课本，以了解青少年的数学教育情况。这已不单单是一般的阅读，还带有

---

[1] 雷锦志：追忆林家翘先生：纯粹的科学家，雷锦志科学网博客，2013/1/22，http://blog.sciencenet.cn/home.php?mod=space&uid=267716&do=blog&id=655483。

了解和研究的目的。如此古今中外广泛涉猎的阅读,按他的说法是"不挑食",可以广泛汲取精神的营养,以至于在他住院检查身体的几天里,也必定要带上书。他视书籍为他的"老朋友",一刻不可以离开。

天凉以后,林家翘在家里常常套上一件毛背心,外出时则会戴上一顶鸭舌帽。这顶帽子从美国戴到中国,几乎成了晚年林家翘的标志物。不过,好静不好动的林家翘深居简出,除了去中心指导研究工作和出席一些必要的学术活动以外,一般很少出门。当然,也有例外。他们夫妇二人有时会到附近的圆明

图 6-16　林家翘夫妇在圆明园,2007 年 6 月
(原周培源应用数学研究中心提供)

园坐坐(图 6-16),偶尔也去看场话剧。2004 年 4 月 11 日晚上,林家翘和杨振宁一起到北京师范大学新建的北国剧场,出席观看英国现代剧作家迈克尔·弗莱恩(Michael Frayn)的话剧《哥本哈根》。这是国家大剧院"戏剧精品进校园"活动的一部分。话剧的背景是 1941 年 9 月的一个雨夜,德国物理学家沃纳·海森堡(Werner Heisenberg)到哥本哈根会见丹麦物理学家尼尔斯·玻尔(Niels Henrik David Bohr)的真实故事。历史上这次短短的十几分钟会见之后,两个人不欢而散,从此绝交。当时在场的只有玻尔的夫人玛格丽特·玻尔,但事后三个人却都绝口不透露谈话内容。话剧描写了三个灵魂的会面,借用量子力学的不确定原理,探讨这次会面的多种可能性。剧情涉及量子力学、不确定性原理、量子力学的哥本哈根诠释、第二次世界大战、纳粹德国的核武器计划、曼哈顿工程等。林家翘当年因为解决了沃纳·海森堡的流体力学问题而闻名,并且曾经与沃纳·海森堡本人会面。剧中熟悉的历史人物和讨论的物理学问题使得林家翘兴趣盎然。演出结束后林家翘和杨振宁走上舞台与演员们握手,祝贺演出成功。林家翘还和大家提到周培源曾讲过的趣事:周老与海森堡比赛乒乓球,海森堡打不过他而输了球。

2009年10月7日，第六届邵逸夫奖（The Shaw Prize）颁奖典礼在香港会展中心隆重举行。这一奖项由香港影视制作人邵逸夫在2002年11月创立，用以表彰在科学学术研究上取得"对人类生活产生深远影响"的成果的科学家。这是一个重要的全球性的科学奖项，有人称之为"东方诺贝尔奖"。邵逸夫奖分数学、生命科学与医学以及天文学三个奖项，奖金一百万美元。虽然林家翘得到了那一届天文学奖候选人的提名，但最终没有获奖。徐遐生在回答记者的采访时说，得奖是"很大的荣幸""但我很清楚会获得提名的候选人都是非常非常优秀的，最后给谁，会被考虑的因素很多，有一部分是巧合（时机对了）。"[1] 林家翘对此则淡然处之。名与利对他来说都是身外之物，他以为人生最大的乐趣和精神寄托是他的学术研究，非此无他。

2. 媒体采访

一些媒体的记者听闻林家翘回到清华园，都想对他进行采访，然而却很难得到满足，因为林家翘不但忙，而且"总感觉自己没有什么可说的"。中央电视台《大家》栏目从2003年开始就联系对林家翘的采访，却一直不可得。直到两年多后的2005年，这个采访才得以实现。如他所说，"我回国后发现，应用数学的薄弱对整个科学的发展非常不利，非常不利。"[2] "他发现了国内大学的教育和科研现状存在很多致命的问题，这些促使他愿意站出来说说话"。[3] 中央电视台的曲向东主持了采访。林家翘利用这次机会再次重申应用数学的基本理念。但让人印象更为深刻的是，他对他所看到的国内大学存在的问题直率地表达了自己的看法和某些担忧。

林家翘非常强调治学态度，指出"在国外的中国学生和美国学生比，独立研究能力不好，独立性差。国外大学毕业不叫毕业，叫'始业'，commencement，就是你开始做别的事情了。"确实，麻省理工学院的毕业典礼称作"Commencement Ceremony"，不叫"Graduation Ceremony"。英文

---

[1] 刘恺俐、蔡和熹：典范的追寻，（台湾）《天文馆期刊》，第四十七期，2010/02。
[2] 刘文嘉：林家翘：大师之忧，光明日报《人物周刊》，2010/5/7。
[3] 曲向东采访林家翘，中央电视台CCTV《大家》节目，2005，https://www.youtube.com/watch?v=nFo6jSh3cKs。

单词"Commencement"有两种意思，在美国各大学及英国的剑桥大学可以用作"毕业典礼"，另一个意思是"开始"。林家翘说，"教育绝不是到这时候就划一个道，然后就停住了。古今中外对这都觉得是不对的事情。"有人"认为毕业了就不学了，这是最大的错误。"对于自己八十多岁的高龄，还在拿着大学一年级的生物学教科书学习，林家翘说，"为什么要这样？就是求知，求研究的目标。"他接着说，"一个人要做学术工作，就是要有这种求知的欲望，永远要有求知的欲望，需要的知识你就得学，不管它是哪一级。"[1]

对于清华的办学，他认为，不要说清华"要走到一流大学，就是回到旧清华就不容易。""七十年前的清华学生很少，教师有限，所以差不多是个别教授了。""人那么多，数量一大就很难，每个学生受到的注意力就小了。……其实（规模）过大是不好。""找那么多教师，招收那么多学生，你怎么维持质量啊？"林家翘的愿望是让清华大学的应用数学达到世界的最高水平，这又涉及了应用数学中心的人才问题。"我觉得我是一步一步做过去。我知道我的想象在这儿绝对不可能，因为学生跟不上来嘛！别的人也不容易请到，现在国内没有这种人才。"[2] 比起当年在麻省理工学院从无到有建立天体物理学研究团队，他在清华把数学用于生物学的研究工作似乎遇到了更多的挑战。

林家翘说他看过二月河的小说，"我体会到皇帝做事有多难。……中国人做事的方法我从这儿也可以体会一点儿。所以我不能说你们学美国就完了，要想想别人的反应怎么样。""我不愿意太尖锐，因为我自己没有办法。我不愿意说得太尖锐，我不愿意说拿这个事情做一个批评，说现在做得不对。这我不愿意说。我说的话了无新意，这个大家都知道。我小时候在《大公报》看到一句话，说社会的惰性非常之高。惰性在力学中用（到）牛顿力学里所谓的惰性。社会的惰性比自然科学的惰性还要高。"[3] 惰性定律即牛顿

---

[1] 曲向东采访林家翘，中央电视台CCTV《大家》节目，2005，https://www.youtube.com/watch?v=nFo6jSh3cKs。

[2] 同上。

[3] 同上。

第一运动定律,这是高中物理学里都讲过的。主持人说自然科学家要与这种惰性作抗争。林家翘回答说,"是的,永远是抗争,但是不能急。这句话是跟邓小平学的。""他有一次就跟我谈,急不得,急了乱了步伐,结果不会好的。他是指整个中国了,但其实这句话到处都一样。"[1]

林家翘的话说得并不客气。和四十年前他在麻省理工学院的教授会议上说"我无所谓"("I'm indifferent")相比,他的讲话表现出了少有的率直。率直的表达缘于心中的坦荡。八十八岁的高龄之下,面对国际上蛋白质结构研究的大步向前,他确实有着几多焦急,几多无奈。这种紧迫感,不知别人有没有,反正他有。回国后的林家翘,不遗余力地在各种场合反复为应用数学的真谛而大声疾呼,为蛋白质折叠的研究大声疾呼。他少了些儒家的中庸之道,多的是对母校今后如何发展的殷殷关切与期盼。正如一位记者所写,林家翘在国外生活了六十年,"在中间这六十年中,他更像是一个美国学者,而不是一个中国'知识分子'。"[2]

2007年,九十一岁的林家翘又一次出现在公众面前。这一年的9月,中国科技馆举办大师讲科普活动,邀请了包括林家翘、袁隆平、吴文俊和吴孟超等在内的七位科学大师,用了五天时间,面对渴求科学知识的大众,分别介绍各自的科学研究领域。9月10日上午,林家翘走上了科技馆的讲台,再次不知疲倦地为普及应用数学的基本理念而疾呼。在讲述了什么是应用数学以后,他指出,"应用数学的关键,最难的部分是对科学原理的了解,然后翻译成数学问题。"而这"取决于对科学问题内涵的了解。"他解释说,"应用数学与纯数学不是敌对的,而是互补的。"二者是科学研究领域的两个完全不同的学科。虽然两者相互交叉,但并不相互隶属。应用数学的核心是用数学解决经验科学的问题,而纯数学的核心是逻辑架构。这在西方数学界是得到公认的事情,但在国内,两者的概念还很模糊。实际上,国内大学现行的理科分类也难以从学科上实现这种区分。林家翘结合历史上诸多科

---

[1] 曲向东采访林家翘,中央电视台CCTV《大家》节目,2005,https://www.youtube.com/watch?v=nFo6jSh3cKs。

[2] 刘文嘉:林家翘:大师之忧,光明日报《人物周刊》,2010/5/7。

学家在科学研究实践中的例子，深入浅出地、生动地阐述了应用数学的五个步骤，并且风趣地说，"有个事情是计算机（现在）绝对不会做的，那就是把科学问题变成数学问题。（不过）也许将来可以做。"他再一次强调他以前多次说过的话，"应用数学的真谛是从自然现象出发回到自然现象，两端都是实测的结果。从旧的实际观测结果发展到一个新的推算，推算到一个新的预测。这个推测一定要用新的实验结果来验证。"在介绍了蛋白质四级结构和应用数学研究中心正在进行的蛋白质折叠研究的课题之后，林家翘强调，"而且不止了解这些结构本身，还要了解结构的形成过程，这都可以用数学方法来描述。"[1] 这次演讲随后在中央电视台的《大家》节目中播出。这也是仅有的两次林家翘通过电视向广大观众讲述应用数学。

2006年初夏，美丽的清华园里郁郁葱葱，生机勃勃。6月8日上午，第二届应用数学前沿问题国际研讨会暨林家翘教授90华诞庆祝会在主楼接待厅开幕。来自海内外的著名专家学者和朋友杨振宁、郑哲敏、侯一钊、徐遐生、Nancy Kopell、谢定裕、黄克孙、周海军、杨建科、邹振隆、佘振苏等共聚一堂，庆祝林家翘教授九十诞辰。当身着银色西装、系着淡咖啡与银色条纹领带的林家翘走入会场时，大厅里的人们纷纷起立，向这位在物理学、流体力学、天文学和生物学等领域辛勤工作了数十年的应用数学大师表达由衷的敬意。三层生日大蛋糕的顶部，是用果球组成的金色数字"90"，充满了喜庆。耄耋之年的林家翘鹤发童颜神采奕奕，在讲台上发表了热情的讲话，感谢大家对他的祝贺（图6-17，图6-18）。在两天的研讨会上，十五位科学家在诸如非线性波动力学、天文学、神经科学和蛋白质结构等不同领域发表了自己的学术研究成果。能够把这些不同领域的科学研究联系在一起的，则正是林家翘自己身体力行并积极倡导的应用数学。

---

[1] 林家翘在中国科技馆的演讲，2007/9/10，中央电视台《大家》节目。

图 6-17　林家翘在"第二届应用数学前沿问题国际研讨会"上，2006 年（清华大学新闻中心）　图 6-18　庆祝林家翘九十诞辰。左起：梁守瀛、林家翘、杨振宁，2006 年（孙卫涛摄）

岁月悠悠，人生九十。徐遐生写道："73 年前他从中国被派出，清华大学的使命之火在他身上燃烧得如此灿烂。中国几乎没有意识到这对世界科学会是怎样的礼物。"（"… so brightly did the flame burn in him of the mission of Tsinghua University for which he was sent out from China 73 years earlier. Little did China realize perhaps what a gift it would be for world science."[1]）

四、路曼曼

时间如川上逝水，不舍昼夜。

林家翘老了，真的老了。他满头银发，步履蹒跚，越来越离不开轮椅代步了。2010 年，在他九十四岁以后，周围的人也开始感觉到他的思维慢慢变得不如以前那般敏捷，虽然他还时时惦记着他的生物学研究，他的蛋白质折叠。

有时，他还会坐着轮椅去科学馆，到周培源应用数学研究中心，看看正在努力工作的研究人员和他的学生们。他说过，他的一生就像画了一个圆，从清华出发，最后又回到了清华。是的，那个圆若是有一个具体的起始点，应该就是科学馆，那座经历百年沧桑而让几代清华人都难以忘怀的三层红砖建筑。正门门楣之上，留有百年前镌刻的大字"SCIENCE BVILDING"（英

---

[1] Frank Hsia-San Shu: Chia-Chiao Lin (1916—2013), The American Astronomical Society (AAS) Web site, 2013.

图6-19 林家翘在科学馆周培源应用数学研究中心门前留影（引自"林家翘先生学术暨座谈会"展览，清华大学周培源应用数学研究中心、清华大学图书馆主办，2013年6月）

文古体拼写）和繁体的"科学"二字。门两侧一左一右，挂着近年的"周培源应用数学研究中心"和"高等研究院"的牌子（图6-19）。林家翘太熟悉那里了。十七岁进入清华，作为一个年轻的大学生，他曾经坐在科学馆的教室里上课研习，开始了他科学的一生。七十年之后，他又坐在科学馆里，指导新一代年轻人在科学的路上继续探索前行。那里有他的梦想与记忆，他的信念与艰辛，他的快乐与期望。那是完整的一个圆，完整的一生。他用一生践行着日晷汉白玉基座上镌刻的四个大字："行胜于言"。矗立在科学馆外绿色大草坪南端的日晷是清华的地标物，它彰显天地对话，指示人间时刻。

2012年10月26日凌晨，林家翘在起床如厕时不慎跌倒，头部受伤，被紧急送医。医生诊断是蛛网膜下腔出血，一种严重的脑部出血病症。医嘱要病人完全卧床静养。在理想的情况下，最快一个月颅内瘀血可以被吸收。"可是，出乎所有人的预料，他颅内的瘀血在两周内就完全消失了。一位住院期间一直陪伴林先生的亲友医生感慨地说：'这可能与老先生大脑一直在飞速转动有关。'"[1]

林家翘静静地躺在协和医院的病床上，大脑却完全没有休息。他惦记着应用数学研究中心的工作，向来院探望的人们询问中心的情况，甚至和他们讨论学术问题。有时他还请陪同人员给他读报，关心着世上所发生的大事小事。曾在医院陪护他的雷锦志写道，"在交谈的过程中唯有讨论研究工作才会引起他浓厚的兴趣。他甚至很有兴致地要了解我目前所从事的计算系统生

---

[1] 孙卫涛，刘俊丽：《林家翘传》，南京，江苏人民出版社，2013。

物学方面的研究情况,希望我能做一个报告,向他详细解释一下。"到了生命的最后几天,"他看上去精神还不错,两眼有神,想和我说些什么却话语已经含糊不清。我不敢妄自猜测他想说什么,但是可以体会到他在临终以前是一直关心蛋白质折叠问题的研究进展的。""可惜已经再也不能向他老人家汇报工作了。"[1]雷锦志遗憾地写道。

窗外朔风怒号,滴水成冰,正是北京一年中最冷的日子。年老体虚的林家翘终于未能抵御肺炎的侵袭和随之而来的心力衰竭,于2013年1月13日晨4时50分在协和医院与世长辞,走完了九十六年始终如一为科学探索奋斗的不凡人生。

跋涉于漫漫征途之上的林家翘远去了,融入江海激流与星汉灿烂之中。如果苍天能给予他更多的健康、更长的时间,人们将难以估计他还会征服多少人类未知的科学顶峰,呈现出多少闪烁科学之光的精彩(图6-20)。

他的学生徐遐生在怀念恩师的文章里写下了这样的文字:"然而,林教授所拥有的思想却永远年轻。他从未停止过学习;他从未停止过探索新的黎明之后的一切;他也从未放弃过自己该怎样帮助他心爱的中国。我将怀念他的明智的判断,他的科学敏锐度,他亲切的指教,他在逆境中坚韧的勇气,他个人的高尚人格,以及他博大的人文精神。他将被怀念,永远不会被遗忘。"("Yet Prof. Lin's own mind was ever youthful; he never stopped learning; he never stopped questing for what lay beyond the new dawn; he never gave up on how he could help his beloved China. I will miss his wise judgment, his scientific acumen, his kind mentorship, his stoic courage in the

图 6-20 晚年林家翘(引自"林家翘先生学术暨座谈会"展览,清华大学周培源应用数学研究中心、清华大学图书馆主办,2013年6月)

---

[1] 雷锦志:追忆林家翘先生:纯粹的科学家,雷锦志科学网博客,2013/1/22,http://blog.sciencenet.cn/home.php?mod=space&uid=267716&do=blog&id=655483。

face of adversity, his high personal integrity, and mostly his broad humane spirit. He will be missed, but never forgotten."[1]）

林家翘去世半年后，清华园里举行了林家翘先生追思会及徐遐生赠送的林家翘半身铜像揭幕仪式。铜像上的林家翘微昂着头，目光直视前方。

林家翘在物理学，包括流体力学的湍流理论以及天体物理学的科学实践，充分彰显出应用数学的强大生命力，但它却仍不被公众所深刻理解。林家翘让应用数学成为一个独立的学科，在生物学研究领域大放异彩的期盼，仍然还是一个梦想。

人生苦短。林家翘离开了。他未竟的事业将寄希望于一代又一代的后来者。随着壮丽晚霞的落幕，人们期盼着更为灿烂的黎明。

"路曼曼其修远兮，吾将上下而求索。"屈子慨然于两千三百年前。

初稿于 2007 年 9 月
二稿于 2020 年 5 月—2022 年 9 月
修改于 2023 年早春至仲夏

---

[1] Frank Hsia-San Shu: Chia-Chiao Lin (1916—2013), The American Astronomical Society (AAS) Web site, 2013.

附　　录

附录一　林家翘先生年表

1916 年　7 月 7 日出生于北京。

1921 年　入学私塾开蒙。

1927 年　入学私立四存中学。

1930 年　入学北平师范大学附中。

1933 年　以第一名成绩考入清华大学物理系。

1937 年　毕业于清华大学，留校任助教。

1937—1940 年　在西南联合大学任助教。

1940 年 8 月　庚款公费出国留学，入学加拿大多伦多大学应用数学系（Department of Applied Mathematics, University of Toronto），师从约翰·辛格（John Lighton Synge）。

1941 年　获多伦多大学硕士学位；同年，入学美国加州理工学院（California Institute of Technology，Caltech）攻读博士学位，师从西奥多·冯·卡门（Theodore von Karman）。

1944 年 2 月　通过博士论文答辩；发表论文"二维平行流动的稳定性"（"On the Stability of Two-Dimensional Parallel Flows"），解决了沃纳·卡尔·海森堡（Werner Karl Heisenberg）的湍流理论问题；同年，获加州理工学院航空学博士学位。

1944—1945 年　加州理工学院博士后。

1945 年 11 月　获聘布朗大学（Brown University）应用数学系，任应用数学助理教授（Assistant Professor）。

1946 年　升任布朗大学大学应用数学副教授（Associate Professor）；

十二月，与梁守瀛女士结婚。

1947 年秋　获聘麻省理工学院（Massachusetts Institute of Technology，MIT），任数学系副教授（Associate Professor）。

1950 年　获聘麻省理工学院终身教授（tenure）。

1951 年　当选美国艺术与科学院（American Academy of Arts and Science）院士。

1953 年　升任麻省理工学院数学系正教授（full professor）。

1954 年　获颁古根海姆奖（John Simon Guggenheim Fellowship）。

1955 年　专著《流体动力学稳定性理论》（*The Theory of Hydrodynamics Stability*）出版。这是这一领域里的第一本专著。

1958 年　当选台湾"中央研究院院士"。

1959 年 9 月　应邀访问高等研究院（Institute for Advanced Study）至 1960 年 4 月，开始星系结构理论的研究。

1960 年　第二次获颁古根海姆奖（John Simon Guggenheim Fellowship）；同年，开始组建星系结构理论研究团队。

1961 年　受命组建麻省理工学院数学系应用数学委员会（Applied Mathematics Committee），并任第一届主席，1964 年底卸任。

1962 年　当选美国国家科学院（National Academy of Science）院士；同年夏，徐遐生（Frank Hsia-San Shu）开始参加林家翘的星系结构理论研究工作。

1964 年 8 月　论文"关于盘状星系的螺旋结构"（"On the Spiral Structure of Disk Galaxies"）在《天体物理学杂志》（*The Astrophysical Journal*）发表（与徐遐生合著）。这是林家翘的首篇关于星系密度波理论的论文。

1965 年 9 月　再次访问高等研究院（Institute for Advanced Study），进行为时七个月的星系螺旋结构理论的研究。

1966 年　荣获麻省理工学院"学院教授"（"Institute Professor"）称号；二月，论文"关于盘状星系的螺旋结构，Ⅱ．密度波理论概要"（"On the Spiral Structure of Disk Galaxies, Ⅱ. Outline of a Theory of Density Wave"）在

美国科学院院刊上发表（与徐遐生合著）。

1969 年 3 月　论文"关于盘状星系的螺旋结构，Ⅲ. 与观测结果的比较"（"On the Spiral Structure of Disk Galaxies, Ⅲ. Comparison with Observations"）在《天体物理学杂志》发表（与徐遐生、袁旗合著）。

1970 年 8 月　国际天文学联合会（International Astronomical Union, IAU）第十四届大会主讲人。

1972 年夏　和任之恭先生一同组织美籍华人学者参观团回国参观访问，并受到周恩来总理的接见。这是新中国成立后第一个美籍华人学者参观团回国访问。

1973 年　美国物理学会（The American Physical Society）流体力学分会（Division of Fluid Dynamics）拉波特纪念讲座（Otto Laporte Memorial Lectureship）主讲人，并获颁奥托·拉波特奖（Otto Laporte Award）；荣获香港中文大学名誉博士学位。

1973—1974 年　任美国工业与应用数学学会主席（President of the Society for Industrial and Applied Mathematics, SIAM）。

1974 年 1 月　专著《自然科学中确定性问题的应用数学》（*Mathematics Applied to Deterministic Problems in Natural Sciences*）出版（与 Lee Segal 合著），被美国工业与应用数学学会列为应用数学经典丛书第一卷。

1975 年　获颁美国机械工程师学会（The American Society of Mechanical Engineers, ASME）铁木辛柯奖章（Timoshenko Medal）；十二月，在美国工业与应用数学学会（Society for Industrial and Applied Mathematics, SIAM）发表演讲"应用数学教育"（"Education of Applied Mathematicians"）。

1976 年　获颁美国国家科学院应用数学与数值分析奖（The Award in Applied Mathematics and Numerical Analysis from the National Academy of Sciences）。

1979 年　获美国物理学会（American Physical Society）首次颁发的流体力学奖（The Fluid Dynamics Prize）。

1981 年　获颁麻省理工学院 1981—1982 年度詹姆斯·基里安专业人员

成就奖（The James R. Killian Jr. Faculty Achievement Award）。

1982 年 担任麻省理工学院基里安讲座主讲人（Killian Award Lecturer）。

1986 年 获颁全美华人协会华人杰出成就奖。

1987 年 从麻省理工学院退休，成为学院荣誉教授（Institute Professor Emeritus）；四月，获颁清华大学名誉博士学位；八月，两卷集《林家翘论文选》（*Selected Papers of C. C. Lin*）出版，含专业论文 51 篇，时间跨越 45 年（1939—1984）。

1992 年 获颁加州理工学院杰出校友奖（The Caltech Distinguished Alumni Award）；六月，出席"国际流体力学与理论物理学术讨论会暨祝贺周培源先生诞辰 90 周年"。

1994 年 6 月 当选为中国科学院外籍院士；同年，成为佛罗里达州立大学 (Florida State University) 数学系访问教授（至 2001 年）。

1996 年 3 月 专著《星系螺旋结构：密度波理论》（*Spiral Structure in Galaxies: A Density Wave Theory*）由麻省理工学院出版（与 Giuseppe Bertin 合著）。

1997 年 担任清华大学高等研究中心顾问。

2001 年 11 月 受聘为清华大学教授；同年，被授予天津大学和南开大学名誉教授，并受聘为两校刘徽应用数学中心学术委员会委员。

2002 年夏 返回清华大学定居；八月，清华大学周培源应用数学研究中心成立，受聘为名誉主任。

2003 年 论文"应用数学的拓展——用一篇关于蛋白质分子的结构和功能的动理论发展的论文来说明"发表，研究蛋白质结构折叠理论。

2005 年 被授予台湾清华大学荣誉博士学位。

2006 年 6 月 出席"第二届应用数学前沿问题国际研讨会暨林家翘教授 90 华诞庆祝会"。

2007 年 捐款清华大学，设立林家翘、梁守瀛学术研究基金。

2012 年 6 月 出席清华大学高等研究院成立 15 周年院友学术交流会。

2013 年 1 月 13 日 逝世于北京协和医院，享年 96 岁。

附录二　林家翘学术论文目录（1939—1984年）

[1] On the dependence of interaction enemy upon atomic arrangements in superlattices of binary alloys

　　Chinese Journal of Physics, Vol. 4, pp. 182-197(1939)

[2] Note on the normalization of Dirac functions

　　Physical Review, Vol. 59, No. 10, pp. 841- 842 (1941)

[3] On the motion of vortices in two dimensions

　　Proceedings of the National Academy of Sciences, Vol. 27, No. 12, Part I, pp. 570-575, Part II, pp.575-577 (1941)

[4] On a statistical model of isotropic turbulence

　　(with J. L. Synge)

　　Transactions of the Royal Society of Canada, Third Series, Section III, Vol. 37, pp. 1-35(1943)

[5] On the motion of vortices in two dimensions

　　A pamphlet in the University of Toronto Studies, Applied Mathematics Series, No. 5, published by the University of Toronto Press (1943)

[6] On the motion of a pendulum in a turbulent fluid

　　Quarterly of Applied Mathematics, Vol. 1, pp. 43 - 48 (1943)

[7] On the stability of two-dimensional parallel flows

　　Proceedings of the National Academy of Sciences, Vol. 30, No. 10 pp. 316 - 324 (1944)

[8] On the stability of two-dimensional parallel flows

　　Quarterly of Applied Mathematics, Vol. 3, No. 4,

　　Part I, General theory, pp. 117-142 (1945)

　　Part II, Stability in an inviscid fluid, pp. 218-234 (1945)

　　Part III, Stability in a viscous fluid, pp. 277 -301 (1946)

[9] On an extension of the von Karman-Tsien method to two-dimensional

subsonic flows with circulations around closed profiles

Quarterly of Applied Mathematics, Vol. 4, No. 3, pp. 291-297 (1946)

[10] On the steady flow of a gas through a tube with heat exchange or chemical reaction

(with P. Chambre)

Journal of Aeronautical Sciences, Vol. 13, No. 10, pp. 537-542 (1946)

[11] Investigation of the stability of the laminar boundary layer in a compressible fluid

(with L. Lees)

National Advisory Committee for Aeronautics, Technical Note 1115 (1946)

[12] On the mechanical behavior of metals in the strain hardening range

(with G. Handelman and W. Prager)

Quarterly of Applied Mathematics, Vol. 4, No. 4 (1947)

[13] Velocity and temperature distributions in turbulent jets

The Science Reports of National ^Tsing Ha University, Vol. 4, Nos. 4-6, pp. 419-450 (1947)

[14] On the nature of the boundary layer near the leading edge of a flat plate

(with G. F. Carrier)

Quarterly of Applied Mathematics, Vol. 6, No, 1, pp. 63-68 (1948)

[15] On the, flow behind curved shocks

(with S. I. Rubinov)

Journal of Mathematics and Physics, Vol. 27, No. 2, pp. 105 - 129 (1948)

[16] On two -dimensional non -steady motion of a slender body in a compressible fluid

(with E. Reissner and H. S. Tsien)

Journal of Mathematics and Physics, Vol. 27, No. 3, pp. 220-231 (1948)

[17] Note on the law of decay of isotropic turbulence

Proceedings of the National Academy of Sciences, Vol. 34, No. 11, pp. 540-543 (1948)

[18] On the law of decay and the spectrum of isotropic turbulence

Proceedings of the Seventh international Congress of Applied Mechanics, London, Sept. 1948

[19] On the concept of similarity in the theory of isotropic turbulence

(with Th. von Karman)

Review of Modern Physics, Vol. 21, No. 3, pp. 516-519, Jul. 1949

[20] On the subsonic flow through circular and straight lattices of airfoils

Journal of Mathematics and Physics, Vol. 28, No. 2, pp. 117-130(1949)

[21] Note on the characteristics in unsteady one-dimensional lows with heat addition

Quarterly of Applied Mathematics, Vol. 7, No. 4, pp. 443 - 445 (1950)

[22] On the stability of the boundary layer over a cone

(with R. H. Battin)

Journal of Aeronautical Sciences, Vol. 17, No. 7, pp. 453 (1950)

[23] Some problems of flow behind shocks of varying strength

Proceedings of the Symposium on Shock-Wave Phenomena, U.S. Naval Ordnance Laboratory, Jun. 30, 1949; joint meeting with the Fluid Dynamics Division of the American Physical Society. Published Jul. 1, 1950

[24] A general integral form of the boundary -layer equation for incompressible flow with an application to the calculation of the separation point of turbulent boundary layers

(with N. Tetervin)

National Advisory Committee for Aeronautics, Technical Note 2158, Aug. 1950

[25] Some recent investigations in the theory of hydrodynamic stability

(with J. R. Foote)

Quarterly of Applied Mathematics, Vol. 8, No. 3, pp. 265-280 (1950)

[26] On the stability of zonal winds over a rotating spherical earth

Proceedings of the International Congress of Mathematicians, Vol. 1 (1950)

[27] On the statistical theory of isotropic turbulence

(with Th. von Karman)

Advances in Applied Mechanics, Vol. 2, pp. 2-19, Academic Press, N. Y. (1951)

[28] Propagation of spherical shock waves in stellar interiors

(with Z. Kopal)

Proceedings of the National Academy of Sciences, Vol. 37, No. 8, pp. 495–506 (1951)

[29] On the attached curved shock in front of a sharp-nosed axially symmetrical body placed in a uniform stream

(with S. F. Shen)

National Advisory Committee for Aeronautics, Technical Note 2505, Oct. 1951

[30] An analytic determination of the flow behind a symmetrical curved shock in a uniform stream

(with S. F. Shen)

National Advisory Committee for Aeronautics, Technical Note 2506, Oct. 1951

[31] A critical examination of similarity theory for incompressible flows

(with S. F. Shen)

National Advisory Committee for Aeronautics, Technical Note 2541 (1951)

[32] A similarity theory for turbulent boundary layer over a flat plate in a

compressible flow

(with S. F. Shen)

National Advisory Committee for Aeronautics, Technical Note 2542 (1951)

[33] A new variational principle for isenergetic flows

Quarterly of Applied Mathematics, Vol. 9, No. 4, pp. 421- 423 (1952)

[34] On the stability of the boundary layer with respect to disturbances of large eve velocity

Journal of the Aeronautical Sciences, Vol. 19, pp. 138 - 139 (1952)

[35] The stability of the laminar boundary layer in a compressible fluid for the case of three-dimensional disturbances

Journal of the Aeronautical Sciences, Vol. 19, No. 7, p. 491 (1952)

[36] A critical discussion of similarity concepts in isotropic turbulence

Proceedings of the 4th Symposium in Applied Mathematics, pp. 19-27, McGraw-bill Book Co.

[37] On Taylor's hypothesis and the acceleration terms in the Navier-Stokes equations

Quarterly of Applied Mathematics, Vol. 10, No. 4, pp. 295-306, Jan. 1953

[38] On the stability of the laminar mixing region between two parallel streams in a gas

National Advisory Committee for Aeronautics, Technical Note 2887, Jan. 1953

[39] A simplified formulation of the similarity concepts in isotropic turbulence

Journal of the Aeronautical Sciences, Vol. 20, No. 4, Apr. 1953

[40] On the role of three-dimensional disturbances in the stability of supersonic boundary layers

(with D. W. Dunn)

Journal of the Aeronautical Sciences, Vol. 20, No. 8, p. 577 (1953)

[41] Note on the mean square of integrals in the statistical theory of turbulence

Quarterly of Applied Mathematics, Vol. 11, No. 3, pp. 367 - 370, Oct. 1953

[42] Hydrodynamic stability

Proceedings of the 5th Symposium in Applied Mathematics (AMS), pp. 1-18 (1954)

[43] On a perturbation theory based on the method of characteristics

Journal of Mathematics and Physics, Vol. 33, pp. 117-134(1954); also Journal of Aeronautical Sciences, Vol. 21, No. 3, p. 202 (1954)

[44] Some physical aspects of the stability of parallel flows

Proceedings of the National Academy of Sciences, Vol. 40, No. 8, pp. 741-747 (1954)

[45] On periodically oscillating wakes in the Oseen approximation

Studies in. Mathematics and Mechanics, presented to Richard von Mises, Academic Press, Inc., N. Y., pp. 170-176 (1954)

[46] Theoretical comments on the paper of E. N. Fales

(with Th. von Karman)

Journal of the Franklin Institute , Vol. 259 , No. 6, Jun. 1955.

[47] On the stability of the laminar boundary layer in a compressible fluid

(with D. W. Dunn)

Journal of Aeronautical Sciences, Vol. 22, No. 7, pp. 455-477 (1955)

[48] The theory of hydrodynamic stability

Monograph published by Cambridge University Press (1955)

[49] Aspects of the problem of turbulent motion

Journal of Aeronautical Sciences, Vol. 23, No. 5, pp. 453-461 (1956)

[50] Stability of laminar flows

Applied Mechanics Reviews, Vol. 10, No. 1, p. 1 (1957)

[51] On uniformly valid asymptotic solutions of the Orr-Sommerfeld equation

IXe Congres International de Mechanique Appliquee, Extrait des Actes, Tome l, pp. 136-148 (1957)

[52] On the stability of the laminar boundary layer

Naval Hydrodynamics, Ch. XIV, Publication 515, National Academy of Sciences, National Research Council (1957)

[53] Note on Garabedian's paper, "Numerical construction of detached shock waves"

Journal of Mathematics and Physics, Vol. 36, No. 3, pp. 206-209, Oct. 1957

[54] On the instability of laminar flow and its transition to turbulence

Symposium Freiburg, Aug. 26—29, 1957, Boundary Layer Research, edited by H. Gortler, pp. 144-160, Springer-Verlag (1958)

[55] Note on a class of exact solutions in magneto-hydrodynamics

Archive for Rational Mechanics and Analysis, Vol. 1, No. 5, pp. 391-395 (1958)

[56] On the asymptotic solutions of a class of ordinary differential equations of the fourth order

(with A. L. Rabenstein)

Transactions of the American Mathematical Society, Vol. 94, No. l, pp. 24-57 (1960)

[57] Motion in the boundary layer with a rapidly oscillating external flow

Proceedings of 9th International Congress of Applied Mechanics, University of Brussels, Belgium, Sept. 6, 1956, Vol. 4, pp. 155-167 (1959)

[58] Hydrodynamics of liquid helium II

Physical Review Letters, Vol. 2, No. 6, pp. 245-246, Mar. 15, 1959

[59] On the theory of shallow water waves

(with Alfred Clark, Jr.)

Tsing Hua Journal of Chinese Studies, Special No. 1, Natural Science, pec. 1959

[60] On a theory of dispersion by continuous movements

The Proceedings of the National Academy of Sciences, Vol. 46, No. 4, pp. 566-570, Apr. 1960

[61] On a theory of dispersion by continuous movements, II. Stationary anisotropic processes

The Proceedings of the National Academy of Sciences, Vol. 46, No. 8, pp. 1147-1150, Aug. 1960

[62] On the secondary motion induced by oscillations in a shear flow

(with D. J. Benney)

The Physics of Fluids, Vol. 3, No. 4, Jul.-Aug. 1960

[63] Some mathematical problems in the theory of the stability of parallel flows

Journal of Fluid Mechanics, Vol. 10, Part 3, pp. 430- 438 (1961)

[64] On the existence of an exact solution of the equations of Navier-Stokes

(with Th. von Karman)

Communications on Pure and Applied Mathematics, Vol. XIV, No. 3, Aug. 1961

[65] Statistical theories of turbulence

No. 10 — Princeton Aeronautical Paperbacks, from Princeton Series on High Speed erodynamics and Jet Propulsion, Princeton University Press (1961)

[66] On the instability of shear flows

(with D. J. Benney)

Proceedings of Symposia in Applied Mathematics, Vol. 13, Hydrodynamic Instability (1962)

[67] Hydrodynamics of helium II

Estratto da Rendicontidella Scuola Internazionale di Fisica - E. Fermi - XXI Corso. Lectures at the Enrico Fermi International School of Physics,

Varenna, Italy, Jul. 1961; published in Italy; reprints received M.I.T. Oct. 1963

[68] Turbulent flow, theoretical aspects

(with W. H. Reid)

Handbuch der Physik - Encyclopedia of Physics, Vol. VIII / 2 (1963)

[69] Some examples of asymptotic problems in mathematical physics

Proceedings of Symposium on Asymptotic Solutions of Differential Equations and Their Applications, at the Mathematics Research Center, University of Wisconsin, May 4-6, 1964, pp. 129-143

[70] On the spiral structure of disk galaxies

(with F. H. Shu)

The Astrophysical Journal, Vol. 140, pp. 646-655, Aug. 15,1964

[71] The gravitational collapse of a uniform spheroid

(with L. Mestel and F. H. Shu)

The Astrophysical Journal, Vol. 142, pp. 1431-1446, Nov. 1965

[72] On the spiral structure of disk galaxies, II. Outline of a theory of density waves

(with F. H. Shu)

Proceedings of the National Academy of Sciences, Vol. 55, pp. 229-234, Feb. 1966

[73] On the instability of shear flows and their transition to turbulence

(with D. J. Benney)

Proceedings of the 11th International Congress of Applied Mechanics, Munich, Germany, Aug. 30-Sept. 5,1964, pp. 797-802 (Reprints 1966)

[74] On the spiral patterns of disk galaxies

Proceedings of the 4th U.S. National Congress of Applied Mechanics, University of Minnesota, Jun. 14—17, 1966, pp. 3 -14

[75] On the mathematical theory of a galaxy of stars

J. SIAM Applied Mathematics, Vol. 14, pp. 876-921, Jul. 1966

[76] Stellar dynamical theory of normal spirals

Lectures in Applied Mathematics, Vol. 9, Relativity Theory and Astrophysics; 2. Galactic Structure, pp. 66-97, AMS (1967)

[77] Density waves in disk galaxies

(with F. H. Shu)

IAU Symposium No. 31, Noordwijk, The Netherlands, Aug. 25-Sept. 1, 1966, Paper No. 52, pp. 313-317 (Reprints 1967)

[78] The dynamics of disk-shaped galaxies

Annual Review of Astronomy & Astrophysics, Vol. 5, pp. 453-463 (1967)

[79] Spiral structure in galaxies

Galaxies and the Universe, edited by Lodewijk Woltjer, pp. 33-51, Columbia University Press (1968)

[80] Density wave theory of spiral structure

(with F. H. Shu)

Brandeis University Summer Institute in Theoretical Physics, 1968, Astrophysics and General Relativity, Vol. 2, pp. 239-329; Gordon & Breach (1971)

[81] On the spiral structure of disk galaxies, III. Comparison with observations

(with C. Yuan and F. H. Shu)

The Astrophysical Journal, Vol. 155, pp. 721-745, Mar. 1969

[82] Dynamics of self-gravitating systems: Structure of galaxies

SIAM Review, Vol. 11, pp. 127-151, Apr. 1969

[83] On the asymptotic theory of a class of ordinary differential equations of fourth order, II. Existence of solutions which are approximated by the formal solutions

(with A. L. Rabenstein)

Studies in Applied Mathematics, Vol. 48, No. 4, pp. 311-340, Dec. 1969

[84] Interpretation of large-scale spiral structure

　　IAU Symposium No. 38, Basel, Switzerland, Aug. 29-Sept. 4, 1969, The Spiral Structure of Our Galaxy, edited by W. Becker and G. Contopoulos, pp. 377-390, D. Reidel (1970)

[85] Theory of spiral structure

　　IAU 14th General Assembly, Brighton, England, Aug. 1970, Highlights of Astronomy, Vol. 2, edited by C. De Jager, pp. 88-121, D. Reidel (1971)

[86] A forcing mechanism for spiral density waves in galaxies

　　(with S.I. Feldman)

　　Studies in Applied Mathematics, Vol. 52, No. 1, pp. 1-20, MIT Press (1973)

[87] Note on stretching of line and surface elements in isotropic turbulence

　　J. SIAM Applied Mathematics, Vol. 25, No. 3, pp. 372-377, Nov. 1973

[88] Mathematics applied to deterministic problems in the natural sciences

　　(book with L. A. Segel; material on elasticity by G. H. Handelman)

　　The Macmillan Publishing Co., Inc. (1974)

[89] Influence of a spiral gravitational field on the observational determination of galactic structure

　　(with C. Yuan and W. W. Roberts)

　　IAU 15th General Assembly, Sydney, Australia, Aug. 21-30 , 1973, Highlights of Astronomy, Vol. 3, edited by G. Contopoulos, pp. 441-450, D. Reidel (1974)

[90] Theory of spiral structure

　　Lectures presented at NATO Advanced Study Institute, International School of Astrophysics, Erice (Sicily) Italy, Jun. 22-Jul. 9, 1974, Structure and Evolution of Galaxies, edited by Giancarlo Setti, pp. 119-142, D. Reidel (1975)

[91] On the origin and long term maintenance of spiral structure

Paper presented at CNRS International Colloquium on Dynamics of Spiral Galaxies, Institute for Advanced Scientific Studies (IHES), Bures-sur-Yvette, France, Sept. 16—20, 1974. Report No. 241, pp. 491-505, Centre National De La Recherche Scientifique, Paris (1975)

[92] On spiral waves in galaxies - A gas dynamic approach

(with Y. Y. Lau)

J. SIAM Applied Mathematics, Vol. 29, No. 2, pp. 352-370, Sept. 1975

[93] On the role of applied mathematics

Advances in Mathematics, 19, No. 3, pp. 267-288, Mar. 1976

[94] Unstable spiral modes in disk-shaped galaxies

(with Y. Y. Lau and James W.-K. Mark)

Proceedings of the National Academy of Sciences, Vol. 73, No. 5, pp. 1379-1381, May 1976

[95] Theory of spiral structure: Galactic dynamics - spiral structure and star formation

Proceedings of the 14th IUTAM Congress, Delft, The Netherlands, Aug. 30-Sept. 4, 1976, Theoretical and Applied Mechanics, edited by W. T. Koiter, pp. 57-69, North-Holland (1976)

[96] Density wave amplitude and the mechanism of long-term maintenance in spiral galaxies

(with Chi-Bin Li and Nien-Guo Han)

Scientia Sinica, Vol. XIX, No. 5, pp. 665-674, Sept.-Oct. 1976

[97] On certain eigenvalue problems occurring in physical systems (Levinson Memorial)

(with Y. Y. Lau)

Advances in Mathematics, 22, No. 1, pp. 120-128, Oct. 1976

[98] Discrete spiral modes in disk galaxies: Some numerical examples based on density wave theory

(with G. Bertin, Y. Y. Lau, James W. -K. Mark and L. Sugiyama)

Proceedings of the National Academy of Sciences, Vol. 74, pp. 4726-4729, Nov. 1977

[99] On the stellar streaming motions and the observational determination of the structural constants of the galaxy

(with C. Yuan and W. W. Roberts, Jr.)

Astronomy and Astrophysics, 69, pp. 181-198 (1978)

[100] Star migration, solar vicinity and the density wave theory of spiral structure

(with C. Yuan)

Astronomical Papers dedicated to Bengt Stromgrem, presented at a symposium held in Copenhagen, May 30-Jun. 1, 1978, edited by A. Reiz and T. Andersen, pp. 369-386, Copenhagen University Observatory (1978)

[101] On density wave theory of spiral galaxies

The Ta-You Wu Festschrift: Science of Matter, edited by Shigeji Fujita, Gordon & Breach (1978)

[102] Education of applied mathematicians

SIAM Review, 20, Vol. 4, pp. 838-845, Oct. 1978

[103] Density wave theory of spiral structure of galaxies

(with Y. Y. Lau)

Studies in Applied Mathematics, Vol . 60, pp. 97-163 (1979)

[104] Density - wave theory of spiral structure of galaxies

(with Y. Y. Lau)

Mechanics Today, 5 edited by S. Nemat-Nasser, pp. 233 -269, Pergamon Press (1980)

[105] Some fluid-dynamical problems in galaxies

(with W. W. Roberts, Jr.)

Ann. Rev. Fluid Mech., 13, pp. 33-55 (1981)

[106] Galactic dynamics and gravitational plasmas

(with G. Bertin)

Proceedings of the International School of Plasma Physics, Plasma Astrophysics Course and Workshop, Varenna, Italy, Aug. 27- Sept. 7, 1981. European Space Agency, SP-161 pp. 191-205, Paris, Nov. 1981. Advances in Applied Mechanics, Vol. 24, pp. 155-187 (1984)

[107] Turbulence, plasma containment, and galaxies

Journal of Research of the National Bureau of Standards, 86, pp. 557-563, Nov.-Dec. 1981

[108] On the dynamical basis of the classification of normal galaxies

(with J. Haas and G. Bertin)

Proceedings of the National Academy of Sciences, Vol. 79, pp. 3908-3912, Jun. 1982

[109] Spiral modes and the Milky Way

Paper presented at the Workshop on the Milky Way, University of British Columbia, Vancouver, B. C., May 16, 1982, edited by W. Shuter, D. Reidel (1983)

[110] Quasi-stationary spiral structure in galaxies

IAU Symposium No. 100, Besancon, France, Aug. 9—13, 1982, Internal Kinematics and Dynamics of Galaxies, edited by E Athanassoula, D. Reidel (1983)

[111] Formation and maintenance of spiral structure in galaxies

(with, G. Bertin)

IAU Symposium No. 106, The Milky Way Galaxy, edited by H. Van Woerden et al., pp. 513-532, D. Reidel (1985)

[112] On the morphology of spiral modes

(with G. Bertin and S. A. Lowe)

Proceedings of a Course and Workshop on Plasma and Astrophysics,

Varenna, Italy, Aug. 28 Sept. 7, 1984, ESA, SP-207, pp. 115-120(1984)

[113] On a spectral theory of the excitation mechanism of galactic spirals

(with R. P. Thurstans)

Proceedings of a Course and Workshop on Plasma and Astrophysics, Varenna, Italy, Aug. 28-Sept. 7, 1984, ESA, SP-207, pp. 121-130 (1984)

附录三　林家翘先生谈如何做学问

【按】1983 年 10 月，林家翘先生在北京参加第二届亚洲流体力学会议期间，接受了记者陈奎宁的两次采访，着重谈治学方法问题。原文发表在《大自然探索》杂志 1984 年第 1 期，题目是"林家翘教授谈中国学者的治学方法有可改进之处"。此处予以全文转载，以飨读者。

讲做学问的道理是极为简单的事。并非做学问简单，而是讲道理简单。几千年前的书里就有不少讲这些道理的话。《论语》中说"学而不思则罔，思而不学则殆。"做学生最重要的是"思"——批判式地思考，否则就迷"罔"了，迷失方向，对全局认识不清，学了一大堆东西整不出条理来。如果"思而不学"关起门来做学问，不去了解具体情况和具体问题；搞物理的只做理论，不做实验，不看实验结果；搞天文的只坐在屋子里，说宇宙是怎样起源的；那就"殆"，必然走入死胡同。说到宇宙论，研究天文学主要是观察星系的分布及运行，因为这是看得见的。我们要把这些现象加以分析，而不是单纯从理论出发。宇宙论和天体物理是不同的两种学科。天体物理研究的是一个一个星系的结构、分布、运行，有如实验室的工作，是能够把许许多多实验观察结果同提出的理论进行对照的，宇宙只有一个，可以与有关的各种理论进行比较。而说到宇宙的起源如何如何就很难（或无法）讨论，搞宇宙论的人往往有"思而不学"的毛病。他坐在屋里想，想出一个很整齐的宇宙数学模型，但并没有去观测宇宙。另一个搞宇宙论的又另外想出了一个数学模型，于是就引起许多争论。这种讨论就犯"思而不学"的毛病。思而不学，闭门造车，最后就要走到死胡同去。理论脱离实际的现象，在做高深的理论研究时是经常发生的。有人做了很久的研究工作，结果发现与实际观测不符，这就很可惜了。

中国有一句老话"教学相长"。把知识很快教给年轻一代，让他们知道什么对，什么不对，这样做会对年轻人有所启发，并激励他们产生新思想。我对中国科学院最大的一个批评是，科学院的研究员中教学的太少。做研究的不免钻入自己专业的一条路里，就把整体观丢掉了。教学，就要教整体所以为了教学，就会对学问整体做一番估价，也就自然了解自己研究的题目在整体中占什么地位，就自然会思考自己研究的结果会起什么作用，而这些，都是做学问时要极为重视的。教学中发现了没有解决的问题，教师在以后的研究中必须去思考。我一贯主张教研合一。学、教、研是连在一起的。中国有一句话："活到老，学到老"。教师也应不断学习。

做研究工作有三步：第一，形成一个问题，找到主要的争端、讨论的焦点在哪里，这是最难的一步；第二，解决问题，这是比较容易的；第三，解释你所得结果有什么意义，也就是你做的学问与整体之间的关系。有了第一步，然后才有下一步，学问才可以继续做下去。如果不是这样，只做题目，像做习题一样，做完交给老师就完了；或者随便选个题目，写篇文章，在杂志上登出来就完了；这对发展科学的作用是很有限的。做题目之前应仔细思考为什么做这个题目（自然不是完全清楚的，否则不是研究项目了），做完之后，还可以根据情况修改所选的题目再做，这样重复往返，结果会更有意义。

我搞应用数学，我们研究运用数学的方法，知道它绝不只是一些具体的算法。只会算一点题目，那只是雕虫小技，当然这种雕虫小技也是非会不可的。我们可以拿统计学为例说明这一点，在统计学中最重要的问题不是计算，而是决定收集什么数据，这必须事先计划好。如果收集数据的方式不对，分析计算方法再好也得不出好结论。如果收集数据的方式对头，方法尽管粗一点，得出的结论也是大体正确的。

所以，做学问要注意上述三个阶段：问题的形成，问题的解决，对结论的意义做出解释。这三者应处于同等重要的地位。

我在美国看到许多中国学者，作研究人员的和当研究生的，其中不少人把解决问题当作研究工作中最重要的一环，而对问题为什么提出，对得出的结果有何意义，下一步应该是什么，都没有很好考虑。有人告诉我说：有一名中国研究生考到了一位有名的教授、诺贝尔奖获得者的门下，博士预考得了第一名。于是，学生在家里等教授给研究题目，教授在家里等学生提研究题目。三个月过后，学生沉不住气去问导师。教授说，我在等你自己提出题目呀，你对什么有兴趣，你要研究什么？学生瞠目不知所答。过了一周，学生提不出课题。教授说:"你去找别的导师吧,我这里的学生都是已经对物理产生了兴趣的人。"由于看法不同,你们也许会觉得这位教授的要求不合理,但美国学者多数认为能提出问题的学生才是真有出息的。

做学问,有无自发性,有无独创见解,这是关键。如果研究生只会做技术性工作的这一部分,而对于为什么提出问题,做出的结果有什么意义没有学到,那就没有学到真正的学问。如果你到了一个地方,一位教授给你一个题目,你做出来了,但不知为什么做,也不知做出来有什么用,结果是替别人做了工作,自己的收获却很有限。

当然,我说的研究工作的三步,是理想情况,美国的研究生也不一定都能圆满地做到这三步。

当你离开学校到了科研单位,就会发现做研究工作的第一步和第三步十分重要。试想,如果大家全都无目的地做学问,科学技术、工业农业能不能发展?

从科学研究到工业生产的发展要分五步:纯粹科学—应用科学—工程设计—工艺发展—工业生产。纯粹科学研究距离生产实用很远,对社会的贡献要着眼于长远效果。不懂得爱因斯坦方程($E=mc^2$)决不会发展原子能,但有了爱因斯坦方程,又要前进很多步,才谈得上发展原子能。

必须加强做学问的目的性。不能沾沾自喜于自己题目做得很妙,很有意思,而全然不顾这一结果有何意义。无目的地追求科学是很不妥当的,效率也是很低的。

为什么中国学者的治学方法会出现上述情况呢?这与教育制度、考试制度有关。

我自己是很会考试的,我当年考清华大学就考了第一名。考第一名的,不见得将来做学问就一定好。因为我知道怎样能考第一名,只要把题目多练习几次就行了。大学考试不能废除,因为中国大学少,人口多,不考试容易产生流弊。然而,有人对我指出,考试不改,做学问的方法就不会改。考试是指挥棒,学生要进研究院,就得跟着考试转。我在国内听过一些课,教数学的老师主要是在那儿一步步地推导。为什么向某方向推导,结果有何影响，对这些解释得不够，使学生觉得我只要会算题就行了。我觉得对学生启发式教育的比例应逐步加重，给学生的题目应逐渐泛一点，到了三四年级，应有人教他们如何真正做学问的道理了。

教育制度的改革是个社会问题，像我一样在国外的人不能随便胡乱批评，不过有两点我想提出作为参考。第一是要促进学生的自发性，他们必须有充分的知识，多找资料来读。中国有一个弱点，因为"文化大革命"时代的隔绝，外面的科学信息传不进来。我提议把外国好的学术著作和教科书大量地系统地译成中文。这个翻译工作中国是应该做的，因为它是有长期影响的。有人告诉我说翻译好了的书迟迟不能出版，出版系统应大力支持这项工作。但愿我的提议是"抛砖引玉"，今后能有更多的人讨论出版政策。搞研究的人不能不知道人家的情况就做，知己知彼，百战百胜嘛。我听一位在麻省理工学院的中国进修人员说，国内研究人员决定研究计划的过渡时间太长，收集材料要六个月，而美国的研究生只要两周时间。这话说得不一定准确，但有它的定性式的意义。

第二是应该鼓励研究生主科之外还有副科。知识面要宽，要有广泛的基础。因为一个人今天研究的工作，十年以后可能就没人研究了。美国有些高能物理所经费裁减，工作大量减少，许多专家可能要改行。如果专业太窄，底子打得不好，科学技术发生革命性改变时，你转变不了，就很危险。如果当年你是专门搞真空管的，半导体已经发明出来了，你还搞真空管干什么？在美国的人听说苏联光是工程类就分为 404 科，觉得很奇怪，不知中国是不是分这么多科？工程分 40 个专业就足够了。知识面太窄，是很大的问题。

中国关于治学，有许多老话，"学然后知不足，教然后知困""实事求是""不耻下问"，等等，这些都是真理。

我强调教学之必要，因为科学精神的传递比个别科学成果的传递更为重要。科学在进步。某一个定理做对了，不一定对科学就有大的贡献，一个人对于科学的贡献往往在于他的思想对当代科学家产生什么影响。

1983 年 10 月 29 日

附录四 星系螺旋结构的争议焦点何在？

星系螺旋结构是准稳态的长期结构还是寿命短暂的瞬态现象，涉及螺旋结构如何长期维持的问题，其争议焦点存在于多个不同的方面，包括潮汐力、旋臂问题、磁场影响和反螺旋定理，等等。

1. 潮汐力

从北纬20°向南，特别是在南半球晴朗的暗夜，可以看到离银河系不远处有一小片星云在闪闪发光。那是银河系伴星系之一的大麦哲伦星云（Large Magellanic Cloud，LMC）。这个小星系的直径大约是银河系的二十分之一，距离地球约16万光年。它的恒星数量有100亿颗，大约是银河系的十分之一。银河系是一个中间略厚而周围很薄的盘状星系，边缘弯曲。图莫瑞和有些人一度认为，大麦哲伦星云（LMC）在银河系边缘经过，由于潮汐力而引起了银河系的弯曲，并且银河系中的大部分螺旋密度波都是在这种穿越的振动中演化生成。图莫瑞因此认为，这些密度波是一种瞬态现象，持续约十亿（10^9）年。

所谓潮汐力，是指两个天体在宇宙中运行并且互相靠近时，一个天体的不同部分受到的不同引力。以地月之间的运行为例，地球朝向月球的一面所受到的万有引力比背向它的一面要大，虽然这种引力的差异并不足以扯碎地球，但却可以让地球上朝向月球一面的海洋微微隆起。两个天体互相绕转，海洋隆起部位也会跟着移动，使地球上某一地点的海平面出现周期性的抬升或降低。月球绕地运行是引起海洋潮汐发生的重要原因之一。与此类似，较大的星系如银河系，在遇到另一较小星系（伴星系）时，会受到这种潮汐力的影响，发生某些变形。反过来，小星系也往往会因为这种潮汐力的作用，而逐渐解体成为恒星流。

"争渡，争渡，惊起一滩鸥鹭。"（宋·李清照《如梦令·常记溪亭日暮》）虽然潮汐的作用有可能在一些有合适伴星的星系中激起螺旋密度波，但很难想象所有的螺旋都是以这种方式产生的，因为有许多相当孤立的螺旋星系，并无伴星系的存在。林－徐密度波理论认为，螺旋臂是由引力产生和维持的密度波。密度波概念是当时唯一能够解释长期螺旋结构的理论,而所有其他理论机制都只能产生较为短暂的螺旋现象。至于密度波得以维持所需的能量,林家翘指出:"由于共振,当扰动作为一组波向内传播时,双臂结构将占有优势,并从星系的基本旋转中提取能量。"("Owing to resonance, the two-armed structure will prevail as the disturbances propagate inwards as a group of waves, which extracts energy from the basic rotation of the galaxy." [1])

有关潮汐影响作用于螺旋结构的理论至今仍然占有一席之地。

2. 旋臂

包括图莫瑞在内的一些理论家认为,螺旋结构是一种纷乱和再生的现象,称之为"剪切的碎片"。这是指从整体上看,很多星系的螺旋结构往往并非完全规则对称的旋臂,而是在旋臂间有不规则的短臂。例如,太阳系所在的猎户星座就不是在银河系的一个典型螺旋臂上。

林家翘对此作了解释:"由于银河盘处于强烈的较差转动状态,任何结构上的不规则都可能被拉伸成拖尾旋臂的一部分,近似地以局部圆周速度运动,并以各种不同的角度向圆周方向倾斜。"("Since the galactic disk is in a state of strong differential rotation, any structural irregularity is likely to be stretched into a part of a trailing spiral arm, moving approximately at the local circular velocity, and inclined to the circular direction at various and varying angles." [2]) 他进一步指出:"这种结构不规则最有可能发生在哪里?答案似乎是:在星系的外围区域。这种说法有观测证据:在许多星系的外部经常观察到主要旋臂之间的连接。在我们看来,猎户座臂就是这样一个臂间分支。"("Where would such structural irregularities most likely occur? The answer seems to be: in the outer regions of the galaxy. There is observational evidence for this statement: connecting links between major spiral arms are frequently observed in the outer parts of many galaxies. In our opinion, the Orion arm is such

---

[1] C. C. Lin: "Interpretation of large-scale spiral structure", IAU Symposium No. 38, 1969, Paper No. 72.
[2] 同上。

an interarm branch."[1]）他认为，这个推测是有理论依据的。星系盘的金斯不稳定性（Jeans instability）往往会产生不规则性。由于外围的恒星数量较小，并且气体的湍流运动可能会消散，因此星系的这些外围很可能在引力上不稳定。"结构不规则性发展，并且伸展出短螺旋臂，与普遍存在的局部圆周运动共同旋转。"（"Structural irregularities develop and are stretched out into short spiral arms, co-rotating with the prevailing local circular motion."[2]）

袁旗回忆他在做银河系密度波型式速度计算时，将其代入林－徐色散关系（Lin-Shu star dispersion relation），螺旋就转得比较紧，因此猎户星座旋臂就难以放入这个螺旋型式。他说："林先生马上就决定猎户星座旋臂不是银河系的主要旋臂，而是旋臂之间的一个枝节（spur），这一个看法的提出，十分具有革命性。"[3] 林家翘认为，因为波形为准稳定形式，"所以，非常松散的螺旋结构和紧密的螺旋结构必然并存。"（"Thus, there is necessarily the coexistence of a very loose spiral structure and a tight spiral structure."[4]）

3. 磁场

磁场对密度波的影响是另一个争议的焦点。长期以来，尽管从未有过完善且完全令人信服的可用理论，但大多数天文学家都相信旋臂的磁流体动力学解释，认为星系的螺旋结构可能受强磁场控制。除了前文所述哈佛大学天文学家巴特·博克（B.J. Bok）对磁场提出的疑虑之外，在诺德维克（Noordwijk）会议上，哥伦比亚大学的凯文·普伦德加斯特（K. H. Prendergast）教授也认为，磁场对于确定气体的运动应该很重要，并且最终不得不包含在有关的理论中。罗切斯特大学（University of Rochester）的赫尔曼·赫尔弗（Herman Lawrence Helfer）教授说，结果当然可能证明，螺旋结构的纯粹引力理论是贫乏的，可能有必要加入大规模磁场效应的影响。

---

[1] C. C. Lin: "Interpretation of large-scale spiral structure", IAU Symposium No. 38, 1969, Paper No. 72.
[2] 同上。
[3] 袁旗：我认识的林家翘先生，《力学进展》，第36卷第4期，2006年11月25日。
[4] 同 [1]。

林家翘则提出了不同意见。他在回答问题时指出，磁场是存在的，但在恒星成分占主导地位的螺旋结构图形中，不需要考虑磁场的影响。磁场仅对气体占主要成分的外部有影响作用。

技术的发展使得对这一问题的争论结果明晰起来。在使用无线电探测星系磁场时发现，它太弱了。例如，银河系磁场平均强度仅仅为 1×10^{-6}~3×10^{-6} 高斯。这个值太低了，甚至大大低于 0.5~0.6 高斯的地磁场强度。显然，它无法对星系结构产生大规模影响。

巴特·博克后来终于承认："十年前的理论有一些强势的引人注目的特色，其中旋臂被视为电离气体的磁束缚隧道。不幸的是，与所需的磁场相比，观测到的银河系磁场强度下降了一个数量级，……"[1]

德国海德堡天文中心（Zentrum für Astronomie Heidelberg）的天文学家罗兰·维伦（Roland Wielen）教授在回忆这段历史时写道："磁场太弱，无法导致任何极大的圆周运动偏差，例如刚性旋转材料臂所需要的。即使是强得多的场（例如 30 高斯）也可能没有足够的刚性来阻止物质臂的缠绕。"[2] 可见，螺旋结构图形的维持，磁场无法对其阻止。

事实证明林家翘有关星系磁场的分析和判断是正确的。

4. 反螺旋定理

不能不提到所谓"反螺旋定理"（"anti-spiral theorem"）。徐遐生说过，"事后看来，考虑到人们在 LS64 发表后不久用'反螺旋定理'的证明来攻击他的观点的速度有多快，我认为林的判断是准确的"。（"In hindsight, I think Lin's judgment was accurate considering how quick people were to attack his point of view with proofs of 'antispiral theorems' and the like shortly after the publication of LS64".[3]）LS64 是指林-徐 1964 年发表的首篇关于密度波理

---

[1] B. J. Bok: "Summary and outlook", IAU Symposium No. 38, 1969, Paper No. 85.

[2] Roland Wielen: "Density-wave theory of the spiral structure of galaxies", Astronomical Society of the Pacific, Vol. 86, No. 512, August 1974, https://royalsocietypublishing.org/doi/pdf/10.1098/rsbm.2020.0008.

[3] I. I. Pasha (И. И. Паша): "Density Wave Spiral Theories in the 1960s, I", 俄罗斯天文网，2002，http://www.astronet.ru/db/msg/1183369/eindex.html.

论的论文。

虽然卡尔纳斯（Agris J. Kalnajs）早在他的 1963 年论文中就有了在中性波环境下反螺旋定理共振"分辨率"的想法，但是第一次用此定理对林－徐理论发难的当属剑桥大学理论天体物理学家唐纳德·林登－贝尔（Donald Lynden-Bell，1935—2018 年）。他和时为剑桥研究员的奥斯特里克（J. P. Ostriker）在 1967 年合作发表了"关于较差转动体的稳定性"（"On the stability of differentially rotating bodies"）一文，推导出一个变分原理，以确定任何较差转动的自引力流体流的长期稳定性，并将这一结果应用于星系盘中振荡的一般模式，得出了"反螺旋定理"。它表明，如果在线性理论中存在一个尾随平面的全局螺旋模式，它不但旋转而且既不增长也不衰减，那么也必然存在类似的镜像引导模式（mirror-image leading mode）。之后，普伦德加斯特（K. H. Prendergast）在诺德维克（Noordwijk）研讨会上向天文学家们解释了这个理论。反螺旋定理直接反对林－徐的长寿命准稳态螺旋结构。如果这一理论成立，将使后者的螺旋结构长寿命准稳态判断不复存在。

作为林家翘的学生和构建密度波理论的合作者，徐遐生在他的一篇题为"关于星系螺旋的密度波理论．I．螺旋结构作为振荡的正常模式"（"On the density-wave theory of galactic spirals. I. Spiral structure as a normal mode of oscillation"[1]）的论文中，对反螺旋定理提出了不同意见。

徐遐生敏锐地发现反螺旋定理的成立是有条件的。他在文章中指出，"一个'反螺旋定理'，即林登－贝尔和奥斯特里克先前报告的在一个气体盘中的中性模式类型，在这里的有效性是有限的——也就是说，（它被限制在）只有在恒星共振的影响可以被忽略的时候（才起作用）。"（"An 'anti-spiral theorem' of the type reported previously by Lynden-Bell and Ostriker for neutral modes in a gaseous disk, holds here with limited validity-namely, when-ever the effects of stellar resonances can be ignored."）

---

[1] Frank H. Shu: "On the density-wave theory of galactic spirals. I. Spiral structure as a normal mode of oscillation", The Astrophysical Journal, Vol. 160, April 1970, http://articles.adsabs.harvard.edu/pdf/1970ApJ...160...89S.

他强调："恒星的动力学与气体（和尘埃）的动力学不同。恒星可以与振荡的引力场共振，而不会因碰撞而持续中断。"他在论文中证明，恒星系统中的这种差异限制了"反螺旋定理"的适用性。在进行了一系列严密的数学推导之后，徐遐生得出结论："如果存在共振星，这里给出的普通模式分析的简单形式就瓦解了，导致'反螺旋定理'的论点未必会适用。"（"the arguments leading to the 'anti-spiral theorem' do not necessarily apply."）

反螺旋定理来自于线性理论，并且基于不存在共振和耗散的假设条件。它与星系的实际情况并不相符，正如罗兰·维伦（Roland Wielen）在总结有关反螺旋定理的争论时所说："反螺旋定理只允许货车轮辐式的具有恒定径向相位的中性波。反螺旋定理大概不适用于真实星系的原因有多种。首先，在星系中必定存在着共振和耗散。尽管在处理林的模式时确实没有明确考虑这些共振和耗散效应，但可以想象，实际的共振和耗散可能会以某种间接方式允许中性螺旋波的存在。事实上，共振星看起来对密度波的激发和维持非常重要。其次，如果密度波不是严格的中性而是较弱的阻尼或增长（复杂），则反螺旋的异议就会消失。"[1]

围绕着星系螺旋结构密度波的争论是多方面的。除了上面提到的问题，这种讨论或争议还包括诸如星系大尺度的全局理论与局部结构、密度波的起源与维持、恒星和气体的区别、林德布拉德共振、引力场、色散关系、驻波以及密度波的群速度等一系列问题。这些问题是复杂的，并且不可避免地涉及了星系观测数值分析计算、恒星动力学的统计理论、WKBJ型的渐近分析、线性理论、等离子物理学和轴对称振荡等专业知识和理论，以及大量的天文观测。在有关的专业杂志上，在多次的专业会议中，这些争论十分热烈。密度波理论成为20世纪六七十年代国际天文学界最重要的议题之一。

随着技术的进步，有关的计算机模拟也在发展之中。N体问题（N-body problem），又称多体问题，用来研究N个质点相互之间在万有引力作用下的

---

[1] Roland Wielen: "Density-wave theory of the spiral structure of galaxies", Astronomical Society of the Pacific, Vol. 86, No. 512, August 1974, https://royalsocietypublishing.org/doi/pdf/10.1098/rsbm.2020.0008.

运动规律，是天体力学的基本问题之一。20世纪50年代后期，林德布拉德首先开始将平面星系动力学作为N体问题进行了计算机模拟。他虽然只安排了200个质点，但由于早期的计算机速度非常慢，没有取得成果，不过却开了计算机模拟研究此类问题的先河。到了1968年，凯文·普伦德加斯特（KevinH. Prendergast）和芝加哥大学教授理查德·米勒（Richard Miller）制定了一个更加有效的方案，对大约105个左右的粒子进行相当快速和准确的动力学描述，在有限数量的粒子中计算引力。这一模拟开始不久就出现了壮观的螺旋图案，但它与实际的星系还是有相当大的差别，因为在它的初始状态就反映出了明显人为安排和干预的影响，并且由于巨大的压力，机器产生了几乎无可避免的发热而干扰了实验的进行。

　　林家翘意识到使用计算机进行数值计算的前途，曾一度向MIT数学系申请购买计算机，以能进行相关的星系结构研究，却未能实现。他为此遗憾不已：'我仍然记得当我作为应用数学委员会主席申请计算机被拒绝时的痛苦经历，虽然系里有资金。'（"I still remember the painful experience when my request—as chairman of the committee on applied mathematics—for a computer was turned down, even though the department had the funds."[1]）所以，"我们的数值计算依赖于简单的积分，因为当时数学系还没有大规模使用计算机。"（"And our numerical calculations depended on the simple integral, since it was a time when large scale use of the computer was not yet available in a mathematics department."[2]）

　　更多的科学家，包括天体物理学家弗兰克·霍尔（Frank Hohl）和英国计算机模拟专家罗杰·霍克尼（Roger Hockney）等，都曾参与到计算机模拟的实验中来，实验也在持续不断地改进之中。棒状-螺旋结构图形曾经在实验中出现，但最终没有取得令人满意的成果。许多人都认为，研究星系中所有类型的密度波和不稳定性的最直接方法，是对星系的动力学演化进行详

---

[1] I. I. Pasha (И. И. Паша): "Density Wave Spiral Theories in the 1960s, I", 俄罗斯天文网, 2002, http://www.astronet.ru/db/msg/1183369/eindex.html.
[2] 同上。

细的数值模拟。在这类计算机实验中，星系物质（恒星和气体）在其自身引力场中的运动被一个数值积分架构逐步跟踪。但是，数值模拟无论多么逼真，毕竟与现实存在着差距，而且限于当时的计算机能力和技术水平，数值模拟虽然定性地证实了螺旋密度波的存在，但并没有产生所需性质的可靠定量结果。

作者谨向对本书写作提供了大量素材和支持的林家翘先生和梁守瀛女士表示由衷的感谢与深切的怀念！承蒙林家翘先生生前嘱托完成此书，希冀以此告慰林先生。同时谨向蒲以康教授、洪柳教授、梁珪宣先生、李强教授、王依萍女士和热心人士及出版社编辑周菁女士、徐学军先生等对本书的写作与出版所付出的努力和帮助表示诚挚的谢意！

林家翘在佛罗里达寓所前与作者合影，2003 年 5 月 4 日（王依萍摄）